本書爲教育部人文社會科學重點研究基地重大項目課題
海上絲綢之路與中國—東南亞經濟文化交流史研究
（立項編號：20JJD770010）階段性研究成果之一

本書出版獲

教育部人文社會科學重點研究基地
廈門大學東南亞研究中心

全額資助

厦门大学东南亚研究中心系列丛书

档案资料系列之八

# 檳榔嶼志略校注

（清）力 鈞 撰

聶德寧 阮湧俰 校注

厦门大学出版社 XIAMEN UNIVERSITY PRESS
国家一级出版社
全国百佳图书出版单位

图书在版编目(CIP)数据

槟榔屿志略校注 /(清)力钧撰;聂德宁,阮湧俰校注. -- 厦门:厦门大学出版社,2022.12
(厦门大学东南亚研究中心系列丛书)
ISBN 978-7-5615-8184-1

Ⅰ. ①槟… Ⅱ. ①力… ②聂… ③阮… Ⅲ. ①槟榔屿—地方志 Ⅳ. ①K338.9

中国版本图书馆CIP数据核字(2021)第275127号

出 版 人 郑文礼
责任编辑 薛鹏志
装帧设计 蔡炜荣
技术编辑 朱 楷

出版发行 厦门大学出版社
社 址 厦门市软件园二期望海路39号
邮政编码 361008
总 编 办 0592-2182177 0592-2181253(传真)
营销中心 0592-2184458 0592-2181365
网 址 http://www.xmupress.com
邮 箱 xmupress@126.com
印 刷 厦门市明亮彩印有限公司

开本 787 mm×1 092 mm 1/16
印张 31
插页 2
字数 530千字
版次 2022年12月第1版
印次 2022年12月第1次印刷
定价 128.00元



厦门大学出版社
微信二维码

厦门大学出版社
微博二维码

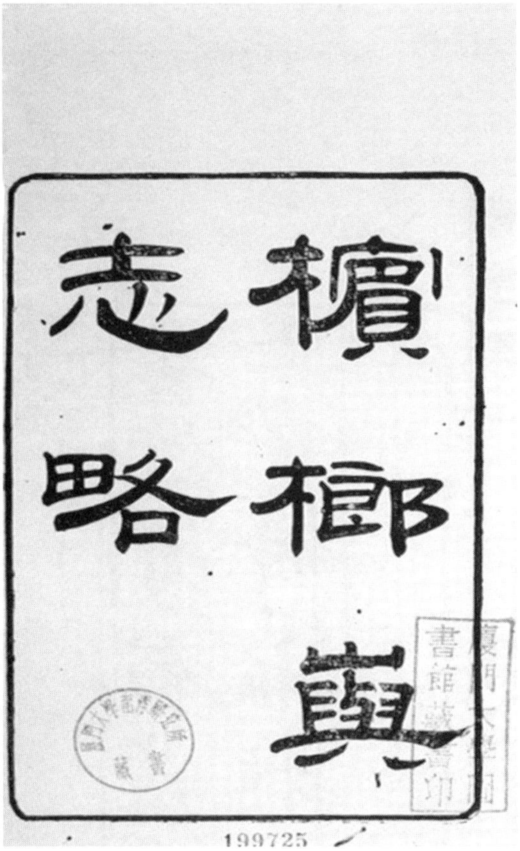


1.《檳榔嶼志略》前扉頁(廈大本)

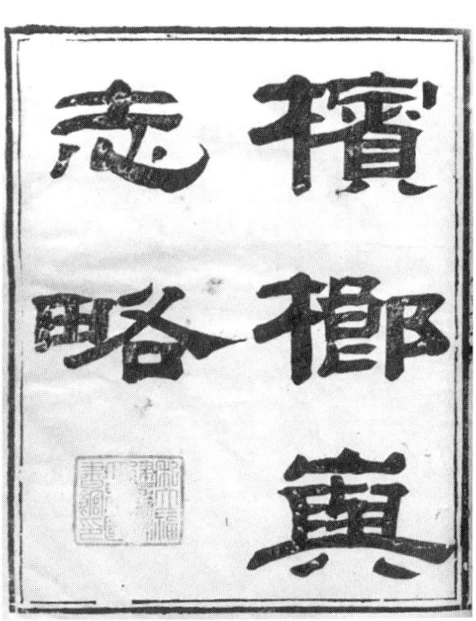


2.《檳榔嶼志略》前扉頁(師大本)

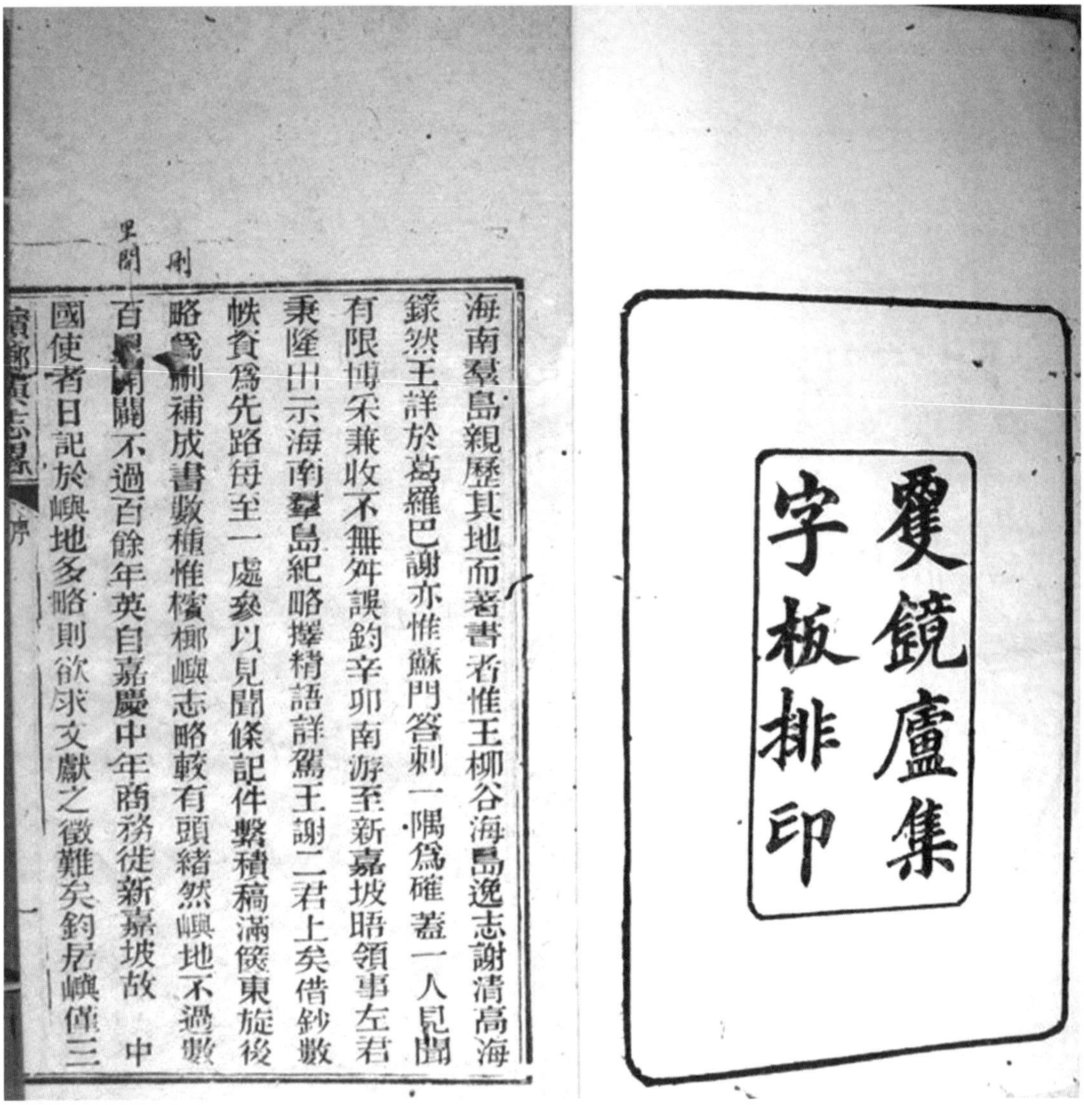

檳榔嶼志略 序
海南羣島親歷其地而著書者惟王柳谷海島逸志謝清高海
錄然王詳於葛羅巴謝亦惟蘇門答剌一隅爲確蓋一人見聞
有限博采兼收不無舛誤鈞辛卯南游至新嘉坡晤領事左君
秉隆出示海南羣島紀略擇精語詳駕王謝二君上矣借鈔數
帙資爲先路每至一處參以見聞條記件繫積稿滿篋東旋後
略爲删補成書數種惟檳榔嶼志略較有頭緒然嶼地不過數
百里開闢不過百餘年英自嘉慶中年商務徙新嘉坡故 中
國使者日記於嶼地多略則欲求文獻之徵難矣鈞居嶼僅三
覆鏡廬集
字板排印

3.《檳榔嶼志略》後扉頁(廈大本)

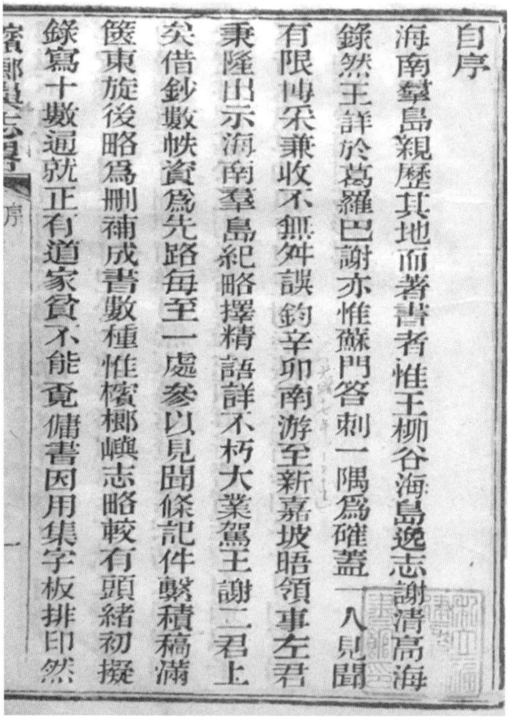
自序
海南羣島親歷其地而著書者惟王柳谷海島逸志謝清高海
錄然王詳於葛羅巴謝亦惟蘇門答剌一隅爲確蓋一人見聞
有限博采兼收不無舛誤鈞辛卯南游至新嘉坡晤領事左君
秉隆出示海南羣島紀略擇精語詳不朽大業駕王謝二君上
矣借鈔數帙資爲先路每至一處參以見聞條記件繫積稿滿
篋東旋後略爲刪補成書數種惟檳榔嶼志略較有頭緒初擬
錄寫十數通就正有道家貧不能覓傭書因用集字板排印然

檳榔嶼志略 序 一

4.《檳榔嶼志略》後扉頁(師大本)

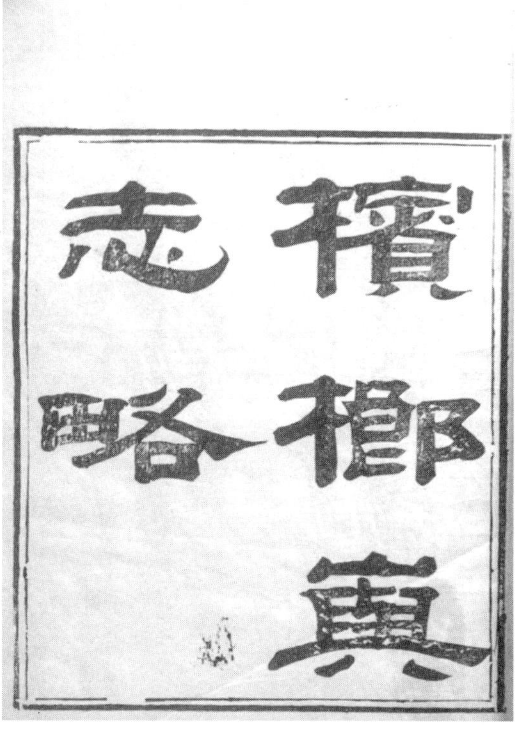


5.《檳榔嶼志略》前扉頁(王元穉校改本)

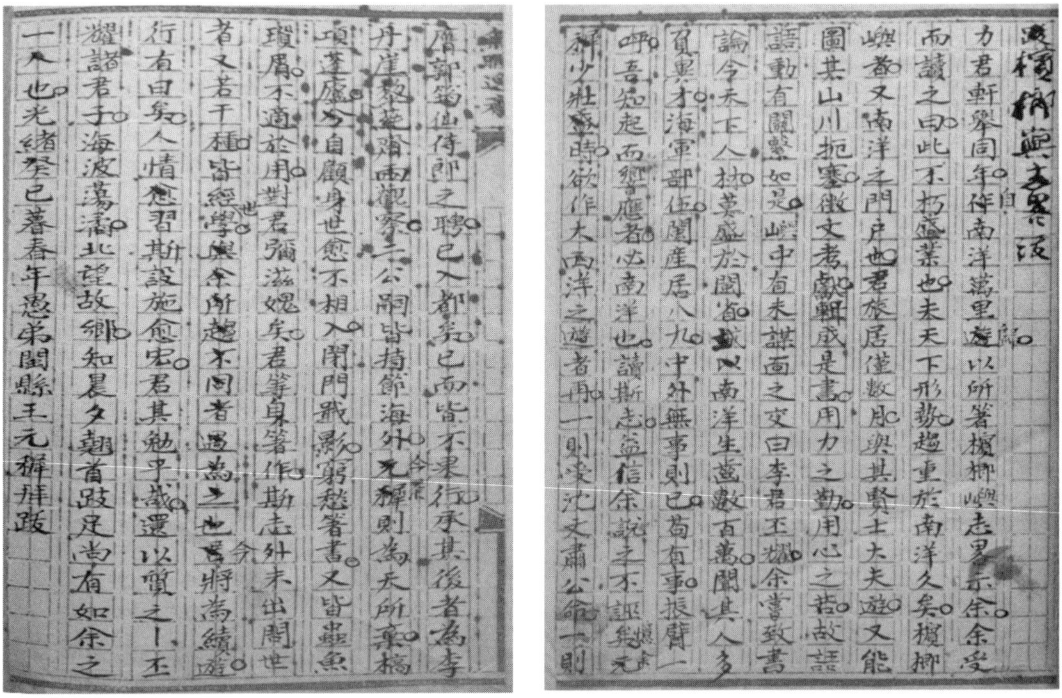

檳榔嶼志略跋

力君軒舉同年自南洋萬里遊歸。以所著檳榔嶼志略示余。余受而讀之曰。此不朽盛業也。夫天下形勢趨重於南洋久矣。檳榔嶼者。又南洋之門戶也。君旅居僅數月。與其賢士大夫遊。又能圖其山川扼塞。徵文考獻。輯成是書。用力之勤。用心之苦。故語語動有關繫。如是嶼中有未諳面之交曰李君丕耀。余嘗致書論今天下人材莫盛於閩省。試以南洋生齒數百萬。閩其人多負奇才。海軍部伍。閩產居八九。中外無事則已。苟有事。振臂一呼。吾知起而響應者。必南洋也。讀斯志益信余說之不誣矣。元穉少壯時欲作太西洋之遊者再。一則以沈文肅公命。一則……出侍郎之聘。已入都矣。已而皆不果行。承其後者為李丹崖黎蒓齋兩觀察。二公嗣皆持節海外。元穉則為天所棄。槁項蓬廬。今自顧身世。愈不相入。閉門戢影。窮愁著書。又皆蟲魚瑣屑。不適於用。對君彌滋愧矣。君等身著作。斯志外未出問世者又若干種。皆經學與余所趣不同者。遇為之也。余將為續遊。行有日矣。人情愈習。斯設施愈宏。君其勉乎哉。還以質之丕耀諸君子。海波蕩潏。北望故鄉。知晨夕翹首跂足。尚有如余之一人也。光緒癸巳暮春年愚弟閩縣王元穉拜跋

6.王元穉手書"檳榔嶼志略跋"(王元穉校改本)

7.福州長慶寺(西禪寺)法堂

**8.福州長慶寺(西禪寺)前廊謝德順偕弟德利、德泰敬獻的石刻龍柱**

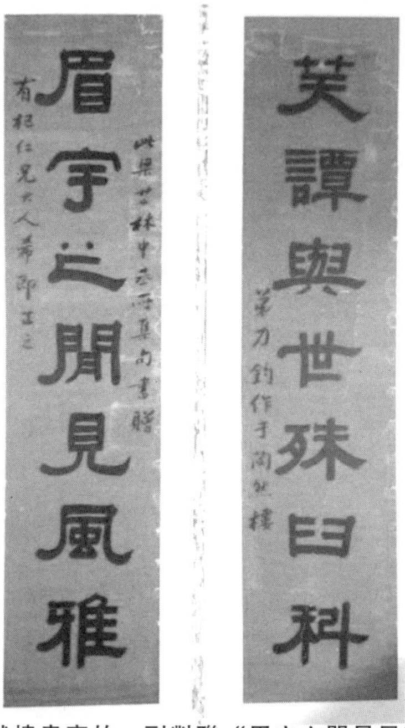


**9.力鈞在檳城陶然樓書寫的一副對聯:"眉宇之間見風雅,笑譚與世殊臼科"**

圖片來源:馬來西亞陳劍虹先生提供

**10.現存力鈞最早的照片(右一)**

資料來源:福州新聞網,2019 年 12 月 30 日 https://baijiahao.baidu.com/s? id=1654314673690664529&wfr=spider&for=pc

# 前　言

《檳榔嶼志略》一書的作者力鈞，字軒舉，號醫隱，福建永福芹漈（今福建省永泰縣白雲鄉樟洋村）人，生於清咸豐丙辰年（咸豐六年，1856 年）。力鈞早年在鄉習儒攻舉子業，兼修醫學，鑽研岐黄之術，治病救人，頗有醫名。清光緒五年（1879 年）考中秀才，光緒十五年（1889 年）參加鄉試以經策中舉。光緒十七年（1891 年）春，力鈞應新加坡華人富商吴世奇（吴壽珍）之邀，前往新加坡爲吴父（吴秀水）治病，藥到病除，酬答頗豐，延至吉隆坡、檳榔嶼等地游覽。東歸後，以其見聞編撰成《檳榔嶼志略》、《柔佛小志》、《吉德紀行》、《南游雜錄》等書，然惟有《檳榔嶼志略》排印刊行於世。力鈞回國後，應禮部宣召，赴京爲顯貴治病，醫名日顯。光緒二十三年（1897 年）赴日本考察，著《日本醫學調查記》。光緒二十九年（1903 年），入職商部，授保惠司郎中，移家京師。光緒三十二年（1906 年），受慶親王奕劻舉薦，力鈞進殿爲光緒、慈禧二宫診脈，一時隆寵優渥，官至商部主事兼太醫主事，賞加四品卿銜，遂有“御醫”之名。宣統二年（1910 年），力鈞隨公使赴英國參加喬治五世（George V）加冕典禮，得以游歷德、法、瑞士、奥、意、俄等國，系統考察西方各國先進醫學。1911 年 10 月“武昌起義”爆發時，力鈞曾避禍京城西南的析津，着手編著《崇陵脈案錄》。晚年，力鈞隱居京郊，專注醫學，指導長子力嘉禾編著藥書《靈驗本草》。民國十四年（1925 年）在北京去世，享年 70 歲。

力鈞《檳榔嶼志略》一書，據目前所知，有廈門大學南洋研究院圖書館藏的雙鏡盧集字板排印四冊十卷本（簡稱：廈大本）、福建師範大學圖書館館藏的集字板排印四冊十卷本（簡稱：師大本），以及孔夫子舊書網拍賣的王元穉的校改批註本（簡稱：王本）。相對廈大本和師大本而言，王本只有一冊，且未按先後秩序裝訂，依次爲卷二〈地輿志〉、卷一〈天文志〉、卷三〈使守志〉、卷四〈流寓志〉、卷五〈名勝志〉、卷六〈建置志〉、卷九〈食貨志〉，缺卷七〈風俗志〉、卷八〈藝文志〉，以及卷十〈叢談〉，所存各卷亦不完整，缺漏頁甚多，篇幅僅爲廈大本和師大本的二分之一不到。從現存各藏本排印的年代來看，師大本和王本首頁〈自序〉的落款均爲：“光緒辛卯（1891 年）冬十月朔永福力鈞序於福州塔影樓”，而廈大本的落款僅作：“永福力鈞自識”六字，未署年月和地點。據廈大本卷七〈風俗志〉中有載，光緒“壬辰（1892 年）冬，得晤楊遜志、茂才鴻儒”。卷九〈食貨志〉中有載，力鈞之父壯年時，“因脾痛吸鴉片烟止”，由是成癮者十年。“後服文忠公方而引（癮）斷，今年六十九矣”，而師大本則作“今年六十八矣”。此外，在師大本卷十〈叢談〉中說道：“王漢宗以其父墓志拓本見贈，文爲王明經某譔。輯志時遍檢不得，不知何時失落也。”而在廈大本卷十〈叢談〉中，不僅提到王漢宗已將“其父墓志拓本寄贈”，並且力鈞也已將該墓志銘節錄其要在書中。以上種種跡象表明，廈大本排印的時間應在師大本及王本的一年之後,即光緒“壬辰(1892 年)冬”。相較於師大本,廈大本雖在卷九〈食貨志〉中略有刪減,但在卷十〈叢談〉中卻增加了王漢宗之父王元清的墓志銘,以及薛福成《欽使出使四國日記》中有關檳榔嶼的記載,因而在篇幅上顯然更爲全面和完整,堪爲善本。

2011 年,在中國醫學科學院醫學信息研究所/圖書館王宗欣副研究館員的策劃下,由著名心血管病與老年醫學專家、中國中醫科學院教授、中國科學院陳可冀院士擔綱,開始着手主編《清代御醫力鈞文集》。他們在得知廈門大學南洋研究院藏有力鈞著作之一的《檳榔嶼志略》之後,誠邀南洋研究院科研人員參與力鈞著作的整理。因當時未見福建師大的藏本以及網上拍賣的王元穉校改批註本,故而僅能就廈大藏本進行點校整理,並作爲力鈞的非醫學類著作收入《清代御醫力鈞文集》,於 2016 年 8 月由國家圖書館出版社出版發行。2019 年 6 月,由學苑出版社呈報的《力鈞研究文獻全編》(以下簡稱《全編》),入選 2019 年度國家古籍整理出版專項經費資助項目。《全編》計畫出版 12 冊,其中影印文獻 4000 頁,點校整理文獻 80 萬字,今人研究的論文彙編約 40 萬字。承蒙《全編》執行主編王宗欣老師的厚愛和信任,再次將《檳榔嶼志略》點校整理列入《全編》第二冊之中。爲此,王宗欣老師特意提供了其千方百計搜集到的《檳榔嶼志略》福建師大藏本和網拍王元穉校改本之影印件。同年年底,在原有點校整理的基礎上結合師大本和王元穉校改本完成的校勘整理本,提交給《全編》編輯委員會交由學苑出版社出版。由於《全編》編輯出版計劃出於篇幅的全盤考慮,無法將《檳榔嶼志略》單獨成冊出版,殊感遺憾。爲此不揣學淺,勉力嘗試在《檳榔嶼志略》校勘本基礎上繼續對全書做一個較爲全面的注釋。前後歷時一年有餘,逐漸形成了校勘注釋本的雛形。再經反復修改完善之後交付廈門大學出版社,列入廈門大學東南亞研究中心系列叢書之“東南亞檔案、資料系列”中單獨成冊出版。

此次在對《檳榔嶼志略》進行校勘注釋時,除了以廈大本爲底本與師大本及王本相互校勘之外,還參照了(清)張煜南編撰的《海國公餘輯錄》(六卷,附雜著三卷)。該書作者張煜南(1851—1911 年),號榕軒,嘉應州(今廣東梅州)人。本爲儒生,後棄儒經商前往蘇門答臘謀生,與其弟張鴻南合資興辦墾殖公司及銀行等實業,富甲一方。後被荷印殖民當局聘爲蘇門答臘日里(棉蘭)甲必丹,負責管理當地的華僑事務。1895—1898 年,張煜南被清朝委任爲駐檳榔嶼副領事。在其權篆海國(檳榔嶼)公事之餘,注意搜集有關資料,輯成了《海國公餘輯錄》(六卷,附雜著三卷),有光緒二十四年(1898 年)嘉應張氏刊本、光緒二十六年(1900 年)刻本。其中,該書卷一題爲《檳嶼紀事本末》。據其〈自序〉中言,之所以“首紀檳嶼事,詳人所略,言不忘宦游地也”。其所撰之《檳嶼紀事本末》,按紀事本末體例,分門別類,依次詳述檳榔嶼之天時、地輿、始事、疆里、水程、形勢、生聚、仕宦、商賈、物產、食貨、餉稅、名勝、添設領事、過客游蹤、星使停輪、流寓詩歌。除耳聞目睹之外,其資料來源,諸如:《檳榔嶼紀略》、《貿易通志》、《瀛寰志略》、《夷情記略》、《檳榔嶼考》、《東行日記》、《出使四國日記》、《白臘紀略》等文獻,與力鈞《檳榔嶼志略》一書所引大抵相同。尤其是在該卷末的《檳榔嶼流寓詩歌》中，不僅輯錄了不少檳城華人的詩歌雜詠，可與力鈞在《檳榔嶼志略》一書中所引詩句相互參照印證者甚多，而且還提到“力永福（力鈞）游檳城歸，以詩送者十數人”，並擇錄了其中數首“雅健沉雄，以樹一幟”的送行詩作。本次校注，對於兩書中相關內容的不同之處，均以腳注形式在頁下注中加以說明。

力鈞在《檳榔嶼志略》卷十〈叢談〉中有載，福州怡山長慶寺（西禪寺）住持僧微妙禪師爲重修怡山長慶寺，曾先後三次親自前往檳榔嶼募緣，“所募計數萬金，亦可見諸善信好行其德矣”。清光緒十七年（1891年）辛卯八月，微妙禪師圓寂於檳城，“其徒負骨歸”。因此，力鈞於此卷中備錄了與檳城諸善信相關的“長慶寺石刻”，並期待“他日考古者，或有所採歟”！似乎冥冥之中，自有天意。福州怡山長慶寺位於福州西郊怡山之麓，創建於隋朝，現稱爲“福州怡山西禪寺”。本書的校注者之一，現任職於馬來西亞華社研究中心研究員的阮湧俰博士，在廈門大學南洋研究院攻讀博士研究生期間，曾親率本院數位馬來西亞留學生一同前往福州怡山西禪寺參訪考察。他們就力鈞在《檳榔嶼志略》一書中所記錄之“長慶寺石刻”，逐一進行實地的核查比對，發現有若干地方與力鈞書中的記載略有不同。在本次校注時，對其中的不同之處，亦均以腳注形式在頁下注中一一加以注明。

在本書的校注出版過程中，始終得到海內外有關機構、著名專家學者以及諸多熱心人的熱忱關注和大力支持，尤其是得到中國醫學科學院醫學信息研究所/圖書館王宗欣副研究館員，廈門大學東南亞研究中心、廈門大學國際關係學院/南洋研究院圖書館張長虹博士，馬來西亞華人史學家陳劍虹先生，馬來西亞砂拉越華族文化協會阮光安博士，廈門大學出版社資深編輯薛鵬志先生等的鼎力支持，爲此我們心存感激，謹此鳴謝！

陳劍虹先生、張長虹博士、朱慶博士爲本書的校注做了全面的審閱和補充，並提出許多寶貴的建議，我們對此深表謝意和敬意！至於本書校注中仍存在的錯誤與不足之處，則全部由本書校注者負責。

本書之校注出版，得到中國教育部人文社會科學重點研究基地——廈門大學東南亞研究中心的全額資助，在此謹致謝忱！

囿於學識與時間，本書之校注必有所誤，敬祈方家斧正！

# 校注説明

一、《檳榔嶼志略》目前所見的三個藏本均爲集字板排印，其中有不少異體字、俗字、當時通行的簡體字，本次校注徑改爲中國大陸現代規範的繁體字。

二、本次校注以廈大本爲底本，同時與師大本及王本相互校勘。原書的編排爲縱向、繁體字。本次點校改排爲横向，並按照中國大陸古籍整理慣例，以中國大陸現代規範的繁體字排印。

三、本次校注按照中國大陸古籍整理慣例，凡人名、地名、國名、年號等，皆施以專名綫。

四、本次校注中的校勘形式，置於正文每篇(卷)之後。校勘編號，每則自爲起訖。校語中均注明底本之闕誤，補改之依據。

五、本次校注中的注釋形式，以頁下腳注爲主，兼用隨文注。隨文注用於原書中一些需要加以説明之處，識以帶(　)的五號仿宋體字。

六、原書中的段落有欠規範之處，本次校注，酌情分段。

七、原書中的注文、作者按語，本次點校，皆以小四號楷體字區别之。

八、原書遇有排印疏失，如理據充足，且有校本可從，則做校改。

九、原書無標點，本次校注使用現今通行的標點符號。唯一要説明的是：校注本中的書名以雙書名號《 》標識，篇名則以單書名號〈 〉標識，個别容有變通。

十、原書中字跡不清、殘缺而又無法考訂的，用□表示。

十一、古體字、異體字、俗體字一律徑改，不另出校記。

十二、書後附有主要參考文獻，在注文中恕不一一識出。

十三、原書目録中各卷之下均有分節標題，然於正文各卷中則無標出。校注本在正文各卷中標出之分節標題，爲編者所加。特此説明。

# 目　　錄

附　錄



**檳榔嶼志略(廈大本)**

# 檳榔嶼志略

雙鏡廬集字板排印(一)

## 自　序(二)

海南群島①親歷其地而著書者，惟王柳谷②《海島逸志》、謝清高③《海録》。然王詳於葛羅巴④，謝亦惟蘇門答剌一隅爲確。蓋一人見聞有限，博採兼收，不無舛誤。

鈞⑤辛卯⑥南游至新嘉坡，晤領事左君秉隆⑦，出示《海南群島紀略》，擇精語詳，不朽大業(三)，駕王、謝二君上矣。借鈔數帙，資爲先路。每至一處，參以見聞。條記件繫，積稿滿篋。東旋後略爲刪補，成書數種，惟《檳榔嶼志略》較有頭緒。初擬録寫十數通，就正有道。家貧不能覓傭，書因用集字板排印(四)。

---

① 海南群島：即南洋群島，指東南亞各國。

② 王柳谷：王大海，字碧卿，號柳谷，福建漳州龍溪人。清乾隆四十八年(1783年)泛海至爪哇，先後在巴達維亞、三寶壠等地旅居十年，游蹤遍及爪哇北岸及馬來半島諸港口，歸國後將其游歷撰著成《海島逸志》一書。

③ 謝清高：生於1765年，卒於1821年，廣東嘉應州(今梅州市)程鄉(今梅縣區)金盤堡人。18歲時出洋謀生，在海上不幸遭遇風暴落海，幸被外國商船搭救，以後便隨外國商船遍歷南洋群島各地和世界各國。在航海十四年後，31歲的謝清高雙目失明，流居澳門，從事口譯以糊口。在此期間，謝清高口述海外各地各國所見所聞，由其同鄉舉人楊炳南筆録而成《海録》一書。

④ 葛羅巴：亦作噶喇吧、葛留巴、交留巴、加拉巴，均爲馬來語 Kelapa 之音譯，意爲椰子樹。據(清)程遜我《噶喇吧紀略》所載，印度尼西亞首都雅加達(Jakarta)"因其地多椰樹故名"。雅加達因此亦有"椰城"之稱。

⑤ 鈞：力鈞自稱。

⑥ 辛卯：清光緒十七年辛卯，公元1891年。

⑦ 左君秉隆：左秉隆(1850—1924年)，字子興、紫馨，號炎洲冷宦，祖籍遼寧瀋陽，正黄旗人，爲駐防廣州的旗人子弟。幼聰穎，15歲時爲廣州同文館首屆學生，能通英、法、德三國語言文字，擅詩書音律。光緒二年(1876年)任北京同文館副教習，兩年後隨曾紀澤出使英國，任三等翻譯官。光緒七年(1881年)出任清政府派駐英屬新加坡領事館領事官。連任三屆達十年之久，直到光緒十七年(1891年)後調任香港。光緒三十三年(1907年)九月，再度來新加坡出任清朝駐英屬新加坡總領事官，兼領檳榔嶼、馬六甲等處。宣統二年(1910年)九月任滿辭官後，仍留寓新加坡。1916年遷居香港，同年9月回廣州定居。1924年卒於廣州，享年76歲，葬於廣州北郊獅帶崗。左秉隆在擔任新加坡領事館領事官十年間，頗爲重視華僑的文化教育事業，倡立會賢社，開辦義塾，擴建書院，並纂輯有《海南群島紀略》、《檳榔嶼紀略》、《英國史記》、《南洋志略》、《勤勉堂詩抄》等書稿。

然嶼[1]地不過數百里，開闢不過百餘年，英自嘉慶中年商務徙新嘉坡，故中國使者日記，於嶼地多略，則欲求文獻之徵難矣。鈞居嶼僅三月，酬應煩雜，日無暇晷，考證未悉，採訪未周，體例未定，舛誤甚於王、謝二書，遠遜左領事所著者。惟望多識[2]君子匡所不逮，俾鈞知所更正，則幸甚矣！

光緒辛卯冬十月朔(五)永福[3]力鈞序(六)於福州塔影樓(七)

### 校勘

(一)雙鏡廬集字板排印：廈大本的後扉頁上有此句，而師大本及王本後扉頁上爲空白，闕此句。

(二)自序：廈大本缺此標題。師大本及王本均有"自序"標題，依補。

(三)不朽大業：廈大本缺，師大本及王本均有此句，依補。

(四)"初擬錄寫十數通，就正有道。家貧不能覓傭，書因用集字板排印"：廈大本缺，師大本及王本均有此二句，依補。

(五)光緒辛卯冬十月朔：廈大本缺，師大本及王本均有此句，據補。

(六)永福力鈞序：廈大本作"永福力鈞自識"，師大本及王本均作"永福力鈞序"，據改。

(七)於福州塔影樓：廈大本缺，師大本及王本均有此句，依補。

---

① 嶼：在本書中爲檳榔嶼之簡稱。

② 多識：師大本及王本均作"有道"。

③ 永福：福建省永泰縣的舊稱。唐朝永泰二年(766年)，析侯官縣西鄉、尤溪縣東鄉，以年號永泰爲縣名，置永泰縣。北宋崇寧元年(1102年)，因避宋哲宗永泰陵名諱，改名永福縣。元、明、清時期，一直沿用。民國三年(1914年)，因與廣西省永福縣重名，又恢復舊縣名永泰縣。

# 檳榔嶼志略　目錄

永福　力鈞初稿



① 西酋：師大本及王本作“夷酋”。

# 檳榔嶼志略　卷之一

永福　力鈞初稿

## 天文志

### 星　度

《使西紀程》[①]:嶼在赤道北六度。

《外國史略》[②]:北極出地五度二十五分,偏東一百度九分。

《檳榔嶼紀略》:嶼在赤道北五度二十四分十五秒,午綫東一百度零二十一分。

《檳榔嶼考》[③]:嶼在赤道北緯綫五度上十六分至三十分,經綫由英京[④]起算,偏東百度九分至二十五分,界我經綫偏西[⑤]十七度。

右(以上)星度

鈞案:以地球所當經緯定里數,自明崇禎五年英人那和得[⑥]始,迨今蓋三百年矣。然《紀程》言六度,舉度之成數。《史略》言五度二十五分,舉分之成數,實則同也。《紀略》言二十四分十五秒,就嶼地之適中者言。《嶼考》言十六分至三十分,統嶼地之首尾也。至經綫,《嶼考》言偏東百度九分至二十五分,《史略》言九分,則偏之偏者。《紀略》言二十一分,則偏之中者。

### 氣　候

《島夷志略》:檳榔嶼氣候熱。

---

① 《使西紀程》:爲清朝首任駐英國公使郭嵩燾於光緒二年(1876 年)年底前往英國赴任途中 50 天所記之行程日記。

② 《外國史略》:英國人馬禮遜等人撰述的世界歷史地理著作。《外國史略》是晚清早期一部由西洋人著述的重要世界歷史地理著述,也是魏源《海國圖志》(百卷本)所引用兩部西洋人著述的史地著作之一(另一部爲林則徐主持編譯的《四洲志》)。

③ 《檳榔嶼考》:(清)陳壽彭輯錄的一卷有關檳榔嶼的書稿,詳見本書卷八“藝文志”。

④ 英京:爲英國之首都簡稱,即指現今的倫敦(London)。

⑤ 西:原文如此。(清)張煜南《海國公餘輯錄》卷一之《檳嶼記事本末》作“四”。

⑥ 那和得:疑爲馬來語 Nakhoda 之音譯,意爲船長或船主,抑或指人名。

《外國史略》:檳榔嶼地氣和暖。

《檳榔嶼紀略》:天氣溫和,寒暑針自七十六度至九十度不等。

《檳榔嶼考》:島中氣候酷熱,寒暑針常至八九十度。幸有海風時吹,始見清爽。每月皆有雨,惟正、二兩月則否。按日晷在赤道上,每日晝夜皆平分,故無四時也。此島在五度上,夏、冬日晷所差,不過一刻耳。

鈞案:寒暑表,明萬曆二十八年英人[1]始創。

《海島逸志》:南洋[2]之地,天氣不寒,頻年如夏;百花暢茂,四季俱開。冬春之際,夜雨朝晴,此時景之艷陽可愛也。正月,諸處園林芙渠[3]、菊花、蜀葵[4]、茉莉、鳳仙、珠蘭,草木諸花並開。

右(以上)氣候

鈞案:南洋天氣,所謂四時皆是夏,一雨便成秋,二語特其概耳。由新嘉坡[5]至嶼,八、九月多風雨,謂之做春;由嶼至仰光[6],九、十月多風雨,亦謂之做春。各島皆有做春之語。大約南洋自八月至十一月爲春,自十二月至三月爲夏,自四月至七月爲秋。春多溫,夏多熱,秋多燥,惟無冬令耳。《志略》言熱,《嶼考》言酷熱,皆夏令也。《史略》言和暖,《紀略》言溫和,皆春令也。鈞至嶼適七月,時秋燥之氣尚未平耳。

---

① 寒暑表,明萬曆二十八年英人始創:按寒暑表的歷史記載,世界上第一支寒暑表誕生於1600年,由意大利人伽利略・伽利雷(Galileo Galilei)所發明。因此寒暑表並非由"英人"所創,而是"意大利人"。

② 南洋:指南中國海及周圍一帶海域,爲明清以來中國對東南亞地區的稱呼,包括中南半島、馬來半島、馬來群島等地。

③ 芙渠:亦稱芙蕖,荷花的別稱。

④ 蜀葵:錦葵目錦葵科二年生直立草本植物,又稱一丈紅、大蜀季、戎葵。原產於中國四川,故名曰蜀葵;又因其高達丈許,花多爲紅色而名爲一丈紅。

⑤ 新嘉坡:亦作星加坡、新架坡、星洲,即今之新加坡(Singapore)。該名稱源自梵文 Sinhapura 或 Singapura,意爲"獅子城"。

⑥ 仰光:古稱"大光",(明)茅元儀《武備志・鄭和航海圖》作落坑;(清)黃楙材《西輶日記》和(清)王芝《海客日譚》作漾貢,或冷宮;(清)謝清高《海錄》作營工,皆爲 Rangoon 之音譯。1756年,緬王雍籍牙在此消滅孟族軍隊後,將"大光"改爲仰光(Yangon),意爲"勝利之城"。第二次英緬戰爭(1852年)後,英國人於1855年將緬甸首都從曼德勒移往仰光,並以此作爲緬甸進出口商品的主要港口,由是遂發展成緬甸最大的海港城市。1948年緬甸獨立後,仰光定爲首都。2005年,緬甸首都遷至內比都(Naypyidaw)。

# 時　令

## 元　日

童念祖〈檳城雜詠詩〉

爆竹聲喧競賀春，番人注目看唐人[①]。
碹星戒指[②]金腰袋，洞葛[③]巢幖[④]簇簇新。

原注：籐木短杖，名洞葛；竹笠，名巢幖。

## 元　宵

童念祖〈檳城雜詠詩〉

拾將石子暗投江，嫁好尪[⑤]來萬事降。[⑥]
沙郎水幔[⑦]朱木屐，元宵踏月唱蠻腔。

原注：元宵婦女出游，諺云拾石子暗投江。嫁好尪，俗謂夫爲尪。

林詒甘〈元宵話舊詩〉

知己天涯有幾人，相逢何況正新春。
燈前月下花如海，相對無言各愴神。

## 清　明

林振琦〈清明掃墓詩〉

淒風苦雨哭聲紛，兒女提壺祭掃勤。

---

① 唐人：海外華僑華人的自稱。按（宋）朱彧《萍洲可談》（卷二）記載："漢威令行於西北，故西北呼中國爲漢；唐威令於東南，故蠻夷呼中國爲唐。"

② 碹星戒指：閩南話，意爲鑽石戒指。

③ 洞葛：閩南話，意爲手杖，爲馬來語 Tongkat 之音譯。

④ 巢幖：爲馬來語 Topi 之音譯，指竹編笠帽。

⑤ 尪：閩南話音 ang，指丈夫。

⑥ 拾將石子暗投江，嫁好尪來萬事降：如今相關活動已演變成"丟柑嫁好尪"，並成爲馬來西亞華人社會重要的文化活动之一。每逢元宵節，馬來西亞許多地方就會舉辦"拋柑儀式"活動，由未婚女子拋柑，以求能得到好丈夫；未婚男子則是負責撈柑，以求能得到好姻緣。

⑦ 沙郎水幔：原文如此。《海國公餘輯錄》卷一之《檳嶼記事本末》作"水幔沙郎"。沙郎：爲馬來語 sarong 之音譯；水幔：通常指毛巾，也指紗籠。

剔盡蓬蒿尋短碣，荒山無處覓遺墳。

## 上　巳[①]

### 李秩軒〈檳城三月三日即事詩〉

聞道春將暮，良明約祓除。
殘烟黏細草，初日蘸清渠。
大海多停舶，平原任騁車。
雲飛休羨鳥，水樂亦知魚。
佳節都依舊，他鄉足自娱。
故園二三子，惜別意如何？

## 端　午

### 李秩軒〈檳城端午感懷詩〉[②]

中原競渡鼓旗紛，地僻風殊寂不聞。
兒女當知忠孝事，酒詩聊慰醉吟魂。[③]
多糜國帑開船局，定有舟師壯海軍。
群島瓜分如戰國，彼蒼應産孟嘗君。

## 七　夕

### 李香雲〈檳城七夕詩〉

苦恨年年惜別身，蠶桑煩瑣總勞神。
天錢十萬終難補，更有何心巧乞人。

### 林振琦〈檳城七夕詩〉[④]

瓜棚笑語正酣嬉，七孔針穿五色絲[⑤]。

---

① 上巳：又稱祓禊、修禊、禊祭，或者單稱禊，屬於古代習俗，定於農曆三月初三日。舊時主要是在水邊洗濯污垢，祭祀祖先。魏晉時期，發展成了水邊飲宴、郊外游春的節日，如高禖、祓禊、曲水流觴、會男女、蟠桃會等活動。

② 李秩軒〈檳城端午感懷詩〉：原文如此。《海國公餘輯錄》卷一之《檳嶼記事本末》作“張黻廷端午詩”。

③ 兒女當知忠孝事，酒詩聊慰醉吟魂：原文如此。《海國公餘輯錄》卷一之《檳嶼記事本末》作“我且從談盧肇事，人誰作弔屈原文”。

④ 林振琦〈檳城七夕詩〉：原文如此。《海國公餘輯錄》卷一之《檳嶼記事本末》作“梁芷芳七夕律詩”。

⑤ 七孔針穿五色絲：原文如此。《海國公餘輯錄》卷一之《檳嶼記事本末》作“七孔穿針乞巧兒”。

天上奇緣開色界，人間佳話種情癡。[①]
星光月色都如昨，雨意雲情卻可疑。[②]
恨煞村雞聲四沸[③]，無多歡會又將離。

謝兆珊〈檳城七夕有懷詩〉

瓜果陳香瀣，雲羅掩洞房。
穿鍼纖手瘦，窺鏡畫眉長。
天上圖歡會，人間愴別腸。
雙星猶耿耿，兩地各相望。

康慕文〈七夕感懷句〉

知交零落中年感，別淚蒼茫兩地彈。

## 中　元

一云：祀孤節。是日，家家供養數百品，豬羊以十計，鷄鵝鴨以百計，而果品等亦高與簷齊。英例，門外不得列几筵、焚紙錢，惟祀孤節無禁。

林香雲〈祀孤節詩〉

一例盂蘭會[④]，閩南異粵東。
兩行游子淚，萬里故鄉風。
香火沿途爇，牲牷列俎豐。
有家歸未得，醉裏夢矇矇。

僧心光〈檳城盂蘭會經壇即事詩〉

經壇西畔夕陽斜，歷歷檳城幾萬家。
樓閣高搴雲樹外，關山遙度海天涯。
十年心跡如明月，一霎浮生等落花。
我向窮邊開眼界，且將禪夢託烟霞。

---

① 天上奇緣開色界，人間佳話種情癡：原文如此。《海國公餘輯錄》卷一之《檳嶼記事本末》作"天上何曾開色界，人間多事種情癡"。

② 星光月色都如昨，雨意雲情卻可疑：原文如此。《海國公餘輯錄》卷一之《檳嶼記事本末》作"拋梭不管機聲斷，伴月猶憐鬢影欹"。

③ 沸：原文如此。《海國公餘輯錄》卷一之《檳嶼記事本末》作"起"。

④ 盂蘭會：亦稱"盂蘭盆會"。"盂蘭盆節"，節期在每年農曆七月十五日，亦稱"中元節"、"七月半"，有些地方俗稱鬼節、祀孤節、地官節等。此節日既是古人祭祀祖先的日子，也是佛教徒舉行齋僧、拜懺、放焰口等活動，以超度祖先及餓鬼道眾生的法會。

## 中　秋

謝昌年[①]〈八月十五夜旅懷詩〉

醉餘翻覺此生浮，秋[②]水長天不盡愁。
遠[③]岸疏燈千里目，高樓短笛一聲秋。
書回故國無黄耳，客滯他鄉易白頭。
十二闌干頻徙倚，無端發興悔南游。

魏望曾〈檳城中秋詩〉

女伴如雲捉[④]月華，車聲纔歇屐聲譁。
西來門戶開三島，南服屏藩萃萬家。
名士無聊同畫餅，海天何處好乘槎。
思親最怕逢佳節，忍聽夷歌雜暮笳。

## 重　陽

李秩軒〈檳城登高詩〉[⑤]

天風吹我出塵埃，海外登高眼界開。
詰屈蛇盤峰屢轉，縱横羊卧石成堆。
舉頭紅日臨群島，繞足青雲擁古臺。
萬里家山杳無際，陶然共醉菊花杯[⑥]。

林樹齋〈登高詩〉

九月南天未入秋，葛衣葵扇入山游。
樓臺縹緲疑三島[⑦]，雲樹蒼茫俯十洲[⑧]。
古木陰中初日漏，懸崖斷處暮烟浮。

---

① 謝昌年：字引之，又字椿伯，號壽田，一作壽恬，別署匱翁，浙江嘉興人。清光緒丙戌(1886年)進士，官至戶部主事。詩文之外，兼善山水畫，尤擅水墨梅。著有《匱園集》。

② 秋：原文如此。《海國公餘輯錄》卷一之《檳嶼記事本末》作"遠"。

③ 遠：原文如此。《海國公餘輯錄》卷一之《檳嶼記事本末》作"隔"。

④ 捉：原文如此。《海國公餘輯錄》卷一之《檳嶼記事本末》作"待"。

⑤ 李秩軒〈檳城登高詩〉：原文如此。《海國公餘輯錄》卷一之《檳嶼記事本末》作"梁芷芳登高詩"。

⑥ 陶然共醉菊花杯：原文如此。《海國公餘輯錄》卷一之《檳嶼記事本末》作"兄弟應醉菊花杯"。

⑦ 三島：指神話傳說中的蓬萊、方丈和瀛洲三座漂浮在海上的仙島。亦泛指仙境。

⑧ 十洲：古代傳說中仙人居住的十座島，分別爲祖洲、瀛洲、聚窟洲、玄洲、炎洲、長洲、元洲、流洲、生洲、鳳麟洲。據《海內十洲》記載，十洲俱在巨海之中，及人跡稀絶處，爲仙人所住處。

到無人處澄心坐，雲自漫空水自流。

楊毓寅〈檳城重陽詩〉

異地重陽自不同，登高望遠意無窮。
思親淚灑沾衣雨，舒嘯聲回落帽風。
旅夢有時迷睡蝶，家書何處寄歸鴻。
西來機事多奇巧，安得公輸①削木工。

## 冬　至

李秩軒〈檳城冬至詩〉②

南荒冬日已春風，簇簇蠻花照眼紅。
喜見異鄉時祭禮，家祠燕笑敘同宗。

## 除　夕

林振琦〈檳城除夕詩〉

家家爆竹響晴空，送舊迎新意不同。③
萬里愁牽帆影外，一年事盡漏聲中。
祭詩虛度他鄉日④，守歲猶存故國風。
相約明朝團拜去，兒童笑語畫堂東。

右（以上）時令

鈞案：英人不置閏，月二十八九日至三十一二日無定，以建子之月⑤爲歲首，正月朔在冬至後。若巫來由⑥、吉林⑦諸番，其時令尤異，詳拙著《南洋番俗考》。茲錄中國流寓諸君所作詩，分繫時令，下見我朝天下一家，正朔猶行於海外也。

---

① 公輸：公輸班（公元前507—前444年），春秋時期魯國人，姬姓，公輸氏，名班，人稱公輸盤、公輸般、班輸，尊稱公輸子，又稱魯盤或魯般，慣稱“魯班”。中國建築業鼻祖和木匠業鼻祖。

② 李秩軒〈檳城冬至詩〉：原文如此。《海國公餘輯錄》卷一之《檳嶼記事本末》作“張黻廷冬至詩”。

③ 家家爆竹響晴空，送舊迎新意不同：原文如此。《海國公餘輯錄》卷一之《檳嶼記事本末》作“光陰彈指去匆匆，爆竹驚人沸地紅”。

④ 祭詩虛度他鄉日：原文如此。《海國公餘輯錄》卷一之《檳嶼記事本末》作“祭先不廢他鄉日”。

⑤ 建子之月：指農曆十一月。

⑥ 巫來由：爲Melayu之譯音，亦譯作馬來由，意爲馬來人。在清代以前的中國史籍文獻中有“末羅喻”、“麻里予兒”、“穆剌油”等多種譯名。在清代的一些史籍中，多有將Melayu譯爲“無來由”、“巫來油”或“穆拉油”等。例如，（清）李鍾珏《新嘉坡風土記》中有云：“巫來由人，通謂之土人，有書作‘穆拉油’者。閩廣人讀無爲莫之去音。故巫亦讀‘穆’。”而馬來西亞的馬來人亦一向自稱爲“巫來由人”（Orang Melayu）。

⑦ 吉林：又稱吉寧、吉寧仔，指來自印度東海岸的羯陵伽（Kalinga或Keling）人。

# 檳榔嶼志略　卷之二

永福　力鈞初稿

## 地輿志

### 故　實

《梁書》:扶南[①]以南入海中爲頓遜國[②],其西爲盤盤國[③],又西南爲丹丹國[④]。海中有毗騫國[(一)],去扶南八千里,又西南爲干陁利[⑤]。干陁利國在南海洲上,其俗與林邑[⑥]、扶南略同,出班布[⑦]、吉貝[⑧]、檳榔。天監[⑨]中,其王遣使貢獻方物。干陁利之西南,爲海中獅子國[⑩]。

---

① 扶南:爲東南亞古國之一,又稱夫南、跋南。自公元一世紀建國,至公元七世紀爲真臘所滅。強盛時的扶南國土較爲廣大,大致相當於當今的柬埔寨全部國土、老撾南部、越南南部和泰國東南部一帶。

② 頓遜國:爲東南亞古國之一,又稱典遜。據《梁書》記載,公元六世紀初,頓遜國爲扶南屬國之一。其故地或以爲在現今緬甸丹那沙林(Tenasserim),或以爲在今泰國南部的那空是貪瑪叻(Nakhon Si Thammarat)一帶。

③ 盤盤國:爲東南亞古國之一,一般認為其故地位於現今泰國南萬彎(Ban Don)沿岸一帶。

④ 丹丹國:爲東南亞古國之一,一般認為其故地位於現今馬來西亞的吉蘭丹(Kelantan)一帶。

⑤ 干陁利:爲東南亞古國之一,爲梵文 Kandari 的譯音,又作干陀利、斤陀利、近陁利等名稱。《梁書・海南諸國列傳》和《南史・西南夷列傳》有專條記述。約在公元五世紀中期至六世紀中期,與中國建立友好關係。公元七世紀中葉,干陁利遭三佛齊取代。至于其故地有兩種說法,一說在印度尼西亞蘇門答臘島的巴領旁(Palembang)一帶;另一說在馬來半島,或認爲即吉打的泰米爾文 Kadaram 的譯音。

⑥ 林邑:爲東南亞古國之一,故地現在今越南中部。秦漢時期爲象郡象林縣地。中國史籍初稱爲林邑,公元九世紀後期改稱占城。

⑦ 班布:亦作斑布,一種染以雜色的木棉布。

⑧ 吉貝:梵文棉花 karpasa,馬來文木棉 kapok 之音譯。爲木棉科吉貝屬落葉高大喬木,原產於印度、緬甸等地,在南亞和東南亞有著悠久的栽培歷史。用木棉花絮爲紡織原料的織品稱爲木棉布或吉貝布。

⑨ 天監:指南北朝時期梁武帝蕭衍的年號(502—519 年)。

⑩ 獅子國:亦作師子國、僧伽羅國,源自梵語古名 Simhalauipa(馴獅人),爲斯里蘭卡(Sri Lanka)的古代名稱。《法顯行傳》作師子國,《梁書》稱爲獅子國,《大唐西域記》則稱爲僧伽羅國,《大唐西域求法高僧傳》稱作師子國、師子洲。

鈞按：魏源①云頓遜在扶南三千里斗入海中，爲柔佛②等地無疑。毗騫(二)去扶南八千里，當是婆羅大洲③。干陁利在其西南，當爲今下港④。而狼牙修⑤又在其西南，當爲今葛留巴之小爪哇⑥，則正與婆利⑦之爲蘇門島⑧相接，地勢無一不合矣。《明史》以狼牙修爲印度南之師子國，又以干陁利爲三佛齊⑨，與婆利合爲一島，皆與史不合。甚至以蘇門答剌爲條支⑩、大食⑪、波斯⑫之地，則更無足辯矣。魏氏以頓遜爲柔佛等地是矣，以干陁利爲下港，與《明史》以干陁利爲三佛齊，其誤均也。《梁書》云：國在南

---

① 魏源：名遠達，字默深、墨生、漢士，號良圖，湖南省邵陽市隆回縣司門前(原邵陽縣金潭)人，清代啓蒙思想家、政治家、文學家。一生著述頗豐，代表作有《聖武記》、《海國圖志》等。

② 柔佛：Johore，地處馬來半島最南端，北部毗鄰馬六甲、森美蘭和彭亨州，東面爲南中國海，西面爲馬六甲海峽，南面隔柔佛海峽與新加坡相鄰。現爲馬來西亞的柔佛州。

③ 婆羅大洲：又稱婆羅洲，爲 Borneo 之音譯。又稱波爾匿何、浡泥、勃泥、婆利、婆羅洲、婆羅等名稱，印尼則稱作加里曼丹島(Kalimantan Island)。現全境由印尼、馬來西亞及汶萊三國管轄。

④ 下港：據(明)張燮《東西洋考》所載："下港即闍婆，在南海中者也。亦名社婆，至元始稱爪哇，今下港正彼國一巨鎮耳，舶人亦名順塔。"即現今印度尼西亞西爪哇萬丹省，或泛指爪哇島西北岸一帶。

⑤ 狼牙修：爲 Langkasuka 的音譯，古代東南亞的印度化國家之一。在中國古籍文獻中又作"稜伽修"、"狼牙須"、"迦摩浪迦"、"郎伽戍"、"郎伽"、"淩牙斯加"、"龍牙犀角"、"狼西加"。狼牙修國約在公元二世紀前後興起於馬來半島的吉打一帶，至六世紀，其領土已涵蓋了馬來半島北部，包括現今馬來西亞的玻璃市、吉蘭丹、吉打及泰國宋卡、北大年一帶的地方。七世紀之後，狼牙修的勢力開始衰退，其領地先後被室利佛逝、注輦、暹羅及滿者伯夷控制。宋明時期，狼牙修的領土似乎局限於北大年一帶，即《鄭和航海圖》中的"狼西加"。

⑥ 小爪哇：按(清)魏源《海國圖志》記載："葛留巴，即小爪哇也，一作交留巴，一作加留巴"。爲現今印度尼西亞雅加達。

⑦ 婆利：其故地眾說不一，一說爲今印尼的巴厘島(Bali)；一說爲 Borneo 之音譯，又稱波爾匿何、浡泥、勃泥、婆羅大洲、婆羅洲、婆羅等名稱，印尼則稱作加里曼丹島(Kalimantan Island)。

⑧ 蘇門島：爲印度尼西亞蘇門答臘島之簡稱。古名源自梵文 Suvara Dvīpa，爲"黃金島"之意。

⑨ 三佛齊：爲東南亞古王國之一，梵文爲 Sri Vijaya，爪哇語爲 Samboja。發源於現代蘇門答臘的巨港(Palembang)附近，又稱室利佛逝、佛逝、舊港。三佛齊國約七世紀中葉在蘇門答臘島取代干陁利國，八世紀中葉後，進一步將其勢力擴張至馬來半島及巽他群島的大部分地區，控制了馬六甲海峽南北端。鼎盛時期，三佛齊在東南亞佔據主導地位，其勢力甚至伸展至現今泰國六坤(Ligor)一帶，蘇門答臘和馬來半島的許多政權都向三佛齊稱臣，成爲其附屬國。13 世紀中葉，三佛齊遠征細蘭(今斯里蘭卡)，使得國力漸衰，最終爲在爪哇興起的滿者伯夷(Majapahit)王朝所兼併。到 15 世紀初，三佛齊在馬來半島的勢力亦因滿剌加王國(今馬六甲)的興起而削弱，最終走向滅亡。

⑩ 條支：爲西亞古國之一，在今伊拉克境內底格里斯河(Dijla)和幼發拉底河(Euphrates)之間。據說爲塞琉古(塞琉卡斯)王國建立。

⑪ 大食：爲波斯語 Tazi 的音譯，又譯作"大石"或"大寔"。原爲伊朗對阿拉伯一部族之稱，後爲中國唐、宋時期對阿拉伯人、阿拉伯帝國的專稱和對阿拉伯、伊朗穆斯林的泛稱。按其民族服裝顏色分爲：白衣大食、黑衣大食、綠衣大食三種。中國史書，如《通典》、《舊唐書》、《新唐書》、《唐會要》、《宋史》、《遼史》、《資治通鑒》等，均稱阿拉伯帝國爲大食國，西歐則將其稱作薩拉森帝國。大食國約有 600 多年的歷史，歷經四大哈里發時期(632—661 年)、倭馬亞王朝(661—750 年)、阿拔斯王朝(750—1258 年)的統治。1258 年，被蒙古帝國西征統帥旭烈兀所滅。

⑫ 波斯：爲西亞的古國之一。亦稱波斯剌，即現今的伊朗。《大慈恩寺三藏法師傳》作"波剌挐斯"，《廣輿圖全書》作"波斯國"。

海洲上。以《説文》水中可居曰洲，考之下港非在水中，而檳榔嶼則水中可居者。且干陁利在梁[①]已産檳榔，嶼以檳榔名或以此歟？

《島夷志略》：勾欄山[②]，嶺高而林密，田瘠穀少，氣候熱，俗射獵爲事。至元初，軍士征闍婆[③]，遭風於山，輒損舟，一舟倖免。見此山多木，故於其地造舟十餘隻，飄然長往。有病卒百餘人不能去，遂留山中。今唐[④]番雜居。

《明史》：麻葉甕[⑤]，在西南海中。永樂三年十月，遣使齎璽書賜物招諭其國，其酋長迄不朝貢。自占城[(三)]靈山[⑥]放舟，順風十晝夜至交欄山，其西南即麻葉甕。山峻地平，田膏腴，收穫倍他國。交欄山甚高，廣饒竹木。元史弼[⑦]、高興[⑧]伐爪哇，遭風至此山下，舟多壞，乃登山伐木重造，遂破爪哇。其病卒百餘，留養不歸，後益蕃衍，故其地多華人。

鈞按：魏源云交欄山爲往大爪哇[⑨]、婆羅洲[⑩]必由之路。又山高壤沃，似即新埠[⑪]之地是。

《檳榔嶼考》：據英國舊史，檳榔嶼又名毋呵老王子島[⑫]。毋呵老[⑬]，黑人也，本巫來由種。元末入英，拜英王行毋利第三[⑭]爲誼父。[⑮]英人於是始知有南洋各島，以其名名

---

① 梁：指梁朝(502—557年)。

② 勾欄山：又稱交欄山，即今印度尼西亞加里曼丹島西南岸外的格蘭島(Pulau Gelam)。

③ 闍婆：爲東南亞古國之一，又稱闍婆婆達、闍婆洲、闍婆娑州、訶陵、社婆、莆家龍、闍婆達、爪哇、萬丹或下港。今印度尼西亞爪哇島。

④ 唐：指唐人，海外華人的自稱。

⑤ 麻葉甕：亦作麻葉凍、麻逸凍。《大清一統志》記載："麻葉甕，在西南海中，又名麻葉凍。"一般認爲麻葉甕、麻逸凍是指勿里洞島(Pulau Belitung)。1812年，英國一度佔領勿里洞島。1824年，英國根據英荷條約放棄對該島的所有要求。印度尼西亞獨立後，該島成爲印度尼西亞的一部分。

⑥ 靈山：爲越南中部海岸富慶省檳檜灣達約港。

⑦ 史弼：元朝征爪哇將軍。

⑧ 高興：元朝征爪哇將軍。

⑨ 大爪哇：即今印度尼西亞的爪哇(Java)島。

⑩ 婆羅洲：爲馬來語Borneo之音譯，又稱婆羅大洲。詳見前注。

⑪ 新埠：此指檳榔嶼。檳榔嶼之被稱爲"新埠"，緣於1786年英國東印度公司萊特(Francis Light)船長在該地登岸並建立殖民地，成爲當時英國人在東南亞新開闢的第一個貿易據點。

⑫ 王子島：全稱爲"威爾斯王子島"，源自英國殖民檳榔嶼初期，將檳榔嶼之爲Prince of Wales Island，中文又譯爲"威爾斯親王島"。

⑬ 毋呵老：據張禮千在《釋檳榔嶼》一文中解釋，毋呵老乃是Maharaja之對音，意爲"大王公"之意。南海土酋以此爲名者，不可勝數。

⑭ 行毋利第三：英國國王亨利三世(Henry Ⅲ)，金雀花王朝的第四位英格蘭國王(1216—1272年在位)。元朝(1271—1368年)末期，英國國王爲愛華德三世(Edward Ⅲ，1327—1377年在位)，並非文中所指的"行毋利第三"。

⑮ 有關毋呵老於元末入英，拜英王行毋利第三爲誼父的說法，仍有待考究。

此島，蓋不忘毋呵老之功也。①

右(以上)故實

鈞案：南洋各島皆有故實可考。吉德②本小國，檳榔嶼又吉德屬島，故載籍少見。魏默深先生謂，檳榔嶼即元 勾欄山、明 交欄山，誠精於輿圖也。然以地勢揆之，則《梁書》干陁利當屬檳榔嶼。③故首錄之，俟考得實。凡傳記所紀干陁利事，當再補入。若《英國史》所載毋呵老事，雖荒遠無可稽，然安知非梁之所謂干陁利耶？因附於後。

## 始　事

《貿易通志》：英吉利本國止産錫、銅、煤炭，然其國人奸利爭勝，精技藝，治船械，不憚險遠，最大之埠頭，如新堡④等處。

鈞案：新堡，即新埠。

《外國史略》：英吉利因本國人稠地狹，開新埠，大興貿易。

《英夷說》：英吉利者，昔以其國在西北數萬里外，距粤海極遠，似非中國切膚之患。今則駸駸⑤移兵而南，凡南洋瀕海各國，遠若明呀剌⑥、曼達剌薩⑦、孟買⑧等國，近

---

① 張禮千《釋檳榔嶼》一文中提及，英國人之所以知道檳榔嶼，源自 1592 年 6 月英國航海家蘭凱斯特(Lancaster)經過蘇門答臘北部後，發現 Pulau Pinaon，即現今的檳榔嶼，並駐紮此地等候季候風的轉變，至 9 月繼續南航。

② 吉德：又稱吉礁，爲吉打(Kedah)的舊稱。

③ 干陁利當屬檳榔嶼：干陁利故地有兩種說法，一說在印度尼西亞蘇門答臘島的巴領旁一帶；一說在馬來半島，或認爲即吉打的泰米爾文 Kadaram 的譯音。因此，此處所謂干陁利爲檳榔嶼的說法有待商榷。

④ 新堡：此指當時英國東印度公司在東南亞新開闢的貿易據點檳榔嶼。

⑤ 駸駸：指急促或匆忙之意。

⑥ 明呀剌：爲 Bengal 之音譯。《諸蕃志》作鵬茄囉，《島夷志略》作朋加剌，《瀛涯勝覽》作榜葛剌國、《西洋朝貢典錄》作彭加剌，《海錄》作明呀喇，亦譯作孟呀剌、孟阿臘、孟加臘、孟加剌、旁葛拉等名稱，現譯作孟加拉。其地瀕臨孟加拉灣，包括今孟加拉及印度西孟加拉邦等地，爲英國東印度公司早期的殖民地之一，當時的首府爲加爾各答(Calcutta)。

⑦ 曼達剌薩：又作襪達剌沙、麻打拉薩、麻得拉士、麻拉薩、馬達剌、曼噠喇薩、馬達拉斯達。(清)徐繼畬《瀛寰志略》作麻打拉薩；(清)薛福成《出使日記續刻》作麻拉薩。指馬德拉斯(Madras)，即現今的金奈(Chennai)，位於南印度東岸的一座城市，地處烏木海岸，緊鄰孟加拉灣。17 世紀，在英國統治下，該城市發展成爲印度南部重要的商業和行政中心以及海軍基地。

⑧ 孟買：現稱 Mumbai，舊稱 Bombay，印度西部濱海城市，現今印度第一大港口，棉紡織中心，馬哈拉斯特拉邦首府。現在的孟買起初是由七座小島組成的一組群島，稱爲孟買七島(Seven islands of Bombay)，位於馬哈拉斯特拉邦西海岸外的撒爾塞特島(Salsette Island)，面臨阿拉伯海(Arabian Sea)。早在 16 世紀葡萄牙人到達這一地區時，他們給這個地方起過很多名稱，最終固定爲 Bombaim，在今天的葡萄牙語中仍很常用。到 17 世紀英國人統治該地後，改稱爲 Bombay。不過在馬拉地語和古吉拉特語中稱爲 Mumbai 或 Mambai，在印地語、烏爾都語和波斯語中則稱爲 Bambai。1995 年，該市名稱被正式改爲 Mumbai，但舊稱 Bombay 仍被該市一些居民和著名機構所廣泛使用。

若吉蘭丹、丁加羅[①]、柔佛、烏土國[②]，以及三佛齊、葛留巴、婆羅[③]諸島，皆爲其所脅服，而供其賦稅。其勢日盛，其心日侈，豈有厭足之日哉？近粵洋海島有名新埠者，英夷以強力據之。

鈞案：《通志》言英吉利止産錫、銅、煤炭。《史略》言英吉利人稠地狹。《英夷説》言其國在西北數萬里外，是特貧弱僻遠一小邦耳。然而精技藝，治船械，大興貿易，凡南洋瀕海各國，皆爲所脅服。雖富強之術，儒者不道。然合而觀之，可以知致此之由矣。

《海錄》：檳榔嶼，英吉利於乾隆年間開闢者，在沙剌我[④]西北大海中，一山獨峙。

《英吉利記》：國俗急功尚利，以海賈[⑤]爲生。凡海口埠頭有利之地，咸欲爭之。於[⑥]是精修船礮[⑦]，所向加兵。南海[⑧]中島嶼，向爲西洋各國所據者，英夷皆以兵爭之，而分其利[⑨]。乾隆末已雄海外，嘉慶中益強大。凡所奪之地，曰新埠，此海中島嶼也。

《夷情記略》：英吉利國，前明始大，乾隆四十年間創立公司。公司者，國中富人合本銀設公局，遇有可乘隙，即用大礮兵船佔踞。海口設夷目[⑩]爲監督，以收出入稅。先後得有孟剌甲[⑪]、新埠、新嘉坡等處。

鈞按：《四裔編年表(四)》：乾隆四十年，美人推華盛頓爲大將[⑫]。《記略》言是年創立公司，蓋英不得逞志於美，遂圖南洋。使南洋有如華盛頓其人者，不知英更何如也。

《外國史略》：檳榔嶼前本荒島。乾隆五十年，英國公班牙[⑬]買爲船廠。

《檳榔紀略》：乾隆五十一年丙午七月十七日，爲嶼開埠之期。[⑭]

《萬國地理全圖》：檳榔嶼對面沿海地方，又歸英國轄。

---

① 丁加羅：爲 Terengganu 之音譯，現今馬來西亞登嘉樓州。

② 烏土國：爲東南亞古國之一，現今的緬甸。

③ 婆羅：婆羅洲(Borneo)之簡稱。

④ 沙剌我：爲 Selangor 之音譯，現今的馬來西亞雪蘭莪。

⑤ 海賈：指海商之意。

⑥ 於：原文如此。《海國公餘輯錄》卷一之《檳嶼記事本末》作“以”。

⑦ 礮：通“炮”，即大炮之意。

⑧ 南海：泛指今東南亞一帶及其海域(略當南洋一詞)，甚至遠至印度洋的海域。

⑨ 利：原文如此。《海國公餘輯錄》卷一之《檳嶼記事本末》作“地”。

⑩ 夷目：“目”爲頭目之意，應指外國人的頭目。

⑪ 孟剌甲：爲 Melaka 與 Malacca 之音譯，現今馬來西亞馬六甲州。

⑫ 美人推華盛頓爲大將：原文如此。據(清)李鳳苞彙編的《四裔編年表》爲“美人推若爾日華盛頓爲大將”。

⑬ 公班牙：爲 Company 的音譯，乃是“公司”的意思。此處指的是英國東印度公司(British East India Company)。

⑭ 按書蠹《檳榔嶼開闢史》記載，清乾隆五十一年(1786 年)丙午七月十七日，由格雷少佐(Mr Gary)率領水兵於關仔閣(Penagger)，即現今喬治市(George Town)登岸，並在當地闢叢林，斫榛莽，以清道路。

《吉德紀略》:乾隆五十一年丙午,吉德既以檳嶼[①]讓英後,十四年復以威省[②]割歸英國。前後兩次,皆未奏聞暹[③]王。王怒,於道光元年辛巳興師問罪,奪其疆土。吉酋懼,逃往檳嶼。

鈞案:暹羅一小國耳,猶能興問罪之師,惜無爲之援者。考《四裔編年表》:嘉慶二十五年,英主根的丟克義德瓦[④]卒。道光元年,若爾日第四[⑤]嗣立,國人輕之[⑥]。暹羅蓋亦覩釁而動耳,不然,吉德以檳榔嶼讓英,已三十五年矣;以威省歸英,已二十一年矣。遲之又久,興師問罪,豈無故哉?

《檳榔嶼考》:英人失美利堅[⑦]而得東印度[⑧],遂注意而東。乾隆丙午,有船主賴特[⑨]者,爲吉德王女婿[⑩]。年以六千員,賃檳榔嶼對岸海灣隙地爲埠頭。嘉慶戊午,有毋拉查[⑪]者,知此島可闢爲利藪,遂奪而有之。[⑫]今以新埠呼之。

---

① 檳嶼:指檳榔嶼。有關1821年暹羅出兵攻打吉打的原因,主要是在1819年暹羅與緬甸發生的戰爭,乃是吉打從中挑撥而發生的。吉打的舉動使得暹羅政府非常不滿,認爲吉打勾結緬甸人和英國人密謀造反,並對暹羅有不忠誠的表現。因此,暹羅於1821年11月入侵吉打,當時吉打海軍司令官和國防大臣被殺、宰相被俘虜、吉打蘇丹則逃亡至檳榔嶼。

② 威省:爲現今的威爾斯利省的簡稱,原屬吉打王國,馬來名稱爲Seberang Perai。1800年,英國東印度公司夺取此地後,以時任英屬印度總督Richard Wellesley之名改稱此地爲Province Wellesley,當時的華人遂稱爲威爾斯利省、威烈斯烈省、威烈斯省、威斯利省,簡稱威省。1957年,馬來亞獨立後,此地名又恢復馬來名Seberang Perai,但Province Wellesley之名仍然繼續使用。

③ 暹:Siam,暹羅國的簡稱,現今的泰國。據中國史籍記載,其地舊時分爲暹與羅斛兩國,14世紀中葉兩國合併,稱暹羅斛,明洪武十年(1377年)始稱暹羅。

④ 根的丟克義德瓦:指喬治三世(George Ⅲ,1738—1820年),全名爲喬治·威廉·弗雷德里克(George William Frederick)。1760年登基爲大不列顛及愛爾蘭聯合王國國王,直至1820年駕崩。

⑤ 若爾日第四:指英國國王喬治四世(George Ⅳ,1762—1830年),全名喬治·奧古斯塔斯·弗雷德里克(George Augustus Frederick)。1762年至1820年以王儲身份出任威爾士親王。1811年至1820年期間兼任攝政王,1820年1月29日正式繼承王位出任大不列顛及愛爾蘭聯合王國國王和漢諾威王國國王,直至1830年駕崩。

⑥ 若爾日第四嗣立,國人輕之:原文如此。據(清)李鳳苞彙編的《四裔編年表》爲"若爾日第四嗣立,爲監國時,多行不義,國人輕之"。

⑦ 美利堅:原文如此。《海國公餘輯錄》卷一之《檳嶼記事本末》作"米利堅",指美國。

⑧ 東印度:與"西印度"相對稱的一個地域概念。1492年,意大利航海家哥倫布航行到達美洲大陸,誤以爲抵達印度。故後來歐洲殖民者就稱南北美大陸間的群島爲西印度群島,同時指稱亞洲南部的印度和馬來群島爲"東印度"。

⑨ 賴特:Francis Light,又稱法蘭西斯·萊特(1740—1794年),英國東印度公司船長。1786年,成爲英國殖民檳榔嶼時期的第一任總督。

⑩ 賴特爲英國殖民檳榔嶼時期的第一任總督,但並無史料證明他爲吉打蘇丹的女婿。此處所謂"船主賴特者,爲吉德王女婿"的說法待考。

⑪ 毋拉查:爲馬來語Maharaja之對音,亦譯作毋呵老,意爲"大王公"。

⑫ 根據檳榔嶼的歷史記載,1786年,英國人萊特船長(Captain Francis Light)借由吉打王室之間的內訌,以及吉打蘇丹希望透過英國勢力對抗緬甸的情形之下,先取得檳榔嶼,成爲英國殖民地。到了1800年又迫使吉打蘇丹再將檳榔嶼對岸的威士利省,割讓給英國殖民政府。因此《檳榔嶼考》所謂英國人先得檳榔嶼對岸,再取檳榔嶼,此說法似乎有誤。

《吉德紀略》:檳榔嶼舊屬吉德。乾隆五十年乙巳,英國甲必丹①賴特代東印度公司②與王立約,以一萬元賃其地者。八年後③,改每年六千元,永歸英國管轄。乾隆五十六年辛亥,又升作每年一萬元,自後如數完納無異。④嗣因海面有賊船來往,擾亂地方,復於嶼之對岸買其片地,自母太港⑤起,至克里安港⑥止,計長三十五邁⑦,即今威烈斯省⑧地也。每年加二千元,共一萬二千元。⑨而一嶼一省之地,均英有矣。

鈞案:《紀略》之甲必丹,《嶼考》之船主,《史略》之公班牙,《記略》之夷目,名異實同⑩。

《檳榔嶼考》:檳榔嶼既興,對岸吉德所賃之埔頭⑪遂微,因減租價,年給四千圓。⑫近復議於對岸埔頭,開無稜河⑬以資灌溉,英人之謀深矣哉。

---

① 甲必丹:此之甲必丹爲英語 Captain 的音譯,船長之意。所謂"英國甲必丹賴特",意爲英國船長賴特。

② 東印度公司:此指不列顛東印度公司,英文爲 British East India Company,縮寫爲 EIC,又稱英國東印度公司或可敬的東印度公司(The Honourable East India Company)。該公司創立於 1600 年,最初名爲倫敦商人在東印度貿易公司(The Company of Merchants of London Trading into the East Indies),由一群有影響力的商人組成。同年,該公司獲得英國皇家給予他們對東印度的 15 年貿易專利特許,之後更在印度建立貿易點,而後立足於印度,甚至將其實力擴張至馬來群島、中國等地區。最後,東印度公司於 1874 年解散。

③ 八年後:按 1791 年吉打與英國簽訂的"和平條約",此處"八年後"記載有誤,應爲"五年後",即乾隆五十六年(1791 年)。當年,吉打蘇丹准備用武力取回檳榔嶼,然而吉打蘇丹不敵萊特的軍隊,被迫簽訂另一份新協議,迫使吉打蘇丹同意割讓檳榔嶼給英國人,每年只須付西班牙幣 6000 元予吉打蘇丹或其繼承人。

④ 按 1800 年吉打與英國簽訂的"友好承諾條約",文中"乾隆五十六年"記載有誤,應爲"嘉慶五年",或爲 1800 年。當時,檳榔嶼總督喬治李特(Sir George Leith)與吉打代蘇丹東姑・丁奧丁(Tengku Dziauddin)商議,將檳榔嶼對岸的部分土地割讓給英國殖民政府。最終,雙方同意將補償金增加 4000 元,每年東印度公司須付西班牙幣 10000 元予吉打蘇丹,並將該地命名爲威斯利省(Province Wellesley)。

⑤ 母太港:原文如此,亦作毋大港。《海國公餘輯錄》卷一之《檳嶼記事本末》作"母大河"。母太港、毋大港或母大河均爲 Kuala Muda 之音譯,指瓜拉姆達河(Muda River),現今爲吉打和檳城的分界處。

⑥ 克里安港:爲 Kuala Kerian 之音譯,地處於霹靂州和吉打州交界的吉輦河口。

⑦ 三十五邁:原文如此。三十五邁即三十五英里(mile)。《海國公餘輯錄》卷一之《檳嶼記事本末》作"二十五邁"。

⑧ 威烈斯省:爲英語 Province Wellesley 之音譯,亦譯作威烈斯烈省、威爾斯利省、威斯利省,簡稱威省。

⑨ 有關"每年加二千元,共一萬二千元"的說法似乎有誤。按 1800 年吉打與英國簽訂的"友好承諾條約",僅增加至西班牙幣一萬元。

⑩ 此處對於甲必丹、船主及公班牙名異實同的說法,實際有誤,僅有甲必丹及船主名異實同,皆有 Captain 之意。而公班牙則爲 Company 的音譯,乃是"公司"的意思,屬於組織機構。

⑪ 埔頭:爲碼頭之意。

⑫ 按 1791 年吉打與英國簽訂的"和平條約",《檳榔嶼考》所言"檳榔嶼既興,對岸吉德所賃之埔頭遂微,因減租價,年給四千圓"的說法有誤。1791 年,因吉打蘇丹准備用武力取回檳榔嶼,然而吉打蘇丹不敵萊特的軍隊,被迫簽訂另一份新協議,促使吉打蘇丹同意與割讓檳榔嶼給英國,每年只須付西班牙銀幣 6000 元予吉打或其繼承人。

⑬ 無稜河:爲馬來語 Sungai Kerian 之音譯,現今的吉輦河,位於檳城與霹靂的交界。

鈞按:諸說皆言英先得檳榔嶼,惟《嶼考》言先得嶼之對岸。疑誤,俟考。

《新嘉坡紀略》:道光六年丙戌,嶼與坡、甲兩埠合而爲一,仍以嶼爲總匯①。

《滿剌甲②紀略》:當葡人得麻剌加時,西人番船以甲爲東道主,是以貿易之盛,冠南洋焉。繼而帆檣四布,愈推愈遠,甲遂稍衰。然巫來由部暨蘇門答臘各埠,猶以甲爲總匯也。迨乾隆五十一年,檳榔嶼興。於是巫來由部暨蘇門答臘各埠,均以嶼爲總匯,而甲愈衰。新嘉坡興,於是南洋各埠以坡爲總匯,而嶼亦衰。三埠之遞爲興衰,有如此者。

右(以上)始事

鈞案:英人有事亞洲,自檳榔嶼始,由是而滿剌加、新嘉坡。舉巫來由部之地,大而柔佛、吉德、彭亨③,歸其保護;小而芙蓉④、碩蘭莪⑤、大小白臘⑥,歸其管轄。履霜堅冰,由來漸也。所以輯《南洋島志》,託始於檳榔嶼。

## 異　名

《檳榔嶼考》:檳榔嶼又名毋呵島⑦、王子島⑧。

《外國史略》:英國結約各國,地曰檳榔嶼新埠頭。

《英吉利地圖說》:磨面⑨又南爲檳榔嶼,一名新埠。

《東行日記》:檳榔嶼,俗稱新埠。

《瀛寰志略》:麻剌甲西北海中有島,曰檳榔嶼,英人稱爲新埠。

《海錄》:新埠,海中嶼也。一名布路檳榔⑩,又名檳榔嶼。

---

① 總匯:即英屬海峽殖民地的首府。1826年,英國殖民政府把檳榔嶼設爲海峽殖民地首府。1832年,英國殖民政府將海峽殖民地首府遷至新加坡。

② 滿剌甲:爲Melaka與Malacca之音譯,又譯作滿剌加、滿喇咖、麻六甲、麻六呷、麻剌甲、麻剌加、麻喇甲、孟剌甲、馬拉加、馬六加等名稱,現譯作馬六甲。位於馬來半島西海岸南部,瀕臨馬六甲海峽,現爲馬來西亞馬六甲州。

③ 彭亨:Pahang,又譯作朋豐、蓬豐、朋亨、湓亨、邦項,彭坑、辦坑等名稱,位於馬來半島東部,現爲馬來西亞彭亨州。

④ 芙蓉:雙溪芙蓉(Sungai Ujong,意爲河流源頭,亦譯作雙溪烏絨)之簡稱,現爲馬來西亞森美蘭州首府芙蓉市。在英屬殖民地時代稱爲Seremban,馬來西亞獨立建國後,雖沿用Seremban之名,但馬來西亞人(包括華人)仍稱爲雙溪芙蓉(Sungai Ujong)。

⑤ 碩蘭莪:爲Selangor之音譯,現今馬來西亞雪蘭莪州。

⑥ 大小白臘:白臘亦作白蠟,爲Perak之音譯,現今馬來西亞霹靂州。大白臘指霹靂州,小白臘指太平。

⑦ 毋呵島:"毋呵老王子島"之簡稱。"毋呵"或"毋呵老"乃是Maharaja之對音,爲"大王公"或"君王"之意。

⑧ 王子島:"威廉斯王子島"( Prince of Wales Island)之簡稱。

⑨ 磨面:爲Moulmein之音譯,亦譯作毛淡棉或木淡棉,緬甸南部的重要港口城市。現今爲緬甸孟邦首府毛淡棉。

⑩ 布路檳榔:爲馬來語Pulau Pinang之音譯,現今馬來西亞檳城州。

《地理備考》[①]:新埠島,一名布路檳榔,在馬拉加海峽[②]之間。

《檳榔嶼紀略》:嶼本巫來由部,土名波羅碧南[③]。波羅[④],華言嶼也;碧南,華言檳榔也。華曰檳榔嶼,英仍曰碧南。

《檳榔嶼考》:嶼雖産檳榔,其名譯音爲庇能[⑤],檳榔似音之轉者。

右(以上)異名

鈞案:新埠,新開之埠,非地名也。荷蘭西[⑥]之葛羅巴,美利堅之新金山[⑦],皆稱新埠。蓋前此南洋多屬荷、葡。英有南洋自檳榔嶼始,故名新埠。碧南、庇能,皆檳榔音近而轉。巫來由方言,凡水中有山曰浮羅、布路、波羅,亦浮羅音近而轉。[⑧]噫!楊子雲[⑨]有《方言》之輯,鄭之於經,馬、班之於史,亦不能不用方言,職是故歟。若毋呵老王子島,則地以人名,此《英國史》所載。中國人無稱之者,豈惡其外向而不道歟?

## 疆 里

《海錄》:周圍約百餘里。

《地理備考》:長六十里,寬三十里。

《外國史略》:廣袤方圓五百里。

《檳榔嶼紀略》:長自十三邁至十四邁不等,闊自五邁自十邁不等,方一百零七邁。

---

① 《地理備考》:全稱爲《外國地理備考》,亦作《新釋地理備考全書》。(葡萄牙)瑪吉士撰,番禺潘氏(潘仕成)收錄於《海山仙館叢書》,道光丁未(1847 年)刊行。據考證,瑪吉士(José Martinho Marques,又譯若瑟·馬丁諾·馬葵士,1810—1867 年)爲澳門土生葡人,早年就學於聖若瑟修院,專攻漢語。後擔任澳門政府翻譯並兼任數個外國駐華公使館翻譯,一生著述頗豐。其所輯譯的《外國地理備考》全書 10 卷,内容豐富,資料詳備,在晚清地理學界影響深遠。魏源在咸豐二年(1852 年)百卷本的《海國圖志》後敘中稱《地理備考》的作者爲"布路國(葡萄牙)人瑪吉士",並將該書的主要内容收入其增訂的《海國圖志》百卷本之中。

② 馬拉加海峽:爲現今馬六甲海峽(Strait of Malacca),位於馬來半島與蘇門答臘島之間,現由新加坡、馬來西亞和印度尼西亞三國共同管制。

③ 波羅碧南:爲馬來語 Pulau Pinang 之音譯,現今馬來西亞檳城州。

④ 波羅:爲馬來語 Pulau 之音譯,指島嶼之意。

⑤ 庇能:爲 Pinang,Penang 之音譯,指檳榔嶼,現今馬來西亞檳城州。

⑥ 荷蘭西:(清)王大海《海島逸志》稱"和蘭西"爲勃蘭西氏,現今法國。然而此處"荷蘭西"指荷蘭,爲 Holland 之音譯。

⑦ 新金山:原文如此,應爲"舊金山",指美國三藩市(San Francisco),又譯聖法蘭西斯科,原爲美國的代稱。1851 年英屬澳洲新南威爾士和維多利亞兩處殖民地相繼發現金礦的消息,在 1852 年初由各西方航運公司和商人傳佈到中國南方各地。從此以後,華人淘金者遂將澳大利亞金礦區稱爲"新金山",成爲與美國加利福利亞的"三藩市"或"舊金礦區"相對應的稱呼。

⑧ 浮羅,布路,波羅:皆爲馬來語 Pulau 之音譯,指島嶼之意。

⑨ 楊子雲:揚雄(公元前 53—公元 18 年),一作楊雄,字子雲,西漢益州蜀郡成都人,西漢官員,著名文學家、哲學家。主要著作有《太玄》、《法言》、《方言》、《訓纂篇》。其中《方言》一書,爲揚雄仿《爾雅》體例撰成的《輶軒使者絕代語釋別國方言》(簡稱《方言》),是漢代訓詁學一部重要的工具書,也是中國第一部漢語方言比較詞彙集。

嶼東約二邁，有省曰威烈斯烈①，長四十五邁，闊自四邁至十一邁不等，方二百七十邁。

《吉德紀略》：英復於嶼之對岸買其片地，自毋大港②起，至克南安港③止，計長三十五邁，即今威烈斯烈省地也。

《檳榔嶼紀略》：碧南共方六百邁。光緒十二年丙戌④，始將島及對岸地改屬息力⑤，而碧南僅得方四百邁。

《檳榔嶼考》：島長十三迷當半，闊五迷當至十迷當不等，共得而質一百零六方迷當。⑥

右（以上）疆里

鈞案：一英里爲一迷當，迷當合聲爲邁，邁約中國三里。《紀略》一百零七邁，與《嶼考》一百零六迷當，皆就方數算。《紀略》又云：得方四百邁，就開方數算。《史略》言五百里，《海錄》言百餘里，則皆懸揣耳。長之數，整方十三邁半，實四十里零；闊之數，整方七邁半，實二十二里半。《備考》雖據中國里數言，亦未確。

## 水　程

《梁書》：海中有毗騫國，去扶南八千里。又西南爲干陁利。干陁利國，在南海洲上。

《明史》：自占城靈山放舟，順風十晝夜至交欄山。

《外海紀要》：外國水程論更數駛船，每更約一時辰之久。福建廈門行舟外海番國，順風至檳榔嶼二百二十更。廣東瓊州海口，順風至檳榔嶼十餘日夜。

---

① 威烈斯烈：原文如此。《海國公餘輯錄》卷一之《檳嶼記事本末》作"威烈斯"。威烈斯烈或威烈斯均爲英語 Province Wellesley 之音譯，簡稱威省。詳見前注。

② 毋大港：亦作母太港、母大河，爲 Kuala Muda 的音譯，指瓜拉姆達河（Muda River），現今爲吉打和檳城的分界處。

③ 克南安港：爲 Kuala Kerian 之音譯，亦譯作克里安港，即吉輦河口。

④ 光緒十二年丙戌：原文如此。當爲道光十二年壬辰，公元 1832 年。海峽殖民地首府初時設立在檳榔嶼，1832 年英國殖民政府將海峽殖民地首府遷至新加坡。

⑤ 息力：據《清朝續文獻通考》卷三三三，〈麻剌甲〉："又南端一小島，舊名息力，英人名曰新加坡。"《海錄》卷上"舊柔佛"條有云："舊柔佛在邦項（彭亨）之後，番人稱其地爲息辣，閩粵人謂之新州府。"息力則是馬來語 Selat 之音譯，亦作實叻或石叻，意爲海峽，舊時新加坡之別稱。

⑥ 一百零六方迷當：原文如此。《海國公餘輯錄》卷一之《檳嶼記事本末》作"一百零迷當"。

鈞案：外國水程向無定説。帆船、夾板[①]雖有更數，皆約略言之。自輪船以沙漏定水程，水程始確。

《乘槎筆記》：同治五年二月十八日辰刻〔五〕，至新嘉坡，行六百八十四里。十九日，巳初〔六〕開行。二十日巳刻，過波羅雜哈[②]，距新嘉坡八百餘里，山形如揚子江焦山[③]。至午，行九百三十六里。二十一日，過勾勒登山[④]、甌拉番山[⑤]及波羅圍[⑥]諸山。南爲蘇門答臘[⑦]，龍涎嶼[⑧]在其西。是日，行八百四十里。

鈞按：此節山名有誤，以水程計之，疑即檳榔嶼。[⑨]

《使西紀程》：光緒二年十月二十八日午初，行七百二十里至新嘉坡。早過一島曰

---

① 夾板：亦作甲板，舺舨、呷板，夾板船之簡稱。馬來語 Kapal 之音譯，泛指西洋横帆船。(清)周凱《廈門志》第五卷《船政略・番船》："呷板船，又稱夾板船，以其船底用夾板也……內地統呼夷船爲呷板船。"又(清)王大海《海島逸志》第五卷《聞見録・甲板船》有載："其船二十五年則拆毁，有定限也。其船板可用者用，無用者則焚之，而取其釘。鐵板船厚經尺，横木駕隔，必用鐵板兩旁夾之。船板上復用銅鐵板連片編鋪。桅三接，帆用布，船中大小帆四十八片，其旁紐、綱、絆悉皆銅鐵造成，所以堅固牢實，鮮有誤事。其船艦如女牆，安置大炮數十。船大者，炮兩層，小者炮一層。水手每人各司一事，雖黑夜暴雨狂風，不敢小懈。法度嚴峻，重者立斬，船主主之。所以，甲板船洋寇不敢近也。"

② 波羅雜哈：爲馬來語 Pulau Saga 之音譯，現又稱沙嘉島，屬於馬來西亞霹靂州九嶼島(Pulau Sembilan)其中一個小島。

③ 焦山：位於江蘇省鎮江市區北長江之中，因東漢末年隱士焦光避居此地，故名"焦山"。此外，焦山還有其他一些名稱，如"樵山"、"獅子山"、"雙峰山"、"乳玉山"、"浮玉山"。

④ 勾勒登山：爲 Gunung Geureudong 之音譯，又稱格勒東山，位於蘇門答臘北部，海拔 2885 米，是印度尼西亞的火山。

⑤ 甌拉番山：爲 Gunung Seulawah Agam 之音譯，又稱塞拉瓦阿甘火山，位於蘇門答臘西北端，海拔 1810 米，是爲印度尼西亞的一座火山。

⑥ 波羅圍：爲馬來語 Pulau Weh 之音譯，又稱韋島，位於蘇門答臘西北方的一座小型活火山島嶼。島上的兩座主要城市是沙璜(Sabang)和巴羅汗(Balohan)。巴羅汗是一座渡運港口，是蘇門答臘班達亞齊與韋島間的運輸中心。沙璜自 19 世紀末期後就成爲一個重要的碼頭，因爲該市是繁忙的馬六甲海峽的門戶。

⑦ 蘇門答臘：爲 Sumatera 之音譯，印度尼西亞最西面的一座大島，全島面積達 47 萬平方公里。古名又稱 Suvarṇa dvīpa，爲"黄金島"之意，中國古籍中又稱蘇門答臘爲"金洲"。歷史上，蘇門答臘島上還存在多個古王國，如室利佛逝、蘇門答臘、八昔、亞齊、那孤兒和黎代等古國。

⑧ 龍涎嶼：龍涎嶼因出産龍涎香得名。(元)汪大淵《島夷志略》、(明)費信《星槎勝覽》，以及《鄭和航海圖》均有龍涎嶼的記載。有關龍涎嶼的地理位置有兩種説法，日本漢學家藤田豐八、法國漢學家伯希和，以及中國學者向達、陳桂榮、謝方等人皆主張龍涎嶼在今印尼蘇門答臘北部亞齊附近海域的布拉斯島(Pulau Breueh)，而蘇繼廎根據《鄭和航海圖》針位，認爲龍涎嶼是蘇門答臘北部亞齊海域的龍多島(Pulau Rondo)。

⑨ (清)斌椿《乘槎筆記》所記載的"波羅雜哈"，距離新加坡約 800 餘里。按清朝光緒年間的度量衡換算，800 里相等於約 460.8 公里。因此，按 460.8 公里的水程距離計算，"波羅雜哈"並非指檳榔嶼，而是指 Pulau Saga，現又稱沙嘉島，屬於馬來西亞霹靂州九嶼島(Pulau Sembilan)其中一座小島。

浩斯白爾[①]，有燈樓。浩斯白爾，大西洋[②]始尋地來中土者也。三十日，新嘉坡西北行二百一十里，過麻六甲，西行出印度海[③]。英國郵船取道檳榔嶼，稍折而北，遠至百餘里。船主以非西行正路，不牌示。十一月初一日戊午巳刻，至檳榔嶼，距麻六甲九百三十三里。

《東行日記》：光緒二年十一月十一日巳正二刻，錫蘭[④]開船東行。連日逆風，行甚緩。十五日清晨，舟折向東南，左右有山，或遠或近，或隱或現，絡繹不斷[⑤]。詢知左爲麻六甲，右爲蘇門答臘。中間海道，由西北而東南，寬處三四百里，狹處近三四十里。入口偏左有島，名檳榔嶼，俗稱新埠，亦屬英。

鈞案：欽使有日記者四人。斌郎中所記檳榔嶼有誤，曾惠敏(七)[⑥]《西行日記》則略焉。郭[⑦]從西出，李[⑧]從東歸。合而觀之，海道之往來已得大概。然舟過境上，未嘗停泊，所記亦皆得之采訪也。

《海錄》：檳榔嶼由紅毛淺[⑨]順東南風約三日可到，西南風亦可行。

---

① 浩斯白爾：爲 Horsburgh 之音譯，指霍士堡燈塔(Horsburgh Light house)，現稱爲白礁島(Batu Puteh 或 Pedra Branca)，位於新加坡海峽東面入口的南中國海水域，面積 0.008 平方公里，不超過一個足球場，現爲新加坡主權領土。有關白礁島的記載，最早見於 1583 年荷蘭航海家林斯霍滕所著的《早期東印度的葡萄牙航行者》一書。1840 年代，英國殖民地政府佔領了白礁島，並於 1851 年在島上建造了一座燈塔，以蘇格蘭傑出航海家詹姆斯霍士堡(James Horsbourgh)船長的名字命名，稱爲霍士堡燈塔(Horsbourgh Light house)。

② 大西洋：即今之大西洋，世界第二大洋，英文爲 Atlantic Ocean。自明代後期以來，隨著歐洲人陸續東來，習慣上稱葡萄牙人在印度的殖民地果阿(Goa)爲"小西洋"，而稱歐洲本土爲"大西洋"。到清代，隨著地理知識的增長和地理概念的明確，大西洋作爲地球上的四大洋之一，纔專門指一確定的水域，而"西洋"一詞則成爲歐洲的泛稱。

③ 印度海：現稱爲印度洋，英文爲 Indian Ocean。

④ 錫蘭：爲古阿拉伯語 Sirandib 之音譯，宋代譯爲"細蘭"，明代則譯爲"錫蘭"，位於印度次大陸東南方外海的一島國。宋代以前的中國史籍稱爲"獅子國"、"師子國"，或"僧伽羅國"。自 16 世紀初開始，先後淪爲葡萄牙、荷蘭及英國的殖民地，被稱爲 Ceylon。1948 年宣佈獨立，成爲英聯邦自治領，定國名爲錫蘭。1972 年改國名爲斯里蘭卡共和國(Republic of Sri Lanka)。

⑤ 斷：原文如此。《海國公餘輯錄》卷一之《檳嶼記事本末》作"絕"。

⑥ 曾惠敏：曾紀澤(1839—1890 年)，字劼剛，號夢瞻，曾國藩次子，清代著名外交家。光緒四年(1878 年)出任駐英、法大臣，光緒六年(1880 年)兼駐俄大使，光緒十二年(1886 年)歸國，著有《西行日記》。光緒十六年(1890 年)去世，追贈"太子太保"，謚號"惠敏"。

⑦ 郭：郭嵩燾(1818—1891 年)，字筠仙，號雲仙、筠軒，別號玉池山農、玉池老人，湖南湘陰城西人。晚清官員，湘軍創建者之一，清朝首位駐英公使。

⑧ 李：李圭(1842—1903 年)，字小池，江蘇江寧(南京)人，清同治四年(1865 年)受聘爲寧波海關副税務司霍搏遜的文牘(秘書)。光緒二年(1876 年)，李圭爲海關總稅務司赫德委派前往美國費城參觀美國爲紀念建國 100 周年舉辦的博覽會，《美會紀略》、《游覽隨筆》及《東行日記》是他在旅程中各種見聞的實錄。

⑨ 紅毛淺：按(清)王芝《海客日譚》記載："歐羅巴航海東來有三道，西曰紅毛淺，南曰巽他峽，東曰西里伯。朝廷既使大官帥重兵鎮星加坡，然後布泊兵船於海三面，東泊婆羅洲，以扼西里伯。南泊葛羅巴，西泊蘇門答臘，以扼巽他峽。又西泊大小亞齊，且以兵駐滿剌加，以扼紅毛淺，以增新加坡勢。"紅毛淺應爲馬六甲海峽(Strait of Malacca)，位於馬來半島與蘇門答臘島之間。

《英夷說》：近粵洋海島有名新埠者，距大嶼山[1]僅十日程。

《滿剌甲紀略》：甲埠距檳榔嶼約二百四十邁。

《英吉利記》：新埠、新嘉坡與麻六甲相連，海道順風至廣東之老萬山[2]，或六七日程，或十餘日云。

《英吉利地圖說》：英吉利自金山[3]而南爲急卜碌[4]，即《海國聞見錄》所云呷[5]也，蓋海中大地西南一角之盡處。由弼㑩剌[6]至急卜碌，舟行五十日夜，皆自西而南。自此以後，則舟行轉向東北。自急卜碌至望邁[7]，舟行五十日夜更。自望邁而南爲士郎[8]，又東北爲襪達剌沙[9]，北爲孟呀剌[10]，即孟加剌[11]。又東南爲磨面，又南爲檳榔嶼，一名新埠。

右(以上)水程

---

① 大嶼山：位於香港西南面，亦稱大溪山、大崳山、大魚山、大漁山、大庾山、南頭島、爛頭島、屯門島、砵洲、大蠔山和大濠島等。大嶼山的英文名稱 Lantau，爲粵語"爛頭"之音譯。

② 老萬山：又稱魯萬山，位於中國珠江口之外，現由珠海市管轄。按《廣東通志》記載："今有萬姓者爲酋長，因名老萬山。"在 16 世紀，葡萄牙人發現老萬山後，將其命名爲 ilha dos Ladrões，即盜賊之意思。

③ 金山：此金山應爲西非的黄金海岸(Gold Coast)，是英國在西非幾內亞灣沿岸的一個殖民地，成立於 1821 年，因當地盛產黄金而得名。現今爲加納共和國。

④ 急卜碌：《海國聞見錄》稱"呷"，據李長傅《海國聞見錄校注》，呷即好望角(Cape of Good Hope)之簡稱。好望角又譯爲喜望峰，原名暴風岬(Cape of Storm)，《坤輿萬國全圖》稱爲大浪山，現稱開普敦(Cape Town)，爲南非人口排名第二大城市。該城市最初環繞碼頭發展，因爲由荷蘭開往東非、印度和亞洲的商船都會路經此地做補給，久而久之便成爲歐洲人長期的聚居點。隨後，歐洲人亦在當地建立了他們的第一所軍事基地——好望堡。

⑤ 呷：即好望角(Cape of Good Hope)之簡稱，又譯爲喜望峰，原名暴風岬(Cape of Storm)，現爲南非開普敦(Cape Town)。

⑥ 弼㑩剌：亦作弼爹喇。《海國圖志》有載，自英吉利"王城東南陸行半日許，即登海舟，南行十五晝夜，至弼爹喇。更南五十晝夜，至急卜碌，轉東北行五十晝夜，至望邁"。據此，弼㑩剌或弼爹喇當爲直布羅陀(Gibraltar)。

⑦ 望邁：即孟買(Mumbai，舊稱 Bombay)的同名異譯。

⑧ 士郎：爲 Ceylon 之音譯。位於印度次大陸東南外海一島國，現稱爲斯里蘭卡(Sri Lanka)。

⑨ 襪達剌沙：又作曼達剌薩、麻打拉薩、麻得拉士、麻拉薩、馬達剌、曼噠喇薩、馬達拉斯達。(清)徐繼畬《瀛寰志略》作麻打拉薩，(清)薛福成《出使日記續刻》作麻拉薩。指馬德拉斯(Madras)，現今的金奈(Chennai)，位於南印度東岸的一座城市，地處烏木海岸，緊鄰孟加拉灣。17 世紀，在英國統治下，該城市發展成爲印度南部重要的商業和行政中心以及海軍基地。

⑩ 孟呀剌：孟加拉(Bengal)之同名異譯。

⑪ 孟加剌：孟加拉(Bengal)之同名異譯。

鈞案:《四裔編年表》:嘉慶二十三年[①],色凡那輪船[②]始至英[③],爲輪船航海之始。道光二年,英輪船始至法[④]。五年,始置輪船公司[⑤]。十年,始至印度[⑥]。十五年,始至廣州[⑦]。《外海紀要》作於道光八年,故言更數。《海錄》以下諸說,惟《紀略》言水程,餘皆約舉日期也。茲以中國至嶼水程爲先,群島次之,英又次之。

## 形　勢

《外海紀要》[(八)]:檳榔嶼過西。

《萬國地理全圖》[(九)][⑧]:檳榔嶼,在西北。

《外國史略》:亞西亞[⑨]地嘴,西出蘇門、馬六加[⑩],二地中間爲海峽。各島散佈如星棋,最大者檳榔嶼,在西邊距對面貴他[⑪]大山[⑫]不遠。

《白蠟紀略》:誇拉康薩[⑬],一小村也,在白蠟河[⑭]上流,英正總管[⑮]駐劄於此。蓋取

---

① 嘉慶二十三年:薩凡納號輪船於1818年(清嘉慶二十三年)建成,1819年(嘉慶二十四年)5月22日,從美國佐治亞洲(Georgia)的薩凡納港(Port of Savannah)出發,成功橫渡大西洋,抵達英國利物浦港(Port of Liverpool)。故此處"嘉慶二十三年"的說法有誤,當爲"嘉慶二十四年"(1819年)。

② 色凡那輪船:爲美國第一艘成功橫渡大西洋的蒸汽帆船,又稱薩凡納(Stemship Savannah)。1819年5月22日,從美國佐治亞洲的薩凡納港出發,成功橫渡大西洋,抵達英國利物浦港,轟動了西方世界。爲此美國定於每年5月22日爲航海節(United States National Maritime Day),以示紀念蒸汽船"薩凡納號"首次橫渡大西洋的壯舉,並且一直沿襲至今。

③ 色凡那輪船始至英:原文如此。據(清)李鳳苞彙編《四裔編年表》爲"色凡那輪船自紐約克駛至英"。

④ 英輪船始至法:原文如此。據(清)李鳳苞彙編《四裔編年表》爲"鐵輪船航海至法"。

⑤ 始置輪船公司:原文如此。據(清)李鳳苞彙編《四裔編年表》爲"置火輪公司"。

⑥ 始至印度:原文如此。據(清)李鳳苞彙編《四裔編年表》爲"輪船初至印度"。

⑦ 始至廣州:原文如此。據(清)李鳳苞彙編《四裔編年表》爲"水師總統訥白爾至中國之廣州"。

⑧ 《萬國地理全圖》:此書爲德國基督教新教傳教士漢學家郭士力(郭實臘,Karl Friedrich August Gützlaff,1803—1851年)編譯的《萬國地理全圖集》。《萬國地理全圖》、《萬國地理全集》均爲同書異名。

⑨ 亞西亞:又稱亞細亞,一般認爲其名稱來自亞述語的亞蘇(Asu),意爲太陽升起,東方之意。古代威尼斯人的商船航行於地中海上,把所有地中海以東的國家稱作Asu,而把歐洲大陸的國家成爲Ereb,意爲日落、西方之意。後來,將Asu讀成Asia。現稱爲亞洲(Asia)。

⑩ 馬六加:爲Melaka與Malacca之音譯,現今馬來西亞馬六甲州。

⑪ 貴他:爲Quedah之音譯,指現今馬來西亞吉打州。

⑫ 大山:此大山爲吉打的日萊峰,馬來語稱作Gunung Jerai。海拔1200英尺,爲吉打最高的山。

⑬ 誇拉康薩:爲Kuala Kangsar之音譯,現今的霹靂瓜拉江沙。由於瓜拉江沙爲霹靂蘇丹王宮所在之處,又有"皇城"之美譽。

⑭ 白蠟河:爲Sungai Perak之音譯,現今的霹靂河。

⑮ 英正總管:指英國駐紮官,英文爲British Resident。1874年,英國殖民政府與霹靂蘇丹簽署《邦咯條約》之後,規定除了宗教和文化事務外,一切政治要事交於英國駐紮官管理。當時,畢治(Mr. J. W. W. Birch)成爲霹靂第一任英國駐紮官。

其地適中，且與檳城相近。英副總管[①]駐劄拉魯[②]，且其地與檳城近，僅隔六十邁。由拉魯至克里安河[③]右大路相連，而至檳榔嶼有電綫。

《海錄》：大亞齊國[④]，在錫里[⑤]西北海，東北岸爲沙喇我國[⑥]，山盡處則與新埠斜對。

《瀛寰志略》：大亞齊，在錫里西北，疆域稍大，由紅毛淺外海西北行，日餘即到。山盡處與新埠斜對。

《環游地球新錄》：檳榔嶼右爲亞齊，屬荷蘭。

《海錄》：吉德國，在新埠西，又名計噠[⑦]，由新埠順東南風，日餘可到。

《吉德紀略》：吉德國北界琳琅[⑧]，南界白蠟，東界大年[⑨]，西臨海峽，與檳榔嶼相望。

《英夷說》：檳榔嶼，英夷以強力據之，與新嘉坡相犄角。

《英吉利小記》：英吉利，在荷蘭、佛郎機[⑩]兩國西界，若南海之新加坡、新埠，皆其分島也。

---

① 英副總管：英國副駐紮官，英文爲 Assistant British Residents。1874 年，英國殖民政府與霹靂蘇丹簽署《邦咯條約》之後，規定除了宗教和文化事務外，一切政治要事交於英國駐紮官管理。締結合約後，畢治(Mr. J. W. W. Birch)成爲霹靂第一任英國駐紮官，並委任士必地上尉(Captain T. C. S. Speedy)爲副駐紮官，協助整頓拉律。

② 拉魯：爲 Larut 之音譯，又譯爲拿律、拉律，現今馬來西亞的太平(Taiping)。約 1840 年左右，土酋 Long Jaafar 在當地發現錫礦，因此以其飼養的大象 Larut 命名。隨著當地錫礦業蓬勃發展，使得兩股華人私會黨——海山公司和義興公司展開採礦地盤的武裝爭奪，再加上霹靂蘇丹王位續承的爭奪戰，使拿律地區先後爆發三次(1862 年、1865 年及 1872 年)大規模的衝突事件，史稱"拿律戰爭"。1874 年英國殖民政府委畢麒麟(Pickering)、麥奈爾少校(McNair)和丹洛上尉(Dunlop)接觸各派系的人士，促成邦咯島會議的召開，並在 1874 年 1 月 20 日簽訂《邦咯條約》。動亂平息後，1883 年英國人正式將行政中心遷往拿律，將拿律改名爲"太平"，並成爲霹靂當時的首府。

③ 克里安河：爲馬來語 Sungai Kerian 之音譯，現今的吉輦河。

④ 大亞齊國：東南亞古國之一。爲 Acheh 之音譯，又稱啞齊，位於印度尼西亞蘇門答臘西北部。(清)陳倫炯《海國見聞錄》作亞齊。大亞齊國由亞齊人所建，首都哥打拉查(今班達亞齊)。16 世紀初葉至 20 世紀初葉統治蘇門答臘北部及馬來半島一些地區的伊斯蘭教王國，是馬來群島一帶的貿易中心。17 世紀初期，勢力範圍包括蘇門答臘西海岸全部，並征服馬來半島許多地方。1873 年，被荷蘭所滅。

⑤ 錫里：又作"錫哩"。《海錄》卷中"錫哩國"條載："錫哩國在霤哩(Riau)西北，疆域、風俗與霤哩同。"據此，該國應在今印度尼西亞的望加麗島(Bengkalis)和蘇門答臘島東岸碩頂(Siak)河一帶，該河畔有錫亞斯里一因德臘普臘(Siaksriinderapura)城，錫哩或其名略稱的譯音。另尚有蘇門答臘東岸的日里(Deli)及實格里(Sigli)等說。

⑥ 沙喇我國：沙喇我亦作沙刺我，爲現今馬來西亞半島馬來西亞西岸之雪蘭莪州。

⑦ 計噠：爲 Kedah 之音譯，亦譯作吉德、吉礁，現今馬來西亞吉打州。

⑧ 琳琅：疑爲六坤(Ligor)，又名洛坤，爲現今泰國南部的那空是貪瑪叻(Nakhon Si Thammarat)，古時爲馬來族建立的洛坤帝國之都城。是否屬實，待考。

⑨ 大年：又稱大泥、太泥、佛打泥，爲東南亞古國之一。故地在現今泰國南部北大年府(Pattani)一帶。據許雲樵考證，北大年蘇丹國建於 1474 年左右，1786 年爲暹羅所滅。

⑩ 佛郎機：爲 Franks 的音譯，明代中國對葡萄牙和西班牙人的稱呼。

《海島逸志》:英圭黎[①],華人呼爲紅毛[②]。近有新墾之地在麻六甲之西,吉德之南,與大年相鄰地,名檳榔嶼。

《瀛寰志略》:麻剌甲西北海中有島,曰檳榔嶼。

《每月統紀傳》:麻剌甲地方,嘉慶年間,英吉利以萬古累[③]易之。廣東與福建人居此種園耕,與實力[④]、檳榔嶼貿易。

《臺灣進呈英夷圖說疏》:自西北而西南,更轉東北而至廣東,海中所屬島二十六處,皆其埠頭,多他國地,據爲貿易聚集之所。二十一曰檳榔嶼,二十三曰新嘉坡,皆英吉利埠頭,設官主之。海中相去或一二千里、數千里不等,遙相聯絡。諸島左右,復有别島,或自爲國,或有荷蘭别國埠頭。

《檳榔嶼考》:西人東來,由錫蘭出東印度洋,入蘇門答臘海峽。船若東偏,可以望見島上山色青蒼可愛,蓋爲東來門戶耳。

《海國圖志》:南印度[⑤]地毗連印度海,西爲孟邁[⑥]。孟邁之西[⑦],海中有島,曰檳榔嶼,即新埠也。其餘小島星布,皆無大於此者。

---

① 英圭黎:亦作英吉利,爲 English 的音譯,指英國。

② 紅毛:明代史籍對荷蘭人的稱呼。(明)張燮《東西洋考》卷六〈外紀考・紅毛番〉載:"紅毛番自稱和蘭國,與佛郎機鄰壤,自古不通中華。其人深目長鼻,毛髮皆赤,故呼紅毛番。"清代以來,泛指西洋(歐洲)人。(清)陳倫炯《海國聞見録》卷上〈大西洋〉云:"紅毛者,(大西洋)西北諸番之總名。淨鬚髮,披帶赭毛;戴青氈卷笠,短衣袖;緊襪而皮履,高厚底,略與俄羅斯至京師者相似;高準碧眸,間有與中國人相似者。"(清)王大海《海島逸志》,以及印尼華人歷史文獻《開吧歷代史紀》等著述中的"紅毛",爲荷印華僑對英國人的稱呼。

③ 萬古累:爲 Bencoolen 之音譯,在《海録》中作"茫咕嚕",《海國聞見録》中又作"萬古屢",《海島逸志》則譯作"望久里",即現今印度尼西亞的明古魯省(Provinsi Bengkulu),位於蘇門答臘的西南方沿岸。1685年,成爲英國殖民地,並在當地設立黑胡椒貿易站及軍事要塞。直到 1824 年 4 月 17 日,英國與荷蘭在倫敦簽訂《1824 年英荷條約》(Anglo-Dutch Treaty of 1824)。根據條約規定,香料群島、班達群島、爪哇島、蘇門答臘島、廖內(Riau)群島,都屬於荷蘭勢力範圍;印度、錫蘭、馬來半島、檳榔嶼、新加坡則屬於英國勢力範圍。據此,荷蘭把馬六甲移交給英國,英國也把蘇門答臘的萬古累移交給荷蘭。而所有的領土、産業交换於 1825 年 3 月 1 日生效。

④ 實力:亦作息力,源自馬來語 Selat,意爲"海峽"。新加坡之别稱。

⑤ 南印度:位於德干高原(Deccan Plateau)以南的半島,西面爲阿拉伯海,南面爲印度海,東面爲孟加拉灣,指現今印度共和國南部的安德拉邦(Andhra Pradesh)、卡納搭克邦(Karnataka)、喀拉拉邦(Kerala)、泰米爾納德邦(Tamil Nadu)四個邦,以及拉克沙群島(Lakshadweep)和本地治里(Puducherry)兩個聯邦地組成的範圍。

⑥ 孟邁:爲孟買(Mumbai,舊稱 Bombay)的同名異譯。

⑦ 孟邁之西:原文如此。檳榔嶼位於孟邁東部,當爲孟邁之東。

《星報》[1]：檳榔嶼，南洋群島中之小島也。大小白蠟、吉隆[2]、芙蓉及辦坑[3]、大泥、金山[4]、銅霞[5]、吉打、内而[6]、高淵[7]、古林[8]諸處，近而百十里，遠而千百里，實則有路相通。從前，如吉隆、小白蠟等處，雖造鐵路，爲程無幾。邇聞，英人有意大興車路。

右（以上）形勢

鈞案：檳榔嶼，海中孤島耳，無所謂形勢也。然中國至嶼，嶼在西北，則東南風便。英吉利至嶼，嶼在東南，則西北風便。嶼舊屬吉德，吉德與嶼不啻輔車之相依，蓋有存亡與共之理者焉。乃一再讓地於英，英於是近取諸島，遠聯三埠，海門[9]全境已扼其要。況由錫蘭而來，則儼然東道主也，不得謂非形勢所在也。倘群島鐵路一通，如常山之蛇，首尾相應，嶼居中而策之，豈西卑里亞[10]之萬里黃沙[11]所可同日語哉？備述之以質知兵者。

## 校勘

（一）毗騫國：原作“昆騫國”。據《梁書》卷五十四，列傳第四十八〈諸夷・海南諸國〉，應爲“毗騫國”，據改。

（二）毗騫：原作“昆騫”。（清）魏源：《海國圖志》卷十四〈東南洋・葛留巴島舊爲狼牙修沿革〉，作“毗騫”，依改。

（三）占城：原作“古城”。據《明史》卷三二三，〈麻葉甕〉，應作“占城”，依改。

（四）四裔編年表：原作“四裔年表”。此書爲（清）李鳳苞彙編的《四裔編年表》，據改（下同）。

---

① 《星報》：*Sing Pau*，1890 年 2 月 13 日由新加坡華人林衡南（林光銓）創辦的華文報紙，報館地址坐落於直落亞逸街。1898 年林衡南去世後由其兒子繼辦，但因經營不善而停刊。1899 年 10 月，林文慶及其岳父黄乃裳接辦《星報》，改名爲《日新報》（*Jit Shin Pau*），到 1901 年因報館經濟困難而宣告停刊。

② 吉隆：即吉隆坡，爲 Kuala Lumpur 的音譯。位於馬來半島西海岸的巴生河流域，東臨蒂迪旺沙山脈（中央山脈），西臨馬六甲海峽。吉隆坡（Kuala Lumpur）在馬來語中意爲“泥濘河口”，指的是該城地處鵝嘜河（Sungai Gombak）及巴生河（Sungai Klang）的交匯之處。吉隆坡建成於 1860 年，1896 年成爲英屬馬來聯邦首府。1957 年成爲獨立後的“馬來聯邦”首都，1963 年成爲馬來西亞聯邦首都。

③ 辦坑：彭亨（Pahang）之别譯，現今馬來西亞彭亨州。

④ 金山：此金山應爲柔佛州金山（Gunung Lelang），又稱禮讓山，位於馬六甲河馬六甲交界處，海拔 1276 米，是柔州最高的山峰。或是馬來西亞彭亨州金山，據《東西洋考》記載，金山爲彭亨形勝名跡，其上出金，有大酋守之，日遣百餘人採取，月進王二十金。

⑤ 銅霞：位於馬來西亞的一個市區，位置及現今地名仍有待考據。

⑥ 内而：位於馬來西亞的一個市區，位置及現今地名仍有待考據。

⑦ 高淵：位於馬來西亞檳城州威南縣最南端，爲威省境内第三大市鎮，馬來語名稱爲 Nibong Tebal。

⑧ 古林：爲 Kulim 的音譯，即現今的吉打州居林。該名稱源自居林樹（Pokok Kulim）。

⑨ 海門：即英屬海峽殖民地之意，英語爲 Straits Settlements。1826 年，由英國殖民政府對馬六甲海峽周邊及鄰近地區各殖民地的管理建制。最初由新加坡、檳城和馬六甲三個重要港口組成，因此被當時當地華人稱爲三州府。之後，海峽殖民地涵蓋範圍及於天定及納閩。

⑩ 西卑里亞：現稱西伯利亞（英文：Siberia；俄文：Сибирь），古稱“鮮卑利亞”或“錫伯利亞”。

⑪ 萬里黄沙：指大沙漠，位於中國與俄羅斯之間的沙漠。

（五）辰刻：原作“巳刻”。（清）斌椿《乘槎筆記》爲“辰刻”，據改。

（六）巳初：原作“巳刻”。（清）斌椿《乘槎筆記》爲“巳初”，據改。

（七）曾惠敏：原作“曾敏惠”。曾紀澤，曾國藩次子，清代著名外交家。字劼剛，號夢瞻，謚惠敏。據改。

（八）外海紀要：原作“外國紀要”。按《外海紀要》一書爲清廣東水陸提督李增階所撰。在該書〈福建廈門行舟外海番國順風更期水程〉條目中有載：“至梹榔嶼，過西出椒二百二十更。”據改。

（九）萬國地理全圖：原作“萬里地里全圖”。《萬國地理全圖》、《萬國地理全集》均爲同書異名。本書下文其他地方亦均作“萬國地理全圖”，據改。

# 檳榔嶼志略　卷之三

永福　力鈞初稿

## 使守志

### 欽　使

中國兼轄海門等處總領事。光緒十七年辛卯，改新嘉坡領事爲總領事，仍駐新嘉坡。

#### 〈大清駐劄新嘉坡兼轄海門等處總領事黃[①]示〉

照得新嘉坡設立領事，保護吾民，既十餘年。惟新嘉坡以外，大英屬地甚多，寄寓華民甚盛，我總理各國事務衙門[②]王大臣[③]，念近日通商之局日開，吾民出洋謀生者益眾，不可不加意保護。因特咨請出使英國大臣薛，商諸大英國外部，將新嘉坡領事改爲總領事，兼轄海門各處。既經外部允行，即奏請將本總領事充補此職。復經總理衙門議奏，奉諭旨准行。兹本總領事業既到任視事，查南洋各島大英屬地，除遠處不計外，其歸新嘉坡管轄者，曰麻六甲，曰檳榔嶼城並省，曰丹定斯群島[④]，曰威利司雷

---

① 總領事黃：指清朝首任駐劄新嘉坡兼海峽殖民地各處總領事黃遵憲，清光緒十七年(1891 年)至光緒二十年(1894 年)在任。

② 總理各國事務衙門：又稱"總理衙門"、"總署"、"譯署"，爲清政府辦理洋務及外交事務而特設的機構，於 1861 年成立。1901 年，清政府簽訂《辛丑條約》後，按條約的第十二款規定，改爲外務部。

③ 王大臣：即慶郡王奕劻(慶親王)，光緒十年(1884 年)至光緒二十年(1894 年)擔任總理各國事務衙門大臣。

④ 丹定斯群島：The Islands of Dindings，又稱天定群島，位於馬來西亞霹靂州西南部、霹靂河口北岸。1874 年，英國政府與霹靂州蘇丹在邦咯島(Pangkor Island)簽訂《邦咯條約》(Pangkor Treaty of 1874)後，把天定與附近的島嶼割讓給海峽殖民地。1980 年，該地區改稱曼絨(Manjung)，並在 2001 年 8 月升格爲市。

省①,曰科科斯群島②,是皆屬土。此外,保護各邦有白蠟、石蘭莪③、芙蓉等處。前於西歷一千八百八十五年,大英政府聯合各地,定其名稱,曰實得力塞多爾曼士④,譯即爲海門屬部。茲當總領事創設之始,本總領事到任之初,自應普告我華商民人等一體知悉,凡新嘉坡總督所轄之地,所有寄寓華民,本總領事均有保護之責。本總領事辦理交涉,已十餘年。在日本五載,居金山四年,茲復由駐英參贊調充是缺。凡總領事職分之所當盡,權力之所能爲,斷不敢不殫竭心力,上以抒報國之心,下以盡護民之職。我華商等來寓此間,遠者二三百年,多有置田園、長子孫者。近者或十數年,或數十年。遠方服賈,亦能以善居積、耐勞苦,著名於五部洲,而衣冠制度,不忘故土。頻年以來,屢捐賑款,其急公報上之忱,久爲中國士大夫所推重,尤爲本總領事所愛慕。若能視本總領事,如一鄉之望,一族之長,同心合力,無分畛域,共襄美舉,既可以增國之輝光,亦可以延己之聲譽。至於負販細民,勞苦執役,遠適異方,自食其力,但能安分守業,不背地方官法律,即不失爲我國善良。本總領事實有厚望焉。

## 〈兩廣總督張之洞疏略〉

遵旨籌議外洋各埠捐船護商情形。當經總兵銜兩江儘先副將王榮和、鹽運使銜候選知府余瓗(一)⑤先赴南洋有名諸島,詳慎周歷,飭將設官、造船兩事,一併密加商度。該委員王榮和等於十二年⑥七月二十七日,由粵起程,先後往查各島埠情形,均經隨時稟報,頗爲諳悉。本年七月,各回粵東。臣復面加考詢,大抵設立領事一節,事甚切要,勢亦可行。查該委員等所歷南洋,計二十餘埠。先至小呂宋⑦,次新嘉坡,次

① 威利司雷省:爲 Wellesley 之音譯,即現今的威爾斯利省,原屬吉打,簡稱威省。詳見前注。

② 科科斯群島:英文名稱爲 Cocos Keeling Islands,現爲澳大利亞在印度洋的海外領土,位於澳大利亞與印尼之間。在 16 世紀之前,科科斯群島無人居住。1609 年爲英國東印度公司海員威廉·基林(Captain William Keeling)發現。1857 年,英國宣佈科科斯群島爲其屬地,並在 1878 年將其置於錫蘭總督屬下。1886 年該群島劃入海峽殖民地並頒賜爲克盧尼斯—羅斯家族永久性地產。1903 年劃歸英屬新加坡。1955 年,群島由英屬新加坡轉歸澳大利亞。1984 年 4 月,當地居民投票決定併入澳大利亞。

③ 石蘭莪:爲 Selangor 之音譯,現譯作雪蘭莪,今馬來西亞的雪蘭莪州。

④ 實得力塞多爾曼士:爲 Straits Settlements 之音譯,又稱作海峽殖民地、三州府或叻嶼呷。1826 年,英國殖民政府把馬來半島三個重要港口檳榔嶼、馬六甲、新加坡合併爲海峽殖民地。初時,首府設於檳城,1832 年遷往新加坡。其後英屬海峽殖民地涵蓋範圍還包括了天定及納閩。1946 年 4 月 1 日,英國宣佈解散海峽殖民地。

⑤ 余瓗:生於 1834 年,卒於 1914 年。字和介,號元眉,別號乾耀,廣東臺山荻海(今屬開平市)人。咸豐十一年(1861 年)舉人,曾任內閣中書、候補知府、鹽運使。1877 年,以隨員身份隨首任出使日本大臣何如璋至日本;1878—1884 年,出任駐長崎正領事(時稱理事)。任滿回國後,因熟悉洋務,於 1886—1888 年,被張之洞、張蔭恒聯名具奏,與王榮和兩次前往南洋訪查華民商務,使清政府加強了對南洋華僑情況的瞭解。後充任侍讀、浙江玉環廳同知等銜。

⑥ 十二年:指光緒十二年,公元 1886 年。

⑦ 小呂宋:指菲律賓馬尼拉,爲菲律賓首都及最大的港口。按《皇朝經世文續編》卷一百十五〈洋務十五·商務三〉,爲“先至小呂宋,爲日斯巴尼亞國屬”,並非爲英國屬。

麻六甲，次檳榔嶼，次仰江[①]，皆英國屬。其抵新嘉坡也，與原設領事左秉隆，往見坡督各官，禮意尚洽。該處華民十五萬人，富甲各處。除衙舍公産外，所有實業，華人居其八，洋人僅得其二。每年往來華工[(二)]又最多，英設華民政務司[②]，專理其事，立法尚稱公允。惟不向中國領事衙門報名，情意既不聯絡，而目擊招工客館，作奸欺瞞，無從禁止，亦失保護之旨。似應並由中國領事官稽查，以重事權，而免流弊。至麻六甲、檳榔嶼兩處，與新嘉坡相連，華商居多，生意繁盛。又附屬石郎阿國[③]之吉隆埠、卑力國[④]之罅埠[⑤]，均尚知保護華工。檳榔嶼一埠，人才聰敏，爲諸埠之冠，宜添設副領事一員，與駐坡領事相助爲理，益可以收後效。臣查委員王榮和等於役南洋，海程五萬餘里。各埠商民覩漢官之威儀，仰堯天[⑥]之覆幬，莫不歡呼迎謁，感頌皇仁。其懇求保護之情，極爲逼切。查出洋華民數逾百萬，中國生齒日繁，藉此消納不少。近年各國漸知妒忌，苛虐驅迫，接踵效尤。若海上不安其居，即歸內地，沿海驟增無數游民，何以處之？故保護之舉，實所以弭近憂，而非以勤遠略也。儻蒙朝廷設立領事，加意撫循，則人心自然固結，爲南洋無形之保障，所益靡淺。其設領事之處，就其餘款，酌撥若干，量設書院一所，亦先從小呂宋辦起。由臣捐資倡助，並購置經書，發給存儲，令各該領事紳董，選擇流寓儒士，以爲之師，隨時爲華人子弟講授，使其習聞聖人之教，中國禮義彝倫之正，則聰明志氣之用得以擴充，而愈開水源木本之思，益將深固而不解。從此輾轉傳播，凡有氣血，未必無觀感之思。

## 〈駐英欽差大臣薛福成疏略〉

竊臣查光緒十二年[(三)]，兩廣督臣張之洞派遣委員副將王榮和、知府余瓗訪查南洋各島華民商務，奏稱該委員等周歷二十餘埠，約計英、荷、日[⑦]三國屬島，應設總領事者三處[(四)]，正副領事者各數處，經總理衙門議覆在案。臣於光緒十六年七月准總理衙門咨稱，據海軍提督丁汝昌文[(五)]稱，此次巡洋，如附近新嘉坡、檳榔嶼各島，皆未設領事，擬請各設副領事一員，即以隨地公正殷商攝之，統轄於新嘉坡領事，應先與該

---

① 仰江：《清續通考》卷三三三、三五三，《清史稿》卷七十四、一一九、一五四、五二八，又作宴公、漾共、營工、郎昆，即現今緬甸的仰光(Rangoon)。

② 華民政務司：指華民護衛司署(Chinese Protectorate)。1877年，英國殖民政府爲了掌管馬來半島華人事務，設立華民護衛司署。1934年，譯名爲華民政務司署(Chinese Secretariat)。

③ 石郎阿國：爲Selangor之音譯，即現今馬來西亞的雪蘭莪州。

④ 卑力國：爲Perak之音譯，即現今馬來西亞的霹靂州。1528年，由馬六甲蘇丹國的最後一任蘇丹馬末·沙(Sultan Mahmud Shah)的次子穆紮法·沙(Raja Mudzaffar Shah)在霹靂河畔建立了新的王朝，後改稱爲蘇丹穆紮法·沙一世(Sultan Mudzaffar Shah I)。霹靂州蘇丹皇宫則位於皇城江沙(Kuala Kangsar)。

⑤ 罅埠：又稱罅律埠，指霹靂州的怡保(Ipoh)，位於近打河谷的中部，在近打河河床和較小的河流的匯合處。因怡保位於盛産錫米的近打河流域，在1820—1830年代快速發展成一個採礦城鎮。

⑥ 堯天：堯帝之天。堯，上古五帝(黄帝、顓顼、帝喾、唐尧、虞舜)之一。《論語·泰伯》有云："巍巍乎，唯天爲大，唯堯則之。"後世因此以"堯天"稱頌帝王盛德和太平盛世。

⑦ 日：日斯巴尼亞國之簡稱。日斯巴尼亞爲España之音譯，又稱以西吧尼亞。原指西歐伊比利亞半島(Ibérian Peninsula)，後來用於指西班牙。

外部商定核給憑照。如能辦到，實於華民有裨等因到臣。當經辦文照會英國外部，援照公法及各國常例，聲明中國可派領事，分駐英國屬境，俟商有端倪，再咨明總理衙門詳籌妥辦。臣竊思領事一官，關係緊要，而南洋各島華民繁庶，若不統論全局，則一事之利弊無以明。若不兼籌各國，則一隅之情，勢無由顯。臣謹綜其始終本末，爲聖主敬陳之。

大抵外洋各國，莫不以商務爲富強之本。凡在他國通商之口，必設領事，以保護商人，遇有苛刻，隨時駁阻，所以旅居樂業，商務日旺，即游歷之員，工藝之人，亦皆所至如歸。而西洋各國領事之在中國權力尤大，良由立約之初，中國未諳洋情，允令管轄本國寓華商民，與地方官無異。洋人每有人命債訟等案，均由領事官自理，往往掣我地方官之肘前後。中國各口之枝節橫生，亦實由於此。然即在他國，不理政務之領事，僅以保護商務爲名者，各國亦視之甚重，稍有交涉，即籌建設。蓋枝葉繁則本根固，耳目廣則聲息靈，民氣樂則國勢張，自然之理也。

中國領事之駐外洋者，在英則有新嘉坡領事；在美則有舊金山總領事，有紐約領事；在日則有古巴總領事，有馬丹薩[1]領事；在秘魯則有嘉里約[2]領事；在日本則有長崎[3]、横濱、神戶三處領事，有箱館[4]副領事。蓋南、北美洲與日本各口，迭經總理衙門與出使大臣籌畫經營建置較密，惟南洋各島星羅棋布，形勢尤爲切。近華民往來居住，或通商，或傭工，或種植，或開礦，不下三百餘萬人。臣竊據平日所見聞，参以張之洞原奏，計華民萃居之地，荷、日兩國所屬，應專設領事者約四處；法、英兩國所屬，應專設領事者約五處。此外各埠，如檳榔嶼等處，已可相機設法，或以就近領事兼攝，或選殷商爲紳董，畀以副領事之名，略給經費，而以就近領事轄之，斟酌盈虛，隨宜措注，要亦所費無多。就南洋各島而論，祗須設領事十數員，大勢已覺周妥。

## 〈駐英欽差大臣薛福成奏〉

爲瀕海要區添設領事揀員調充恭摺仰祈聖鑒事。竊臣承准總理衙門文開准北洋大臣李鴻章咨稱，海軍提督丁汝昌巡歷南洋，目擊華民人數巨萬，生齒殷盛，既設領事之處，尚稱安謐，其餘頗受欺淩，無不環訴哀求請設領事。咨令酌度情形，試與英國外部商議。如能辦到，實於華民有裨等因。

臣竊謂酌設領事，所費無多，而收效甚速。曾於去年十月統籌全局，縷陳聖鑒在

---

① 馬丹薩：爲 Matanzas 之音譯，現稱爲馬坦薩斯，爲古巴的城市，建城於 1572 年。

② 嘉里約：即現今的卡亞俄（西班牙語：El Callao），位於秘魯首府利馬（Lima）的西邊，屬於利馬都會區（Lima Metropolitan Area）的一部分。

③ 長崎：Nagasaki，爲日本九州西岸著名港市，長崎縣首府。在日本江戶時代（1603—1867 年），爲德川幕府的直轄地和大村、平戶、島原各諸侯的領地，日本鎖國時期（1639—1854 年）唯一對外開放的貿易港口，但只限定中國船及荷蘭船進出。

④ 箱館：位於日本北海道南部渡島半島東南龜田半島上的沿海城市。因早期建築外觀像箱子，故以“箱館”作爲地名。1869 年，箱館改名爲函館（Hakodate）。（清）崔國因《出使美日秘國日記》又作蝦夷。

案。查南洋流寓華民，頗有買田宅長子孫者，而拳拳不忘中土，疊次防務、賑務，捐數甚鉅，既據同聲呼籲，不可無以慰商民望澤之誠，示國家保護之意。惟設立領事，條約本無明文。各國知此事，於我有益，往往靳而不許，即英國前議，亦謂中國只能照約而行，不能援引公法。臣初與外部商議，先破其成見，謂中、英方睦，豈容與泰西[①]分别異同？再四磋磨外部，始允。照各友邦，一律辦理，仍謂審量情形。刻下或有難盡照辦之處，臣亦以經費有常，必須擇要興辦，礙難處處徧設。查香港一島，爲中外咽喉交涉淵藪，前使臣屢商未就，臣擬於香港設一領事官，其新嘉坡原設領事，改爲總領事，兼轄檳榔嶼、麻六甲及附近英屬諸小國小島。若慮鞭長莫及，或就地選派殷商充副領事，以資聯絡，由總領事察度，稟臣核辦。臣既函商總理衙門，復明告外部，外部尚以中國官吏未諳西例爲慮。臣告以新嘉坡領事左秉隆，在任十年，彼此往來素稱和睦。臣署參贊官黄遵憲[②]，前充美國舊金山總領事四年，穩練明慎，中外悦服。擬以此二員充補，外部乃無異辭。合無仰懇天恩，俯念員缺緊要，准將駐英二等參贊官二品銜先用道黄遵憲，調充新嘉坡總領事官花翎鹽運使銜；先用知府左秉隆，調充香港領事官於交涉事務，流寓商民必有裨益。除另將酌擬經費、增派隨員詳細辦法，咨呈總理衙門外，所有添設領事，揀員調充緣由，理合恭摺具陳。

鈞案：改新嘉坡領事爲總領事之議，張制軍發之，薛欽使成之。並錄之，志事之所由始。

## 黄楙材(六)[③]〈南洋形勢説〉

方今東西洋各國既已分遣使臣，設立領事，梯航重譯，修好睦鄰，而咫尺南洋，豈可視爲緩圖？查歐洲諸國，華人寥寥無幾，惟南洋群島所在多[④]有，綜而計之，不下數百萬衆。泰西之商，皆糾合股分(份)，萃爲公司，貲本富厚，多財善賈。華人則隻身空拳，不數年而致鉅富者有之，經營貿易之事，獨爲擅長。至於開墾耕種，能耐勤勞，尤非番人所及。華人愈多，市埠愈盛。故諸國始而招致，繼而妒忌。既無官長保護，難免虐政侵漁。宜將户口詳細稽核，凡滿萬户以上，設立領事一員。不及此數者，或數

---

① 泰西：舊泛指西方國家。

② 黄遵憲：生於 1848 年，卒於 1905 年。廣東嘉應州(今梅州)人，字公度，别號人境廬主人，東海公、布袋和尚。晚清詩人，外交家、政治家、教育家。清光緒二年(1876 年)舉人，歷任大清國駐日使館參贊、駐美國三藩市總領事、駐英使館參贊、駐新加坡總領事、江寧洋務局總辦。戊戌變法期間，署湖南按察使，助巡撫陳寶箴推行新政。尋奉命出使日本，未行而政變起，遂罷歸故里。工詩，爲晚清詩界革命領袖之一。主要著作有《人境廬詩草》、《日本國志》、《日本雜事詩》等。

③ 黄楙材：又作黄懋裁(1843—1890 年)，字豪伯，江西上高人，貢生，精通地理測量之學。光緒三年(1877 年)爲四川總督丁寶楨派遣赴緬甸、印度等國考察游歷。所撰《西徼水道》、《西輶日記》、《游歷芻言》、《印度劄記》，皆考證地理水道之書，合爲《得一齋雜著》。另有《和林考》、《滬游勝記》。

④ 多：原文如此。《海國公餘輯錄》卷一之《檳嶼記事本末》作“皆”。

埠共一領事。領事之下，分設客長①，令商民公舉。夫英人佔據各處馬頭②，多係公司衆商之謀。今可仿其意爲之，客長之中，有才能素著爲衆所服者，即給以頂戴，畀以職事。上下一體，中外一氣，將見生齒日繁，商賈漸興。南洋十島之利權，一旦盡歸於中華矣。

## 吴曾英③〈論今南洋各島圖〉

今中國商於南洋，亦多畏苦。今若設官其地，與之立約，不准掊克聚歛虐我商民。彼不奉約，偕各國公使，執萬國公法，與彼理論。如商民中有雄傑出衆者，授以領事等職，俾審其山川之向背，圖其幅員之廣狹，測量其海道之淺深，並偵探西夷動静以聞。

右（以上）欽使

鈞案：南洋設領事自新嘉坡始，至光緒辛卯始改新嘉坡領事作總領事，統轄海門群島。於是檳榔嶼始有領事。然相去千餘里，聲息不通，則副領事之設，誠不容緩也。至新設副領事，仍選本地富商，爲物望所歸者，風俗既嫻，情誼亦洽。兹錄近人奏疏論說，見選本地富商，充補副領事之議，固前人所已發也。

# 西　酋

## 英國所設官

《萬國地理全集》：檳榔嶼，英立總文官④，兼攝檳、馬、新等處。

《瀛環志略》：英有大酋駐息力，總理息力、麻剌甲、檳榔嶼三埠貿易之事。

《檳榔嶼紀略》：嘉慶十年乙丑(七)，東印度公司始在嶼埠設大酋，令與麻得拉士⑤、孟買兩處大酋並行。道光九年己丑，嶼始裁撤大酋，而以他員代之。道光十七年丁酉，英始改建總匯於坡埠，而嶼次之。

鈞案：《全集》所紀嘉慶年間之官制，《志略》所紀道光年間之官制，惟《紀略》言沿革較詳。按《紀略》載，英國官自議政司下吏二十一員，並錄於左（以下）。

議政司

---

① 客長：原文如此。《海國公餘輯錄》卷一之《檳嶼記事本末》作“官長”。

② 馬頭：原文如此。《海國公餘輯錄》卷一之《檳嶼記事本末》作“碼頭”。

③ 吴曾英（1828—1875年）：字全耆，號東軒，江蘇太倉人。著有《南洋各島國論》一卷，收入《小方壺齋輿地叢鈔》十二帙第54册，上海著易堂1891年版。

④ 總文官：指海峽殖民地總督（Governor of the Straits Settlements），又稱三洲府總督。1826年，英國東印度公司將新加坡、馬六甲和檳城三個地方合並成海峽殖民地，並設置海峽殖民地總督一職。

⑤ 麻得拉士：又作襪達剌沙、曼達剌薩、麻打拉薩、麻拉薩、馬達剌、曼噠喇薩、馬達拉斯達。（清）徐繼畬《瀛寰志略》作麻打拉薩，（清）薛福成《出使日記續刻》作麻拉薩。指馬德拉斯（Madras），即現今的金奈（Chennai），位於南印度東岸的一座城市，地處烏木海岸，緊鄰孟加拉灣。到17世紀，在英國統治下，該城市發展成爲印度南部重要的商業和行政中心以及海軍基地。

地租司
山林司
庫務司兼印務司
營造司兼量地司
善民副護衛司
船政司
機器測量司
郵政司
臬司
總訟司
錢債司
封官
教師
監院
醫官
巡理廳
巡捕廳
司獄
統兵官
工部局①員

## 各國所設領事官

荷國總領事
暹國正領事
德國正領事
奥國(八)②正領事
比國副領事
丹國副領事
葡國副領事
法國委辦領事
美國委辦領事

① 工部局:英文爲 Municipal Council,即市政委員會之意。
② 奥國:指奥匈帝國。

意國委領事①

鈞案：右（以上）各國領事官，據《檳榔嶼紀略》錄。領事官分三等：曰總領事，曰正領事，曰副領事，亦稱爲頭等、二等領事。更有學習領事，掌文案庫，及委辦領事。總領事爲眾領事之長，頭等、二等領事，俱歸管轄。至委辦領事，因地廣事繁，總領事等官力難兼顧，委人代辦，以便照料，但不列於職官。其經手事，惟正、副領事是問。委辦稱職，或賜以副領事之銜，以示獎勵。西例，領事有由本國特遣者，有委該處商人者。蓋小國國課有限，特遣則經費較鉅，而商務又不可忽，故多從權委派商人辦理，所謂委辦領事也。

右（以上）西酋②

## 屯戍

《英夷說》：英夷以強力據之，發敘跛③兵二千駐防其地，與新嘉坡相犄角，居然又一大鎮矣。

《海錄》：英吉利駐防番兵三百，又有敘跛兵三千餘。

右（以上）屯戍

鈞案：英之兵數千，不必皆英人也。流寓者二十餘萬，所駐之兵，防流寓乎？抑爲流寓防乎？蓋英能撫此流寓，在律例之寬，不在兵也。不然，荷蘭之於亞齊，法之於西貢④，兵豈不多哉？

## 推舉

《皇朝通考》：司漢人貿易者，曰甲必丹⑤。

《海國聞見錄》：分官屬，曰甲必丹。

---

① 意國委領事：意國指意大利。在（清）張德彝《隨使日記》中作“意國委辦領事”。

② 西酋：師大本及王本作“夷酋”。

③ 敘跛：爲 Sepoy 音譯，又稱四歪及噻囉兵，即由印度土著充當，爲西方殖民者服役的一種僱傭兵。

④ 西貢：又稱“柴棍”，越南文爲 Sài Gòn，現爲越南胡志明市，位於湄公河三角洲東北地區，是越南最大的城市和港口。在越南阮朝統治時期，稱此地爲嘉定。在法國殖民統治時期，法屬殖民政府決定劃一使用西貢名稱。在 1954 年日內瓦協議分割南北後的廿年間，西貢成爲當時南越政權的首都，稱爲西貢都城。1975 年 4 月 30 日，越南南北統一之後，爲紀念越南共產黨的主要創立者胡志明，將西貢改名爲“胡志明市”。

⑤ 甲必丹：葡萄牙語 capitao，荷蘭語 kapitein，英語 captain，馬來語 kapitan，原意爲上尉軍銜、船長。甲必丹制度爲歷史上西方殖民者在東南亞各地對不同種族（包括當地土著、華人、印度人、阿拉伯人等）實行的種族隔離管理制度。葡萄牙人 1511 年在馬六甲首設甲必丹。荷蘭東印度公司在 1620 年於巴達維亞（雅加達）始設華人甲必丹一職，同安人蘇鳴崗爲首任甲必丹，以管理吧城華人的民事事務。

《英吉利地圖說》：凡管理貿易及船政官，皆名甲畢丹[①]，即《明史》所稱加必丹[②]。

《海島逸志》：荷蘭所推甲必丹，有大雷珍蘭[③]、武直迷[④]、朱葛焦[⑤]諸稱呼。

右（以上）推舉

鈞案：英國甲必丹賴特開嶼有功，《檳榔嶼紀略》、《檳榔嶼考》皆載其事。而鄭嗣文爲白蠟甲必丹，見《白蠟紀略》。嗣文，檳榔嶼人，此英設甲必丹之可考者。至檳榔嶼人爲荷蘭甲必丹，據長慶寺[⑥]石刻，有幼裏[⑦]甲必丹溫言提，又有幼裏雷珍蘭林德水[⑧]、幼裏雷珍蘭邱登果[⑨]。雷珍蘭亦甲必丹也[⑩]，此荷蘭設甲必丹之可考者。但荷蘭甲必丹，檳榔嶼人任其事者尚多，俟考得實補錄。茲錄有文字可考者。

鈞案：《游覽隨筆》載西人之論曰：西國簡明達[⑪]大臣爲公使駐中國，首在聯兩國交誼，必使中外輯睦，相安無事。設臬司以平詞訟，領事以理貿易。庶務參贊者，參其議、贊其治也。繙譯[⑫]者，通其文字語言也。慮或不虞，當資防護焉，故有水師之設也。慮或鬭爭竊盜，當資稽察巡緝焉，故有巡捕之設也。大小文武之俸廉，兵捕之工食，公署、房舍、兵船、器械、軍火等項，歲需千百萬，無少吝惜。此欲旅居商民之咸遂其生，無異於居本國也。然吾西人散居中國不過數千耳，而中國人之散居外國者約百餘萬，無中國官員以鎮撫之，其能免於欺凌乎？李氏圭[⑬]對之曰：是嘗聞之矣。三藩

---

① 甲畢丹：甲必丹之同名異譯。

② 加必丹：甲必丹之同名異譯。

③ 雷珍蘭：爲荷蘭語 Luitenant 的音譯，原意爲中尉。荷屬東印度時期殖民當局委任的華人官銜之一。始設於 1633 年。主要職責爲輔佐甲必丹處理華僑事務，人數多寡視華僑事務繁簡而定。1707 年，巴達維亞（今雅加達）已設有 6 位雷珍蘭協助甲必丹工作。1931 年荷印政府撤銷此職。

④ 武直迷：又作"撫直迷"、"大點"，爲荷蘭語 Boedelmeester 的音譯，原意爲財產（遺產）管理官。荷屬東印度時期的華人官職之一。由甲必丹公署支薪，每屆任期 3 年。亦帶有爲公眾服務性質。

⑤ 朱葛焦：亦作朱葛礁，爲荷蘭語 Secretaris 之音譯，意爲秘書，其職責主要是輔助瑪腰（Majoor，原意爲少校軍銜，荷印政府授予當地華人首領的最高頭銜）、甲必丹及雷珍蘭處理華人民政事務。

⑥ 長慶寺：位於福建省福州市西郊祭酒嶺山脈怡山之麓，此處素有"飛鳳落洋、第一福地"之稱。該寺爲六朝古刹，創建於隋朝，初名"清禪寺"，後改爲"延壽寺"。五代的後唐長興四年（933 年），又改爲"長慶寺"；北宋仁宗景祐五年（1038 年）敕號爲"怡山長慶禪寺"。古時福州東西南北四郊均有禪寺，該寺位於西郊，故俗稱"西禪寺"，爲福州著名五大禪林之一。

⑦ 幼裏：爲 Deli 之音譯，亦譯作日裏、日里，現稱棉蘭（Medan），爲印度尼西亞北蘇門答臘的首府。

⑧ 林德水：號培元，字德水，又字潤初，福建省漳州府海澄縣吾貫社（今廈門市海滄區鼇冠村）人。曾任荷印蘇門答臘日裏雷珍蘭和甲必丹。晚年居留於檳城，爲當地存義社領導人之一。1900 年去世，葬於檳城峇都眼東福建公冢。

⑨ 邱登果：亦作邱丁果、邱丁菓，福建海澄新江（垵）社人。1887 年被荷印當局任命爲蘇門答臘幼裏（日裏）的老武漢（Labuhan）華人雷珍蘭，1893 年病歿於檳城。其子邱清德，於 1922 年被荷印政府任命爲北蘇門答臘棉蘭的最後一任華人瑪腰。

⑩ 雷珍蘭亦甲必丹也：甲必丹爲當地各族群的首領，雷珍蘭則是協助甲必丹處理事務，較甲必丹低一級。

⑪ 簡明達：爲英語 Government 之音譯，意爲政府。

⑫ 繙譯：又作繙繹，指翻譯員。

⑬ 李氏圭：即李圭，詳見前注。

謝司戈[①]之華人，不容於愛黨[②]；新嘉坡之華人，傷斃於土人。若夫受害於古巴、秘魯，更不能以數計。就華人之在日本者，亦不甚甘受其轄制。他如澳大利亞[③]、麻六甲、爪窪[④]、檳榔嶼各島華人，雖未聞有釁，恐未必能久安無事也。然我中朝惠育元元，豈於費有少惜哉？特不意華人在外竟若是也。近已簡公使、簡領事分駐各國矣。李氏之對西人善矣，惜其辭未盡也。總之，泰西各國地狹，留意商務，名曰設官護民，實爲利也。中國幅員遼廣，常有鞭長莫及之勢。北省墾務，南省鑛務，皆自然之利，尚閟之而不發。論者皆曰：西國富強，不知彼所謂富者，公司、機器、埠頭、餉款耳。彼所謂強者，輪船水戰、鎗礮火攻耳。然而西國之人，貧不聊生而內亂邊釁，亦未嘗一日無也。蓋財聚而不散，小民轉難謀食，即以力服人，力盡而服者亦叛。以彼一隅之地弊，且立見中國土地之大、人民之衆，使不於本原上加之意，西法豈可恃哉？日本自行西法，上下離心，非前車之鑒歟？然中國不留意商務，故利權多爲西國所擁。夫商務非經世之良謨，固救時之先著。中國自同治後，嚴備海防，星軺四出，問俗採風。公使所駐，參贊、繙繹隨焉。日、美各國既立領事，而郭、曾二欽使奏設新嘉坡領事。張制軍、薛欽使奏改新嘉坡領事爲總領事，並請於檳榔嶼各埠增設副領事。黃君懋材與薛欽使皆言設副領事，就各島殷商紳董選擇。此即西國所謂委辦領事，稱職者賜以副領事之銜也。竊謂如就各埠總管甲必丹之類，擇尤授職，較覺妥便。然此亦在殷商紳董之列也。蓋中國政體，由內而外，由本而末，由大而小，即設立領事一節，已可概見矣。彼西人烏知之。

## 校勘

（一）余瓗：原作“余㻋”。當爲“余瓗”，據改（下同）。

（二）華工：原作“華官”。按《皇朝經世文續編》卷一百十五〈洋務十五・商務三〉，爲“華工”，據改。

（三）光緒十二年：原作“光緒十五年”。據《皇朝經世文三編》卷七十八〈洋務十・外洋通論四〉，爲“光緒十二年”，依改。

（四）三處：原作“二處”。據《皇朝經世文三編》卷七十八〈洋務十・外洋通論四〉，

---

① 三藩謝司戈：爲 San Francisco 的音譯，又稱桑佛蘭須斯果、聖法蘭西斯科、舊金山。（清）黃遵憲《日本國志》作桑佛蘭須斯果。爲現今的美國加利福尼亞州三藩市。早年該地區由於發現大量金礦，引發一股淘金熱，淘金者中包括大量華人勞工，因此他們把該地區稱爲“金山”。後來，澳洲墨爾本一帶也發現了金礦，爲了加以區別，墨爾本一帶稱爲“新金山”，三藩市則稱爲“舊金山”。

② 愛黨：指美國愛爾蘭裔政客鄧尼斯・科尼（Denis Kearney）於 1877 年成立的加利福利亞工人黨（Workingmen's Party of California）。該黨在 1878 年奪取了加州立法機關的控制權，利用種族主義的觀點來排擠中國移民，煽動反華情緒，最終導致了 1882 年的“排華法案”。（清）李圭《游覽隨筆》之〈書華人寄居美國始末情形〉中有云：“洋人中有所謂‘愛利士’者（英國愛爾蘭人），最狡悍，日得工資多以醉酒，喜滋事。遂立一會，專欲阻礙華工，故華人呼爲會黨。欺淩毆辱，皆出若輩。”

③ 澳大利亞：又稱澳洲，爲 Autralia 之音譯，源於拉丁文 Australis，意爲“南方”。

④ 爪窪：爲 Java 之音譯，亦譯作爪亞、爪鴉、繞阿等。今印度尼西亞爪哇島。

爲“三處”，依改。

（五）文：原作“又”。按《皇朝經世文三編》卷七十八〈洋務十·外洋通論四〉，爲“文”，依改。

（六）黄楙材：原作“黄楙裁”。據《皇朝經世文統編》卷一百一〈通論部二·南洋形勢〉，作者爲“黄楙材”；又本書卷六亦作“黄楙材”，據改。

（七）嘉慶十年乙丑：原作“嘉慶十年己丑”。當爲“嘉慶十年乙丑”，公元1805年，據改。

（八）奥國：原作“粤國”。據（清）張德彝《隨使日記》爲“奥國”，依改。

# 檳榔嶼志略　卷之四

永福　力鈞初稿

## 流寓志

### 傳　略

#### 王榮和事略

兩廣總督張之洞奏派榮和赴南洋諸島周歷。榮和於光緒十二年七月二十七日由粵起程，次年七月回粵，歷二十餘埠。先至小呂宋，爲日斯巴尼亞[①]屬。次新嘉坡，次麻六甲，次檳榔嶼，次仰江，皆英屬。次日裏[②]，次加拉巴[③]，次三寶壠[④]，次泗里末[⑤]，皆

① 日斯巴尼亞：爲 España 之音譯，又稱以西吧尼亞，原指西歐伊比利亞半島（Ibérian Peninsula），後來用於指西班牙。

② 日裏：爲 Deli 之音譯，亦譯作日里。即現今印度尼西亞棉蘭（Medan），爲北蘇門答臘首府。

③ 加拉巴：爲馬來語 Kelapa 之音譯，亦譯作"葛羅巴"、"葛留巴"、"交留巴"等。今印度尼西亞首都雅加達（Jakarta）。

④ 三寶壠：Semarang，又稱壠川、三孖冷、三馬壟，《海錄》作三巴郎，《海島逸志》作三寶壟，爲現今印度尼西亞爪哇島中爪哇省商港和首府。

⑤ 泗里末：即現今印度尼西亞泗水（Surabaya），又譯爲蘇臘巴亞，位於爪哇島東北角，爪哇島第二大通商口岸，現爲東爪哇省首府。《瀛涯勝覽》作蘇魯馬益、蘇兒把牙，《西洋番國志》、《西洋朝貢典錄》作蘇魯馬益；《順風相送》作蘇魯馬，《海島逸志》作泗里貓；《噶喇吧紀略》作泗里末，吧城華人公館檔案之《公案簿》作泗里末仔。

荷蘭屬。次新金山[①]之鉢打穩[②],次雪梨[③],次美利濱[④],次亞都律省[⑤],次衮司倫[⑥],皆英屬。

其抵小吕宋也,時土人聯名擬逐華工。榮和到,其議遂寢。

其抵新嘉坡也,與原設領事左秉隆往見坡督各官,禮意尚洽。該處華民十五萬。至麻六甲、檳榔嶼兩處,與新嘉坡相連,又附屬石郎阿國之吉隆埠,皁力國之罅埠,均知保護華工。

其抵緬甸[⑦]之仰江也,榮和偏加訪察,言地自英據,收餉、設戍,密邇騰越[⑧],他日必爲中國患。

其抵日裏也,該處華工亦萬餘,所業種烟、製烟,工頭任意虐待。榮和告知荷官,允爲設法整頓。

其抵加拉巴也,該處華民七萬餘,其附近之波哥[⑨]内埠、文丁[⑩]内埠,皆有華人聚

---

① 新金山:指澳大利亞墨爾本(Melbourne)。

② 鉢打穩:爲 Bundaberg 之音譯,現又稱班德堡或邦達伯格,位於澳大利亞昆士蘭州(Queensland)中部的一座沿海城市。

③ 雪梨:爲 Sydney 之音譯,即現今澳大利亞第一大城市及新南威爾士州首府——悉尼。

④ 美利濱:爲墨爾本(Melbourne)的舊稱,早期又被稱爲新金山及 Bearbrass,位於澳大利亞維多利亞州南部的城市。1837 年,爲了紀念英國首相第二代墨爾本子爵威廉·蘭姆(William Lamb, 2nd Viscount Melbourne),更名爲墨爾本。

⑤ 亞都律:按(清)薛福成《出使英法義比四國日記》記載:"南澳士地利亞省亦曰亞都律省。"亞都律應爲南澳大利亞(South Australia)的首府,即現今的阿德萊德(Adelaide)。阿德萊德是以威廉四世的王後阿德萊德(Adelaide of Saxe-Meiningen)命名,建於 1836 年,計劃作爲當時在澳大利亞唯一可以自由殖民的英國領土的州府。

⑥ 衮司倫:爲 Queensland 之音譯,即現今昆士蘭州,位於澳大利亞東北部。約 17 世紀左右,荷蘭最先發現昆士蘭州。約 1810 年以後,昆士蘭州掀起一波淘金熱潮,同時殖民區政府還頒佈土地承租方案,吸引了許多移民前來發展。在 1859 年以前,昆士蘭屬於英國殖民區新南威爾士州(New South Wales)的一部分;1859 年 6 月 6 日,昆士蘭頒佈了第一部新法;1859 年 12 月 10 日,昆士蘭第一位總督寶雲爵士(George Ferguson Bowen)宣佈昆士蘭從新南威爾士州獨立出來,成爲自治州。

⑦ 緬甸:Burma 或 Myanmar,現全稱爲"緬甸聯邦共和國",位於中南半島的西北部,與中國、印度、泰國、老撾、孟加拉等國接壤。緬甸是中南半島歷史悠久的國家之一,早在兩千年前就出現了若干早期的國家。自 11 世紀中葉以後,緬甸逐漸形成統一國家,先後歷經蒲甘王朝、東吁王朝和貢榜王朝的統治。英國人先後在 1824 年、1852 年、1885 年發動三次英緬戰爭,佔領了全緬甸,並將其劃歸爲英屬印度的一個省。1948 年 1 月 4 日,緬甸脱離英聯邦宣佈獨立,成立緬甸聯邦。

⑧ 騰越:今中國雲南省保山市騰沖市。在 19 世紀末,騰越成爲清朝雲南省與當時英屬緬甸、印度貿易的重要口岸。

⑨ 波哥:爲 Bogor 之音譯,即現今印度尼西亞茂物,又譯博果爾,位於印度尼西亞爪哇島西爪哇省。荷蘭語作 Buitezorg,意爲"無憂之鄉"。原名新村(Kampung Baru),1745 年,荷蘭東印度公司總督范·伊姆霍夫(Gustaaf W. van Imhoff)以總督的名義,在此獲得大片土地,從事種植業,命名爲 Buitezorg,即現今的茂物。

⑩ 文丁:Benteng,又譯文登。原名 Tangerang,中文譯作丁腳蘭或當格朗。因當地有大碉堡(Benteng),故當地人稱作文丁,現是印尼西爪哇萬丹省的一座城市。

處。又三寶壠與疏羅[①]及麥里芬[②]、泗里末、惹加[③]等處,皆荷蘭屬地,華人二十餘萬,荷官横肆暴虐。榮和接見華商,備言其苦。

其抵新金山之鉢打穩[(一)]埠也,華工三千餘,雪梨附近華人萬餘,美利濱埠、旺加拉打[④]埠、必治活[⑤]埠、巴拉辣[⑥]埠、紐加士[⑦]埠、市丹塔[⑧]埠,均屬新金山外埠,惟庇鼇市檳[⑨]埠,係衮司倫之省城。又有湯市威路[⑩]埠、波得忌利士[⑪]埠及谷當[⑫]埠,每處華人自數百至千餘不等。榮和皆勤加撫慰。

小呂宋近中國,華民望切倒懸,必須先設總領事,擬派榮和爲駐劄小呂宋總領事,緣該處多閩人。榮和籍隸福建,穩練精詳,究心洋務,素爲閩人信服。此次出差南洋,親歷小呂宋各埠,熟習情形,深得竅要,以之充當總領事,人地相宜。

榮和,檳榔嶼人,嶼中人稱之。曾任福建督標左營參將,周歷南洋時,官至兩江[⑬]副將總兵銜。具此才略,賫志以沒。惜哉!

## 李道熙傳略

道熙早廢舉業,客檳榔嶼久,以貨殖起家,積産十數萬金,捐創海澄吾貫[⑭]社學。此錫五茂才所述者。所居門榜曰"李氏家塾"。考之《禮》,黨庠[⑮]、州序[⑯]、里塾[⑰],然宫室之制,於大門東西夾室,亦曰塾。此家塾所自仿歟?道熙之創社學,里塾也。若

---

① 疏羅:爲 Solo 之音譯,又譯梭羅,即現今蘇拉加達(Surakarta),位於印度尼西亞中爪哇省,距離三寶壠約 100 公里。

② 麥里芬:爲 Madiun 之音譯,現稱爲茉莉芬,位於印度尼西亞東爪哇省,距離首府泗水約 169 公里。

③ 惹加:Negara,印尼巴厘島内加拉。

④ 旺加拉打:爲 Wangaratta 之音譯,現稱哇加拉搭,位於澳大利亞維多利亞州。

⑤ 必治活:爲 Beechworth 之音譯,現稱比奇沃斯鎮,位於澳大利亞維多利亞州。

⑥ 巴拉辣:爲 Ballarat 之音譯,現稱巴拉瑞特,早期又稱"孖辣",位於澳大利亞維多利亞州南部,於墨爾本西北部。

⑦ 紐加士:爲 Newcastle 之音譯,現稱紐卡斯爾,位於澳大利亞新南威爾士州。

⑧ 市丹塔:按(清)薛福成《出使英法義比四國日記》記載:"市丹塔埠,屬衮司倫省,華人開錫礦及開店者七八百人。"據此可知,市丹塔位於澳大利亞昆士蘭州。

⑨ 庇鼇市檳:爲 Brisbane 之音譯,現稱布里斯班,位於澳大利亞本土的東部。

⑩ 湯市威路:爲 Townsville 之音譯,現稱湯斯維爾,位於澳大利亞昆士蘭州東部。

⑪ 波得忌利士:爲 Port Douglas 之音譯,現譯爲道格拉斯港,位於澳大利亞昆士蘭州北部。

⑫ 谷當:爲 Cooktown 之音譯,又稱庫克敦,位於澳大利亞昆士蘭州。庫克敦於 1873 年 10 月 25 日開埠,取名自海軍上校詹姆斯·庫克(Captain James Cook),以作爲帕默河沿岸(Palmer River)金礦的物資供應港和黄金出口港。

⑬ 兩江:清代江南省和江西省的簡稱。清代的江南省包括現今的江蘇、安徽與上海,江西省即今之江西省。

⑭ 海澄吾貫:原爲漳州府海澄縣三都吾貫村,現爲廈門市海滄區鼇冠村。

⑮ 黨庠:指古代鄉學。出自《禮記·學記》:"古之教者,家有塾,黨有庠。"

⑯ 州序:又作州學、州校。《周禮·地官·州長》:"若以歲時祭祀州社,則屬其民,而讀灋亦如之。春秋以禮會民,而射於州序。"(東漢)鄭玄注:"序,州黨之學也。"

⑰ 里塾:指舊時鄉里間私人設立的教學場所。

家塾，則優爲之矣。道熙字焜燿，福建 海澄人，中書科中書。

## 邱忠波[①]傳

忠波，海外之豪傑也。中年多病，累月不起。然其聲雷如，其氣虹如，其目光閃閃電如。座上客滿，隨問隨答，書札積累寸，支床展閱，未見其疲也。海外商務之大，忠波爲最。中國則上海、寧波、廈門、香港、汕頭，海外則新嘉坡、檳榔嶼、滿剌甲諸埠，其餘吉隆、白蠟之錫鑛，西貢、仰光之舂米機器，有輪船十數艘爲之轉運，受腹心之寄，任指臂之勞，凡四五千人。仰而食者，則不可數計焉。足不下樓，擘畫井井。當世所推爲物望者，至忠波前往往有踧踖之象，所以令人敬服者可想矣！其見識之遠、信義之著，爲夷酋所服。貨財交涉，一諾立決，不惟中國人重之也。

中國人購輪船自忠波始，英酋乘間陷之，法摭例與爭，酋褫職去，聞者快焉！自是西人愈偉視中國人。生平自奉薄然，凡善舉，樂輸恐後。中國海防、水災派員勸捐，極力報効，好造就人才。屢爲人負，雖數萬金，以情告不較也。忠波雄才大略，不可一世。惜終老海外，當事無爲之汲引者，使得所展布，當亦劉晏、卜式之流歟？忠波，字如松，福建 海澄人，十五客檳榔嶼，卒年六十。海防賑捐出力，授候選道加三品銜。

## 李灼傳

灼能詩、能畫、能古篆，篆能運腕，神似鐘鼎文字。臨石鼓，亦得其大意。嘗以寫篆法寫蘭，筆筆藏鋒。詩初學，然力爭上流。居檳榔嶼久，故筆墨散見者多。嘗手錄升菴詩題其後云：升庵之《論詩》云，詩之爲教，六情靜於中，萬物盪於外。情緣物而動，物感情而遷，是發諸性情而協於律呂，非先協律呂而後發性情也。古人之詩，一出於性情，後人之詩必潤以問學。性情之感有邪正，問學之功有淺深，此皆存乎其人也。又云：緣情綺靡而溫柔，敦厚之意荒矣。又云：詩歌至杜陵而暢，然詩之衰颯自杜始，經學至朱子而明，然經之拘晦自朱始，非杜、朱之過也，效之者過也。總觀所論，探驪得珠，賞駿在骨，振古之學識，一代鉅材也。故所爲詩，未嘗不緣情綺靡而仍不失乎！溫柔敦厚，性情既正，學問亦純。意多風喻，詞兼比興。後世之詩，足以繼風騷者，升菴其巨擘也。選其尤者，錄爲一編。升菴有知，其亦許爲知言歟！觀灼之論升菴詩，可知灼之詩矣。灼字秩軒，廣東□縣人，著有《秩軒詩草》。

---

① 邱忠波：又名松齡，字如松，謚蔭圃。1830 年生於福建省漳州府海澄縣三都新江社（今廈門市海滄區新垵村），1892 年 3 月 2 日於新加坡馬六甲街的萬興號住宅内病逝，享年 62 歲，遺體被運往檳城安葬。邱忠波十五歲時，南渡檳榔嶼，先後與人合夥開設長和商號、萬興號。1875 年，集資 150 萬元在新加坡自創萬興輪船公司，航行於香港、檳榔嶼、廈門等地。1876 年，又與林永慶等人在新加坡合夥經營安美輪船公司。1879 年，萬興輪船公司成爲新加坡最具實力的華人商行。本傳結尾處謂邱忠波"卒年六十"，當爲其生前於光緒十六年（1890 年）在檳城大英義學路（Free School Road）相中風水寶地，預先建有壽域，並在墓碑刻上"中憲大夫顯考蔭堂邱府君"，墓主即爲邱忠波，其址原屬怡和園地理範圍。此外，在《叻報》1892 年 3 月 5 日的"邱忠波訃聞"中，亦有"君享壽適滿六旬"字句，皆誤。

## 魏望曾傳

望曾能畫，尤精醫術。家貧親老，橐筆南游。辛卯三月至檳榔嶼，居八月入吉隆坡。十二月歸，舟至汕頭沉，有救望曾上小舟者，小舟覆，卒死焉。

望曾性靜好學，讀《傷寒》、《金匱》，多心得。嘗言《痓濕暍篇》，已括溫熱治法。其論痓病云：痓由津液不養筋。第三節，備言誤汗誤下爲致痓之故，以汗下亡津液也。第一節，以惡寒之實證爲剛痓，以不惡寒之虛證爲柔痓，然其外皆發熱。第四節，言痓之病象，如面赤、頭搖、口噤、背反張，皆熱也，皆津液爲熱鑠也。末三節，或用括蔞桂枝湯，或用葛根湯，或用大承氣湯。藥之輕重，視病淺深，要不外清陽明之熱，使津液不傷也。而灸瘡難治，亦以津液傷，不能發膿，則欲知致痓之由，與治痓之法，亦惟於津液加意而已。其論濕病云：濕由脾土虛寒，未入陽明，斷無下之之法。其爲病也，或身疼，或發熱，或色如熏黃，爲濕家之提綱要，皆不可下也。或取其微汗，或利其小便。若頭中寒熱，非汗與小便可解，則有納藥鼻中之一法。濕在外，則脈浮，浮則宜汗。濕在下，則脈沉細，沉細則宜利小便。至第十節云：虛浮而濇，桂枝附子湯主之，以下文小便自利之。桂枝湯例之，則用桂枝者，必小便不利可知矣。以上節與麻黃、白朮湯發其汗爲宜例之，則此不用麻黃白朮者，必已汗可知矣。雖發端有太陽病一語，然指傷寒之挾濕者，非濕家，皆由太陽病始也。而日晡所劇，則寒熱化燥，傳入陽明之候，其方仍是麻薏杏甘。以太陰脾土虛寒，雖有中焦鬱熱無實證，仍從汗與小便解，非陽明有可下者比也。然痓病以承氣爲主方，暍病以白虎爲主方。而吳又可①《瘟疫論》，除邪在膜，原用達原飲，外汗以白虎下，以承氣至吐法。亦有用瓜蒂者，可知溫熱治，仲景已示之的，俟讀者之自領耳。噫！望曾之精於醫，無知之者。觀其所論，固已升長沙②之堂而入其室。卒死於海，哀哉！所作畫，嶼中多有藏者。望曾，福建閩縣人。

右（以上）傳略

鈞案：海外志書傳人物者，惟王柳谷《海島逸志》。然臚陳瑣事，頗近叢談。茲錄五人：王榮和，名宦也；李道熙、邱忠波，貨殖也；李灼、魏望曾，藝術也。之五人者，鈞所知也。至生存未得立傳，及可以立傳，而事實未詳者尚多也。繼此勤搜博採，傳其可傳，他日志蠻夷者，或有所取歟？夫蠻夷入中國，古有之矣。今則中國之人散處蠻夷中，是亦可以覘世變矣。

## 戶　籍

《島夷志略》：元初，軍士征闍婆，遭風於山，有病卒百餘人不能去，遂留山中。今

① 吳又可：吳有性（1582—1644年），字又可，明末傳染病學家，著述有《瘟疫論》。

② 長沙：此指張長沙，張仲景之別名。張仲景，名機，字仲景，東漢南陽涅陽縣人，東漢末年著名醫學家。東漢建安年間（196—219年），張仲景被朝廷舉爲孝廉，官拜長沙太守，故又有"張長沙"之稱。

唐番雜處。

《明史》:元破爪哇,其病卒百餘,留養不歸。後益蕃衍,故其地多華人。

《東行日記》:聞檳榔嶼 華人,實繁有徒。

《檳榔嶼考》:島上居民,中國人最多,次則巫來由。間有暹羅、緬甸人,歐洲不過六七百人而已。

《外國史略》:居民五萬一千,日增月盛,四方雲集,福建人尤多,居然都會。國家所費有限,而收餉過之。

《萬國地理全圖》:居民五萬四千丁,其中有一萬係漢人。

《瀛寰志略》:居民五萬四千,閩、廣人居五分之一,亦歸英吉利管轄。

鈞案:《萬國地理全圖》、《瀛寰志略》皆云居民五萬四千,疑《志略》即據《全圖》而錄者。《志略》作於道光二十八年戊申,時居民似不止此數也。

《檳榔嶼紀略》:光緒七年辛巳,人民一十萬零五百九十七口[①],內有華人六萬七千八百二十。計居檳榔嶼者四萬五千一百三十五,居威烈斯烈者二萬二千二百一十九,居顛頂[②]者四百六十六。其居檳榔嶼者,計福建人一萬三千八百八十八,海南人二千一百二十九,客籍人四千五百九十一,廣府人九千九百九十,潮州人五千三百三十五,土生華人九千二百零二。其居威烈斯烈者,福建人二千六百八十,海南人三百八十二,客籍人二千三百一十二,廣府人二千一百一十二,潮州人一萬三千四百五十八,土生華人一千二百七十五。[③]

《天下戶口考》:光緒十七年辛卯稽查戶口時,檳城戶口在工部界內[④],男五萬九千人,女二萬六千人,合計八萬五千人。[⑤]工部界外東北境,男七千二百人,女三千二百人,合計一萬零四百人。[⑥]西南境,男一萬四千四百四十人,女二萬二千九百人,合

---

① 一十萬零五百九十七口:原文如此。按 *Annual Reports of the Straits Settlements for 1881* 記載,當爲"十九萬零五百九十七口"。

② 顛頂:又稱天定群島(Dindings)。位於馬來西亞霹靂州西南部,霹靂河口北岸。1874 年,英國政府與霹靂州蘇丹在邦咯島(Pangkor Island)簽訂《邦咯條約》(Pangkor Treaty of 1874)後,把天定與附近的島嶼割讓給海峽殖民地。1980 年,該地區改稱曼絨(Manjung),並在 2001 年 8 月升格爲市。

③ 有關 1881 年檳榔嶼及威爾斯利省華人方言群人口統計表,請詳見附錄一,表 1、表 2。

④ 工部界內:指喬治城市政管轄區(Municipality of George Town)。

⑤ 檳城戶口在工部界內,男五萬九千人,女二萬六千人,合計八萬五千人:原文如此。按 *Report on the Census of the Straits Settlements taken on the $5^{th}$ April 1891* 記載,當爲"檳城戶口在工部界內,男三萬六千八百八十一人,女一萬四千七百四十六人,合計五萬一千六百二十七人"。

⑥ 工部界外東北境,男七千二百人,女三千二百人,合計一萬零四百人:原文如此。按 *Report on the Census of the Straits Settlements taken on the $5^{th}$ April 1891* 記載,當爲"工部界外東北境,男三萬零八十四人,女一萬四千六百九十人,合計四萬四千七百七十四人"。

計五萬一千八百人。[①]中境男女計三萬二千一百十八人。[②]北境男一萬六千一百人，女七千二百人，合計二萬三千三百人。[③]以上統計，二十二萬七千三百六十八人。[④]

鈞案：西例，十年一查户口。同治十年辛未，嶼户口十三萬三千零六十四人[⑤]，叻[⑥]則九萬一千一百三十一人[⑦]，甲則七萬七千七百五十六人。時嶼多於叻四萬餘人[⑧]，多於甲五萬餘人[⑨]。至光緒七年辛巳，嶼户口十九萬零五百九十七人，叻則十三萬九千二百零八人，甲則九萬三千五百七十九人。時嶼多於叻六萬餘人[⑩]，多於甲九萬餘人[⑪]。光緒十七年辛卯，嶼户口二十二萬七千三百六十八人[⑫]，叻則十八萬二千六百五十人[⑬]，甲則九萬零九百五十人[⑭]。時嶼多於叻四萬餘人[⑮]，多於甲九萬餘人[⑯]。就嶼户口計，自辛未至辛巳，增六萬七千餘人[⑰]。自辛巳至辛卯，又增九萬四千餘人[⑱]。觀户口之增減，即可知地方之盛衰。鈞所考人數，皆據《西報》。光緒辛巳，與

---

① 西南境，男一萬四千四百四十人，女二萬二千九百人，合計五萬一千八百人：原文如此。按 *Report on the Census of the Straits Settlements taken on the* 5$^{th}$ *April 1891* 記載，當爲"西南境，男一萬四千三百九十七人，女八千八百零七人，合計二萬三千二百零四人"。

② 中境男女計三萬二千一百十八人：原文如此。按 *Report on the Census of the Straits Settlements taken on the* 5$^{th}$ *April 1891* 記載，當爲"中境男女計三萬二千四百七十六人"。

③ 北境男一萬六千一百人，女七千二百人，合計二萬三千三百人：原文如此。按 *Report on the Census of the Straits Settlements taken on the* 5$^{th}$ *April 1891* 記載，當爲"北境男二萬八千九百二十四人，女二萬三千一百五十五人，合計五萬二千零七十九人"。

④ 以上統計，二十二萬七千三百六十八人：原文如此。按 *Report on the Census of the Straits Settlements taken on the* 5$^{th}$ *April 1891* 記載，當爲"二十萬四千一百六十人"。以上的統計，不包括威爾斯利省南部及其他地區。有關 1891 年檳榔嶼與威爾斯利省之人口統計總和，爲二十三萬二千零三人，詳見附錄一，表 3。

⑤ 十三萬三千零六十四人：原文如此。按《1871 年海峽殖民地人口普查》統計，當爲"十三萬三千二百三十人"。

⑥ 叻：又稱石叻、叻埠，源自馬來語 Selat 之音譯，指現今新加坡。

⑦ 九萬一千一百三十一人：原文如此。按 *Annual Reports of the Straits Settlements for 1881* 記載，當爲"九萬七千一百一十一人"。

⑧ 時嶼多於叻四萬餘人：原文如此。當爲"時嶼多於叻三萬六千一百一十九人"。

⑨ 多於甲五萬餘人：原文如此。當爲"多於甲五萬五千四百七十四人"。

⑩ 時嶼多於叻六萬餘人：原文如此。當爲"時嶼多於叻五萬一千三百八十九人"。

⑪ 多於甲九萬餘人：原文如此。當爲"多於甲九萬七千零一十八人"。

⑫ 二十二萬七千三百六十八人：原文如此。按 *Report on the Census of the Straits Settlements taken on the* 5$^{th}$ *April 1891* 記載，當爲"二十三萬五千六百一十八人"（包括檳榔嶼、威爾斯利省及天定）。

⑬ 十八萬二千六百五十人：原文如此。按 *Report on the Census of the Straits Settlements taken on the* 5$^{th}$ *April 1891* 記載，當爲"十八萬四千五百五十四人"。

⑭ 九萬零九百五十人：原文如此。按 *Report on the Census of the Straits Settlements taken on the* 5$^{th}$ *April 1891* 記載，當爲"九萬二千一百七十人"。

⑮ 時嶼多於叻四萬餘人：原文如此。當爲"時嶼多於叻五萬一千零六十四人"。

⑯ 多於甲九萬餘人：原文如此。當爲"多於甲十四萬三千四百四十八人"。

⑰ 增六萬七千餘人：原文如此。當爲"增五萬七千三百六十七人"。

⑱ 又增九萬四千餘人：原文如此。當爲"又增四萬五千零二十一人"。

《紀略》所載不同，必有一誤。俟考。[①]

《叻報[②]》：辛卯年實得力[③]人口人數，言是歲往檳榔嶼之人，男子計二萬六千三百四十七名，婦女計一千七百一十口，小孩計八[④]，女二百五十一名，共一千零六十三名。

《辛卯年英護衛司花冊》：檳城妓女一千一百八十人，檳城之過港[⑤]四十六人，共一千二百三十三人[⑥]。而勾院[⑦]則檳城九十九間，檳城之過港七間，共一百零六間。

鈞案：檳城一隅，勾院至九十九間，妓女至一千一百八十人，有此銷金之窟，何怪流落他鄉，貧不得歸者之多哉！

右（以上）戶籍

鈞案：西人重戶口，稽查極嚴。據《瀛寰志略》，道光戊申戶口五萬四千。《檳榔嶼紀略》：光緒辛巳，戶口十萬零五百九十七[⑧]。計二十四年[⑨]，增四萬六千餘[⑩]。至光緒辛卯，戶口二十二萬七千三百六十八[⑪]，計二十年[⑫]，增十二萬六千餘[⑬]。夫天下物力，只有此數，生齒日繁，財源日匱，此勢所必至也。檳榔嶼一隅如此，則海南群島可推矣。

## 校勘

（一）鉢打穩：原文作"打鉢穩"。本書上文均作"鉢打穩"，據改。

---

① 有關1871年、1881年、1891年海峽殖民地人口統計表，請詳見附錄一，表4。

② 叻報：*lat Pau*，1881年12月由海峽僑生薛有禮在新加坡創辦的第一份華文報紙，從創刊日起至1932年3月停刊爲止，共刊行52年，爲早期新馬地區出版和行銷最久的華文報紙。

③ 實得力：爲實得力塞多爾曼士（Straits Settlements，海峽殖民地）之簡稱。

④ 小孩計八：原文如此。疑爲"小孩計八一二名"，待考。

⑤ 過港：指檳榔嶼對岸的威爾斯利省，簡稱威省。

⑥ 一千二百三十三人：原文如此。當爲"一千二百二十六人"。

⑦ 勾院：勾欄院（妓院）之簡稱。

⑧ 十萬零五百九十七：原文如此。按 *Annual Reports of the Straits Settlements for 1881* 記載，當爲"十九萬零五百九十七"。

⑨ 二十四年：原文如此。當爲"三十三年"。

⑩ 增四萬六千餘：按1848年五萬四千人及1881年十九萬零五百九十七人，當爲"增十三萬六千五百九十七"。

⑪ 二十二萬七千三百六十八：原文如此。按 *Report on the Census of the Straits Settlements taken on the 5th April 1891* 記載，當爲"二十三萬五千六百一十八人"（包括檳榔嶼、威爾斯利省及天定）。

⑫ 二十年：原文如此。當爲"十年"。

⑬ 增十二萬六千餘：按1881年十九萬零五百九十七人及1891年二十三萬五千六百一十八人，當爲"增四萬五千零二十一"。

# 檳榔嶼志略　卷之五

永福　力鈞初稿

## 名勝志

### 山　水

《島夷志略》：勾欄山，嶺高而林密。

《明史》：交欄山甚高，廣饒竹木。

《萬國地理全圖》：檳榔嶼，在西北有高峰，山水甚美。

《外國史略》：檳榔嶼有高山，有溪，地氣和暖，山水甚美。

《瀛環志略》：麻喇甲西北海中有島，曰檳榔嶼。內有高峰，山水清勝。

《東行日記》：內多高峰，山水清勝。

鈞案：《島夷志略》、《明史》皆言山高，《全圖》、《史略》皆言山水甚美，《志略》、《新錄》皆言山水清勝，則檳榔嶼山水勝美著聞久矣。張香濤制軍稱人才聰敏冠諸埠，是亦地靈人傑之一驗歟！諸君子生長其間，勿負鍾毓之奇爲中國光，則山川亦爲之生色矣。

#### 蛇莓山①

一名旌旗山②。輪船出入，英人在山上升旗爲識，故名。

《檳榔嶼紀略》：嶼中有高山，名蛇莓子③，出海三千尺。

《檳榔嶼考》：島北有土吐羅牌利山④，高二千九百二十二尺。土吐羅牌利譯言蛇

---

① 蛇莓山：爲 Strawberry Hill 之漢譯，又稱草莓山，指現今的檳城升旗山（Bukit Bendera）。

② 旌旗山：爲現今檳城升旗山（Bukit Bendera），位於檳城島中部，海拔 2733 英尺。由於早期英國高官的別墅大多數都建在海拔 2411 英尺的旗山（Flagstaff Hill），山下士兵都會利用旗語向山上的官員轉遞重要信息，升旗山因而得名。

③ 蛇莓子：按《檳榔嶼考》記載："土吐羅牌利譯言蛇莓，或譯爲蛇床子。"爲英文 strawberry 之漢譯，又稱草莓。

④ 土吐羅牌利山：爲 Strawberry Hill 之音譯，又稱草莓山、檳榔山（Penang Hill）、政府山（Government Hill）、旗山（Flagstaff Hill），現稱升旗山（Bukit Bendera）。1788 年，萊特（Francis Light）曾在升旗山上種植草莓，因此又被稱爲草莓山。

苺，或譯爲蛇床子，因山有是草，故名。二草不同，未知孰是。

林載陽〈游旌旗山詩〉

不辭鑿險更縋幽，況有亭臺恣壯游。
巖隙日明千樹曉，海門船載一天秋。
眼看破浪身逾健，詩到登高氣倍遒。
遙望安南杳無際，養癰時切杞人憂。

吳春程〈游旌旗山詩〉

細細苔斑匝地青，山光淡蕩水清泠。
長歌不敢高聲唱，怕有潛龍澗底聽。
路迴不覺入林深，濃翠紛紛滴滿襟。
風送海濤天自語，浮雲舒卷卻無心。

## 蛇苺山瀑布[①]

俗呼石流水。

《檳榔嶼紀略》：嶼中蛇苺山有瀑布，長百餘尺，爲最勝處。

《宴游紀略》：至山腰，舍車而徒。怪石屹立，形狀不一，古樹參天，野鳥格磔。水流石上，如瀑布百尺倒懸，奔騰而下。英人於此鑿一池，以鐵網蔽其上，水味清且甘。復循水勢，用鐵管，曲折引達通衢，使居民便於汲食。池之傍茅屋三椽，有英差二人值宿，防人在源頭洗濯者。

力鈞〈蛇苺山觀瀑記〉：噫！此水也，非嶼中數十萬人所資以生耶？英人於水瀦處砌石爲池，澄而清之，注入鐵管以便用者，計所用以取餉。所謂自來水也，西國皆然，中國上海、香港亦行之矣。聞新嘉坡因小民譁噪，將塞水源，賴甲必丹陳金鐘[②]爲陳利害，事乃寢。噫！是英人之於自來水，不惟便用者因以取餉已也。夫嶼人皆有恆產，視新嘉坡五方雜處者異。然使數十萬人所資，以生者驟而絕之，其能晏然息乎？吾於此水歎英人養生之善，營利之工，未嘗不感新嘉坡之事也。吾知英人，必知所以懲之矣。

---

① 蛇苺山瀑布：位於檳城植物園（Taman Botani Pulau Pinang）之中，俗稱“石流水”。英文則稱爲瀑布公園（Water Fall Garden）。

② 陳金鐘：字吠音，祖籍福建漳州海澄縣，新加坡華人先驅富商陳篤生之子。1829 年生於新加坡，1892 年病故於新加坡。青年時曾受華文教育和英文教育，後繼承父業，發展成爲新加坡最大的米商，在西貢、暹邏、香港等地均設有分行。1860 年新加坡福建會館成立時，被選爲首任主席。1864 年被英殖民當局任命爲新加坡陪審員，1871 年被封爲太平局紳。1888 年任市政府委員，同時被暹羅國王拉瑪四世特任命爲暹羅駐海峽殖民地欽差大臣兼總領事，並賜封侯爵。

紀雪庵〈游石流水詩〉

十里長途轉瞬間，陰陰雲樹擁青山。
溪邊尚有桃花片，劉阮[①]而今去不還。

## 蛇莓山下公家園[②]

《西俗雜誌》：公家花園極大，種植各種樹木花草，任人游覽。婦女、兒童牽裳聯袂，絡繹不絕，有攜針黹就其中刺繡者，團坐嘻笑，旁若無人。

鈞案：公家花園，西人隨地皆有。《使西紀程》所謂洪家園[③]，爲閩、廣人公地是也。[④]檳榔嶼公家花園，在蛇莓山下，石流水邊。

## 海珠嶼[⑤]

童念祖〈海珠嶼紀游序〉

距檳城五六里，西北山盡處，有奇境焉，曰海珠嶼。嶼一名寶珠，有祠祀福德神[⑥]。乙酉中秋，邱君哲卿偕余往。沿途花草，紅綠相間，過一村市，板橋流水，茅屋牽蘿，老圃[⑦]老農，樂天自適，有不覺相形見絀者。至則從漁家籬落穿過，見磊磊大石，橫卧波中，潮來相激，浪花滚雪，作澎湃聲。隨園老人[⑧]過浙西七里瀧[⑨]，有“鷺鷀[⑩]

---

① 劉阮：南朝宋劉義慶小說《幽明錄》中人物劉晨、阮肇二人的合稱。二人俱爲東漢剡縣(今浙江省嵊州市)人，永平五年(公元62年)同入天臺山採藥，遇二女子，留居半年辭歸。及還鄉，子孫已歷七世。

② 蛇莓山下公家園：1884年由英國殖民政府所籌建，主要是種植熱帶植物，收集植物品種爲目的。由於當時只允許外國人進入該公園，因而亦有“紅毛公園”之稱。至今已成爲檳城著名景點之一，稱爲瀑布公園(Water Fall Garden)及植物園(Botanic Garden)。

③ 洪家園：應稱爲“紅毛公園”，因爲當時只允許外國人進入該公園，所以稱爲“公家花園”，俗稱“紅毛公園”。

④ 《使西紀程》所謂洪家園，爲閩、廣人公地是也：按郭嵩燾《使西紀程》所記載的“洪家園”有誤，應爲“紅毛公園”，且並非閩、廣人之公地，而是由英國殖民政府所籌建，主要是種植熱帶植物，收集植物品種爲目的。

⑤ 海珠嶼：現稱丹絨道光(馬來語 Tanjung Tokong)，位於檳榔嶼本島東北距市區約四英里的海濱一角。在海角盡頭的神廟——海珠嶼大伯公(Temple Thai Pak Koong)，建於清嘉慶四年(1799年)。

⑥ 福德神：又稱福德正神、大伯公或土地公，爲早期海外華人社會信仰的地方神。

⑦ 老圃：典出《論語・子路篇》所載：“樊遲請學稼，子曰：吾不如老農。請學爲圃，曰：吾不如老圃。”意指有經驗的菜農。

⑧ 隨園老人：袁枚(1716—1798年)，字子才，號簡齋，晚年自號倉山居士、隨園主人、隨園老人。浙江钱塘(杭州)人，祖籍浙江慈溪。清代乾隆、嘉慶時期的代表詩人、散文家、文學批評家和美食家。

⑨ 七里瀧：又稱富春江七里灘、七里瀨，亦稱富春渚，指浙江省錢塘江中游建德市梅城至桐廬縣嚴子陵釣臺段(稱桐江)峽谷。全長23公里，分爲一關三峽：烏石關、烏龍峽、子胥峽、葫蘆峽。峽谷兩岸山巒夾峙，坡陡谷深，水流湍急，行舟惟視風力爲遲速，故有“有風七里，無風七十里”之說，故名七里瀧。

⑩ 鷺鷀：又稱鸕鷀、水烏鴉、魚鷹，一種鸕鷀科水鳥。

到此都清絕，不去唧魚看釣漁”句，景極肖也。前有虛閣瀕水，游者憩焉。邱君如南肅余入時，林子巽齋、壬水、瑤圃、載陽，謝子子芹，邱子漢炎先至矣。坐定，有科頭跣足者走且言曰：吾釣於海，大魚吞鉤。去視之，則吳子浪仙因戲之曰、子不鷺鷥若也。群拍掌笑。邱顯承、茂才後至，出示紀游舊作，邀與同飲。酒半，雛姬奏曲，管絃喧騰，又與水聲相和答矣。談諧方酣，日已西下，涼風習習，不知人間有炎熱氣。如南指數石言曰：如此丈人，不可不結文字緣，當徵詩以紀其勝。諸子然其言，且訂後約，屬余記之，爲他日刻石之券云。

## 吳春程〈海珠嶼游記〉

乙酉仲秋，余約同人游海珠寺北亭。時也，細雨散珠，明霞垂黛。俯仰既寬，行坐自適。石漱流而噴薄，亭凌虛而嶔崎。況復長松展蓋，細草敷氈，樹影波影，花香衣香。短籬曬網，漁父歌酣。古寺課鐘，野僧坐定。默領靜趣，別有會心。既臨風而舒嘯，亦選石而題詩。然而浮生若寄，勝會何常。月圓易缺，水盈必消。騷人沉醉，雛姬罷歌。四座無譁，孤影自弔。觀游魚而知樂，狎浮鷗而忘機。不有佳作，曷伸雅懷。略紀勝游，用示來哲。他日好古之士覽勝而來，摩挲殘刻，想象遺徽，則蘭亭雅集傳之右軍，赤壁名區託諸子美，未可知也。

## 力鈞〈游海珠嶼記〉

至檳榔嶼次日，主人招游海珠嶼，距嶼數十武，漁人之居相錯，不知路之可通。至則野廟一區，巖覆其上，中祠福德神。僧寮在其右左，一閣扃焉。僧導余入，謂可觀海。波影鏡平，中浮一島，如對西湖孤山，斜陽一抹。三兩短篷，如揚子江頭晚眺。浪花噴石，雷聲轟轟，又如舟行建溪[①]。時南游六月，無日不觀海，今乃知海之變態，有如是者。步而坐，坐而卧，卧而起。忽欣，忽戚，忽驚，忽喜。忽而騃立，忽而狂舞，忽而沉思，忽而自語。乾坤莽莽，四顧無人，幾忘身在異鄉也。將行，與山僧別，僧睡矣。再過漁人之居，或歌或醉矣。歸寓，樓已上鐙(燈)。因憶九年前是日，長女生，慰情勝無，舉家歡慶。越二年甲申[②]，辟亂入山，舟泊竹崎。波濤澎湃，與寺前之水相似。長女驚啼，其母撫之，徹夜不寐。今則弱息候門，亡婦在殯，高堂白髮，無以爲歡。獨倚闌干，仰視雲漢，牛女相望，欃槍未掃。誦白香山[③]“忽聞海上有仙山，山在虛無縹緲間”句，爲之惄然。誦杜少陵[④]“安得壯士挽天河，淨掃甲兵長不用”句，又爲之憤然。他日者，倘得分山僧半榻，持竿與漁人伍，安見海外之果無釣臺哉？辛卯七月七日記。

---

① 建溪：位於中國福建省北部，爲閩江之北源，由南浦溪、崇陽溪、松溪合流而成。南流至南平市和富屯溪、沙溪匯合爲閩江。

② 甲申：清光緒十年甲申，公元1884年。

③ 白香山：白居易，字樂天，號香山居士，唐代著名詩人。因晚年長期居住在洛陽香山，人稱“香山居士”，其所著詩文均收入《白香山集》內。

④ 杜少陵：杜甫(712—770年)，字子美，自號少陵野老，唐代著名詩人。

孫伯楚[1]〈游海珠嶼詩〉

老樹盤危石，天風吹海濤。
摩雲千嶂削，面水一亭高。
勝地誰題碣，清游自可豪。
蓬壺招手近，人世等鴻毛。
古刹明斜日，風高鳶背寒。
浪花翻石壁，散作萬珠溥。
欲訪仙人宅，蒼茫雲水寬。
扁舟散髮好，何處覓漁竿。

楊毓寅〈游海珠嶼遇雨詩〉

日暮烏鴉拍拍飛，漁翁醉卧釣魚磯。
兩行濃翠波羅樹，中有人家未掩扉。

吴春程〈海珠嶼釣魚詩〉

獨向水邊坐，漠然無所求。
只知魚可樂，長與鷺爲儔。
身世波濤闊，襟期雲水悠。
勞勞徒自苦，萬事付浮漚。

僧心光〈游海珠嶼詩〉

咫尺靈山見得不，未醒塵夢莫勾留。
閒看海上團團月，疑是明珠夜不收。

謝召勳〈游海珠嶼句〉

風迅帆飛山卻走，雨狂濤吼石聯吟。

## 寶樹巖[2]

力鈞〈游寶樹巖記〉

辛卯重陽，林成德約余游寶樹巖。距巖里許，路傾仄，舍車而輿，山半有亭，亭有

① 孫伯楚：字芷藩，一字夢瀟，號湘隱，後又改號商隱，福建侯官人，新加坡華商。清光緒十七年辛卯(1891年)，偕力鈞一同游檳榔嶼。

② 寶樹巖：現稱寶嶼仙巖，位於檳城亞逸依淡(Air Hitam)。

陳孝廉[①]楹聯。過數百武，砌石爲階，百數十級，有亭翼然，則寶樹巖也。左一亭，吳淡如觀察[②]率其眷屬建者，有碑記姓氏年月。前有惜字爐，邱、杜二女子合造。巖之顛，羊腸徑曲，有挑蔬者側足而下。三五女伴，泥首神前，起而擲筊，若喜若驚，不知其何求也。笑語之聲，與流泉相和答。俄而雨腳全收，日光四射，大海不波，瑩澈如鏡。成德出酒肴饗客，席地而坐，一望無際，如在鼓山[③]艻崱峰[④]。既醉而歸，一步一顧。石洞中，蝙蝠拍拍向人飛，彷彿方廣巖[⑤]風景。至舊路，又舍輿而車。車夫駕以俟，余倦甚，睡於車。忽而人心譁甚，驚醒，已抵寓廬矣。

## 天香山[⑥]

清觀寺[⑦]，在天香山上，有石磴千二百級，俗名千二棧。先是山有鬼，人不得入。粵人某往闖，至山半宿，聞鬼語曰：主人至矣，勿犯。葉季允[⑧]博士述。

### 李秩軒〈游清觀寺詩〉

薜蘿山徑御風行，衣袖飄飄萬慮清。
纔向叢林深處出，綠雲天際又相迎。
海天如畫樹如屏，萬水千山到眼青。
忽地泠風吹夢醒，花前低首拜山靈。

### 李秩軒〈游清觀寺歸途即景詩〉

明發孤猿叫，朝躋宿雨收。

---

① 陳孝廉：陳衍（1856—1937 年），字叔伊，號石遺，福建福州人，清光緒八年（1882 年）舉人，近代著名文學家。“孝廉”爲明清時期對舉人的雅稱。

② 吳淡如觀察：吳淡如（吳秀水），福建詔安人，19 世紀中葉前往新加坡謀生。1860 年代在新加坡創立吳秀水公司（萬安號），經營錫礦業和鋸木業以及海運業，1892 年在新加坡去世。其長子吳壽珍（吳世奇）繼承其全部事業，改商號爲“安和”，並繼續發揚光大，成爲當時新加坡著名的富商之一。吳秀水（淡如）曾在 1888 年、1889 年和 1890 年先後向清廷捐購了知府、道台和鹽運使官銜，並獲得清朝兩江總督曾國荃頒贈的“樂善爲懷”匾額。“觀察”是爲清代對道台的尊稱。

③ 鼓山：位於福州市東郊，閩江北岸，離市區約 8 公里。據傳山上有巨石如鼓，每當風雨大作，便簸蕩有聲，故名。

④ 艻崱峰：爲福州鼓山之主峰，又稱大頂峰、絕頂峰。

⑤ 方廣巖：位於福建省永泰縣葛嶺鄉東北的山腰上，爲閩江下游一天然名洞，古禪聖地。

⑥ 天香山：按檳榔嶼清觀寺《倡建天衡山朝元洞清觀寺碑記》記載，當爲“天衡山”，現今稱爲亞逸依淡（Air Hitam）。

⑦ 清觀寺：又稱千二層，爲檳城著名的名勝之一，位於檳城亞逸依淡（Air Hitam）之西南。據《倡建天衡山朝元洞清觀寺碑記》記載，清觀寺建於 1877 年，由林啓發獻地蓋建，主要祭拜三教聖人（老子、釋迦摩尼佛、孔子）、九皇大帝及觀音菩薩。

⑧ 葉季允：葉懋斌（1859—1921 年），字季允，號永翁，筆名惺靨生，原籍安徽歙縣。少時移居廣東番禺，受私塾教育，長於金石詩文，且通醫術。年輕時去香港，在《中外新報》任編輯。1881 年新加坡《叻報》創刊時，受聘出任《叻報》主筆，主持《叻報》編務長達 40 年，被譽爲“南洋第一報人”。

崖光空自溢，峰合翠交流。
藹綬懸車側，蠙衣徙道周。
松崦循碧遠，蘭薄委紅稠。
霧濕花文掩，林陰日氣浮。
抗莖高擢巘，飛練下垂湫。
草暖眠星鹿，泉香飲竹鼠。
絕蹊籐拓架，飛棧竹分疇。
邱壑因依勝，風烟吐納幽。
奔波隨物役，放浪亦天游。
道向鴻濛間，珠令罔象求。
青山可終老，底事更夷猶。

## 檳榔嶼城[①]

《檳榔嶼紀略》：城建嶼之東北，英人名卓耳治城[②]。前臨海峽，水闊而深，可容大船停泊。

《檳榔嶼考》：碼頭在島東北，名志呵楮[③]，爲全島要區。礮臺[④]即在其上。

### 李秩軒〈檳城晚眺詩〉

一帆風飽趁潮來，滿目塵沙撥不開。
最是令人腸斷處，檳榔城上角聲哀。

### 魏望曾〈檳城步月詩〉

涼風吹鬢雨沾衣，幾度言歸不得歸。
踏遍檳榔城外月，夢魂遙逐海雲飛。

### 童念祖〈抛毬場詩〉

高盤螺髻小垂髫，窄袖輕衫別樣嬌。

---

① 檳榔嶼城：指康華利斯堡（Fort Cornwallis），位於檳榔嶼喬治市（George Town）東部。於1786年建成，並以當時英屬殖民地政府孟加拉總督第一代康沃利斯侯爵查理斯·康沃利斯（Charles Cornwallis, 1st Marquess Cornwallis）命名。

② 卓耳治城：爲檳榔嶼喬治市（George Town）。1786年，萊特（Francis Light）登陸檳榔嶼後，以當時英國國王喬治·威廉·弗雷德里克（George William Frederick）的名字命名。

③ 志呵楮：爲英文jetty之音譯，意爲登岸碼頭、棧橋。

④ 礮臺：此指檳榔嶼喬治市之康華利斯堡（Fort Cornwallis）。

待到日斜新月上，抛毬場[1]外看歸潮。

鈞案：西人於礮臺外築圍牆，即謂之城。檳榔嶼雖有城名，實則礮臺。《滿刺加紀略》稱，海濱葡萄牙故城，至其地亦一礮臺也。聞吉德於姑林[2]地方築城，至其地，亦一礮臺也。毬場在城畔。

右（以上）山水

鈞案：蛇莓山，英人以爲升旗地。山下瀑布，則闔嶼自來水源所從出也。公家園即在蛇莓山下瀑布邊。檳榔嶼城在海峽，城中有大礮臺，城外即毬場。然蛇莓山，腦也；檳榔嶼城，咽喉也。若海珠嶼、寶樹巖，則股肱也。惟天香山爲脊背之地。自來名勝所在，往往險要寓焉。此非深於山水，游者不知也。

## 園　林

### 偷閒閣

#### 謝昌年〈和偷閒閣即景原韻〉

海氣浮空雲影青，山如環堵樹如屏。
游仙入夢迷三島，估客偷閒共一亭。
興盡羨他飛鳥返，句奇怕有老龍聽。
年來悟得浮生旨，便學癡頑百不靈。
山腰雲滃佛頭青，一望空濛著色屏。
遠岸椰林密如箐，近街草閣小於亭。
怪思水族然犀見，冷愛泉聲駐馬聽。
兩樹菩提留美蔭，要他常護鏡臺靈。
地老天荒海鏡青，封茅前代亦藩屏。
豆分瓜剖無完土，虎卧狼偵總不亭。
碁手罷彈甘守默，琴心未喻強來聽。

① 抛毬場：指板球場。在清光緒十年（1884 年）由上海《申報》館創刊出版的《點石齋畫報》中，繪有〈西人抛毬〉一圖。圖中配文有云："抛球一事，爲西國通行之技。其式甚多，有擊於桌上者，重球系以象牙者；擊於地上者，重球制以木，鋪板於地而擊之。更有擊之於野者，重球式亦有二，一則以樹乳製成，抛者各持一軟拍，往來交擲；一則以皮制就，其抛擊全恃乎力。蓋皆西人之藉以行血氣而舒筋絡者也。去冬，香港有西人立抛球場，擊擲皮球之法，立三木於場中；一人持球遠擲之，若能擊倒立木，即爲得勝；而以一人持片板若槳櫓狀，立於木旁，俟重球至而反之，無使中木。況擊此球者，大抵皆孔武有力。一時采烈興高，樂而忘返，中西士女無不約伴來觀云。"在（清）張煜南《海國公餘輯錄》卷一之《檳嶼記事本末》所錄〈檳榔嶼雜事詩〉中有一首亦云："黃昏人戲打球場，抛去抛來接手忙。乳燕雛鶯齊喝彩，好風吹散氣尤香。"旁注云："球場闢於廣地，觀者如堵。"

② 姑林：爲 Kulim 之音譯，即現今的吉打州居林。

請看億兆車牛賈，畢竟華彝孰蠢靈。
儒冠誤我敝袍青，枉說詩聯在御屏。
桑梓無家到荒服，蓬萊有侶隔林亭。
蠻鄉漢俗憑誰化，蜑女吳歌勸客聽。
低首錢神三百拜，一拳頑石幾時靈。

鈞案：昌年，字壽田，户部主事，江西人。詩作於戊子仲秋。鈞從檳城裱坊見其舊稿，錄副藏焉。至《偷閒閣尋農部詩》，無知者。原韻何人所作，亦不可考。

## 燕閒別墅[①]

力鈞〈燕閒別墅記〉

燕閒別墅，陳儷琴司馬[②]偕同志諸君子游燕[③]地也。左領事自檳城歸，爲余言墅中朋游之盛，觴詠之歡，且盛稱司馬爲人。至檳城，鄭慎之[④]觀察居余墅中，日與司馬處，益信領事之言不虛。余維墅以燕閒名，蓋取仲尼燕居，孔子閒居義也。夫孔子一言一行，不可以易而學，况燕閒時哉？然孔子不嘗有居夷浮海之思乎？其告子張曰："言忠信，行篤敬，蠻貊之邦行矣。"其告樊遲曰："居處恭，執事敬，與人忠。雖之夷狄，不可棄也。"諸君子日與蠻貊夷狄之人處，非求所以可行不可棄之故。雖欲長此，燕閒不可必也。然果能言孔子言，行孔子行，以孔子之道，化蠻貊夷狄。此即孔子居夷浮海之思乎！司馬固能用夏變夷者，諒不以余言爲迂與。

---

① 燕閒別墅：位於檳城牛干冬街(Chulia Street)，早年爲檳榔嶼粵籍商人的俱樂部，陳儷琴爲創辦人之一。至20世紀，幾經轉手後，現已修復成爲擁有20間客房的古跡精品酒店。舊稱燕京旅社，現稱燕京酒店(Yeng Keng Hotel)。

② 陳儷琴司馬：陳儷琴，廣東南海（今佛山市南海區）人，檳城著名的烟（鴉片）酒餉碼承包商之一。1883年檳城南華醫院創立時，陳儷琴爲十二名"創建元始總理"之一。他曾向清朝政府捐買了州府同知官銜。"司馬"爲明清時期士大夫對同知官銜的雅稱。

③ 游燕：游宴、游樂之意。

④ 鄭慎之：鄭景貴(1821—1898年)，又作鄭貴，字慎之，原名嗣文，廣東增城市中新鎮福和鄭新村人，霹靂華人甲必丹。中法戰爭時期(1883—1885年)，鄭景貴捐鉅款支持清朝抗法，獲清廷賞賜其及夫人林氏以二品榮譽官銜並封贈三代。

## 清芳閣[①]

閩人游燕地，王明德創。

力鈞題楹聯：清風明月皆詩料，芳草斜陽入畫圖。

## 澄懷園[②]

李丕耀[③]別業[④]。林瑤圃書"澄懷"二大字。

### 力鈞〈澄懷園記〉

余在閩，習聞李君丕耀名。至檳城，君方攜妻子游東瀛[⑤]，既歸，介廖錫五 茂才招飲。飲三日，請記其園。園大半畝，亭而不樓，窗而不壁。花木環護，香氣往來。當門一水，鏡如璧如。時君從滬上購校本四子書，座客傳觀，而林君振琦出《禮記注疏》一卷，視之，則王制也。余深幸先聖先王之道，逾萬里而來。半畝方塘，與雲影天光相上下，因想見朱子觀書有感時也。靜坐既久，但覺方寸瑩然，活活潑潑，恍然曰：此園所以名澄懷者，其在是歟！

### 僧心光〈游澄懷園詩〉

海外叢林話給孤，亭臺幽敞一塵無。
鑾花著雨皆生意，漸覺維摩病骨蘇。
菊花顔色入秋佳，風送殘英落滿階。
經卷暫抛臨水坐，一泓清影覺澄懷。

---

① 清芳閣：據陳劍虹《檳榔嶼華人史圖錄》敘述，"清芳閣"爲檳榔嶼華人的俱樂部，由王明德等人創辦。最初創設於柑仔園(Dato Kramat Road)，後遷至檳城中路(Macalister Road)202號，並在新的社團法令下於1890年3月28日得以豁免註冊。後來爲謝丕雀購下該地段，改建爲"文華酒店"。創辦人王明德，其父王文慶爲檳城閩籍華人富商、建德堂執委，而王明德本人則是當時檳城著名鴉片烟酒餉碼承包商，其與林寧綽合夥多年，包辦了吉打的餉碼承包權。

② 澄懷園：檳城華人李丕耀故居。張少寬《檳榔嶼叢談》一書曾提及，"澄懷園"後轉賣給吳世榮。

③ 李丕耀：祖籍福建泉州同安，旅居檳城第四代華人。其父李心鉼自1848年起在威爾斯利省的柔魯(Juru)擁有大片的的大種植園，廣植甘蔗並生産蔗糖，爲當時的制糖業鉅子；同時還創立崇茂商號，在仰光和吉打港口設立分號，經營大米和土産。李心鉼歿於1855年，育有七個子嗣。李丕耀爲李心鉼第四子，檳城及威省李成茂園的大園主，檳城澄懷園別墅主人，亦是檳城浮羅池滑(Pulau Tikus)福建公冢以及峇都眼東(Batu Gantong)福建公冢的倡建人。

④ 別業：爲"別墅"之意。

⑤ 東瀛：一指東海。二爲日本的別稱，指日本國。

## 長春塢①

白蠟②甲必丹鄭嗣文別業。

### 力鈞〈游長春塢記〉

鄭慎之觀察約游長春塢，具酒食戒車馬者三，皆以事阻。觀察知余將歸，冒雨邀往。花氣薰衣，山光豁眼。觀察爲余言曰，故人邱君忠波來游，輒留連不欲去。此地幽静宜讀書，惜君行急不能居此數月。噫！事有令人思者，不必大也。語有令人感者，不必實也。以余四海浪游，雖好讀書，豈能長此閉戶哉？觀察非不知余不能閉戶數月，爲此言者，蓋深知余性好讀書也。余不忘觀察，愈不能忘此塢。余由邱君識觀察，觀察渾厚，邱君豪爽，皆生平所僅見者。他日得偕邱君重游，不知觀察樂更何如也。

## 蘭圃別墅③

《宴游紀略》：三月二十日，船抵檳城，在謝君德順蘭圃別墅停驂。古木陰濃，名花香馥。内有活池，灣環數曲水聲淙。時嶼中苦旱，得居此間，勝服清涼散多矣。墅距嶼三英里，地名浮羅知滑④，無晏嬰近市之嫌。陳設整齊，雅俗共賞，幾疑身在輞川⑤中也。謝君慷慨有俠風，重意氣。其恭敬之處，從心坎發出，非徒爲虚文者。

## 友石廬

《宴游紀略》：亞逸維淡⑥，距嶼六英里，山勢迴環，雖曲徑如羊腸，而填砌極妙。循之而上，如步康莊。許君心欽⑦於此築廬，顔曰"友石"。就山架屋，順水鑿池，境致天然，如神工鬼斧。花果繁盛。又其餘事，山半有水磨六分，前後作品字形，以水貫車中，水流車動，不假人力。《唐詩》云："雲碓無人水自春。"觀此益信。

---

① 長春塢：爲霹靂華人甲必丹鄭景貴故居。張少寬《檳榔嶼叢談》一書有云，長春塢後來系鄭大平的産業。鄭大平爲鄭景貴第四子，1921 年被任命爲霹靂最後一位華人甲必丹。

② 白蠟：爲 Perak 之音譯，現今馬來西亞的霹靂州。

③ 蘭圃別墅：此別墅位於檳城調和路(Transfer Road)，爲檳城富商謝德順與謝德泰兄弟於 1880 年代建造的五層洋樓。謝德順的獨生女謝柳美後來擁有此別墅，並嫁給同盟會檳城分會會長吳世榮。1908 年，爲籌集資金支援孫中山的革命活動，吳世榮將此別墅轉手賣給當時清朝駐檳城領事戴喜雲作爲領事館舍。到 20 世紀初期，此別墅還曾作爲"碧如女校"及"時中分校"的校舍。

④ 浮羅知滑：爲馬來語 Pulau Tikus 之音譯，現爲檳城浮羅池滑或浮羅池骨。

⑤ 輞川：位於今陜西省西安市南郊藍田縣的西南部，是秦嶺北麓的一條秀美川道。

⑥ 亞逸維淡：Air Hitam，檳城地名，現稱爲亞逸依淡或亞依淡。位於檳城升旗山、極樂寺一帶。

⑦ 許君心欽：許心欽，祖籍福建漳州龍溪，系暹羅南部拉廊(Ranong)郡侯許泗漳(1797—1882 年)第四子，檳城許氏高陽堂的創立人。

## 陶然樓①

### 力鈞〈陶然樓記〉

京師陶然亭②,去吾閩會館邇,江郎中藻③所建。地高而爽,可望西山④,輦下名公卿書畫悉備。余在京師數日,一至,偕二三知好,席地痛飲。酒酣耳熱,抵掌談當世事,意甚豪也。及游檳城,温君旭初招飲寓樓,樓亦以"陶然"名。觀瞻之壯,收藏之富,朋游之盛,觴詠之歡,如居京師時。余聞京師亭名,取白香山詩"更待鞠黄家醸熟,與君一醉一陶然。"而杭堇浦游陶然亭,亦有"六月陶然亭子上,葛衣先借早秋寒"句。今余披葛衣,啜家醸,依稀春明夢裏,況正當黄鞠早秋乎?然余行將歸,明年二月可至京師。陶然亭斯樓,則不知何時重來也?辛卯仲秋記。

## 浴沂園⑤

園在水源左。

### 魏望曾〈小飲水源酒樓約游浴沂園集句〉

萬紫千紅總是春,每逢佳節倍思親。
勸君更盡一杯酒,看竹何須問主人。
只堪圖畫不堪行,微覺尊前笑不成。
隔斷紅塵三十里,水流花謝兩無情。

---

① 陶然樓:爲早期温文旦位於檳城郊區居處,又名雙溪別墅,地處蘇格蘭路(Scotland Road)。力鈞曾在陶然樓書寫了一副對聯:"眉宇之間見風雅,笑譚與世殊臼科。"現由馬來西亞陳劍虹先生收藏。

② 京師陶然亭:北京陶然亭,建於清康熙三十四年(1695 年),又稱"江亭",因創建人江藻而得名,爲中國四大名亭之一。

③ 江郎中藻:江藻,字用侯,號魚依,湖北漢陽人。清康熙年間爲工部郎中,充窯廠監督。見京郊南廠有慈悲庵,庵西境頗清幽,乃於康熙三十四年(1695 年)建亭於其側,用白居易"一醉一陶然"語,名陶然亭,遂爲游宴勝地。

④ 西山:此指北京西山,爲太行山的一條支阜。古稱"太行山之首",又稱小清涼山。

⑤ 浴沂園:建於檳城升旗山半山,今紅毛花園處有牌坊。

## 怡和園[①]

邱氏別業。

### 李秩軒〈怡和園觀荷詩〉

車聲隱隱忽如雷，知有游人冒雨來。
地到南荒天氣暖，迎春齊飲碧筩杯[②]。

## 退省廬

### 力鈞〈退省廬圖記〉

李君開三出示退省廬圖，請爲之記。時余適讀彭剛直[③]遺疏，剛直蕩平群醜，小隱西湖有庵曰“退省”。開三之名“廬”，殆有慕剛直爲人歟？開三自言早失父母，賴繼母撫以成人。比長多病，有志讀書。海外不得師，思負笈歸中國。俗事牽率，卒不果，而今已矣。結屋空山，率妻子以奉繼母，退而自省，期爲無過之人耳。噫！此修齊之要，治平之原，豈必章句訓詁始謂之讀書哉？余更有感者，剛直當越南議和，上疏言兵防不可撤。忠愛之忱，溢於楮墨，惜議不果行也。[④] 剛直以一書生，當東南半壁。開三才略優裕，正當壯年。雖海外不得師，由修齋而治平[⑤]，他日能爲剛直之所爲，斯廬可與西湖之[⑥]庵並峙矣。豈僅無過已哉？

### 林振琦〈退省別墅詩〉

紅蓮初放綠蕉舒，雨霽雲收水滿渠。
畢竟山林勝城市，晚聽樵唱夜觀書。

右（以上）園林

---

① 怡和園：爲檳城邱氏別墅。張少寬《檳榔嶼叢談》中有云，怡和園則是一處椰林，亦是1844年建德堂開基之地，地址位於今日檳城的大英義學路。園主爲邱石泉，祖籍福建海澄三都新江社（今廈門市海滄區新垵村），幼年時隨同社里族人前來檳城經商，遂成巨富。

② 碧筩杯：亦作“碧筒杯”，一種用荷葉製成的飲酒器。

③ 彭剛直：彭玉麟（1816—1890年），字雪琴，號退省庵主人，謚剛直，祖籍衡永郴桂道衡州府衡陽縣（今湖南省衡陽市衡陽縣）渣江鎮，生於安徽省安慶府（今安慶市）。晚清著名政治家、軍事家，書畫家，人稱“雪帥”。官至兩江總督兼南洋通商大臣，兵部尚書，封一等輕車都尉，湘軍水師創建者、中國近代海軍奠基人之一，與曾國藩、左宗棠並稱“晚清三傑”。清光緒十六年（1890年）三月，病逝於衡州湘江東岸退省庵，贈太子太保，謚剛直，並建專祠。

④ “剛直當越南議和，上疏言兵防不可撤。忠愛之忱，溢於楮墨，惜議不果行也”：廈大本有此段文字，師大本則無。

⑤ 治平：廈大本作“治平”，師大本作“推之”。

⑥ 之：廈大本有此文字，師大本則無。

鈞案:南洋園林多西式,蓋耳濡目染,爲習俗所移而不覺也(一)。檳城尚風雅,楹聯匾額所在皆有。文人騷客流連景光,亦多紀事寫懷之作。茲錄有文字可存者,餘容續增。

## 寺 觀

### 觀音寺①(二)

在平章會館右。寺創於嘉慶五年,有碑鑲門外東壁(三)。道光四年重建,光緒元年重修②。前後各有題名碑,鑲西廡。

#### 魏望曾〈游觀音寺詩〉

海外深冬不著緜,熱腸無那百憂煎。
僧知篤舊勤留客,母尚尸饔③敢學禪。
道脈西來天竺④水,佛光南接普陀烟。
欲留無計歸難決,菩薩慈悲定惻然。

#### 林載陽《檳城竹枝詞》

紛紛善女拜神時,合掌和南禮法奇。
纔向觀音亭裏去,老爺廟⑤又伯公祠⑥。

原註:關帝曰老爺,土地神曰大伯公。

#### 僧心光〈謁觀音寺詩〉

慈航泛海渡迷津,指點靈山離俗塵。
我願心香供一瓣,蓮花臺下證前身。
金光掩映寶華壇,展拜群生合掌看。
香火滿衣雲滿地,不知誰是腦門寒。

---

① 觀音寺:該寺在1800年由旅居檳城的廣東人和福建人聯合創立,又名"廣福宮"(Kong Hock Keong),坐落在椰腳街(Jalan Masjid Kapitan Keling)。據道光四年甲申(1824年)重修碑記載:"檳榔嶼之麓有廣福宮者,閩粵人販商此地,建祀觀音佛祖也,以故名廣福。"

② 光緒元年重修:按〈重修廣福宮碑記〉記載,當爲"同治元年重修"。

③ 尸饔:主管伙食勞作之事。

④ 天竺:指現今印度,爲古代中國以及其他東亞國家對當今印度和其他印度次大陸國家的統稱。

⑤ 老爺廟:指檳城武帝廟(Penang Nin Yong Temple-Wu Di Miao),建於1833年。主神爲關帝爺,另還供奉關平及周倉將軍。

⑥ 伯公祠:指檳城寶福社大伯公廟(Penang Poh Hock Seah Twa Peh Kong),建於1890年。主神爲大伯公,另還供奉雷部護法二十四天君。

圓通十二法門開，流水行雲自在哉？
花雨繽紛甘露淨，曾從海上度人來。

## 大生佛堂[①]

楹聯云：到此須帶幾分仙氣，坐定便生一點禪心。

鈞案：楹聯雅切，不知作者姓名。俟考。

右（以上）寺觀

鈞案：清觀寺已載天香山下，海珠寺已載海珠嶼下。惟觀音寺無所附，大生佛堂亦供觀音者，因特列寺觀一類。

### 校勘

（一）也：廈大本缺，師大本有此字，依補。

（二）觀音寺：廈大本闕此條目名，師大本及王本均有“觀音寺”條目名，據補。

（三）“在平章會館右。寺創於嘉慶五年，有碑鑲門外東壁”：廈大本缺此段文字，師大本及王本均有此段文字，據補。

① 大生佛堂：位於檳城喬治市麥卡利斯特路（Jalan Macalister），左鄰爲“大圓佛堂”。

# 檳榔嶼志略　卷之六

永福　力鈞初稿

# 建置志

## 義　學

### 檳城義學[1]

義學，借平章會館[2]中，爲閩義學；粵義學二，在會館左右。

檳城創立義學啓略，粵城義館，有獻地者；香港講堂，有捐租者。矧以檳城富庶，義學之設，誠不可緩。某等欲衍中原之聖教，開荒島之文風，暫借平章會館，延師講學。議撥醫院、施茶、贈藥之資，先成是舉。

〈檳城義學規條略〉

初設義學，借在平章會館。經費充裕，隨於東、西、南、北增設。

義學首在擇師，必求品學兼優。凡有嗜酒、洋烟及事繁者勿聘。例將規條送閲，能如約者，方送關書[3]。

① 檳城義學：即檳城南華義學。1888 年，南華醫院借平章公會開設的義學，而後發展成"檳城規模最大、設備最完善、規章最周密的一所著名學堂"。當時，南華義學採用華文教學，教育華人社會讀書認字、爲人處事的基本道理，以及寫書信等謀生手段。義學以私塾的方式開館授課，每館二十人，如有天資出衆的學生，將來醫院開設大義學，以期學有所成。一般學生學習時間最長二到三年，略知文字，可以謀生便可離開義學。

② 平章會館：按陳劍虹《檳榔嶼華人史圖録》敘述，1881 年，英屬海峽殖民地總督 F. 韋德（Frederick Weld）發出地契委任閩粵紳商各七名，於二年内籌建平章公館作爲華人的最高組織，並贊助會館建築費，執行對華人新的懷柔政策，積極推動幫際合作。"平章"二字，源自《尚書・堯典》"九族既睦，平章百姓"，主要以華人的具體利益爲依歸，並得以中文或各籍方言從事文教活動。第二次世界大戰期間，平章會館處於休眠狀態。直至 1974 年，在馬來西亞檳州首席部長敦林蒼佑醫生呼籲下，檳城華人和社團復興平章會館。同年，平章會館改選聲中，確立了改革計劃的目標，將平章會館改名成現今的"檳州華人大會堂"（Dewan Perhimpunan Cina Pulau Pinang）。

③ 關書：舊時私塾或義學教師的聘約書。

學生果係極貧而天資穎異者，本醫院將另設大義學，以期他日大成。
塾師並教禮儀，進退應對。
來學先讀《孝經》，次讀四書。
每逢朔、望日，塾師須將聖諭及孝悌忠信諸故事，明白宣講，冀其心體力行。
每義學學生，以二十名爲限。

〈兩廣總督張之洞疏〉

檳榔嶼一埠，人才聰敏，爲諸埠之冠。宜添設副領事一員，與駐坡領事相助爲理，益可以收後效。其設領事之處，就其餘款酌撥若干，量設書院一所，並購置經書，發給存儲。令各該領事紳董，選擇流寓儒士以爲之師，隨時爲華人子弟講授，使其習聞聖人之教，中國禮儀彝倫之正。則聰明志氣之用，得以擴充而愈開。木本水源之思，益將深固而不解，從此輾轉傳播。凡有血氣，未必無觀感之思。

歐陽炳榮①〈備夷策〉

三曰考取洋學，以廣人才而供驅使也。宜於南洋各島興立書院，訓課洋學，繙繹漢文考試。一准內地生員定制，與以頂戴②，拔其尤者，咨送總理衙門，以備應用。此後辦理中外交涉事件，情形必能熟習，措施必無乖違，以及製造管駕諸事。取之洋學有餘，較之特遣幼年子弟，分投外洋學習，費多人少，其效何如？

黃楙材〈南洋形勢論〉

一曰考取洋學，以羅人才。查各國互市，辦理洋務，急需人才。中華特遣幼年子弟，分投外國學習，爲數有限，經費甚鉅。不若於南洋各島，興立書院，訓課洋學，繙譯漢文。其經費由商民自籌，每隔三年考試一次。擇其尤者作爲生員，給以頂戴。再至三年復試之，擇其尤者，咨送總理衙門，學習儀節，以備繙譯領事之用。外國語言文字，必須自幼學習，始能精通。內地學者不能兼擅，而華人生長海外者，又多解洋文而不諳華語。求其中外兼通，足任繙譯之事者，頗難其選。況夫領事之職，辦理交涉事件，尤宜暢曉洋文，熟悉土語，而後情形無所暌隔，措施鮮有窒礙。若專設一科，予以登進之路。彼旅居華人，不致自外生成，必皆踴躍從事。而朝廷聲教遠被遐陬，尤足以維繫人心，鼓舞人才，因時制宜，獲收洋學之實效矣。

鈞案：子告子貢兵食而繼以信，子告冉有庶富而加以教，知人不可不學。張公之疏，歐陽氏之策，黃氏之論，皆謂南洋宜興學，但意各不同。張公意在以中國聖人之學

---

① 歐陽炳榮：亦作歐陽柄榮（1846—1918年），譜名晉廷，號悔齋，江西萍鄉上栗縣人。清光緒乙酉（1885年）拔貢，光緒丙戌（1886年）朝考續優列一等，分發湖北試用知縣，歷署宜都、建始縣事。著有《備夷策》，收入《皇朝經世文續編》卷一百三，〈洋務三・務通論下・備夷策〉，署名爲"歐陽柄榮"。

② 頂戴：又稱"頂子"或"頂帶"，指清代用於區別官員等級的帽飾。依照頂珠品質、顏色的不同而區分官階大小。

化南洋，歐陽氏、黄氏意在於南洋求西學人才。要之，二者不偏廢，方爲有體有用之學。

《檳榔嶼紀略》：英設義學四十二所，教華文者一，教英文者五，教巫來由文者三十二，共學生三千三百零九名。

右(以上)義學

鈞案：檳榔嶼，英設義學四十二所，中國設者三所，宜通西學者日多，知中國聖人之學者日少。然而嶼中文人，項背相望，嘉言懿行，時有所聞，亦可見此心此理之同矣。鈞，閩人也，嘗聞鄉先生之事。閩故濱海荒地，自宋朱子出而學興，道統淵源媲於關濂、伊洛，則主持教化，亦不可無其人也。

## 醫院

### 南華醫院①

在李氏家廟前院三楹堂室，門屏一如中國制，爲閩、粤人施醫地。

力鈞〈南華醫院楹聯〉

靈樞、素問、湯液、本草非完書，即真本脈經，尚須校勘。
易水、丹溪、河間、東垣多異説，奉先師仲景，便得依歸。

不爲相而爲醫，諸君痛癢相關，好扶元氣還天地。
以用兵譬用藥，滿目瘡痍未復，休蹙生機咎鬼神。

〈南華醫院癸甲徵信錄序略〉

醫院之設創，自癸未夏。所定章程，仿東華醫院②。蓋嶼自西轄，客商雲集，倡之者惠莫大焉。然而創始之際，立説多歧。某等謬以菲材濫膺鉅任，衹有黽勉從事，而利害公私有所弗計。於是擇地鳩工，堂室規模一如華夏，彌月落成。諸君子樂善輸捐，計萬有餘員，可見善心感發，相與有成，爲前人所不能爲。從此拯疾病，惠貧困，贈藥贈醫，凡所當行者量力行之。迄今一載。

① 南華醫院：英文爲 Hospital Lam Wah Ee，爲檳城民辦醫院，創立於 1883 年，由當地閩粤先賢集資購買南華醫院街門牌 36 號及 8 號的舊屋兩間，面積佔一萬多平方尺，主要爲貧苦病黎供施醫贈藥。二戰時期，南華醫院曾一度停辦，1946 年復辦。1977 年，南華醫院開始轉向現代化醫院服務，經過各階層人士的大力支持，於 1983 年，新建南華醫院落成，成爲檳城最大型民辦現代化醫院。

② 東華醫院：英文爲 Tung Wah Hospital，位於香港上環普仁街。根據 1870 年 3 月 26 日定例局通過《倡建東華醫院總則》，東華醫院隨即成立。醫院在 1870 年奠基，1872 年落成，取名“東華醫院”，用意是“廣東華人醫院”，取代廣福義祠以收納貧苦垂危的患病華人。

余等承乏其間，於創建經費，週歲用項，刊錄分送，用備觀覽。凡捐題之姓氏，釐訂之規條，費用之豐儉，來醫之多寡，詳而書之，所以昭信也。嗣後總理遞年公舉，屆期交代，一秉至公。所望任事皆賢，廣大善門，以天地爲心，以帝王爲量，俾檳城人同躋壽域而登春臺，則某等有厚望焉。

〈南華醫院乙酉徵信錄序略〉

日用之間，惟醫爲最。香江[①]有東華醫院，粤省有愛育善堂[②]，維兹檳嶼僻處海濱，江豚吹浪，時有淒風。石燕拂雲，難消暑雨。苟無醫院贈醫贈藥，難保人無夭札。

〈南華醫院丙戌徵信錄序略〉

海嶠僑居，時有風邪之中。荒山傭力，難免烟障之侵。或暑、或寒，症非一類。宜補、宜瀉，治亦難齊。於是設席延師，分局就診。

〈南華醫院丁亥徵信錄序略〉

檳城流寓日多，生齒日盛。六氣之感，七情之傷，病者固所不免，貧者尤爲可憐。惟有率由舊章，以期無忝厥職。

〈南華醫院戊子徵信錄序略〉

檳城醫院，創已六年，樂助隨緣。王刺史[③]俸錢不吝，調元贊育，孫真人[④]妙訣猶存。

〈南華醫院己丑徵信錄序略〉

創於癸未，成於甲申。陽愆陰伏，燮理咸宜。暑雨祁寒，怨咨悉泯。僑居海外，雖無范[⑤]、陸[⑥]濟世之才。小隱壺中，幸有盧扁[⑦]活人之術。

① 香江：爲香港(Hong Kong)的雅稱。

② 愛育善堂：創立於1871年，爲中國廣州近代善堂制度下的第一家，與方便醫院、廣仁善堂、崇正善堂、潤身社善堂、廣濟醫院、惠行善堂、述善善堂和明善善堂，合稱爲“九善堂”。

③ 王刺史：王祚，五代末宋初並州祁縣人。初爲郡小吏，後漢高祖劉知遠即皇帝位時擢爲三司副使。在後周朝被任命爲隋州刺史，後移刺商州，以俸錢募人開大秦山巖梯路，方便行旅。後鎮潁州，疏通商渠利舟楫，郡無水患。入宋爲宿州防御使，課民鑿井以防火災，築城北堤以御水患。以左領軍衛上將軍致仕。

④ 孫真人：孫思邈，唐代著名醫藥學家、道士，著有《千金要方》三十卷，世稱“孫真人”，後世尊之爲“藥王”。

⑤ 范：范蠡(公元前536—前448年)，字少伯，楚國宛地三戶(今河南淅川縣滔河鄉)人。春秋末期政治家、軍事家、經濟學家和道家學者。

⑥ 陸：陸賈(約前240—前170年)，漢初楚國人，西漢思想家、政治家、外交家。

⑦ 盧扁：又稱扁鵲，戰國時期名醫。因家在盧國，故又名“盧扁”。

〈南華醫院庚寅徵信録序略〉

本醫院倡建以來,四診兼施,辨寒暑陰陽之偶伏。六經分治,合溫涼燥濕而咸宜。

右(以上)醫院

鈞案:新嘉坡有同濟醫社[①],檳榔嶼有南華醫院。南華醫院實善堂也,凡嶼中諸善舉,皆醫院爲之倡。蓋由風俗樸厚,有爲之董率而信從者多。至於醫院按年課考,擇其尤者,聘請主席,立法善矣。但地限一隅,似宜開借書之例,定月試之程,則醫醫之惠,當更大於醫人。

## 會 館

### 平章會館

閩、粵人合建,與觀音寺比。

魏省中〈過平章會館感懷詩〉

四海皆兄弟,怡怡聚一堂。
粵 閩舊接壤,歐 亞此分疆。
三島神仙窟,千秋爭戰場。
堯天猶共戴,百姓自平章。

右(以上)會館

鈞案:南洋風俗,隨地皆有會館,粵人尤多。有一府設一會館,有一縣設一會館,惟福建會館皆合一省而設。滿剌甲、吉隆皆有福建會館。士文丹[②]小村落耳,工人休息之所,亦署其門曰福建會館。新嘉坡天后宫[③],即福建會館。合閩、粵二省人共一會館,中國 天津有閩粵會館[④],海外惟檳榔嶼也。平章會館,凡嶼中有事,集衆議焉。

---

① 同濟醫社:爲新加坡同濟醫院(Singapore Thong Chai Medical Institution),創立於 1867 年。

② 士文丹:爲馬來西亞雪蘭莪州雙文丹(Serendah)之舊稱,又稱石連達、斯文丹。雙文丹是距離吉隆坡不遠處的一個環境優美小鎮,大約在 1870 年開埠,因盛産錫礦而成爲一個繁華旺盛的小鎮。

③ 新嘉坡天后宫:又稱媽祖廟,建立於 1840 年,爲新加坡福建會館的前身。天福宫正殿奉祀的主神是“天后聖母”,閩南人又稱“媽祖”。

④ 天津有閩粵會館:天津從元代以來,就是河海漕運匯集的樞紐,不但吸引南北方商人前來經商,還陸續建立起各地方性的會館。其中閩粵會館乃是天津最早成立會館,成立於清乾隆四年(1739 年),由廣東幫的“常豐盛公所”、福建幫的“蘇萬利公所”及潮州幫的“萬世盛公所”聯合建立。當時,在財務管理上採取三幫輪流值年制度,後因發生經濟糾紛而分裂。後來,該會址改爲民居,1953 年拆建爲天津醫學院第二附屬中心醫院。

考之古得鄉約遺意，如能舉行《呂氏鄉約》[1]，則更善矣。

## 公冢

### 波知滑冢[2]亭

鄭懷陔[3]〈重修波知滑公冢記〉[4]

金盌玉魚，腸斷冬青之曲。白楊衰草，心傷夜碧之燐[5]。況夫[6]七洲遠客，重譯孤魂。莫正狐邱，誰封馬鬣。迢遙故國，空瞻萬里枌[7]榆。悽愴夜臺，孰奠一盂麥飯。閲滄海桑田之變，切溝池道路之憂。爰有仁人，建茲義冢，敬恭桑梓，呵護松楸。[8]波知滑葬地[9]，爲閩人客[10]檳榔嶼者所購，以公其同里[11]。自咸豐迄光緒，歷年既久，舊址漸蕪[12]。於是鳩貲[13]修葺，蠲吉[14]興工。拾其殘骸，無使暴露。芟其灌莽[15]，無使滋延[16]。除舊亭之積穢，會葬可憩賓朋，闢[17]仄徑爲康莊。祭掃暫容車馬，擇人守冢，器皿俱全。編籬爲垣，牛羊勿踐。駕雙橋以通流水，春潮無泛溢之憂。植嘉禾[18]以廣濃

---

① 《呂氏鄉約》：中國最早的成文鄉規民約，北宋熙寧九年（1076 年）由陝西"藍田四呂"之一的呂大鈞在其家鄉藍田創立，故又稱"藍田鄉約"。其核心內容爲："德業相勸，過失相規。禮俗相交，患難相恤。"

② 波知滑冢：亦稱波知滑公冢、浮羅池滑公冢。波知滑爲馬來語 Pulau Tikus 之音譯，現爲檳城浮羅池滑或浮羅池骨。浮羅池滑（Pulau Tikus）公冢，由李丕耀倡建，創立於 1856 年，面積約 51.125 英畝，爲檳城福建人的第二座公冢（義山）。1923 年並入"檳城聯合福建公冢"（United Hokkien Cemeteries Penang）管理。

③ 鄭懷陔：生於 1858 年，卒於 1896 年。字子源，號笙南，爲鄭成功七世裔孫，祖居福建南安縣石井，移居晉江縣安海。清光緒十四年（1888 年）中式戊子科福建鄉試第一名舉人（解元）。

④ 〈重修波知滑公冢記〉：應爲〈重修波知滑公冢序〉，撰於清光緒戊子年（1888 年）。

⑤ 燐：按鄭懷陔〈重修波知滑公冢序〉記載，當爲"憐"。

⑥ 夫：按鄭懷陔〈重修波知滑公冢序〉記載，當爲"乎"。

⑦ 枌：按鄭懷陔〈重修波知滑公冢序〉記載，當爲"粉"。

⑧ 爰有仁人建茲義冢，敬恭桑梓，呵護松楸：按鄭懷陔〈重修波知滑公冢序〉記載，當爲"爰有仁人，情深桑梓。建茲義冢，蔭滿松楸"。桑梓：指桑樹與梓樹，古時家屋旁多種植，代稱故鄉。松楸：指松樹與楸樹，墓地多植，因以代稱墳墓。

⑨ 葬地：按鄭懷陔〈重修波知滑公冢序〉記載，當爲"冢"。

⑩ 爲閩人客：按鄭懷陔〈重修波知滑公冢序〉記載，當爲"我閩人之客"。

⑪ 以公其同里：按鄭懷陔〈重修波知滑公冢序〉記載，當爲"以周棺而公其同里"。

⑫ 自咸豐迄光緒，歷年既久，舊址漸蕪：指地方荒廢，亂草叢生。按鄭懷陔〈重修波知滑公冢序〉記載，當爲"創自咸豐之代，規晝未周；迄今光緒之朝，荒蕪遽甚"。

⑬ 鳩貲：按鄭懷陔〈重修波知滑公冢序〉記載，當爲"募貲"。指聚集資財之意。

⑭ 蠲吉：指祭祀前選擇吉日，齋戒沐浴，祭祀，祀典。

⑮ 芟其灌莽：芟指"割草"；灌莽指"叢生的草木"。"芟其灌莽"爲割除叢生的草木之意。

⑯ 無使滋延：按鄭懷陔〈重修波知滑公冢序〉記載，當爲"無使蟠根"。

⑰ 闢：按鄭懷陔〈重修波知滑公冢序〉記載，當爲"化"。

⑱ 禾：按鄭懷陔〈重修波知滑公冢序〉記載，當爲"木"。

陰,夏日[①]有招涼之快。凡茲締構,具見周詳。復有羨餘,留儲支應[②]。是役也,縻銀二千兩有奇,凡六閱月而竣[③]。李君丕耀爲之倡,而同鄉諸善長[④]贊其成也。嗟夫,西伯[⑤]掩胔[⑥],能作游魂之主;文成[⑦]瘞旅[⑧],同爲中土之人。今死者,無非閩産,何妨聚魂。魄以相依,而生者篤念鄉情,宜其獲鬼神之默佑[⑨]。余[⑩]因友人之請[⑪],而樂爲之記云[⑫]。

林振琦〈過波知滑冢亭詩〉

富貴繁華轉瞬空,纍纍荒冢各西東。
平沙白骨埋荒草,古樹青燐泣野蟲。
萬里招魂歸未得,九京賫志恨應同。
可憐墓木將成拱,猶在家人夢寐中。

## 百年適成亭[⑬]

《宴游紀略》

游峇株眼東[⑭],觀閩人新購叢葬處,山高草潤,冢墓纍纍,至此覺名利之心俱淡。山前有一亭,名曰"百年適成",乃全閩之旅嶼商民共立者。內有楹聯二:一爲前四川

---

① 日:按鄭懷陔〈重修波知滑公冢序〉記載,當爲"暍"。

② 留儲支應:按鄭懷陔〈重修波知滑公冢序〉記載,當爲"留爲工款"。

③ 凡六閱月而竣:按鄭懷陔〈重修波知滑公冢序〉記載,並無此句。

④ 同鄉諸善長:按鄭懷陔〈重修波知滑公冢序〉記載,當爲"諸董等"。

⑤ 西伯:姬昌(前1152—前1056年),西伯君主姬亶之孫,姬季曆之子。其父死後,繼承西伯侯之位,故稱西伯昌。在位四十二年後,正式稱王,史稱周文王。

⑥ 掩胔:指收葬暴露於野的屍骨,爲古代的恤民之政。

⑦ 文成:王守仁(1472—1529年),字伯安,别號陽明,謚號文成,浙江余姚人。明代著名思想家、軍事家,心學集大成者。

⑧ 瘞旅:比喻客死葬於他鄉。

⑨ 佑:按鄭懷陔〈重修波知滑公冢序〉記載,當爲"報也"。

⑩ 余:按鄭懷陔〈重修波知滑公冢序〉記載,當爲"爰"。

⑪ 之請:按鄭懷陔〈重修波知滑公冢序〉記載,當爲"郵寄"。

⑫ 而樂爲之記云:按鄭懷陔〈重修波知滑公冢序〉記載,當爲"而樂爲記之,以垂不朽云"。

⑬ 百年適成亭:該亭建於光緒甲申年(1884年),告竣於光緒丙戌年(1886年)。其時適檳城開闢百年(按:因爲檳城開埠的年份是1786年),因題之曰"百年適成亭"。

⑭ 峇株眼東:爲Batu Gantong之音譯,又作峇抵眼東,現爲檳城峇都眼東。檳城峇株眼東公冢亦由李丕耀倡議購建,建成於1886年,爲19世紀檳城福建人的第三座公冢(義山)。1923年併入"檳城聯合福建公冢"(United Hokkien Cemeteries Penang)管理。

即用縣何履亨撰，一爲前江西學政陳寶琛[①]撰。文情並茂，哀惻動人。何題云："片石表窮荒，枯骨有知，應喜一坯成樂土。旅魂淹絕海，故鄉何處，仍從萬里盼歸喪。"陳題云："遠適異國昔所悲，更滿目蓬蒿，逝者可傷重自念。行有死人尚或墐，況關心桑梓，魂兮何託盍歸來。"二聯皆林仰西 瑤圃書。仰西書學顔，所書"百年適成亭"五字，大徑丈，尤似石庵[②]臨東坡筆意。

## 陳寶琛〈百年適成亭記〉

上世之民聚於農，近世之民散於商。昔子輿氏論井田之善，曰死徙無出鄉。夫生則有宗法之相係，死則有族葬之相依。豈有安居樂業而情不聯、氣不固者哉？自海禁開，閩、粵間民游賈海南[③]者，以億萬計。所之既遠，親故相失，往往淪於異域而不能首邱[④]，氣渙情漠，勢固然歟？怡山[⑤]僧微妙[⑥]自檳榔嶼歸，數爲言逆旅主人之賢。嶼有義冢，葬閩客死者，歲久不計[⑦]。吾商民屢謀廣之，三易地矣。最後得地於峇柢眼東[⑧]，校以中土丈尺[⑨]，可周八百五十八畝有奇。闢路導泉，築亭其側，用銀八萬餘元[⑩]。恐後無考，願得余文記之。余應之未暇以爲也。

去年，余爲鄉人延主賑事，海南群島多輸金來助者，而嶼之人與焉。李君丕耀乃復以記請余。惟桑梓之故[⑪]，無遠近生死一也。觀諸君子之施惠，生者不忘，在遠如此，況死喪之戚[⑫]，得諸[⑬]目擊者乎？且世之爲義冢，止於掩骼埋胔而已。而茲冢之

---

① 陳寶琛：生於清道光二十八年(1848年)，卒於1935年，字伯潛，號弢庵、陶庵、聽水老人，福建福州螺洲人。清同治七年(1868年)戊辰科進士，先後任翰林院庶吉士、編修、侍講，內閣學士兼禮部侍郎等職。光緒八年(1882年)任江西學政，重修白鹿洞書院。中法戰爭(1883—1885年)後，因參與保舉唐炯、徐延投統辦軍務失當事，遭部議連降九級，從此投閑家居達二十五年之久。賦閑期間，熱心家鄉教育事業。宣統元年(1909年)，復調京充禮學館總裁。辛亥革命後仍爲溥儀之師，故有"末代帝師"之稱。1935年卒於北平寓所，得遜清"文忠"謚號及"太師"覲贈。

② 石庵：劉墉(1720—1805年)，字崇如，號石庵，別號劉羅鍋，祖籍安徽碭山，出生於山東諸城。乾隆十六年(1751年)進士，歷任翰林院庶起士、太原府知府、江寧府知府、內閣學士、體仁閣大學士、禮部尚書等職。書法造詣深厚，是清代著名的帖學大家，被世人稱爲"濃墨宰相"。

③ 海南：按陳寶琛〈福建公冢碑記〉作"南海群島"。

④ 首邱：亦作"首丘"、"丘首"。相傳狐死前，必將頭部朝向出生的山丘。後因喻不忘本，或喻懷念故鄉。清雍正三年(1725年)詔令避孔子名諱，今後凡遇"丘"字，或缺末筆，或改爲"邱"字，故此作"首邱"。

⑤ 怡山：位於福建省福州市西郊祭酒嶺山脈。此指福州怡山長慶寺。

⑥ 微妙：又名耀源，福建仙游縣人，晚清福州怡山長慶寺(西禪寺)高僧。從光緒三年至十五年(1877—1889年)，微妙禪師數次前往南洋各地多方募集資金，回國後主持新建了長慶寺藏經閣，並重建了大雄寶殿、法堂、天王殿等30多座殿堂。

⑦ 計：按陳寶琛〈福建公冢碑記〉記載，當爲"繼"。

⑧ 峇柢眼東：爲 Batu Gantong 之音譯，又作峇株眼東，現譯作峇都眼東。

⑨ 校以中土丈尺：按陳寶琛〈福建公冢碑記〉記載，當爲"校以中土弓丈"。

⑩ 用銀八萬餘元：按陳寶琛〈福建公冢碑記〉記載，當爲"用番銀八萬餘圓"。

⑪ 故：按陳寶琛〈福建公冢碑記〉記載，當爲"敬"。

⑫ 戚：按陳寶琛〈福建公冢碑記〉記載，當爲"威之"。

⑬ 諸：按陳寶琛〈福建公冢碑記〉記載，當爲"自"。

設，有舉莫廢，隱然有同災共患之意焉。嗟乎！其誠有不可解於中者耶？抑亦吾先王睦婣任恤之澤，所貽者遠。雖殊方絕[①]俗不能外，是而自立耶。吾又以爲，井田廢而民生困於游食，商務盛而禮義生於富饒，舉不知誰何之人，使之生有養、死有歸，熙熙然中外一家之樂。天下大勢，聚而散，散而聚。雖曰運會，豈非人事哉？然則斯役也，志世道者或有取乎？是[②]故，樂爲之記云。

## 力鈞〈游百年適成亭記〉

檳榔嶼 福建公冢，在峇柢眼東。冢前爲亭，光緒甲申創，越二年丙戌成。時距開嶼期適百年，因名之曰“百年適成”。深約百尺，闊三其深之數，基砌石而磋之，柱鎔鐵而鏤之。東西堂翼，其後堂各數楹，以憇婦女送葬者。歷階而上，公冢在焉。冢限以地，無使過葬者。自下而上，豎小石柱數千爲界。地周八百五十餘畝，縻銀八萬餘員。結搆既精，陳設亦備。又有書記、園丁居於亭，以董其事，誠盛舉也。

余去年入都，居福州會館，左爲野。清明日，約同人具牲酒祭之。一盂麥飯滿眼蓬蒿，誠有如葉文忠[③]所云。尋麥飯亭故址，地僅一筳，竟無人從而新之者。嗟乎！爭名於朝，爭利於市，客死他方，其痛一也。乃檳城如此，京師如彼，豈吾鄉在京供職者不逮。海外諸君之好義，抑其力有所不能歟？是亭也，李君不耀輸萬金爲倡，餘捐者姓氏見題名碑。

右(以上)公冢

鈞案：檳城公冢，閩、廣皆有。俟考補錄。

---

① 絕：按陳寶琛〈福建公冢碑記〉記載，當爲“異”。

② 是：按陳寶琛〈福建公冢碑記〉記載，當爲“有”。

③ 葉文忠：葉向高(1559—1627年)，福州府福清縣人，字進卿，號臺山，晚號福廬山人，謚號文忠。明朝政治家，萬曆、天啓年間曾兩度出任内閣輔臣。北京福州會館義園小亭有葉向高題寫一副對聯：“滿眼蓬蒿游子淚，一盂麥飯故鄉情。”

# 檳榔嶼志略　卷之七

永福　力鈞初鎬

## 風俗志

### 正　禮

《海島逸志》：中華流寓既多，俗重風雅，喜逢迎，善褒獎。窮困相投，或通譜，或瓜葛，皆無異視。童子見客，揖讓爲禮。此人情之古厚可愛也。

《海錄》：土番亦巫來由種類。中華人在此貿易者，不下數萬人。然各類自爲風氣，不相混也。

鈞案：檳榔嶼風俗，甲於海南群島，良由守家禮、重文教。昏[①]則六禮具備，親迎不行於中國，猶於海外見之。至新婦入門，合卺禮畢，偕謁家廟，此昏禮之近古者。喪不停柩，合踰月而葬之禮，執紼必素冠，婦女亦徒跣。題主在山場，虞祭[②]仍凶服[③]。王漢宗[④]葬其父用墓志，此喪禮之近古者。各姓有家廟，如林、楊、邱、李、謝、黄、王、胡、梁、陳諸族，祭典極豐。更有不復記憶者，俟考得實，擬輯《檳城家廟錄》。春秋祭祠、祭墓，與中國同。惟中元一祭，家費數十金，不無太過。餘則祭禮合於古者多也。

鈞案：檳城文風日盛，雖由山川鍾毓，亦提倡之有人。公設義學外，楊氏家塾按年延師課其子弟。每過黄氏家塾，書聲琅琅。更有李氏家塾，爲李道熙故居。觀其命名，可知其用意所在矣。此僅就耳目所及者言之。至藏書之家，以林觀察培元[⑤]爲

---

① 昏：同“婚”，指結婚之意。

② 虞祭：虞是安的意思，據說，死者下葬後，骨肉歸土，魂尚無所歸，故行虞祭，使靈魂也得安。

③ 凶服：指喪服，又稱孝服、喪服，是在喪禮上爲死者穿戴的孝服。根據與死者關係的遠近，分爲五等：斬衰、齊衰、大功、小功、緦麻。

④ 王漢宗：祖籍福建省同安縣積善里白礁社，其父王元清爲 19 世紀中後期檳城福建幫領袖之一。王漢宗與其兄王漢鼎、弟王漢壽繼承父業，經營錫礦和土産，並倡建檳城“王氏太原堂”。王漢宗也是檳城華人商務局（檳城中華總商會的前身）的發起人之一，曾於 1903 年至 1904 年擔任該商會的首屆值理。

⑤ 林觀察培元：即林培元，字德水，又字潤初，福建漳州海澄吾貫（今廈門市海滄區鼇冠村）人，曾任荷印幼裹（蘇門答臘日裹）甲必丹，曾向清廷鬻官，獲授候選道三品銜。“觀察”是爲清代對道台的尊稱。

最，謝曾煜[1]次之，餘則温震東、林振琦、林汝舟[2]、吴春程、林載陽皆有儲蓄。島居多暇時，或徵詩會文爲樂。客檳城時，以文質者數人，以詩質者十數人。鈞固不學，無似者傾倒如是。倘得有道君子，誘以聖人之道，則道南大可望也。

《瀛海采問》：富家巨室，類皆高其閈閎[3]。顔曰"中憲第"、"朝議第"、"大夫第"者甚多，以皆膺有職銜故也。

鈞案：納粟之例[4]，在中國似不可行，行之海外則甚善。何也？少年服賈，進取無路，思所以榮祖宗而顯父母，惟捐輸可以膺職銜、請封典。前後海防籌賑，動輸鉅款，雖內向心殷，未必無所爲也。惜辦理不盡得法，有輸數千金並未奏聞者，有報捐二三品職銜給以實收，而部照無處换領者。種種弊端，不勝枚舉(一)。張司馬振勳[5]有見及此，親造北洋領辦捐局，自(二)此以(三)後可免閒散人員因以爲利，至失中國體統，亦朝廷之幸也。鈞更有望者，能如黄君懋材、吴君曾英所言，增書院、定考試、給頂戴。寵以尊榮，則市井卑汙之見化；範以禮義，則蠻夷奇詭之習祛；示以恩意，則流寓愛戴之心固。不費之惠，收效無形。當事留心洋務，此其要歟！

右（以上）正禮

鈞案：昏嫁喪祭，禮之大者，文教則禮所從出也。官職所以序貴賤，亦禮所在也。

---

① 謝曾煜：亦作謝增煜（1850—1922年），别號占梅，祖籍福建省漳州府長泰縣（一説爲福建詔安），檳榔嶼土生華人。幼失怙恃，年十六入雜貨店當學徒，二十歲時轉入檳城著名客籍紳商胡泰興店中當夥計，後成爲胡泰興女婿。在其岳父的大力資助下，謝增煜先是創立事業，後來承包政府餉碼（税收），長期主管檳城烟草局，遂成巨富。1897年，爲慶祝英國維多利亞女王登基六十周年鑽禧，獨自捐資三萬五千元建造檳城舊關仔角鐘樓，並受委爲檳城華人參事局參事。謝增煜自幼愛好書法，勤於鑽研，尤善"擘窠大字"，被譽爲"峇峇書法家"。

② 林汝舟：字花瓚（約1837—1912年），福建漳州海澄三都鼇冠社（今廈門市海滄區鼇冠村）人。年輕時南渡檳榔嶼，早年曾以醫謀生，後從事往返檳城與亞齊之間的航運業，也曾與林寶合創"怡興"號，經營布匹生意。到19世紀後期，林花鑽成爲檳城福建幫的僑領之一，先後出任建德堂、清河社、同慶社及福建公冢等董事要職。從1878年至其逝世止，一直擔任檳城林氏九龍堂族長，林氏敦本堂暨勉述堂社長。1881年參與創建檳城平章會館，爲福建幫的創始人之一。1890年，受委爲檳城華人參事局參事。1892年，受邀作爲檳城代理，協助清朝在當地華人中鬻官，以賑濟山東水災，獲清廷頒贈五品同知銜。1905年，受委爲太平局紳。1908年，以興學保商，著有成效，獲清廷頒贈道員職銜。

③ 閈閎：指住宅的大門。

④ 納粟之例：指古代富人捐粟以取得官爵或贖罪。

⑤ 張司馬振勳：張振勳（1841—1916年），字弼士，號肇燮，廣東大埔人，近代華僑資本家。1856年赴荷印巴達維亞（吧城）謀生。後獲准承包酒税、典當税及一些地區的鴉片烟税，獲巨利。從1866年起，先後開辦裕和、亞齊、笠旺、萬裕興墾殖公司，東興礦務公司，廣福、裕昌輪船公司等，成爲南洋巨富。其間，曾向清朝捐得知府銜。1892年後，歷任清政府駐檳榔嶼首任領事、新加坡總領事、中國通商銀行總董、粵漢鐵路總辦、佛山鐵路總辦。1894年後，在國内投資興辦烟臺張裕葡萄釀酒公司、廣廈鐵路公司、廣西三岔銀礦、惠州福興玻璃廠、雷州墾牧公司等。1903年獲賞侍郎銜，三品京堂候補。1905年賞頭品頂戴，補授太僕寺正卿，繼任商部考察外埠商務大臣、督辦鐵路大臣。1910年任全國商會聯合會會長。1912年後，歷任袁世凱總統府顧問、工商部高等顧問、南洋宣慰使、華僑聯合會名譽會長等。1915年發起組織赴美實業考察團，籌辦中美銀行。還熱心捐資辦學。1916年9月12日病逝於巴達維亞（雅加達）。

# 異　聞

《海島逸志》：夫妻反目，聽其改醮[①]；死未周月，由其他適。

《星報》：夫婦對簿，往往婦棄其夫。竊謂西人[②]有保護婦女之例，訟必得直，此例似宜變通。凡婦棄其夫之案，交保良局[③]查辦，然後爲之定讞。果屬不德，則懲治其夫，而婦仍不能驟得離異，必俟其怙惡不悛，始爲判之。如是則婦女咸有畏心，可以完全名節。此不保護之保護也。

林載陽《檳城竹枝詞》

月老冰人說幾回，多磨好事反成灰。
只因未合兒家意，聘帖無端又退來。

原註：俗議昏，兒女自主，往往父母不能強。有既聘而悔昏者。

下堂[④]非僅買臣妻，比戶司晨半牡雞。
一見金夫躬不有，白頭偕老幾眉齊。

原註：婦有棄其夫者，向護衛司告其供給不周，及淩虐等事。夫無所訴，貧民罹此者多。

鈞案：南洋閫教[⑤]不脩，緣在地婦女多巫來由族，未諳禮法。益以漸染英俗，女先於男。在新嘉坡時，曾與左子興領事秉隆、吳翼鼎觀察進卿[⑥]商榷，欲求所以補救之者，訖無良策。然《漳州府志》云："施世燿妻苗氏，馬辰港[⑦]夷女也，夫賈於其地娶焉。夫出卒，苗自縊死，族爲招魂，設主祀之。"此夷女之節烈者。《龍溪縣志》云："鄭氏戴娘，番女也。父娶於番，生戴娘，攜之歸適余詔。詔卒，母憐其少，微諷之持不可家中。聞其夢中囈語，皆〔四〕引義拒母辭也。姑患腸結病幾殆，氏以計勾出之，病遂痊。氏初奩具頗贍，時以恤其族黨。後家日以落，族黨無應者，弗較也。"此夷女之節孝者。《海

---

① 改醮：亦作"再醮"，舊時指婦女改嫁。

② 西人：師大本作"西憲"。

③ 保良局：英文爲 Society for the Protection of Women and Children，又稱 Po Leung kuk。1887 年英國殖民政府通過婦女與女童保護法令（Protection of Women and Girls Ordinance）之後，先後在新加坡（1888 年）、檳城（1888 年）、吉隆坡（1895 年）和霹靂（1900 年）設立保良局。成立初期是爲了救援被逼爲娼以及從妓院逃出來的妓女，爲她們提供安全之所。隨着時代的改變，保良局接受被遺棄或虐待的女孩，或從富裕家庭逃出來的侍婢。後來保良局還成爲婚姻介紹所，爲她們配對適合的男子。

④ 下堂：指離婚，既可以指丈夫休棄妻子，又可以指妻子主動向丈夫請求離去。

⑤ 閫教：指妻妾的訓誡。

⑥ 吳翼鼎觀察進卿：吳翼鼎，又名吳新科，字進卿，祖籍福建，新加坡華商。中法戰爭時期（1883—1885 年）響應清政府號召爲海防捐款賑捐，於 1889 年獲得清政府封賞的道台官銜。"觀察"是爲清代對道台的尊稱。

⑦ 馬辰港：Banjarmasin，亦譯作文朗馬神、馬神、馬臣，爲印度尼西亞加里曼丹島南部爪哇海沿岸港口。

島逸志》云：漳城東門外深青社①，有蘇某(五)者，經商南洋，娶婦某氏(六)，數載以不獲利而歸，遂卒於家。南洋婦聞其訃，且知其家貧，親老子幼，乃孑然帆海至閩，養姑教子，以終其身。其節義，求之中華婦女尚不多得，況荒服僻壤哉？惜未詳其姓氏，此夷女之節義者。觀此三人，是巫來由族，亦有諳禮法者。壬辰冬，得晤楊遜志、茂才鴻儒。茂才生長檳榔嶼者，述其外祖母李門林氏，少年守節，貧苦異常。可知聖人之教，無遠弗屆。②無人表彰，往往久而湮沒。③擬具事實，代請④禮部題旌、建坊、立祠，以資觀感，或亦轉移風化之一助歟？

《每月統紀傳》：檳榔嶼亦是(七)英國管附。乾隆年間，英人開此地方作胡椒、丁香園，故息力、檳榔嶼之屋不勝光耀。

《瀛海采問》：富者皆置花園啓廣廈，車馬精良，陳設珍異，莫不以爲此間樂，而無還鄉之志焉。

《海島逸志》：樓閣亭臺，窮工極巧，窮奢極欲，以終其身，不爲燕翼貽謀之計。

《海錄》：俗尚奢靡，宮室衣服器用，俱極華麗。出入俱用馬車，與明呀喇⑤、息辣⑥各處相同。

鈞案：西人輕去其鄉，以客爲家，經商之地，宮室車服窮奢極欲。蓋其俗無父子兄弟之繫屬，趨利若騖，去聖人之道遠矣。南洋流寓染此習者，多有一屋費數十萬金者，有一家馬車數十乘者，不知極盛難繼，徒長後人驕淫蕩佚之心。一蹶不振，良可歎悼。試思萬里浪游，半爲饑寒所迫，幸而致富，則皆天地之佑，祖宗之蔭也。平日所爲皆善，宜從而擴充之。所爲不必皆善，亦宜從而補救之。陳篤生之於醫院，吴進卿之於海防，李道熙之於義學，李丕耀之於公冢，功在一時，名垂後世⑦。有志爲善諸君子，念及中國時局之艱，故鄉生計之蹙，上而朝廷，下而里黨，爲所當爲，猶恐不逮，何暇及此無益之費哉。

《檳榔嶼紀略》：禮拜堂三間。

《海島逸志》：每七日一禮拜，於巳刻入禮拜寺，講經念咒，喧半時許，各自散去。入園林游宴，盡一日之歡，不理事，以供游玩。車塵馬跡，衣香鬢影，相望於道，亦一勝也。

《游覽隨筆》：西人禮拜日，官署不理事，書館停教習，店鋪不交易，名勝處亦多封閉。信教者至教堂念經，不信教者或四鄉游玩，閉門飲樂。七日一禮拜，必房、虛、昴、

① 深青社：爲現今廈門市集美區灌口鎮深青村。

② “壬辰冬，得晤楊遜志、茂才鴻儒。……可知聖人之教，無遠弗屆”：廈大本有此段文字，師大本則無。

③ “無人表彰，往往久而湮沒”：廈大本有此句，師大本僅作“特無人表彰耳”。

④ 代請：師大本作“函請”。

⑤ 明呀喇：爲孟加拉(Bengal)之同名異譯。詳見前注。

⑥ 息辣：馬來語 Selat 之音譯，亦作息力、實叻或石叻，意爲海峽。舊時新加坡之别稱。

⑦ 後世：師大本作“萬古”。

星，四宿循環值之，月[①]凡四日或五日，頗若中國旬日休暇[②]然。

鈞案：七日一休息者，西俗之最善也，合於《易》所謂七日來復之義。惜其溺於異端，無舉周公、孔子之道以告之，如孟之於楊 墨[③]，韓之於佛老[④]者。然登高覽勝，足以游目騁懷。呼酒徵歌，未免廢時失事。果能按休息之期，設宣講之會，或聖諭，或故事，取其事近感應，義足勸懲者，切實指陳，互相傳述。此亦用夏變夷之一道，好善諸君子，當樂爲之倡歟！

《檳榔嶼紀略》：西人客寓，三間。

《西俗雜誌》：客寓最大，亦極華美。寓資及飯食，每人每日總須三五元。大餐之房最爲美觀，即不投寓者，亦可往餐。男女雜坐，與輪舟中無異。

鈞案：西人之奢，即此可見。然此，何可久也？

《西俗雜誌》：信局最大，爲國家業。但向購票一角，中土謂之鬼頭[⑤]，粘於信面，投於筒中。按時有人啓取，照寄無訛，遠近可達。或預購多紙，存於家內，隨時應用，不須接信之人出信資也。信資較中土爲廉。

鈞案：西人郵政，甚善。

《檳榔嶼紀略》：西報館一間。

《夷情記略》：澳門所謂新聞紙者，初出於意大里亞國，後各國皆出。遇事之新奇，及有關係者，皆許刻印散售，各國無禁。苟當事留意探閱，亦可覘各國之情形，皆邊防所不可忽也。

鈞案：檳城亦有中國報館[⑥]，當日主筆爲浙江 童念祖。開設未久，中止。

《星報》：德律風[⑦]從電綫悟出，然非精於格致之學不能也。製始於德國之古魯師。初製爲傳聲，始用薄銅作頁，以鼓盪收送，苦不能工，因舍之用玻璃片，質厚仍不能良。因細爲考究，用白鐵作板，輕而易轉，體柔用剛，一攝一推，適然合用。傳聲之筒，乃成德律風，可達至七百邁之遠。稍過，則氣不貫。兩吻開闔之氣，有幾能攝而傳之至七百邁。西人機器之精，化學之巧，有如此者。聞英廷照會法廷，欲以德律風傳遞兩國消息。

《西俗雜誌》：傳聲之筒謂之德律風，亦以電綫通達，可及四十八里之遙。願置此器者，彼此兩家先赴其館，編明號數。如欲傳音，電知其館，彼即電知其人。但傾耳筒

---

① 月：廈大本此字前衍一"日"字，師大本則作"月"。

② 暇：師大本作"假"。

③ 楊墨：戰國時期楊朱與墨翟的並稱。楊朱主張"爲我"，墨翟主張"兼愛"，是戰國時期與儒家對立的兩個重要學派。

④ 佛老：佛教和道教的並稱。

⑤ 鬼頭：指印有英皇肖像之郵票印花。

⑥ 中國報館：在1895年《檳城新報》創刊之前，檳城已有《華洋新報》和《嶼報》兩種華文報紙。據《叻報》1899年10月9日的一篇社論中提到："此兩報開設未幾，均以事中輟。今則閩商林花鐟所創《檳城新報》，生涯鼎盛，聞望日隆。"

⑦ 德律風：爲 telephone 之音譯，現稱電話。

中，即聞我向筒中所言之事，不啻親承顔色者然。

鈞案：檳城大商家多有德律風，相隔不過數里。然久不换藥水[①]，傳聲即不分明。

《西俗雜誌》：麪包即饅頭，大小不一。其式有長至數尺者，購歸截而斷之，方能登几。若上等人家及大客寓大飯店，皆用小式者，或長或圓，或如勾月式。

《西俗雜誌》：以冰爲糕[②]，最爲適口。製用牛乳、雞子、白糖等，加水攪匀，盛以薄鐵圓器，置冰桷[③]中，頃刻可成。

《西俗雜誌》：加非[④]如豆，炒焦磨碎，熬成濃汁，所以代茶，亦取其能消食之意。然必加以餹塊餹末，以解其苦味，然後入口。飯罷，例飲加非一杯。亦有飲茶者，如飲加非，必加以糖，呼以稊[⑤]。或有再飲白蘭地酒一小杯者，亦謂其能消食也。茶館即加非館，亦有兼買肴飯者，兼買酒點者。加非一杯，價值中土錢三四十文。加非之杯不以飲茶，茶杯不以飲加非，皆磁器也。酒杯分大小數種，亦不以飲加非與茶，皆玻璃也。酒皆冷飲，故以玻璃。茶及加非皆熱飲，故以磁焉。

《西俗雜誌》：酒有多種，其名不一。常飲曰紅酒，曰皮酒[⑥]，曰香餅[⑦]，曰白蘭池[⑧]。席間每座必分列數杯，次第斟之。其杯亦不一色，防錯亂也。玻璃杯專以飲酒，若飲茶及加非，則必用磁杯。磁杯之下，必有托盆。凡奉食物、獻書札，亦以盆托之以進。酒之種類極多，大率皆葡萄所製。平時所飲惟紅酒一種，價值最賤。若香餅一種，價目最貴，一瓶值數元不等。酒器皆用玻璃所製[(八)]，飲客具數種酒，亦必具數種器。大小之式不一，每一種酒酌一種器，不得紊亂。飲酒之際，彼此投契，舉杯相並，碰碰作聲，然後一舉飲乾，乃祝頌吉慶平安之意。

鈞案：以上皆西俗。

《海録》：土番，亦無來由[⑨]種類。

《每月統紀傳》：土番爲馬萊酋[⑩]族類，不識義理，裸體挾刀，下圍幅幔[⑪]，檳榔夾烟嚼。

《瀛海采問》：土民分兩種，一爲巫乃由人，一爲吉林人，皆黑如漆。吉林人尤陋，

---

① 藥水：此指電池補充液。早期電話機使用的是濕電池（亦稱電瓶），電瓶的原充液爲硫酸與蒸餾水的混合物，比重1∶28。補充液爲蒸餾水，其作用是補充電池使用過程中失去的水分。

② 冰爲糕：指冰棒或冰淇淋。

③ 冰桷：師大本作“冰桶”。

④ 加非：爲 coffee 之音譯，又稱咖啡。咖啡樹原産於非洲亞熱帶地區，以及亞洲南部的一些島嶼。

⑤ 稊：爲英文 tea 之音譯，源自閩南話“茶”的發音。

⑥ 皮酒：又稱啤酒或麥酒，英文爲 beer，利用澱粉水解、發酵産生糖分後製成的酒精飲料。

⑦ 香餅：又稱香檳酒。原産於法國的香檳（Champagne）地區一種經典的起泡葡萄酒，需要在葡萄酒瓶中進行二次發酵，産生二氧化碳，從而産生氣泡。

⑧ 白蘭池：即白蘭地（Brandy）之同名異譯。一種以水果為原料，經過發酵、蒸餾、貯藏後釀造而成的高度蒸餾酒。

⑨ 無來油：爲 Melayu 之譯音，亦有譯作“無來由”、“巫來油”、“馬來由”、“穆拉油”等。詳見前注。

⑩ 馬萊酋：即 Melayu 的譯音，與無來由、巫乃由、馬來由等均爲同名異譯。

⑪ 幅幔：指紗籠，馬來語爲 sarong。

所居亦卑污特甚。大概從事工役，及御車牧馬等務者居多，亦間有貿易開肆者。

鈞案：馬萊酋、無來由、巫乃由，皆一聲之轉。

《西俗雜誌》：婦女或穿耳孔，或不穿耳孔，各隨其意。故有戴耳環，有不戴耳環者[①]。若臂釧，則一例尚用。

《海島逸志》：其室如亭，四面開窗，無椅榻，席地而坐。房中地皆鋪席，施帷幄，牀亦不高，坐褥茵軟，枕疊如塔，大小六七級。坐則盤膝趺坐，見客以握手爲禮，以檳榔爲敬。富者用金銀器盛之，常人用銅唾壺。大如花瓶，用以盛吐檳榔之汁。男女渾坐無禁忌也。食不設筯，以手掬之，以牛爲烹，不食犬豕。女子腳不纏，面不脂粉，首不簪花，衣不帶領，裾而不袴。

《明史》：蘇門劄剌[②]氣候，朝如夏，暮如秋，夏有瘴氣。婦女裸體，腰圍一布。

《外國史略》：竹葵爲寮[③]，食不用箸，以手摶之。飯惟魚蝦、花椒等物。

《夷情記略》：食不以箸，用刀、叉、匙。

《西俗雜誌》：夜溺以盂不以壺，男女同之。其盂，亦可以盛水別用。

鈞案：以上皆巫來由俗。

右（以上）異聞

鈞案：西俗異中國。《西俗雜誌》言之詳，巫來由俗，又異於西俗。嘗輯《南洋番俗考》，尚未成書。兹錄見於紀載者，以博異聞。所望流寓諸君，有以轉移[④]風俗，勿爲風俗所轉移，則幸甚矣。

## 校勘

（一）種種弊端，不勝枚舉：廈大本缺，師大本有此段文字，依補。

（二）自：廈大本缺，師大本有此字，依補。

（三）以：廈大本缺，師大本有此字，依補。

（四）皆：廈大本作“稱”，師大本作“皆”。按《龍溪縣志》爲“皆”，據改。

（五）蘇某：廈大本作“蘇縈”，師大本作“蘇某”。按《海島逸志》爲“蘇某”，據改。

（六）某氏：廈大本作“梅氏”，師大本作“某氏”。按《海島逸志》爲“某氏”，據改。

（七）是：廈大本缺，師大本作“亦是”。按《東西洋考每月統紀傳》（道光癸巳九月）爲“亦是”，依補。

（八）所製：廈大本缺，師大本作“所置”。按袁祖志（倉山舊主）《西俗雜誌》爲“所製”，據改。

---

① 者：師大本作“名”。按袁祖志（倉山舊主）《西俗雜誌》，應爲“者”。

② 蘇門劄剌：爲蘇門答臘（Sumatera）之同名異譯。詳見前注。

③ 竹葵爲寮：指亞答屋（馬來語 rumah atap），即用水椰形式羽毛的葉子建蓋的房子。

④ 轉移：師大本作“移轉”。

# 檳榔嶼志略　卷之八

永福 力鈞初稿

## 藝文志

### 書　目

#### 林氏《四書說》二卷

鈞案:《四書說》二卷,卷端署姓名,林字尚可辨,下二字莓蝕。辛卯九月,得之檳城 吉林人雜貨肆。未諳番語,與以三大銅錢,吉林人領焉。購歸,度之行篋者經年,展閲一過,中多采閻氏《釋地》、翟氏《考異》、張氏《翼註》諸說。《鄉黨》一篇,全本《江氏圖考》。雖少所折衷,然非通漢學者不能如此精詳。惜名不可考,未知林氏所輯耶?或出於傳鈔歟?檳城 林氏爲望族,且多文人。他日遍訪之,或有所遇,未可知也。

#### 左秉隆《檳榔嶼紀略》一卷

鈞案:秉隆,字子興,廣東駐防漢軍人。任新嘉坡領事十年,多善政。纂輯綦富,海南群島皆有紀略,檳榔嶼尤詳。余纂《志略》,多取資焉。

#### 陳壽彭[1]《檳榔嶼考》一卷

鈞案:壽彭,字繹如,福建 侯官人,光緒己丑恩科副貢。戊子由歐洲旋閩,舟泊檳

① 陳壽彭:字逸如(亦作逸儒、繹如),生於1855年,福建侯官(今屬福州市)人,清末著名外交家、翻譯家陳季同(敬如)之弟。光緒五年(1879年)畢業於福建船政學堂,曾在日本、英國留學,精通英文、法文和日文。光緒十五(1889年)回國參加鄉試,獲選己丑恩科副貢。後入兩江總督周馥幕僚,在寧波創辦儲才學堂,任西文教習,並與其兄陳季同一起勘測疏導永定河。1897年,與陳季同共同創辦《求是報》。該刊爲一份綜合性旬刊,多譯載西洋各種學說和維新派的一些文章,1898年3月停刊。後居滬,與妻薛紹徽以翻譯西學謀生,譯有《八十日環游記》、《中國江海險要圖志》(共22卷,清光緒二十七年經世文社石印本)。1907年入京,調任郵傳部主事,參與清末新政(庚子後新政)。辛亥革命後,曾出任北洋政府海軍部司法司司長。陳壽彭翻譯過不少科技書籍,諸如《淡芭菰栽制法》、《格土星》、《格影》、《火器考》及《蠶外紀》等。

榔嶼，有"山到中原色始青"句。壽彭留心洋務，聞余輯志，出示《檳榔嶼考》數十條，錄爲一卷。此書可與左子興領事《檳榔嶼紀略》並傳。

## 吴春程《檳城風土志》一卷

鈞案：春程，字子鵬，又字閬仙，居檳城久。所輯《風土志》，記時事尤詳，屢索之不得，卒爲人竊去。豈書之顯晦，亦有定歟？據云，意寓勸懲，則尤有關風化也。

## 力鈞《檳城故事錄》一卷

〈自序〉：海南群島皆有故事可考。余於柔佛、滿剌加，各輯《故事錄》。博采史書，旁及各家紀載。凡奏疏、論說，可資治理者悉錄焉。最後至檳城。檳城，故吉德屬島。考其沿革，聊備一隅文獻之徵云爾。

## 力鈞《檳城異聞錄》一卷

〈自序〉：檳城有《西報》，新嘉坡《叻報》、《星報》，多言檳城事，怪怪奇奇，不一而足。而酒闌茶罷，往往聞所未聞。錄之，不惟可資談助，而涼薄之行，慘酷之報，亦足爲前車戒也。

## 力鈞《檳城佳話錄》一卷

〈自序〉：《異聞錄》有不可示人者，嘉言懿行，不忍任其湮沒。特輯一篇，用備觀覽。世有聞風而興者，則所裨不少也。

## 左秉隆《檳城游記》一卷

鈞案：左子興領事將假，旋入檳城游。足跡所至，條記於冊，屢索之靳焉。蓋未經刪定，不輕示人也。故《志略》少引及之。

## 傅日新《檳城宴游紀略》一卷

鈞案：《宴游紀略》，傅日新記左子興領事游群島事也。後至檳城，余錄其在檳城作者。此書與領事游記，大略相似。

## 力鈞《巫來由方言》二卷

〈自序〉：吴君曾英之論南洋曰，中西關鍵，全在南洋。今欲嚴中國門戶之防，絕外夷覬覦之漸，自經理南洋始。然南洋之島數十，其割據之國，曰英、曰法、曰荷、曰日[①]。其土著之民，曰巫來由、曰吉林、曰繞阿[②]、曰烏土，而言語以巫來由爲通行。

---

① 日：日斯巴尼亞(España)國簡稱，即西班牙。
② 繞阿：爲爪哇(Java)一名之音譯，亦指爪哇人。

英、荷、法、日，經商南洋，皆習之。不習巫來由言語而游南洋，聾然啞然而已。天下豈有聾啞而能幹事哉？鈞游南洋，玩其山川形勢，考其疆土風俗，知南洋之治亂安危，與中國息息相關。誠有如吳君之所言也。況南洋數百萬流寓，購田園，長子孫，往往有不通中國言語者。夫經理南洋，其綱有二，曰撫流寓，化土著。不通其言語，雖欲撫之、化之不能。其目有四，曰示以信，施以仁，喻以義，範以禮。不通其言語，雖欲示之、施之、喻之、範之不能至。南洋既固，再能於黔、滇固邊防，閩、粵固海防。外拒西洋，内援東洋[①]，居中而絕其通。振中國之威，杜外夷之患，其在是乎。英人於新嘉坡、檳榔嶼、滿剌加及諸附島，設巫來由義學，或數十所，或十數所，少亦數所。惜中國欽差駐東西洋，於南洋游歷未久，無舉以奏聞者。鈞讀吳君之論而有感，因將《華夷通語》、《華夷融語》二書，略爲刪易，與流寓中之曉官音者商校，仿《日本寄語》、《朝鮮方言》例，輯成一書，名曰《巫來由方言》。雖音之輕重、清濁未必合，然習之既久，自能吻合。方今當事留心洋務，是編或足備方言館之採歟。若夫吉林、繞阿、烏土諸方言，則俟之他日重游云。

## 林培元《天清閣書目》二卷[②]

鈞案：培元，字德水，又字潤初，福建 廈門人，候選道三品銜，荷蘭授以幼裏甲必丹。藏書甚富，厚幣延師，課其子女殆有志開海外風氣者。滬上畫報稱，有《天清閣書目》二卷。

## 《檳城溫氏鑒古錄》一卷

力鈞〈鑒古錄跋〉：溫君[③]旭初好書畫，收存之富甲檳城。余旋里後，更爲購宋、元、明人墨蹟，又貽書都下同年生[④]，索行草數十幀。物聚於所好，吾知必有以海外書畫船目之者，仿鄉先生《瓜棚避暑錄》退庵[⑤]題跋例，輯成一帙，歸之旭初。旭初名震東，福建 海澄人。[⑥]

---

① 東洋：此指日本。

② 林培元《天清閣書目》二卷：廈大本有此條目及其下“鈞案”，師大本則未見此條目及其下“鈞案”。

③ 溫君：廈大本有“溫君”二字，師大本則無。

④ 同年生：亦作“同年”，科舉時代稱同榜或同一年考中者。

⑤ 退庵：梁章鉅（1775—1849 年），字閎中，又字茝林，號茝鄰，晚號退庵，祖籍福建福州府長樂縣。清嘉慶七年（1802 年）進士，曾任江蘇布政使、甘肅布政使、廣西巡撫、江蘇巡撫等職。晚年從事詩文著作，一生共著詩文近 70 種。

⑥ 旭初名震東，福建海澄人：廈大本有此段文字，師大本則無。

## 《檳城義學章程》一卷(一)

鈞案：閩中鼇峰[①]學規，美矣、備矣。不意檳城義學，其章程有與鼇峰合，刪繁節要，俾各島義塾，有所效法。若夫講儀節，有白鹿洞規[②]在；定功課，有分年日程在；擇門徑，有書目答問在。此書，特其權輿耳。

## 林汝舟《婦科雜證》一卷

〈自序〉：是集《婦科雜症驗方》，專救胎前産後諸危症。乃莆陽[③]醫官朱紫庭始祖爲太醫時，自内府得之。舊跋云：依此法製調理，萬無一失。又云：此集若有一方虚謬者，願遭雷霆碎擊。是集共計一百零三方，方方見效。内第二十五方脱胎，第二十六方脱胎下血，一百零二方斷産。此三方皆有傷和氣，故特刪去。增入受胎方、産後風方、乳風方，及第二十一方、第二十七方。餘悉從原本云。

鈞案：汝舟，字花瓚，年十五客檳榔嶼，今則蒼然一叟。不以醫名，聞其全活者甚衆。《婦科雜證》乃家藏秘方，手鈔一本見贈。中如第三方胎前病痢，用鷄蛋打一孔，去白精，納入黄丹一錢二分，紙封煨熟。食一次愈者，生男；二次愈者，生女。第六節胎病肚痛，用甘蔗煎湯常服。懷孕一月，用一節，按月照加。第十五節跌傷胎肚痛下血吐血，用砂仁二錢研末，調淡鹽湯服，試之皆有驗。汝舟意欲梓行，余亦謂活人之方，不可秘也。

## 廖廷璋《瘈狗[④]驗方》一卷

〈自序〉：此方余丙子秋試[⑤]所得也。余不曉方書，置諸篋[⑥]中。後鄰右有被瘈狗傷者，出方以試，藥到病除，凡服而愈者四五人。戊子南游，聞因瘈狗隕命者多，心甚惻然。因與林君葆光言，此方奇效。林君志切濟人，邀諸樂善君子，鳩資印送，以廣其

---

① 閩中鼇峰：指福州鰲峰書院，位於現今福州市于山(九仙山)北麓鰲峰坊。康熙四十六年(1707年)，由巡撫張伯行建，書院廣置書籍，校刊55種儒家著作，添建120間書舍，後增爲140間。主要以弘揚程朱理學爲宗旨，以教、學、研、編爲經，以出當世名士爲緯，定期從全省擇優錄取秀才，聘各方名士講學，很受朝廷器重。爲清代福建最早、最大而又最著名的書院，被譽爲"東南第一學府"。清光緒三十一年(1905年)科舉廢止，書院改爲"校士館"。在辛亥革命福州光復戰役中，書院毁於炮火。今爲福州師範附屬小學校址，尚存園林中的部分假山。

② 白鹿洞規：即《白鹿洞書院揭示》，又稱《白鹿洞書院學規》，爲朱熹所制定的教育方針和學生守則，目的是爲了培養人才。學規集儒家經典語句而成，便於記誦。首先，提出了教育的根本任務，是讓學生明確"義理"，並把它見之於身心修養，以達到自覺遵守的最終目的。其次，要求學生按學、問、思、辨的"爲學之序"去"窮理"、"篤行"。再次，指明了修身、處事、接物之要，作爲實際生活與思想教育的准繩。白鹿洞書院，位於江西廬山五老峰南麓後屏山下。

③ 莆陽：指現今福建省莆田市，又稱莆仙。

④ 瘈狗：爲瘋狗之意。

⑤ 秋試：即鄉試，明清時期在各省省城舉行的科舉考試。每三年的秋天舉行一次，故亦稱秋試。

⑥ 篋：指小箱子，藏物之具。大曰箱，小曰篋。

傳。服法原序已詳，不贅。

鈞案：廷璋，字錫五，海澄諸生[①]。此方重刻於檳城。方中得力在紫竹根一味。閩醫有專治瘈狗，用紫竹根獲效者。紫竹，即市肆製生烟筒管所用者。考之諸家《本草》，皆未錄。

## 《南華醫院徵信錄序文》一卷

鈞案：南華醫院，癸未年創立，至今十年矣。年有徵信錄，癸未二年合一錄，壬辰新錄未出，辛卯舊錄未得，計七錄。錄各有序，合鈔一卷。諸君子樂善不倦之意，亦可以見矣。

## 《南華醫院醫論》一卷

鈞案：《醫論》，按年醫院課作，惟庚寅有刻錄存之。不惟見海南醫學日盛，且幸群島數百萬生靈有所託命，皆諸善長之賜也。

## 力鈞《檳城醫話》二卷

〈自序〉：醫不易爲，海外爲醫尤不易。限於醫，限於藥，亦限於病者。中國習醫，尚有儒者。浮海而來，多爲貧迫，粗識之無，貿然行道，庸劣多則理不明，限於醫一也。素不知學，因陋就簡，鈔襲類方，任意加減。寒涼補瀉，錯雜混施，包治限期，惟利是視，巧僞多則真不見，限於醫二也。猥瑣齷齪，奔競爲能，取悦富人，下同賤役，卑鄙多則品不尊，限於醫三也。一盲引眾，謬種流傳，黨同伐異，肆口訕譏[②]，攻擊多則權不一，限於醫四也。夫十室必有忠信，十步必有芳草。余觀新嘉坡同濟醫社、檳榔嶼南華醫院所刻醫論，盡有通人，諒無惡習。然不能十全無失者，過不在醫而在藥。上焦[③]宜散，中焦[④]宜丸，諸花宜露，諸皮宜膠，六神宜麴，陳皮宜醬，兔絲宜餅，桑葚宜膏，古人立法，具見深心。入市而求，皆未有備。因服法異而不效，限於藥一也。柴胡用蜜，竹茹用姜，白术、薏米皆用土炒，山梔、杜仲皆用黑炭，因炮製異而不效，限於藥二也。四川厚樸代以浦城榛皮，江南枳實代以福州桔乾，參非上黨，連非雅州，因地道異而不效，限於藥三也。貝有川、浙，杏有苦甘，茯苓皮心，麻黄根節，名同實異，不可不知，因物性異而不效，限於藥四也。藥無另包，戥難再核，琥珀、真珠價貴減少，山查、麥蘗價賤增多，因分兩異而不效，限於藥五也。枳殼書作只殼，但取偏旁；桑枝書作雙其，竟同叚借。方字多歧，藥品易亂。嘗見瀉白散桑白皮以丹皮代之，銀翹散忍冬花以款冬代之，名偶同則互相更易，物未備則隨意混充，氣味異而不效，限於藥六也。然而海外風俗，藥肆例有延醫。醫生時兼賣藥，學醫既多，選藥必慎。余所患者，

① 諸生：明清時期經考試錄取而進入府、州、縣各級學校學習的生員。

② 訕譏：爲訕毁誹謗之意。

③ 上焦：中醫術語，指膈以上的胸部，包括心、肺兩臟以及頭面部。

④ 中焦：中醫術語，指膈以下、臍以上的腹部，主要包括脾與胃。

不在醫藥，而在病者。地屬英轄，人狃西俗，偶患沙詰即問老公[1]。輕症而用重藥，或致陷邪。兼症而用專方，亦虞偏勝。此爲病者所限一也。所娶娘兒，本屬番族，新挐輕瀉燥結，不宜甘蜜[2]，辛溫熱症尤忌。我剛議治，彼又施方，掣肘不知，噬臍何及。此爲病者所限二也。南人好鬼，海外尤甚，降頭[3]符藥，庵公神丹，燥烈之性，易傷精液。巫覡演法，多就卧房，跳擲喧呶，易擾魂魄，劫陰越陽，皆難施治。此爲病者所限三也。地近赤道，時多夏令，汗後濯水，醉後飲冰，飯後啖果，茶後襲涼，風濕傷衛，痰涎壅膈，法宜辛散。喜服溫補，留邪增劇，實疑爲虛。此爲病者所限四也。地熱欲熾，真元必虧，脾腎多寒，肺胃多燥，新感伏氣，半在膜原，失治傳變，漸成腑病。法宜寒涼，喜服溫熱，至於亡陽，無可救藥。此爲病者所限五也。呂宋烟香，法蘭[4]酒旨，人參性溫，玉桂氣烈，燔炙腥羶，姜椒辛辣，富人供養，火毒早伏，感溫愈溫，感燥愈燥，熱極而厥，反疑寒象，血溢陽亡，枉死無數。此爲病者所限六也。男子鴉片，婦女檳榔，十人而九。精耗血傷，精耗夢洩，血傷病經，補不敵破，元氣難復。此爲病者所限七也。凡此數端，病者之病，良醫難醫，良藥難藥，目擊心傷，以筆代口，積之既久，裒然成帙。輯在檳榔嶼作者二卷，就正有道。舊稿尚多，再容續錄。夫治病必用藥，用藥必求醫，醫不易爲固也。海外閱是書者，或亦知爲醫之誠不易歟。

## 《童念祖文鈔》一卷

鈞案：念祖，字彭夫，江東人，曾在檳城報館主筆，以文字搆獄去，與安徽葉懋斌游。余從懋斌聞念祖名。後見其舊報，凡有關風化文字，鈔而存之，或亦檳城文獻之徵歟。

## 吳春程《駢文鈔》一卷

鈞案：春程駢文，學庾子山，時有清新語。所作《海珠嶼游記》，膾炙人口。近頗頹廢，惜哉！

## 廖廷璋《青藜書屋制藝》一卷

力鈞〈青藜書屋制藝跋〉：在新嘉坡爲左領事閱課文作者數十人，以區君錫曾爲最，惜未見其人。至檳城以文質者亦十數人，以錫五茂才爲最。茂才文結撰處如管韞山，發皇處如周犢山，進而益上，他日爲吾閩樹海外之幟者，其茂才歟？

---

① 老公：亦作老君，馬來語 Dukun 之音譯，意爲醫師。

② 甘蜜：馬來語 Gambir 之音譯，又稱甘密、棕兒茶。爲植物兒茶鉤藤的帶葉嫩枝煎汁濃縮而成的塊狀物，主產於印度尼西亞及馬來西亞等地。（清）李鍾珏《新嘉坡風土記》有載："甘密樹高與人齊，其葉長三寸，兩端尖鋭，中寬寸餘。採而擣之，其漿成蜜，甘與蜂蜜相埒。歐洲各藥中多用之，銷行甚廣。"

③ 降頭：降頭術簡稱。流行於東南亞地區的一種巫術，分爲"藥降"、"飛降"、"鬼降"等多種類型。

④ 法蘭：爲 France 之音譯，指現今法蘭西共和國，簡稱法國。

## 李灼《秩軒詩草》一卷

鈞案：灼有傳詩，諸體悉備，篇什尤多。倘假以年，所造當不止此。

## 童念祖《檳城雜詠》一卷

鈞案：《雜詠》亦彭夫客檳城作，其言雖俚，亦採風問俗者所不廢也。錄其可存者存之。

## 邱顯承《詩鈔》一卷

鈞案：顯承，海澄諸生。嶼中作者，惟顯承可與李秩軒抗手。顯承多擬古作。

## 林紫霧《學囀鶯詩鈔》二卷

力鈞〈學囀鶯詩鈔序〉：紫霧，字樹齋，年六十有一矣。聞余名，扶病來見者三。時日有文酒之役，卒未得晤。最後貽書，道款曲語極懇摯，附寄舊作《學囀鶯詩草》索序。造其廬，茗椀爐香，暢談移晷。紫霧老而好學，臨行諄諄，以文字相質，語及相見何時，余亦爲之泫然。南旋後，書札不絕。詩長五古，出語淡遠，勸其學陶[1]。紫霧亦喜學陶也。

## 謝兆珊《宿秋閣詩草》二卷

力鈞〈宿秋閣詩草跋〉：兆珊，字靜希，原籍天津。父宦閩，遂家焉。訪舊，來檳城居數年，貧不得歸，授徒自給。所作墨竹行書，神似琯樵。詩長七古，舊稿多佚，存百數十首游戲之作。私淑十硯老人，感事憤時，時出危語。好用奇字，又似有志學韓[2]者。

## 吴春程《澄懷詩鈔》二卷

力鈞〈澄懷詩鈔跋〉：余從檳城歸，子鵬寄《澄懷詩草》二卷，屬爲校定。子鵬詩多感慨，然有直抒胸臆處，揆諸敦厚溫柔之旨，未知其果合否耶？紀事諸作，言之慨然，亦有心人也。子鵬嘗輯《檳城風土志》，觀其寄託遙深，知非無病而呻者。噫！文人不遇，憤時嫉俗之心，鬱而無所發，往往託詩歌以見意，豈惟子鵬哉？

## 林振琦《退省別墅詩鈔》一卷

力鈞〈退省別墅詩鈔序〉：吾閩，唐始有詩，宋始有以詩名家者，至明始有派。林氏

---

① 學陶：此指學習陶淵明清新自然的詩風。

② 學韓：此指學習韓愈詩歌好用奇字、造拗句、押險韻，避熟求生、因難見巧的特點。

故多詩人。唐有名藻①者,宋有名泉生②者,皆能詩。明則膳部鴻③提倡,十子④爲閩派領袖。我朝濂浦⑤文安⑥父子叔姪,鳳池⑦來齋兄弟⑧,其最著者。近文忠⑨公之《雲左山房集》,歐齋⑩師之《黄鵠山人集》,皆卓然名家。他如廉叔、子直諸先生,未暇悉數也。余將游檳城,左子興領事、葉季允博士,皆言檳城多詩人。及至窮搜博採,輯《詩話》二卷,林氏一家之詩,人選最多。一日,林君振琦以詩質。振琦與廖錫五茂才善詩,有經茂才潤色者,真率處近擊壤派。惜相見晚,而聚首之日無多,不能翼以底於

---

① 藻:林藻,字緯乾,福建莆田人。唐貞元四年(788年)登明經第,七年(791年)中進士,成爲福建省第二位登正榜進士者,亦是莆田進士第一人。官至嶺南節度副使,著有詩集一卷。

② 泉生:林泉生(1299—1361年),字清源,號謙牧齋,晚號覺是軒,元朝福建永福(永泰)人。元天曆三年(1330年)進士,官至翰林直學士,知制誥,同修國史,謚文敏。以文學名,尤精於《春秋》,著有《春秋論斷》和《覺是集》。

③ 膳部鴻:林鴻,字子羽,明朝福建福清人。洪武初以人才薦,授將樂縣學訓導,官至禮部精膳司員外郎。林鴻性落拓不善仕,年未四十自勉歸。工詩,爲閩中十才子之首。

④ 十子:即"閩中十才子"。典出《明史・林鴻傳》所載:"閩中善詩者,稱十才子,鴻爲之冠。十才子者,閩鄭定,侯官王褒、唐泰,長樂高棅、王恭、陳亮,永福王偁及鴻弟子周玄、黄玄,時人目爲二玄者也。"

⑤ 濂浦:亦稱連浦,現稱林浦。濂浦位於福州南臺島東北隅,北臨閩江,南靠九曲山,與鼓山隔江相望,舊屬閩縣開化里,現爲福州倉山區城門鎮管轄。其地爲閩江支流濂江所環繞,故名濂浦。自五代以來,林氏祖先從河南光州入閩後,就在濂浦聚族而居,繁衍生息,日趨興盛,歷經數代,名人輩出,遂成閩中望族,因而改稱爲林浦。

⑥ 文安:林瀚(1434—1519年),字亨大,號泉山,謚文安,閩縣(今福州市)濂浦鄉人。明成化二年(1466年)進士,官至南京兵部尚書,參贊機務。著有《經筵講章》、《泉山奏議》、《泉山集》,以及古典歷史小説《隋唐志傳通俗演義》。林瀚之父林鏐(字子美),永樂末進士,官至撫州知府。林瀚之子林庭㭿、林庭機,林庭㭿子林炫,林庭機長子林燫、次子林烴皆曾官至尚書。對此,《明史》有載:"林氏三世五尚書,皆內行修潔,爲時所稱。"此外,從明代永樂十九年(1421年)林鏐中進士開始,直至嘉靖四十一年(1562年),林鏐,鏐子瀚,瀚子庭㭿、庭機,侄庭坣,瀚孫炫、燫、烴,一家四代七次科舉,考中八位進士,故濂浦林氏又有"七科八進士"之稱。

⑦ 鳳池:此指福州"鳳池林氏"。鳳池爲宋代福州城子城坊巷之一,據(宋)梁克家《淳熙三山志》所載:鳳池坊在子城之東,"地名十字街頭,舊號左通街";又云:"鳳池,亦鄉名也。"福州鳳池林氏一世祖林誠,系出河南,南宋末因官來居閩縣易俗里。傳至三世林載,明初受南津坊籍。四世林赳,始卜宅福州東街鳳池坊。此爲鳳池林氏衍派得名之由來,時在明朝初期。

⑧ 來齋兄弟:指侯官林侗、林佶兄弟。林侗,字同人,別字立軒,號來齋,福建侯官人。弱冠補諸生,以博雅聞,清康熙間貢生,署尤溪教諭。著有《荔水莊詩草》、《來齋金石考》、《昭陵石跡考略》、《李忠定年譜》及《井野識塗》傳於世。林佶,爲林侗之弟,字吉人,號鹿原。清康熙三十八年(1699年)中舉,康熙四十五年(1706年)九月,以手書御制詩二冊交隨駕諸翰林進呈,受到讚賞,召入武英殿抄寫御集。康熙五十一年(1712年)特賜進士,授內閣中書,留值內庭,專理御制文字,並分纂《詩經傳說》,匯纂《子史精華》。著有《樸學齋詩文集》、《焦山古金鼎詩》、《漢甘泉宫瓦記》、《全遼備考》、《游水尾嚴記》等,並輯有《精華錄》。

⑨ 文忠:林文忠公,林則徐(1785—1850年),福建福州人,字元撫,又字少穆、石麟,謚文忠。清朝中後期著名的政治家、思想家和詩人。主要著述有《雲左山房文鈔》、《雲左山房詩鈔》、《使滇吟草》和《林文忠公政書》、《荷戈紀程》等。

⑩ 歐齋:林壽圖(1809—1885年),原名英奇,字恭三,又字穎叔,晚號黄鵠山人、歐齋,福建閩縣(今福州)人。清道光二十五年(1845年)進士,曾任工部主事、順天府尹、陝西布政使、山西布政使等職。林壽圖能文工詩,著述頗豐,已刊存有《榕蔭談屑》、《啓東錄》、《黄鵠山人詩鈔》、《華山游草》等。

成。檳城林氏爲望族，有爲之提倡，不難與濂浦、鳳池媲美矣。振琦勉旃。

### 林屏周《書隱廬詩鈔》一卷

力鈞〈書隱廬詩鈔跋〉：屏周原名瑤圃，字仰西。書學顔，嘗見所作百年適成亭匾額，大徑丈，酷似石庵臨東坡墨蹟。爲人沉重，剛勁如其書。余南游數千里，未嘗輕投一刺，顧三謁仰西，而不得見，及見又漠然。余知仰西自命不凡，益厚之。仰西久亦知余之厚之也。自是日日相見，見則傾瀝肝膽。及余歸，仰西送至海濱，臨别欲泣。船既行，猶見其駿立不肯去。仰西詩不多作，無有知其能詩者，蓋爲書名所掩也。兹錄其殘稿並贈余近作爲一卷。夫詩者，性情之事也。讀仰西之詩者，或可以見其性情歟！

### 林載陽《檳城竹枝詞》一卷

鈞案：載陽，字和甫。《竹枝詞》凡三十首，言檳城風俗甚悉。間有與童彭夫《雜詠》相似者，擇其尤而存焉。

### 僧心光《檳城游草》一卷

鈞案：心光，字月印，長慶寺僧。住烏石山積翠寺[①]，經案書床，蕭然塵外。心光曾游檳城，所作詩寥寥數篇。錄之，聊志鴻雪因緣云爾。

### 李開三《退省廬題詠》一卷

鈞案：開三，字遐泰，以退省廬圖，屬爲徵詩。余既屬陳繹如同年爲之重繪，題者十數人，輯爲一卷，亦海外韻事哉。

右(以上)書目

鈞案：右(以上)書目計三十一種。《四書》説經也，《檳榔嶼紀略》以下地志，古附史部。醫，諸子之一；散文、駢文、制藝文、古近體詩，皆集也。荒僻無書，風氣初啓。略依四部次序，錄存大略。我朝文教覃敷，無遠弗屆，亦可以見矣。

## 鈔　存

### 黄春翹〈問治濕温不可發汗説〉

濕温之脈，陽浮而陰，弱陰小而急，知濕温未有不傷腎也。蓋腎主閉藏，宜苦淡，不宜辛燥，使疏其腠理而腎陰傷，恐濕邪乘虚而入矣。夫濕温之病，或曰太陰司天，其化以濕。或曰冬傷於寒，春必病温。夫濕温不可發汗，以腎惡濕不宜重傷其陰。然濕

---

① 烏石山積翠寺：清乾隆年間建造，位於福州烏石山之南靈鷲庵舊地。

溫與風溫異，風溫入經絡，屬三陽。濕溫聚骨髓，屬三陰。發汗則腎不能滋化源而精枯血竭，不難起亡陽之症也。然濕溫與風濕亦異，風濕聚皮毛在外，而濕溫聚骨節在內。發汗則腎不能滋陰血而水虧，火燥不難變戴陽之症也。濕溫原在於腎，腎爲先天之原，通於肺而繫舌本。故腎陽虛者，當密其腠理；腎陰虛者，當禁其疎泄。腎水虛者，當守其津液。況腎開二陰，不能內營外衛，助其封藏，豈可妄發其汗乎？夫汗者，一身之精血也。經曰：濕氣爲溺痺聚在腎，尤當以苦熱佐以酸淡，而不可以辛熱發之，豈可攻其火熱，致令津脫者？汗大洩痰盛者，汗自流哉。治濕溫者，亦利水而清熱可耳。

鈞案：南華醫院按年一考，送香港東華醫院評閱。前列例有賞格，首、次名次年延入醫院。此次春翹冠軍。辛卯秋，余到嶼，春翹適主首席，梅君福星屢言，春翹欲一見余。余讀是文，心好之。匆匆而歸，半面無緣，歉何如也。

## 陳山泉〈問治濕溫不可發汗說〉

濕溫宜治三焦。若發其汗，溫氣從陽上升，則傷陰化燥；濕邪從陰下沉，則傷陽變濁。故治法視傷寒之可汗，而解者異。若初感上焦，則清涼疎肺；中焦以苦味解熱，下焦以鹹寒潤下。再察其變症，因其脈症治之。但濕溫乃沾滯之邪，任其傳變，則有煩燥狂妄等症。治不得法，則真陰脫於下，而陽不能獨存矣。大要養其陰液爲上，不可輕發其汗。所云少陰司天，人多病熱，而溫邪著人，濕氣因之，法宜清熱。而燥濕究脈症虛實，溫濕輕重而治之，何可悞以汗解耶？

鈞案：山泉亦醫院所延請者。林紫霧寄余近稿，有和山泉原韻詩。知山泉能詩，惜未見其全稿。

## 林萼樓〈問治濕溫不可發汗說〉

《內經》濕爲六淫之一，在氣候則主司太陰。濕傷於上，仲景有可汗之文。若濕而兼溫，則有必不可汗者。蓋濕溫爲病不一，有從天氣得者，如《經》云太陰司天，其化以濕，或兼前後母氣，合而爲濕溫是也。有從地氣得者，如南方卑下多濕，東南氣暖多溫之類是也。有從人事得者，如藏性本陽，偶兼飲食停滯，如酒客留邪之類是也。但人在天地氣交中，受其蒸淫之氣，濕熱最易傷人。故凡大江以南，濕熱之病傷人獨多，然治之之法，必不可發汗。大抵在河間，必以三焦爲主；在吳氏，必以濕熱二氣偏多偏少爲宗。故治上焦宜辛溫辛涼，中焦宜甘溫苦溫，下焦宜淡滲苦滲。苟強發其汗，勢必胃津告竭。三焦相火，燎原莫制，或神昏譫語、或痙、或厥、或耳聾目盲等症，此所謂濕溫不可發汗也。《經》云知其要者，一言而終。予謂濕溫之治，舍辛涼苦溫淡滲，無他法也。

鈞案：濕溫之説，吴又可倡於前，吴鞠通[①]發於後。近人王孟英[②]《溫熱經緯》集諸説而折衷。於是此作尤得肯綮。

## 林香雲〈問治濕溫不可發汗説〉

溫者，熱也。夏盛熱氣流行，上蒸下鬱，人在其中。感暑者則爲暑溫，感濕者則爲濕溫。至病之初起，邪自口鼻而入於膜原，由膜原而直走中道，令人神識昏蒙，不飢不食，舌滑脈緩。分佈三焦，則見熱蒸頭脹，身痛嘔逆，氣機不靈。若久羈於内，流滯下焦，則大便不通，少腹滿硬。是以上焦不治，漸入中焦。中焦不治，漸注下焦。若因熱之未清，而爲發散之劑，而邪似在表，頭覺痛疼，汗之則徒傷其表。邪不在裏，渴無多飲，汗之則愈竭其津。邪阻氣分，汗之則裏虚内陷，空竅皆閉而不通，弊不勝言矣。濕家不可發汗，發汗則液劫表虚，況濕溫乎？治者宜先宣通氣分，袪除濁穢，濕行而邪自解，不至久留，而釀成熱甚之症也。

鈞案：香雲能詩，〈乞巧〉及〈祀孤節〉二作尤佳，已入詩話。

## 胡玉池〈問治濕溫不可發汗説〉

濕在上宜發汗，濕在下宜利小便。是則治濕者，發汗亦一法也，特非所論於溫耳。夫溫由感起，而症亦與感略同。惟此症忌發汗，如麻杏甘石湯之類，辛涼解肌，庶爲妥適。玆更合濕溫論之，其不可發汗者維何。夫發汗則濕仍未清，峢隨而起亦發汗，而溫無從解，瘟因而成。且也黄瘴[③]因發汗而濕，鬱於皮毛發熱，因汗出而濕著於肌肉。此發汗之所以不可也。故前人於濕溫一症，大書曰不可發汗，則用辛涼清熱，乃此症至當之用。神明通變，自不至有誤，藥變症之慮矣。

鈞案：陸九芝先生《陽明病[④]釋》謂熱病即傷寒論之陽明病，從陽明治法變化出之，百無失一。

## 黄穎脩〈留別李秩軒詩〉

活潑風流筆一枝，翩翩年少出塵姿。
趙 歐專集摹鐘鼎，蘇 米名家擅畫詩。
小聚卻疑行李迫，將歸轉恨識荊遲。

① 吴鞠通：吴瑭（1758—1836 年），字鞠通，又字配珩，江蘇淮陰人。清代著名醫學家，著有《溫病條辨》七卷。

② 王孟英：王士雄（1808—1868 年），字孟英，號夢隱（一作夢影），又號潛齋，別號半癡山人，祖籍浙江海寧鹽官，遷居錢塘（杭州）。清代著名醫學家，著有《醫學隨筆》、《溫熱經緯》。

③ 黄瘴：又稱黄疸，或黄膽，俗稱黄病，是因爲體内膽紅素過高，造成皮膚及鞏膜發黄或是發綠的症狀。

④ 陽明病：指的是足陽明胃經。兩陽合明曰陽明。陽明主裏，指胃腸的受納消化功能。陽明病是燥熱之邪内攻，燒灼津夜，與腸胃中食物的糟粕結合，形成燥屎，無法排出體外所造成的疾病。

從今蹤跡分南北，尊酒何時共賞奇。

鈞案：《秩軒詩草》有和黄伯純、茂才韻。穎脩，字伯純。

## 陳□〈秩軒詩草題辭〉

海上仙人鞭巨石，方丈瀛洲生咫尺。
銀臺金缺浮空中，突兀烟巒落枕席。
拂箋幻作赤城霞，異彩奇光迷五色。
擲筆忽現滄海日，萬丈光芒爭魄力。
先生大笑東海來，青蓮死後無仙才。
餐霞飲露三千劫，下視萬古皆塵埃。
示我一卷詩，胸藏太古雪。
足踏滄江萬里流，手向天邊追日月。
白雲片片開晴空，滿天照耀金芙蓉。
人間無地堪立足，騎鶴直上蓬萊宮。

鈞案：陳君名佚，存其詩。見當日傾倒秩軒之多也。

## 趙訪莘〈寄何曉初詩〉

蕭條客裏獨沉吟，天末何期惠好音。
萬種牢騷名士恨，一封珍重故人心。
懷中碧玉應無恙，海外停雲定可尋。
細把魚書百回讀，知君情比綠波深。

## 何清亮〈和趙訪莘詩〉

新詩讀罷更低吟，錦瑟雲璈競好音。
小别轉增知己感，多愁況有惜花心。
梅逢驛使春聊寄，桃滿仙源路莫尋。
安得好風吹汝到，一回渴想一回深。

鈞案：清亮，字曉初，能畫。

## 李菱舫〈與何曉初論詩詩〉

百錬鋼成繞指柔，聲情激越氣偏遒。
珊珊骨格知誰似，柳自低垂竹自脩。
牛鬼蛇神太好奇，嘔將心血究何爲？
天然生趣休雕飾，初日芙蓉出水時。

〈輓左文襄公[1]詩〉

三朝顧命百官箴，命托蒼生衆望欽。
出處動關天下計，起居恆繫九重心。
威名自昔傾中外，惠愛長留感古今。
莽莽閩南海門水，千秋嗚咽響哀音。

曾上卿〈題畫山水詩〉

小雨初晴日欲殘，山青水綠晚楓丹。
短橋幾折孤亭隱，有客雲凹倚仗看。

〈留别檳城諸友句〉

論交海内誰知己，混跡天涯尚故吾。

〈旅懷句〉

風塵飄泊知非計，詩酒盤桓亦有緣。

鈞案：上卿，嶺南人，精風鑑術[2]。

劉采文〈題黄卓臣海天吟閣詩〉

海天無際客身孤，坐擁琴書足自娱。
安得王維高手筆，爲君擬作輞川圖。

鈞案：采文，字少華。

戴賁南〈舟中詩〉

平地風波著足難，環游瀛海喜平安。
高樓燈火一聲笛，知有幽人夜倚闌。

〈旅懷詩〉

天涯有客惜韶光，共數銅壺夜漏長。
風露漸深衣漸薄，月光如水浸人涼。

鈞案：賁南，字弼臣。

① 左文襄公：左宗棠（1812—1885年），湖南湘陰人，字季高，一字樸存，號湘上農人。晚清政治家、軍事家。

② 風鑑術：即相人之術，簡稱“相術”。相傳“相術”是由黄帝時代的風後始創的。由於歷史上風後的名氣大，年代也最古，所以後人推崇他爲相學的始祖，“相術”自古以來亦被尊稱爲“風鑑術”。

林詒甘〈贈夢嬰生詩〉

聞名渴想已三秋，潦倒風塵卻自羞。
願借階前盈尺地，揚眉今始識荊州[①]。

夢嬰生〈和林詒甘詩〉

知己天涯有幾人，相逢何況正新春。
燈前月下花如海，默默無言獨愴神。

鈞案：夢嬰生，不知何許人？或云，即童念祖。

黄譜雲〈品梅詩〉

空山日暮，春意横生。小橋流水，野店江城。
騎驢客醉，放鶴天晴。萬木齊脱，一鳥初鳴。
溪邊雪霽，籬落月明。紙帳夢破，獨自含情。

〈品蘭詩〉

王者之香，高標絕塵。九畹試放，萬花不春。
空山作操，琴聲寫真。窈窕幽谷，時見高人。
南陔潔養，孝子常循。有誰知己，厥惟靈均。

〈品桂詩〉

月明如此，金粟開矣。花有奇分，枝皆連理。
庾園一枝，燕山五子。獨秀龍門，座中佳士。
秋露未晞，金風乍起。聞木樨香，皆大歡喜。

〈品菊詩〉

鞠有黄花，與秋爲期。捲簾人瘦，世外幽姿。
樊川[②]雙鬢，彭澤[③]一籬。

---

① 識荊州：典出唐代詩人李白初見荊州刺史韓朝宗時寫的一封自薦信《與韓荊州書》，文中開頭有云："白聞天下談士相聚而言曰：'生不用封萬戶侯，但願一識韓荊州'。"讚美韓朝宗謙恭下士，識拔人才。

② 樊川：杜牧（803—約852年），字牧之，號樊川居士，京兆萬年（今陝西西安）人，唐代傑出詩人。因晚年居長安城南樊川别墅，故後世稱"杜樊川"，著有《樊川文集》。

③ 彭澤：即"陶彭澤"，又稱"陶令"。陶淵明（352或365—427年），字元亮，號五柳先生，世稱靖節先生。入劉宋後改名潛，潯陽柴桑（今江西省九江市）人，東晉末期南朝宋初期詩人、文學家、辭賦家、散文家。曾任江州祭酒、建威參軍、鎮軍參軍、彭澤縣令等職。最末一次出仕爲彭澤縣令，八十多天便棄職而去，從此歸隱田園，故有"陶彭澤"、"陶令"之稱。

重陽細雨，三徑微曦。尋幽客至，有酒盈巵。
南山在望，脱帽看詩。

鈞案：譜雲，字琴川。

## 孫伯楚〈檳榔嶼觀瀑詩〉

塵境忽飛仙，空山響澗泉。孤亭依石脊，老樹接雲烟。
啼鳥不知處，蒼然風外天。逝波不復返，對此萬緣捐。

鈞案：伯楚，字芷瀟，福建侯官縣人，與王苓周毓菁[①]、周永言詠[②]、陳雲窗宗遹[③]倡和，有《四布衣吟稿》。辛卯，偕余游檳城。

## 吴士珍〈檳城晚眺詩〉

沉醉發清歌，風平海不波。
家山杳無際，東望白雲多。

鈞案：士珍，字錫卿，三至檳城，紀游詩頗多。輯《志》時，錫卿客新嘉坡，僅記舊作二十字。餘容續錄。

## 廖廷璋〈贈友詩〉

命也竟何如，半生遇偃蹇。孑然蒲柳姿，敢向風前展。
富貴等浮雲，忍失廬山面。此心如死灰，豈望姓名顯。
餬口走四方，筋骸喜粗健。中歲遭亂離，世事多更變。
朋舊天一方，相逢如雁燕。書劍到窮荒，此情誰能遣？
太璞自堅貞，豈屑卞和獻。今日君子來，樂酒歌歡宴。

鈞案：廷璋，字錫五。曾遭髮逆[④]，後又失偶，故詩多憂鬱。

## 楊毓寅〈雨中詩〉

春山排闥佛頭青，瀟灑風篁韻一亭。
綠到鬢眉涼到骨，焚香閒讀換鵝經。

鈞案：毓寅，字賓亭。

---

① 王苓周毓菁：即王毓菁，字貢南，一字夢周，號停生，福建閩縣人。清光緒戊子（1888 年）舉人，清末福建詩人，著有《詩鍾話》。

② 周永言詠：即周詠，字永言，一字夔歌，福建侯官人，清末福建詩人。《閩縣鄉土志》稱其爲"侯官大布衣"，"生而岐嶷，不屑應舉，詩境肖虞山樊榭，而忠孝本天性，發之文章，尤精輿圖天算之學，能以寸幅測繪方輿"。清光緒初，與閩邑陳宗遹、孫夢瀟（孫伯楚）曰"閩海三布衣"。

③ 陳雲窗宗遹：即陳宗遹，號雲窗，福建閩縣人。清末福建詩人，著有《補眠庵詞刻》。

④ 髮逆：晚清時期對太平天國起義軍的蔑稱。

## 葛安[1]女子李長容〈感懷詩〉

浮沉孽海望茫茫，驚醒繁華夢一場。
夢裏語人郎姓葉，三生話果應檳榔。
蓮花出水脱汙泥，不許狂蜂醉蝶迷。
一片情根都斬斷，願依大士學長齋。

鈞案：長容自稱葛安女子。余居吉隴[2]，聞前有詩妓，本宦家妾，爲嫡所妬，逃居此，與永春士人某，邇唱和甚歡。爲謀脱籍後，同居檳城，疑即其人。吉隴，葛安聲近。

右（以上）鈔存（二）

鈞案：檳城詩文，有全稿可選者十三種，合輯《檳城詩文錄大要》，詳著書目下。更有零篇碎句，不忍割愛，備錄之。凡二十一人。

### 校勘

（一）檳城義學章程一卷：廈大本缺，師大本有此條目名及其下"鈞案"，依補。

（二）鈔存：廈大本作"錄存"，師大本作"鈔存"。又本書目錄亦均作"鈔存"，據改。

① 葛安：應爲 Klang 之音譯，指現今雪蘭莪巴生。

② 吉隴：爲 Kuala Lumpur 之音譯，即吉隆坡。1857 年建立在 Sungai Gombak 及 Sungai Klang 的交匯處。

# 檳榔嶼志略　卷之九

永福 力鈞初稿

## 食貨志

### 商　務

《海錄》：英吉利招集商賈，逐漸富庶。

《檳榔嶼考》：嘉慶戊午，有母拉查者知此島可闢爲利藪，遂奪而有之。今以新埠呼之。每年入口之貨值百六十萬圓，而出口之貨可值二百萬圓。一隅之地爲利若是，可謂厚矣。

《外國史略》：越南國乘占臘國[①]王內亂，與暹羅分據其地，直入其國。賴每年調兵船載糖貨，赴新埠各港貿易。

《外國史略》：暹羅國産銀、鉛、錫、象牙、犀角、烏木、蘇木、冰片[②]、降香[③]、翠毛、牛角、鹿筋、豆蔻、燕窩、海參、海菜等貨。暹羅土産之豐，與旁葛拉[④]相等，但暹羅米穀價更賤，高地亦能種麥。其木最堅美，宜於造船，且料多而價賤，較中國造船費，惟值半價。又多紅木，或運出新埠。又多種白餹，胡椒每年六萬餘石，其白餹十萬餘石。漢舶[(一)]買豆蔻、降香、樹膏、藤黄、各項顔色、白糖、紅木、烏木、檀香、象牙、錫、虎骨、牛皮、犀角並雜貨。唐人之船亦載米、糖，賣與南海各島，最多在新埠各海港。

《貿易通志》：東南洋貿易之盛者，莫如暹羅及新嘉坡。故凡紅毛船[⑤]自澳門歸，與自西洋至者，均以此爲總匯。此外，麻六甲、檳榔嶼等處，亦英吉利公司所據，而貿易有限，不及新嘉坡三分之一。

---

① 占臘國：又稱爲真臘(Kmir)，爲東南亞古國之一，曾爲扶南之屬國，故址在現今柬埔寨境內。

② 冰片：原文如此。《海國公餘輯錄》卷一之《檳嶼記事本末》作"冰石"。

③ 降香：原文如此。《海國公餘輯錄》卷一之《檳嶼記事本末》作"沉香"。

④ 旁葛拉：爲孟加拉(Bengal)之同名異譯，即現今孟加拉國及印度西孟加拉一帶。《諸蕃志》作鵬茄囉，《島夷志略》作朋加剌，《瀛涯勝覽》作榜葛剌國，《西洋朝貢典錄》作彭加剌。

⑤ 紅毛船：指西洋(歐洲)人的船。

《檳榔嶼紀略》：梯梯王颯[①]之東[②]，有因丹[③]、克螺[④]二處，産錫最旺，皆運至巴伶[⑤]，由模荅河[⑥]販運[⑦]檳嶼。

鈞案：以上所引各家說，只得大略。合而考之，可見嶼之商務所由興衰也。欲求其詳，須檢英酋歷年出入口報冊。

《星報》：光緒十五年己丑，檳榔嶼入口貨直，銀四十三兆一十八萬一千三百九十七元[⑧]；出口貨直，銀四十一兆八十三萬三千四百八十八元[⑨]。

《星報》：光緒十六年庚寅，檳榔嶼入口貨直，銀四十三兆七十八萬八千四百元[⑩]；出口貨直，銀四十一兆八十三萬三千四百八十八元[⑪]。

鈞案：計入口貨，庚寅年[⑫]，坡一百一十二兆六十三萬三千九百六十元[⑬]；甲二兆二十二萬八千三百五十一元[⑭]。嶼比坡少六十八兆八億四萬餘[⑮]，比甲多四十一兆五

---

① 梯梯王颯：爲 Titiwangsa 之音譯，即現今蒂迪旺沙山脈（Banjaran Titiwangsa），亦稱“中央山脈”，爲馬來半島的主幹山脈和自然分割线。該山脈由泰國南部開始一直延伸至馬來半島柔佛州，將半島分成東岸及西岸地區。

② 東：因丹（今仁丹）及克螺（今高烏）應位於蒂迪旺沙山脈之西。

③ 因丹：爲 Klian Intan 之音譯，現稱爲仁丹，位於霹靂州北部，接近泰國南部，是一個四面環山的村莊。主要分爲三個區域：街場、新興村及客家村。

④ 克螺：爲 Kroh 或 Keroh 之音譯，現稱爲高烏，爲馬來西亞霹靂州北部邊陲城鎮。位於賓丹山脈（Bukit Bintang）之北，海拔約千余米。有公路經仁丹南下霹靂河谷、西由華玲通北海與檳城，東往泰國勿洞，兩鎮僅距 11 公里。1984 年 1 月，霹靂州蘇丹宣佈，高烏易名爲 Pengkalan Hulu。

⑤ 巴伶：爲 Baling 之音譯，現稱爲華玲，是馬來西亞吉打州面積第二大的縣。

⑥ 模荅河：爲 Muda River 之音譯，即現今姆達河。該河爲吉打州主要河流之一，亦是位於吉打與檳城之間的分界。

⑦ 販運：師大本作“販往”。

⑧ 四十三兆一十八萬一千三百九十七元：原文如此。《海國公餘輯錄》卷一之《檳嶼記事本末》記載也是如此。按 *Annual Report of the Straits Settlement for 1890* 記載，當爲四千三百一十八萬一千三百九十七元。

⑨ 四十一兆八十三萬三千四百八十八元：原文如此。《海國公餘輯錄》卷一之《檳嶼記事本末》記載也是如此。按 *Annual Report of the Straits Settlement for 1890* 記載，當爲四千一百八十三萬三千四百八十八元。

⑩ 四十三兆七十八萬八千四百元：原文如此。《海國公餘輯錄》卷一之《檳嶼記事本末》記載也是如此。按 *Annual Report of the Straits Settlement for 1890* 記載，當爲四千三百七十八萬八千四百元。

⑪ 四十一兆八十三萬三千四百八十八元：原文如此。《海國公餘輯錄》卷一之《檳嶼記事本末》記載也是如此。按 *Annual Report of the Straits Settlement for 1890* 記載，當爲四千一百三十四萬九千二百四十七元。

⑫ 庚寅年：爲光緒十六年庚寅，公元 1890 年。

⑬ 一百一十二兆六十三萬三千九百六十元：原文如此。按 *Annual Report of the Straits Settlement for 1890* 記載，當爲一億一千二百六十三萬三千九百六十元。

⑭ 二兆二十二萬八千三百五十一元：原文如此。按 *Annual Report of the Straits Settlement for 1890* 記載，當爲二百二十二萬八千三百五十一元。

⑮ 六十八兆八億四萬餘：原文如此。按 *Annual Report of the Straits Settlement for 1890* 記載，當爲六千八百八十四萬餘。

億六萬餘[1]。己丑年[2],坡一百一十兆零七十四萬六千五百九十元[3],甲二兆二十七萬一千零七十四元[4]。嶼比坡少六十七兆五億六萬餘[5],比甲多四十兆九億一萬餘[6]。嶼以庚寅較己丑,入口貨多六億餘[7]。計出口貨,己丑年,坡八十八兆六十八萬三千一百七十四元[8],甲二兆七十萬零二千六百五十九元[9]。嶼比坡少四十七兆二億五萬餘[10],比甲多三十九兆一億三萬餘[11]。庚寅年,坡九十四兆十三萬一千八百零四元[12],甲二兆二十四萬四千零九十三元[13]。嶼比坡少五十二兆七億九萬餘[14],比甲多三十兆一億餘[15]。嶼以庚寅較己丑,出口貨少四億九萬餘[16]。合而較之,實得力[17]三埠商務,大略可覩矣。[18]

《星報》:光緒十七年辛卯春季,檳榔嶼入口貨直,銀十兆零四十二萬七千三百二

---

① 四十一兆五億六萬餘:原文如此。按 *Annual Report of the Straits Settlement for 1890* 記載,當爲四千一百五十六萬餘。

② 己丑年:爲光緒十五年己丑,公元 1889 年。

③ 一百一十兆零七十四萬六千五百九十元:原文如此。按 *Annual Report of the Straits Settlement for 1890* 記載,當爲一億一千零七十四萬六千五百九十元。

④ 二兆二十七萬一千零七十四元:原文如此。按 *Annual Report of the Straits Settlement for 1890* 記載,當爲二百二十七萬一千零七十四元。

⑤ 六十七兆五億六萬餘:原文如此。按 *Annual Report of the Straits Settlement for 1890* 記載,當爲六千七百五十六萬餘。

⑥ 四十兆九億一萬餘:原文如此。按 *Annual Report of the Straits Settlement for 1890* 記載,當爲四千零九十一萬餘。

⑦ 六億餘:原文如此。《海國公餘輯錄》卷一之《檳嶼記事本末》記載也是如此。按 *Annual Report of the Straits Settlement for 1890* 記載,當爲六十萬餘。

⑧ 八十八兆六十八萬三千一百七十四元:原文如此。按 *Annual Report of the Straits Settlement for 1890* 記載,當爲八千八百六十八萬三千一百三十四元。

⑨ 二兆七十萬零二千六百五十九元:原文如此。按 *Annual Report of the Straits Settlement for 1890* 記載,當爲二百七十萬零二千六百五十九元。

⑩ 四十七兆二億五萬餘:原文如此。按 *Annual Report of the Straits Settlement for 1890* 記載,當爲四千六百八十四萬餘。

⑪ 三十九兆一億三萬餘:原文如此。按 *Annual Report of the Straits Settlement for 1890* 記載,當爲三千九百一十三萬餘。

⑫ 九十四兆十三萬一千八百零四元:原文如此。按 *Annual Report of the Straits Settlement for 1890* 記載,當爲九千四百一十三萬一千八百零四元。

⑬ 二兆二十四萬四千零九十三元:原文如此。按 *Annual Report of the Straits Settlement for 1890* 記載,當爲二百二十四萬四千零九十三元。

⑭ 五十二兆七億九萬餘:原文如此。按 *Annual Report of the Straits Settlement for 1890* 記載,當爲五千二百七十八萬餘。

⑮ 三十兆一億餘:原文如此。按 *Annual Report of the Straits Settlement for 1890* 記載,當爲三千九百一十萬餘。

⑯ 四億九萬餘:原文如此。按 *Annual Report of the Straits Settlement for 1890* 記載,當爲四十八萬餘。

⑰ 實得力:師大本作"實德力"。

⑱ 有關 1889 年至 1890 年海峽殖民地出入口數額,詳見附錄一,表 5。

十元;出口貨直,銀九兆七千五萬三千五百五十元。[①]

鈞案:辛卯春季入口貨,坡二十五兆四十五萬一千三百六十四元,甲四十萬零一千八百十一元。嶼比坡少十五兆零三萬餘元,比甲多十兆零二萬餘元。出口貨,坡二十四兆六億八萬,甲三十八萬九千七十九元。嶼比坡少十五兆六億三萬餘元,比甲多九兆三億七萬餘元。嶼以入貨抵出貨,多七億七萬餘元。[②]

《星報》:光緒十七年辛卯夏季,檳榔嶼入口貨,較去年少一百六十萬零二千三百零八元;出口貨,較去年多二十五萬四千一百七十五元。

鈞案:右(以上)錄《星報》[(二)]之文,至夏季出入口貨若干,核以庚寅季冊,便得實數。

右(以上)商務

## 餉　款

### 〈工部局告白〉

引自來水入住屋,每墩[③]餉銀一角。計一墩作二百五千宜令[④]申算,如納餉四角,則可得水一千宜令。或引到碼頭及各水船,或船澳公司者,每一千宜令,納餉銀八角;或引入製造處者,每一千宜令,收餉銀五角。至於鉗合喉管之物料,皆由局置備。要用者照還價費,惟曲形之水喉塞,及水管之轉灣處所需物料,豎免貼費。

### 《游覽隨筆》

西人取水法,先擇最潔者,以鐵管置地中,隨其高下旋折,旁引曲達吸聚諸池。池必高居,自池布達各家外戶,各家以鐵管引入,皆機器爲之。視居人萃集多寡,爲機器大小必相稱,取之無禁,用之不竭。中國之水賴江湖河井,或澂濁水而飲之,欲不致疾也難矣。故西人居中國者,多往山中取泉,以供飲濯。夫刳竹透水,中國山居恆有之,然未能高下旋折自如也。

### 〈工部局告白〉

凡有房屋業地在工部局轄內者,視其稅價之多寡,酌徵餉輸,每年繳納兩次。首期由西正月起,至六月三十號止;次期由西七月起,至十二月三十一號止。届期並不

---

① 有關《星報》所記載的 1891 年檳榔嶼出入口數額(春季),疑記載有誤,實際的出入口數額有待進一步考證。

② 此處有關 1891 年海峽殖民地出入口數額(春季),疑記載有誤,實際的出入口數額有待進一步考證。

③ 墩:英文 tonne 音譯,現譯作噸,品質或重量單位。公制 1 噸=1000 公斤。

④ 宜令:英文 gallon 音譯,容量單位元,現譯作加侖。1 噸水=264 加侖(美制)=220 加侖(英制)。此處謂"計一墩作二百五千宜令申算",其中"千",當爲"十"之誤。應爲"計一墩作二百五十宜令申算"。

發字通知，各宜自行繳納，或代理人亦可。其接手收銀人，給有收單爲據。或有逾期不納，工部局定必按律出字通知，其通知字費銀五角。如於十五天以內仍不交納，定必出票查封，票費銀一元，即將其家器生畜變賣抵還。數或未敷，再將屋業，除國家物件不計外，概行拍賣抵償。倘有不願受其查封備抵者，議將逐月稅項，對交工部局收抵亦可。至於有向之稅賃者，則可至本局查明，物主曾否照章完餉，以免拖累。或典借亦然，或屋、或地，每年必由局員會議一次，估定價數，記明部内，期由局員擇定，預登憲報及各日報，俾有産業者，知期赴報。而局員於聚議之日均在座，聽斷酌定何處地方可以起稅。倘有不願依從者，聽其到臬署理論。其有局員不爲估價之業，概照舊收納。

## 〈工部局告白〉

凡屬易於兆禍生理[①]，及貨物有氣味者，在局轄之内，須到局報明，給領牌照，照章納餉，方准開設。茲將各項生理酌抽稅餉列左(下)：

凡各牌照無論何時到領，均在西每年十二月滿限。土油大宗生理，准領牌十二個月。亞答[②]乾草生理三元，峇勞煎[③]十二元，煤廠十二元，染布房六元，火炮店二十四元，製鹽魚十二元，煤氣火十二元，灰窯六元，自來火柴二十四元，洗滌牲畜腸腹及煮熱血[④]之店九元，熬油九元。大間土油棧二十四元，小間土油店二元，缸瓦窯二元，碩莪[⑤]廊十八元，煮鹽六元，屠戶十八元，製雪文[⑥]九元，製糖六元，煮蠟油九元，礠牛皮二十四元，柴炭店六元。豢養牛、馬、豬、羊之圈欄，概免徵餉。鷄、鴨衹許養至三十隻以內。

## 〈工部局告白〉

馬車餉每年繳納兩次，亦以西正月起至六月三十號爲上期，七月至臘月三十一號爲下期。凡四輪馬車之有彈弓頁者，每年收餉銀十二元，兩輪者九元。四輪貨車，無

---

① 生理：閩南話，指做生意、買賣或營生之意。

② 亞答：(清)王大海《海島逸志》作“阿答”。爲馬來語 atap 之音譯，又稱水椰(nypa fruticans)，屬於棕櫚科植物，生長在熱帶沼澤地帶，分佈在東亞沿海、南亞、東南亞、澳洲北部及所羅門群島。在早期的東南亞地區，水椰形式羽毛的葉子多用於編織及蓋屋。

③ 峇勞煎：爲馬來語 belacan 之音譯，又稱巴拉煎或馬拉盞，是馬來西亞、新加坡、印尼地區一種常用的調味沾醬。峇勞煎的做法跟蝦醬、蝦膏很相似，皆採用小銀蝦和鹽，經過發酵和太陽曝曬而做成，然後再去掉大部分水分，在缽中舂成醬料後，再度曝曬於陽光下，最後加入輾碎的辣椒、蝦米、芝麻或花生，經油炸後完成。

④ 煮熱血：師大本作“煮熟血”。

⑤ 碩莪：亦作沙孤、沙谷、西谷，均爲馬來語 sago 之音譯，是一種由西谷棕櫚樹幹内所貯碳水化合物製作的食用澱粉，主產於馬來群島。西谷米(簡稱：西米)，亦稱西國米，是將西谷澱粉加水調成糊狀，而後搓磨通過篩子製成的顆粒，根據顆粒大小分爲珍珠西米或彈丸西米。

⑥ 雪文：閩南話，意為肥皂，爲馬來語 sabun(肥皂)之音譯。

論人畜駕御，均收銀八元。駕牛馬之貨車六元，以人駕之貨車四元。至於大小馬匹及騾，每隻每年收〔三〕餉銀二元，皆由物主或看管人照章完納。納餉期定，到期之第一日，即要交繳。凡有置車牛馬，須以西字據實報知。如過三十天不報，查出罰銀二十五元。每年西正月及七月，頒有局印之格式紙，令其自行寫明車式及牛馬若干，於一禮拜內交回局內備查。違者罰銀二十五元，或五十元。不照期納餉者，出通知字，費銀一元。若有別費，亦歸物主支給。越一禮拜仍不交完，定必出票，將其家器可以移動之物，變賣作抵。

《叻報》

施制府[1]巡嶼，諸紳商詳訴瘈狗之害，請立律除患。制軍發電至叻，命列輔政與諸議員酌行。律政司文公[2]言，公未有護理督篆銜，例不能辦。輔政據情電覆施制府，因會集檳城參政司暨營造司共商，電傳本坡議政局掌案吏多勿，速攜文件速往檳城《西報》。該處有司現已立新章，由五月初九日起，至十二月三十日止，凡諸狗不准帶入嶼境。有違斯律，若被巡差察見，將狗擊斃，並〔四〕罰銀一百大元。

〈工部局告白〉

犬餉每年每隻一元伍角。凡在工部局轄內者，須報明備查。其頸宜繫一皮圈，由局釘列號數。每年報期由六月一號起，至五月三十一號止。所有定例列左(下)：

一、每年徵收狗餉，照一千八百八十七年所定，第一百章第九節之律所云。在轄內者，每犬一隻，屆期納銀一元五角。

二、工部局員凡有經收犬餉，宜頒發局印收單，及註明該狗形狀之牌照，並銅製號數各一。

三、畜狗之主人，須與以皮圈或銅圈，親自帶到局中報明。或將形狀毛色，書明英字到局者亦可。

四、各狗若無圈號，均可擊斃。

五、局中大小人員，有權可以稽查。其有犯例者，無論在山園道路，捉擊自由。

鈞案：水餉，用者所不免。地餉，居者所不免。牌餉雖爲弭禍起見，而作貿易者亦所不免。馬車所以代步，狗所以守夜，二者有餉，則爲富人設也。惟鴉片一項，統貧富而皆受其害。兹將各餉詳載外，鴉片餉另敘明著其害，識字明理之人，見之觸目警(驚)心，互相勸戒，可以節用，可以延年。嗟乎！諸君流寓海外，皆有不得已之故。縱不惜此無益之費，而獨不爲此身計乎？

《叻報》：嶼地烟酒公司[3]擬請下屆烟餉，由光緒十九年起至光緒二十一年止，每

---

① 施制府：絲絲・金文泰・史密斯(Sir Cecil Clementi Smith，1840—1916年)總督，1887年10月17日至1893年8月30日出任英屬海峽殖民地總督。"制府"是爲明清時期對總督的尊稱。

② 文公：師大本爲"文君"。

③ 烟酒公司：即鴉片熟酒餉碼公司(Opium and Spirit Farms)。

月願增餉三千元。查舊餉,月納六萬七千元,今增三千元,則一月七萬元矣。

鈞案:檳城統計男女老幼二十二萬人,年輸鴉片酒餉[①]至八十四萬元,是每人應匀七元矣。然酒餉無多,吸鴉片者不過五之一。是有引之人[②],年約輸餉三十五元,十年約輸餉三百五十元。餉不過鴉片價三之一,合而計之,約千元。富者耗此千元,尚不足惜。然以之創善舉濟貧人,亦種福之一道。況貧者流落他鄉,歸計不果,爲鴉片累者比比也。平昔目擊中國親友患此者多,曾輯鴉片原起,並各大臣奏禁諸事爲一帙,名曰《烟海淚痕》,蓋痛之也。茲錄數節附此,區區之意,閱者鑒之。

## 〈粵東市舶論〉

阿片[③],一名阿夫容[④],出英吉利屬國,種紅罌粟,花葉如靛青,子如茄,每根僅結子二三顆。熟時夜以刀劃皮分許,膏液流出,晨收而浸於水,俄頃出之,收貯諸器。葉暴乾爲末,雜揉其中,視葉末多少以定成色,葉末半則得膏半。然後捏(五)爲團(六),葉裹之。(七)有公斑,有白皮,有紅皮。公斑爲上,白皮次之,紅皮最下。前代無此物(八),明時始入中國。雍正中,年希堯[⑤]刊《集驗良方》,鴉片屢見。初不言其吸食也。鑲竹爲管,或磁或銀,挑烟於盒,如粒如丸(九),就燈而吸,倚枕側眠(十)。蓋(十一)自乾隆末年始,嘉慶初食者漸多,特奉明禁。至今日而家喻戶曉,俗不可挽。凡食烟之人,燃燈在榻,必兩兩對卧,左右移易,邂逅論心,用除嫌恨,名曰開燈。(十二)日久中病,應時而食,名曰烟引[⑥]。引至而(十三)不得食,則(十四)四肢頽然,涕泗交下,刻不能支。烟入數口,精神頓回,名曰過引。引深者,日須三四錢,引(十五)少者,以數分計。盛年柔脆,先零何早,筋力乍衰,髓竭乃槁。(十六)

## 《臺海使槎錄》

鴉片烟吸一二次後,刻不能離,暖氣直注丹田,可(十七)竟夜不寐。人服此爲導淫具,初時飲食倍進,久則困憊於死。

## 《廈門志》(十八)

鴉片烟流弊有九,曰喪威儀、失行檢、擲光陰、廢事業、耗精血、蕩家產、虧國課、犯

---

① 鴉片酒餉:師大本爲"鴉片餉"。

② 有引之人:"引"與"癮"同音。此指有鴉片烟癮之人。

③ 阿片:爲 opium 之音譯,又稱鴉片、阿夫容、阿芙蓉,俗稱大烟,源於罌粟植物蒴果,其所含主要生物碱是嗎啡。鴉片因産地不同,呈黑色或褐色;有氨味或陳舊尿味,味苦,氣味強烈。

④ 阿夫容:亦稱阿芙蓉,爲阿拉伯文 Afyūm 之音譯,意爲鴉片。

⑤ 年希堯:年允恭(1671—1739 年),字希堯,號偶齋主人。廣寧(今遼寧北鎮)人,隸漢軍鑲黃旗,其父爲一等公年遐齡,官至湖廣巡撫;其弟年羹堯曾封一等公,川陝總督。歷任工部侍郎、江寧布政使和廣東巡撫等職。年希堯博才多聞,常與友人論醫,有方輒錄之,並以之治人病多效,後輯成《集驗良方》六卷。另有《本草類方》十卷,現有刊本行世。還在西方傳教士、著名宫廷畫家郎世寧的協助下,著有《視學》一書,介紹西方透視學。

⑥ 烟引:即鴉片烟癮。

王章、毒子孫。入其中者，亦能自知其弊。無如蔽錮已深，終不得脱。其病根曰“引”，亦曰“念”。初食時，受人引誘，始以爲戲，漸至不能暫離。引至而不得，有甚於死。富貴家恐其子孫之媟賭破財也，許在家食鴉片，謂可修束其身心，是欲速其死而絶其嗣也。可謂不知義方之甚者矣。

## 許原清〈戒食鴉片烟文〉

凡食鴉片者，皆謂能助長精神。不知人之精神，全在調攝得宜，不使耗竭，方能潛滋暗長，並非藥物所能增益。鴉片之力，不過暫時提起。人有精神，猶家有蓄積也。一年之蓄，僅供一年之用。若寅喫卯糧，必致饔餐莫繼。食鴉片者，一日提兩日之精神，一年提兩年之精神，而欲延年益壽得乎？試思常人黎明而起，二鼓而眠，偶至三四鼓，並不疲乏。食鴉片者，日中方起，黄昏已呵欠涕流，支撑不住，必待過引，方有精神，鷄鳴又須安歇。計其操作之時，反不如常人，安在其能助長乎？不可食一也。此烟大半妓寮設局誑誘子弟，以爲能壯陽氣，恣意淫欲。然犯此者，少年已痿十有八九。故子弟惑於色，誤食上引，至不能人道。妻妾少艾，不安於室，非醜聲外揚，則終日詬誶，自慚形穢，不敢一言振作。(十九)又有謂鴉片可以治病，往往以此誘人。然風寒痢瀉等症，間有食此即愈者。迨其病復發(二十)，再食即不驗，因此不起，豈不危哉？不可食二也。天之生人，各有行業，以爲衣食之本，士農工商與百執事，竭半世之勤勞，甫得一朝安享，非易易也，賴以仰事俯育。一食鴉片，添此一項費用，引小(二十一)者食二三錢，引大者八九錢，費反倍於薪米，不惟行業小者不足自供，即大者亦難自給。故犯此，十有九窮，不可食三也。凡人未有不愛修飾衣冠、儀容，俊偉者，一食鴉片，始則面色黯白如灰，有如浮腫，漸而黑瘦，最後則肉枯肩聳，人皆目之爲鬼。引鏡自照，亦覺可羞，不可食四也。食鴉片者，心虛畏人，青天白日深藏密室。一見正人，藏頭露尾，消沮情形，甚爲可笑。雖衣冠貴冑，時爲小人挾持，不可食五也①。凡人有所偏好，一經陷溺，未有不爲人所愚。吸烟常在家中，小人藉此夤緣卧榻明燈，故爲親暱，因而乘間萋菲，不覺墮其術中，遂致骨肉參商，親鄰訐訟。凡生平所不可言之語，不肯爲之事，至此亦全無把握，不可食六也②。人莫不願子弟之賢，食鴉片者日夜不離，子弟見其情形，親其臭味，欲不童而習之難矣。自己既好，則凡親愛之人見而欲之，亦不能禁。於是流毒蔓延至於(二十二)子孫，不可食七也③。

## 林文忠〈戒烟方〉

論人之喉管有二：食管主飲食，下達二腸；氣管主呼吸，周通五藏。氣管清虛，不受一物，烟乃無形，故可吸入呼出，往來於五藏，氣去而味仍留。人之所以生者，藉胃

① 不可食五也：師大本作“不可食四也”。
② 不可食六也：師大本作“不可食五也”。
③ 不可食七也：師大本作“不可食六也”。

間所納穀氣，循於經絡，以培養精神。食烟人藏腑慣得烟氣，以尅穀氣。常人一日不食五穀則饑[二十三]而憊，食鴉片烟者，視五穀猶可緩，對時不食烟則憊，正氣爲邪氣制也。鴉片性毒而淫，味濇而滯，色黑入肝，一吸透於肉筋骨髓之中，一呼達於肢體皮毛之杪，是以烟纔下咽，自頂至踵[①]，均覺舒暢，遂溺其中。內而藏府經絡，外而耳目手足，必得烟氣而後安。無則腎先告乏，呵欠頻作，肝因而困，涕淚交流，肺病痰涎並生，心病痿輭自汗。至時而起者，脾主信也。然溺而知戒，不過困於一時；溺[二十四]而不戒，則直徇以身命。果其戒之，並非難事，立前後兩方，一曰忌酸圓，以烟灰和藥，初時不能遽絕也。附子取其走而不守，能通十二經也。佐以柴胡，左旋升麻，右轉沉香，直達下焦，四者合則徹上下表裏，頃刻遍一身矣。顧食烟之人，中氣傷則氣不能化精而血衰，故用參蓍補肺，白术補脾。陳皮、木香利氣，中氣既固，再有當歸、連柏涼血而生血，而連柏能殺附子毒。生一源之水且制二相之火也。氣血兩虛，非天麻不能止昏暈。加天麻者，不但補中益血並和諸藥也。此方氣血兩補，寒熱並用。煉圓入胃，行氣五臟，輸精經絡，是以烟病不作，且沉木二香辛芳也。[二十五]一曰補正圓，即忌酸圓減去黃蓍、木香，亦不用附子烟灰。[二十六]凡戒烟者，先吞忌酸圓，三五日後以補正圓代之[②]。減一圓代以兩圓[③]，久則並補正圓，亦不用矣。此方歷試歷驗，緣有補中益氣之藥，每日減有烟之圓一，增補正之圓二。正氣日足，邪無所容，未有不斷絕者。

### 〈忌酸丸方〉

生洋參五錢、白术三錢、當歸二錢、黃柏四錢、川連四錢、炙黃蓍三錢半、炙甘草三錢半、柴胡二錢[④]、沉香二錢忌火、木香二錢忌火、天麻三錢、升麻一錢半，共爲細末。[⑤]入生附子七錢，米泔浸透，石臼中擣如泥。再入烟灰一兩攪匀，入麪糊同藥爲丸，如小桐子大。丸成後共稱重若干，計平時有引一分者，每日所服之丸，須要烟灰一釐一毫爲度，必於飯前吞下，否則不驗。起初一二日，或多吞些，令其微有醉意，則有烟亦不思食矣。吞定三五日後，每日減忌酸丸一，用補正丸二，頂換吞下。

### 〈補正丸方〉

各藥分兩俱照前方。生洋參、白术、當歸、炙甘草、陳皮、柴胡、沉香、天麻、升麻，共爲細末。[⑥] 用蜜和圓如桐子大，以之頂換忌酸圓。如初一減忌酸圓一，則代以補正

---

① 踵：師大本作“腫”。

② 三五日後以補正圓代之：按《林則徐全集》〈籌議嚴禁鴉片章程摺（道光十八年五月上旬）〉，應爲“三五日後以補正二圓（丸）代之”。

③ 減一圓代以兩圓：按《林則徐全集》〈籌議嚴禁鴉片章程摺（道光十八年五月上旬）〉，應爲“減二圓（丸）代以四圓（丸）”。

④ 柴胡二錢：原文如此。按《林則徐全集》〈籌議嚴禁鴉片章程摺（道光十八年五月上旬）〉，應爲“柴胡二錢半”。

⑤ 按《林則徐全集》〈籌議嚴禁鴉片章程摺（道光十八年五月上旬）〉記載，漏寫“陳皮二錢半”。

⑥ 按《林則徐全集》〈籌議嚴禁鴉片章程摺（道光十八年五月上旬）〉記載，漏寫“黃柏、川連”。

丸二吞下。至初二,則減二代以四吞下。餘可類推。至忌酸圓減盡,再服補正圓,十日或半月後,引斷矣。如引重者,一劑不能盡除,即多服兩劑,引亦必斷。

### 〈忌酸圓加減法〉

紅白痢,加黄芩、白芍。夢遺,加龍骨、牡礪。諸痛,加重木香、元胡索①。咳嗽,加紫苑、炙冬花,炙枇杷葉去毛。咳甚,加杏仁、阿膠。熱痰,加川貝母、瓜蔞霜。寒痰,加半夏、南星。若覺下焦有火,加黄柏、知母。眼暈,加丹皮、白菊。小便短,加豬苓、澤瀉。水瀉,加白茯苓、車前。身體不虚者,去洋參换沙參,炙蓍②不必用。如無頭暈者,不用天麻。氣短不足者,加蛤介尾③。氣喘者,加故紙併蛤介尾。以上或入鹽④或湯煎⑤送下。

### 附録〈簡便二方〉(二十七)

忌酸、補正前後丸方極靈驗矣,而配合兩劑需錢數千文,彼憚於斷烟者尚有所藉口。或謂一時乏此整項,或謂配合費事,有需時日。即勸人斷烟者,亦未必均肯捐資,多制藥丸隨人施給。雖刀圭可以救病,如畏難苟安,何故又附録兩種藥方,皆費錢極少而爲效甚捷者,庶窮鄉僻壤之地,輿臺奴隸之微,但使一念知悔,皆可立刻自醫,更何畏難之有?嗟夫,人孰不欲生?若不於此求生,則死於烟與死於病均之,孽由自作耳,可不懼哉?所有簡便二方附録於後。此二方各自爲用,不相連屬。

四物飲:赤沙糖一斤,生甘草一斤,川貝母八錢,去心研細。鴉片灰三錢,引重者四錢。右(上)四物以清水十餘大杯,銅鍋煎兩三時,約存三四杯,愈濃愈妙。將渣漉出,取汁貯瓷甕內,置靜室無人行處,每日早起及夜卧之前,各取汁一杯,以開水溫服,引即可斷。如引極重者,取已煎之汁而重煎之,十杯煎成一杯,再服必效。

瓜汁飲:南瓜正在開花時,連其葉與根藤一併取下,用水滌淨,於石臼中合而搗之,取汁常服,不數日,夙引盡去。甫經結瓜者,連瓜搗之,亦可用。

謹案:《本草》載南瓜甘溫無毒,補中益氣,截藤有汁極清。如誤吞生鴉片者,以此治之即不死,是其解毒如神,故除引亦極著效。此物最易蔓生,雖荒僻村野,無處無之。惟至冬則藤葉皆枯,無汁可取。其在夏秋取之不窮,貯汁濟人,可謂不費之惠。(二十八)

---

① 元胡索:原文如此。按《林則徐全集》〈籌議嚴禁鴉片章程摺(道光十八年五月上旬)〉,應爲"玄胡索"。

② 炙蓍:原文如此。按《林則徐全集》〈籌議嚴禁鴉片章程摺(道光十八年五月上旬)〉,應爲"炙芪"。

③ 蛤介尾:原文如此。按《林則徐全集》〈籌議嚴禁鴉片章程摺(道光十八年五月上旬)〉,應爲"蛤蚧尾"。

④ 鹽:原文如此。按《林則徐全集》〈籌議嚴禁鴉片章程摺(道光十八年五月上旬)〉,應爲"藥"。

⑤ 湯煎:原文如此。按《林則徐全集》〈籌議嚴禁鴉片章程摺(道光十八年五月上旬)〉,應爲"煎湯"。

## 〈生生集救誤吞鴉片驗方〉

凡誤吞鴉片者，忌日光照身，急移陰冷地。用木棉花四錢，燒灰極透，加鹽二錢，和研細末，沖開水半碗，候冷調融，連灰灌下，勿遺涓滴。少刻，毒吐或瀉愈。若吞烟久，牙關閉者，用竹筯磁瓢開之，切忌鐵器。如不能開，將木棉湯注入潔淨茶壺內，將壺口向鼻孔徐灌，自能到腹。少頃，牙關開，再燒木棉四錢並鹽如法灌。吞烟及兩餘如法灌，無不回生。然吞烟多日，毒入下焦，未易即吐即瀉。須靜候木棉氣行，自能從腹內消除其毒。或一二日，或四五日漸回生。勿驚惶亂灌別藥，以阻木棉氣力，致誤性命。宜散髮浸冷水盆中，又面巾數條注水貼胸腹，時換以拔毒氣。自生三日內，忌熱食。茶飯宜綠豆粉、山東粉、甘草水等物冷食，方不沖發。若救誤食毒菰、鉛粉、水粉、蛇蟲、蜈蚣諸百毒皆驗，惟用木棉花燒灰不加鹽。此方活人不計萬億(二十九)，好善者鳩貲施送，功德無量。亦有灌下不吐不瀉者，但看腹痛漸安，人漸精神者，即係烟毒解化。如不安心，再燒木棉灌下亦可。但勿令久卧，漸歇一刻，即要扶起，坐立行動，使氣血流通，用竹板輕打背腹，俾不得安寧。或冷水噴面，喘息出氣。又用兩手撫摩胸腹，引其呼吸。鈞嘗用此方，救活多人。[①]

又方：如無木棉，可用生硼砂二錢研末，調冷水灌之，非吐即瀉，烟毒盡解而治。(三十)

又方：或僻地無藥可求，急用白米、三茶杯水浸濕舂細末，分作三次，用酸米泔水一碗，蜂蜜半鐘和勻灌之，三灌三吐，則毒盡出。(三十一)

灸法：凡吞烟七日內氣絕，手足稍軟，屍不腐敗者，皆可救勿殮。法在臍下一寸五分，名氣海穴。比定用墨記，以艾茸如黃豆大灸，使兩人在腹兩邊用手推下，不歇不拘，幾艾手足能動，略知疼痛乃止。如腹中有聲，則關竅開毒氣下行，再灸幾艾即生。(三十二)

又方：番匏一名金瓜，一名南瓜，搗汁半碗，灌之即活。無匏，將藤搗汁亦解。預取數斤重小匏，切片貯磁甕，任爛化成水，封密甕口，久年愈靈。此汁兼治湯火傷，抹之痛止。(三十三)

鈞案：自鴉片餉以下至此，皆從拙著《烟海淚痕》錄出。夫咸、同前事不必言矣。以鈞目之所見，耳之所聞，實有不能已於懷者。故居永福芹漈[②]在萬山中，甲子[③]後移家陽岐[④]，凡十一年[⑤]。陽岐一江邨耳，諸貨之鋪十數間，賣鴉片者稱是。既而賣鴉片者日多，賣貨者日少，芹漈亦然。一隅如此，他可知矣。夫吸食者，其害緩，其機隱。生吞者，其禍速，其勢危，而其可恨一也。既錄勸戒之說於前，附載驗方數條，閱者有

① 鈞嘗用此方，救活多人：廈大本有此段文字，師大本則無。

② 芹漈：今福建省永泰縣白雲鄉鳳漈村，力鈞故鄉。

③ 甲子：此指清同治三年甲子，公元1864年。

④ 陽岐：位於現今福建省福州市倉山區蓋山鎮，地處閩江支流烏龍江北岸。

⑤ 十一年：師大本作"十三年"。

感於心，而知所改，則幸甚矣。〈生生集救生吞鴉片方〉，屢試屢驗，人皆知之。而林文忠公方，亦斟酌得宜，永無後患。家君年三十三，因脾痛吸鴉片烟止，由是成引者十年。然體日羸，百事俱廢。後服文忠公方而引斷，今年六十九[①]矣。計斷引已二十四年矣。不惟無病，且飲食起居，大勝從前。鶴髮童顏，咸稱矍鑠。親友中聞家君事，而取法者甚多。家君命輯勸戒鴉片說，所以(三十四)破例徵引。但期於世有補耳。

《檳榔嶼紀略》：光緒十二年丙戌(三十五)，地方入款一百二十一萬六千八百八十九元八角二占[②]，出款九十一萬五千一百零四元五角二占[③]。

鈞案：是年入出比較，尚贏三十餘萬[④]。

《星報》：光緒十五年，檳城收蓋印[⑤]銀十二萬八千元[⑥]。十六年，收十三萬三千元[⑦]。

鈞案：光緒十五年，坡收蓋印銀二十一萬四千四百七十元[⑧]。十六年，收十九萬三千七百元，減少二萬餘元。[⑨]麻六甲，光緒十五年，收蓋印銀一萬七千元[⑩]。十六年，收一萬二千元[⑪]，減少五千元[⑫]。惟檳城增一萬五千元[⑬]。

《星報》：檳城局紳呇文言，實得力賦稅日繁，可見地方漸旺，惟地稅亦有加增。由

---

① 六十九：師大本作"六十八"。

② 一百二十一萬六千八百八十九元八角二占：原文如此。按(清)李鍾珏《新嘉坡風土記》及 *Annual Reports of the Straits Settlements for 1886* 記載，當爲一百二十一萬六千六百八十八元。詳見附錄一，表 6。"占"爲貨幣單位，源自荷蘭語 cent，貨幣單位"分"，亦譯作"仙"。閩南話稱一分錢爲"一占錢"。

③ 九十一萬五千一百零四元五角二占：原文如此。按(清)李鍾珏《新嘉坡風土記》及 *Annual Reports of the Straits Settlements for 1886* 記載，當爲九十七萬七千五百二十九元。詳見附錄一，表 6。

④ 三十餘萬：原文如此。師大本作"三十萬餘"。按 *Annual Reports of the Straits Settlements for 1886* 記載，當爲二十三餘萬。

⑤ 蓋印：英文爲 Stamp Duty，現稱印花稅。

⑥ 十二萬八千元：原文如此。按 *Annual Reports of the Straits Settlements for 1890* 記載，當爲十二萬八千四百一十元六占。詳見附錄一，表 7。

⑦ 十三萬三千元：原文如此。按 *Annual Reports of the Straits Settlements for 1890* 記載，當爲十三萬三千八百六十八元六占。詳見附錄一，表 7。

⑧ 二十一萬四千四百七十元：原文如此。按 *Annual Reports of the Straits Settlements for 1890* 記載，當爲二十一萬四千七百五十一元九角四占。詳見附錄一，表 7。

⑨ 十六年，收十九萬三千七百元，減少二萬餘元：原文如此。按 *Annual Reports of the Straits Settlements for 1890* 記載，當爲十六年，收十九萬五千三百七十六元九角四占，減少一萬九千三百七十五元。詳見附錄一，表 7。

⑩ 一萬七千元：原文如此。*Annual Reports of the Straits Settlements for 1890* 記載，當爲一萬七千九百五十九元。詳見附錄一，表 7。

⑪ 一萬二千元：原文如此。按 *Annual Reports of the Straits Settlements for 1890* 記載，當爲一萬二千六百五十二元。詳見附錄一，表 7。

⑫ 五千元：原文如此。按 *Annual Reports of the Straits Settlements for 1890* 記載，當爲五千三百零七元。詳見附錄一，表 7。

⑬ 一萬五千元：原文如此。《海國公餘輯錄》卷一之《檳嶼記事本末》作"五千元"。按 *Annual Reports of the Straits Settlements for 1890* 記載，當爲五千四百五十八元。詳見附錄一，表 7。

抽稅人員用強收取地稅，不應將已種物出投，致小民散居穆拉油[1]各地。現過港地方乏人種墾，蓋華工少，諸穆拉油人去而之他。檳城參政司麥君駁云：檳城及過港地方，未嘗強收地稅。爲此言者，未知東方一帶收取地稅之法耳。實得力各種植家，所抽地稅甚輕。過港地稅，有每年僅償二角者。惟國家辦事，因時制宜。近來地價日昂，每希葛[2]地歲僅抽銀五角與國家，批授地每希葛每年繳銀一元五角。至穆拉油土產，不過僅征什一。較諸鄰國所抽，直與無稅等。至過港 華工少者，過港招工每名不過銀三十元。日裏、蘇門答臘等處，每名七八十元，且有至百元者。彼此相較，何啻天淵？然欲國家概從種植人所欲，則甚難矣。且過港之人他適者，皆犯有命盜等案潛遁耳。

《叻報》：光緒十六年庚寅，實得力三府，所收稅共四百二十六萬九千一百二十五元，較光緒十五年已減十四萬零八百零二元。緣領取人情紙費[3]及檳城烟餉減也。本年所收一餉，虧銀十四萬九千九百七十七元中，計三分之二係檳城烟餉，三分之一因刪除當餉，故稅不如前。然自新例頒行，每年約減收稅十萬元。

右（以上）餉款

鈞案：實得力三埠，惟檳城餉款有增，餘則日形支絀。實得力因英京加餉會議時言，光緒十五年己丑，所存款尚六十萬元[4]。次年庚寅，所入已少四萬九千元[5]。至辛卯年，更少八十五萬元[6]。預核來年支款，尚少二十萬元[7]。向來三埠入款年增，至己丑年入款四百四十一萬[8]，自後遞遜。庚寅年少入十五萬元[9]，辛卯年更少入二十二萬三千元[10]。合而計之，三年內少入五十八萬九千元[11]。當戊子年，實得力寄存英京

---

① 穆拉油：爲 Melayu 之譯音，亦譯作“無來由”、“巫來油”、“馬來由”、“穆剌油”等。詳見前注。

② 希葛：英文 hectare 音譯，意爲公頃，面積單位。1 公頃（ha）＝10000 平方米（$m^2$）＝2.4710538 英畝（acre）。

③ 人情紙費：原文如此。《海國公餘輯錄》卷一之《檳嶼記事本末》作“人紙費”。應指執照（License），由政府主管部門正式簽發的許可證件或牌照。

④ 六十萬元：原文如此。《海國公餘輯錄》卷一之《檳嶼記事本末》作“十六萬元”。按 *Annual Reports of the Straits Settlements for 1889* 記載，當爲五十九萬四千四百二十六元。

⑤ 四萬九千元：按 *Annual Reports of the Straits Settlements for 1890* 記載，當爲十四萬一千四百九十五元。

⑥ 八十五萬元：原文如此。《海國公餘輯錄》卷一之《檳嶼記事本末》作“一十五萬元”。按《1891 年海峽殖民地年度報告》記載，當爲五十八萬四千零一十七元。

⑦ 二十萬元：原文如此。按 *Annual Reports of the Straits Settlements for 1892* 記載，爲十六萬一千七百五十八元。

⑧ 己丑年入款四百四十一萬：原文如此。按 *Annual Reports of the Straits Settlements for 1889* 記載，當爲己丑年入款四百四十一萬零六百二十元。

⑨ 庚寅年少入十五萬元：原文如此。按 *Annual Reports of the Straits Settlements for 1890* 記載，當爲庚寅年少入十四萬一千四百九十五元。

⑩ 辛卯年更少入二十二萬三千元：原文如此。按 *Annual Reports of the Straits Settlements for 1891* 記載，當爲辛卯年更少入四十四萬二千五百二十二元。

⑪ 三年內少入五十八萬九千元：原文如此。按 1889 年至 1891 年的 *Annual Reports of the Straits Settlements* 記載，當爲三年內少入五十八萬四千零一十七元。

款一百萬，寄存印度款三十萬。今則盡數以應軍費，已無可籌之款，況又少去稅項六十八萬餘元[①]。觀此情形，則財源之匱，不獨中國然也。

## 物　産

《英夷說》：閩、粵人在彼種植以盡地利者，不啻數萬。阡陌田園，一歲再熟，即粵人所謂洋米是也。

《明史》：交欄山甚高，廣饒竹木，田膏腴，收穫倍他國。

《島夷志略》：田瘠穀少。

《地理備考》：地多肥饒，草木[②]茂盛。

《海錄》：閩、粵人到此種胡椒萬餘人。然地無別産，恐難持久也。

《外海紀程》[③]：檳榔嶼出椒[④]。

《萬國地理全圖集》：其土種植玉菓[⑤]、胡椒，所出不少。

《外國史略》：開墾豐盛，每年出胡椒二萬石，丁香、豆蔻價值銀十萬員。

《瀛環志略》：所産者金、銀、鉛、錫、犀角、象牙、胡椒、玉菓、降香、燕窩、翠毛、佳紋蓆之類。

《檳榔嶼紀略》：産檳榔、椰子、甘蜜、胡椒、豆蔻、丁香、加非、棉花、藍靛、藷[⑥]、米、糖、錫等物。

《檳榔嶼考》：所産木料大宗，次則榔檳、胡椒、甘蔗、豆蔻、丁香、加非、椰子、栟櫚[⑦]、生姜、荷蘭藷[⑧]、米穀、桔柚、芭蕉、栗、蒙果[⑨]、波羅蜜。

《外國史略》：對面之貴他島[⑩]，亦種甘蔗，産物三萬石[⑪]。

鈞案：《明史》云田膏腴，收穫倍他國。《英夷說》云一歲再熟。《檳榔嶼紀略》、《檳榔嶼考》皆云産米，則《島夷志略》所言田瘠穀少，恐元時開闢未盛也。今則有園無田，

---

① 六十八萬餘元：原文如此。《海國公餘輯錄》卷一之《檳嶼記事本末》作“五十八萬元餘元”。當爲五十八萬元餘元。

② 草木：師大本作“菓木”。

③ 《外海紀程》：即《外海紀要》。作者爲清廣東水陸提督李增階（1774—1835 年，字益伯，號謙堂）。該書又名《外海水程戰法紀錄》，《同安縣志・藝文》則著錄爲《李謙堂軍門外海水程戰法紀要》。參見陳峰輯注，廈門市圖書館編《廈門海疆文獻輯注》，廈門大學出版社，2013 年，第 6～7 頁。

④ 椒：指胡椒。

⑤ 玉菓：又稱肉果，肉豆蔻之別稱。

⑥ 藷：同“薯”，指番薯、馬鈴薯等薯類植物。

⑦ 栟櫚：棕櫚之別稱。

⑧ 荷蘭藷：又稱馬鈴薯，俗稱土豆。

⑨ 蒙果：馬來語 mangga 音譯，亦譯作芒吃，俗稱芒果，是一種原産印度的漆樹科常綠大喬木。《中國植物志》稱作“杧果”。

⑩ 貴他島：本書亦作貴他大山，爲 Quedah 之音譯，指現今馬來西亞吉打州。

⑪ 亦種甘蔗，産物三萬石：師大本及王本作“亦種甘蔗産，産物三萬石”。

或爲英例所格歟。詳袁翔甫[①]司馬《瀛海采問》。(三十六)

鈞案:嶼以檳榔名,故《檳榔嶼紀略》、《檳榔嶼考》皆言産檳榔。檳榔樹初生若筍竿,引莖直上,旁無枝,柯條從心生,端頂有葉,風至則如羽扇掃天狀。又生刺重累於下以護。其實熟,剝其皮,煮肉曬乾。皮皆筋絲,與大腹皮同。檳榔瀉氣甚於枳實,青皮入口,由澀而苦而辛,後乃微甘。雖澀不敵苦,苦不敵辛,然始澀終辛,是全乎金也。如泄痢之後,重小便之淋痛,下而不遠,如奔豚逆行。腳氣衝心,上而不下,如水穀停積。痰癖壅滯,膈氣不通,二便悶閉。審其病於升者,大過降者不及,則用茲味之金,以和火可也。然墜諸氣,氣虛下陷者忌。海南群島常食如茶烟,不知損泄真氣多也。

鈞案:《海錄》、《外海紀程》、《外國史略》、《萬國地理全圖集》、《瀛環志略》、《檳榔嶼紀略》、《檳榔嶼考》皆言産胡椒。今檳榔嶼産胡椒最旺,商家亦以此爲大宗。聞英人以之塗壁,其即椒房之遺制歟?若中國人,則惟服食用之。然胡椒味辛大熱,治寒疫、食積、腸滑、冷痢、胃寒、吐水,殺一切魚肉鼈菰毒。但因其快膈,耆之者眾,往往損肺走氣,熾火走血,損齒昏目。則非陰氣至足者,不可用也。

鈞案:《外國史略》、《檳榔嶼紀略》、《檳榔嶼考》皆云産丁香。然藥之辛熱不少,丁香爲甚,以能發香之臭,即就香臭致辛之用。治脾胃、冷氣諸證,有殊功。夫香固入脾胃者,蓋氣熱而味愈辛,味辛而香愈烈,雖入胃而實先肺,肺氣歸胃,無所壅閼,而下行入腎。然不獨外寒能治,有一女子朝食暮吐,審爲中氣虛寒,用丁香同參术治之效。丁香極辛而臭,極香而熱。從治之,能開腠理,宣榮衛。有患血風疙搭者,投以散風熱之劑不應,易麻黃散而愈,中有雞舌香也。然辛熱而燥,非真虛寒,切勿浪用。

鈞案:《外國史略》、《檳榔嶼紀略》、《檳榔嶼考》皆云産豆蔻。《萬國地理全圖集》、《瀛環志略》皆云産玉果。玉果,肉豆蔻也。下氣、調中、消食、解酒、逐冷、除疫,又能止虛瀉冷痢。然病人火甚,及瀉痢初起,豆蔻溫煖脾胃,治太陰虛瘧,止嘔腹痛。然熱嘔、熱痛,凡氣虛者忌。

鈞案:《檳榔嶼考》、《檳榔嶼紀略》皆云出加非。加非如豆,炒研代茶。詳《風俗志》。

鈞案:《檳榔嶼考》、《檳榔嶼紀略》皆云出椰子。椰之功用最大,葉可蓋屋,子可製油,漿可充飲,殼可作瓢。

鈞案:甘蜜辛熱甚於胡椒,巫來由人多用之。

鈞案:《外國史略》、《檳榔嶼考》云産蔗。《檳榔嶼紀略》(三十七)云産糖。蔗脾果,漿甘寒,能瀉火熱。煎煉成糖,甘溫而助濕熱,大抵助脾氣、潤枯燥之益爲多。其治嘔噦反食,蓋治陰中之陽不足者。此等證原不專屬熱也。李時珍以爲甘寒,引王摩詰詩爲證。然先輩有謂,共酒食發痰者。又有謂,多食發虛動衄血者。閩中蔗性甘溫,江蘇

---

① 袁翔甫:袁祖志(1827—1898年),字翔甫,號枚孫,别署倉山舊主,浙江錢塘人,清代大詩人袁枚之孫,擅長詩文。曾出任過縣令、同知等一類官職。後寓滬,晚年結詩社,名爲"楊柳樓臺"。光緒九年(1883年)曾隨招商局總辦唐廷樞游歷西歐各國,歸國後著有《談瀛錄》、《出洋須知》、《西俗雜誌》等書。

蔗性甘寒,不可執一説也。

鈞案:《明史》言饒竹木。檳榔嶼所在有竹。然竹陽中陰也,故葉則清心肺之陽,爲胃熱嘔吐呃逆要藥。其瘵吐血崩中者,血生化於胃,如産後煩熱,小兒熱癇,皆不離心胃爲治。至傷寒、女勞,復亦治者。經所謂臍下三結交者,陽明太陰也。臍下三寸關元也,皆治陽明之虚熱,故鮮刮者尤靈。若以姜製,失其用矣。

鈞案:《瀛環志略》言産金、銀、鉛、錫。《檳榔嶼紀略》言産錫,實惟産錫,無金、銀、鉛也。錫鑛亦中國人開採,英人取其税而已。

鈞案:《檳榔嶼考》言産栟櫚,似即亞答。亞答子可食,葉可蓋屋。至芭蕉果,有數種,有大如腕者,有小如指者。桔皮青味如柑柚香甜,波羅蜜勝中國産。栗未見。蒙果亦名芒吃[①]。《嶼考》所載果名,皆中國所有者。然中國所有未載者,如藕、龍眼[②]、安石榴之類尚多。更有紅毛丹,類荔,見朱一飛《荔譜》;榴連類波羅蜜,見《海島逸志》。宜補錄。

鈞案:檳榔嶼海錯,與中國有者,曰鱟[③],曰獨脚蟶,曰蝦魚之屬。惟鮹魚、石斑魚與中國同,餘則奇形怪狀,不能殫述。[④]

右(以上)物産

鈞案:中國所謂廣貨者,多從海南群島來。當新嘉坡未開以前,商務在檳榔嶼,故所産尤盛。擬游遍群島,再輯《海南物産考》。

## 校勘

(一)漢舶:廈大本及師大本均作"漢泊",按(清)魏源《海國圖志》卷七〈東南洋三·暹羅〉爲"漢舶",據改。

(二)星報:廈大本作"新報",師大本作"星報"。應爲"星報",據改。

(三)收:廈大本作"政",師大本爲"收"。應爲"收",據改。

(四)並:廈大本闕,師大本有此字,依補。

(五)捏:師大本作"搏"。(清)蕭令裕《粤東市舶論》爲"捏",據改。

(六)團:師大本作"圓"。(清)蕭令裕《粤東市舶論》爲"團",據改。

(七)"種紅罌粟,花葉如靛青……然後捏爲團,葉裹之":廈大本缺,師大本有此段文字,依補。

(八)前代無此物:廈大本缺,師大本中有此句,依補。

(九)"初不言其吸食也。……如粒如丸":廈大本缺,師大本中有此段文字,依補。

(十)倚枕側眠:廈大本缺,師大本作"倚眠側枕",(清)蕭令裕《粤東市舶論》爲"倚枕側眠",據改、依補。

---

① 芒吃:馬來語 mangga 音譯,亦譯作蒙果,俗稱芒果。

② 龍眼:廈大本有"龍眼"二字,師大本及王本均無。

③ 鱟:節肢動物,甲殼類,生活在海中,尾堅硬,形狀像寶劍,肉可食。

④ "鈞案:檳榔嶼海錯……餘則奇形怪狀,不能殫述":廈大本有此段文字,師大本及王本均無。

（十一）蓋：廈大本闕，師大本有此字，依補。

（十二）“凡食烟之人……名曰開燈”：廈大本缺，師大本中有此段文字，依補。

（十三）而：廈大本闕，師大本有此字，依補。

（十四）則：廈大本闕，師大本有此字，依補。

（十五）引：廈大本闕，師大本有此字，依補。

（十六）“盛年柔脆……髓竭乃槁”：廈大本缺，師大本中有此段文字，依補。

（十七）可：廈大本缺，師大本有此字，依補。（清）黄叔璥《臺海使槎錄》爲“可竟夜不寐”。

（十八）廈門志：廈大本缺。師大本有《廈門志》及其下所載“鴉片流弊有九……可謂不知義方之甚者矣”，依補。

（十九）“妻妾少艾……不敢一言振作”：廈大本缺，師大本中有此段文字，依補。

（二十）迨其病復發：廈大本僅作“病發”，師大本作“其病復”。《廈門志》卷十五〈風俗志·戒食鴉片烟告示十條〉爲“迨其病復發”，據改。

（二十一）小：廈大本作“少”，師大本作“小”。《廈門志》卷十五〈風俗志〉爲“小”，據改。

（二十二）於：廈大本闕，師大本有此字，依補。

（二十三）則饑：廈大本作“不饑”，師大本作“則饑”。《林則徐全集》〈籌議嚴禁鴉片章程摺（道光十八年五月上旬）〉爲“則饑”，據改。

（二十四）溺：廈大本作“滋”，師大本作“溺”。按《林則徐全集》〈籌議嚴禁鴉片章程摺（道光十八年五月上旬）〉爲“溺”，據改。

（二十五）“以烟灰和藥……且沉木二香辛芳也”：廈大本缺，師大本中有此段文字，依補。

（二十六）“即忌酸圓減去黄蓍、木香，亦不用附子烟灰”：廈大本缺，師大本中有此句，依補。

（二十七）附錄〈簡便二方〉：廈大本缺，師大本有此“附錄〈簡便二方〉”條目及其下二方之配方及製作服用方法，依補。

（二十八）“謹案：……可謂不費之惠”：廈大本缺，師大本有此段文字，依補。

（二十九）萬億：廈大本缺，師大有此二字，依補。

（三十）“又方：如無木棉……烟毒盡解而治”：廈大本缺，師大本有此條，依補。

（三十一）“又方：或僻地無藥可求……則毒盡出”：廈大本缺，師大本有此條，依補。

（三十二）“灸法：凡吞烟七日内氣絶……再灸幾艾即生”：廈大本缺，師大本有此條，依補。

（三十三）“又方：番匏一名金瓜……抹之痛止”：廈大本缺，師大本有此條，依補。

（三十四）所以：廈大本缺，師大本有此二字，依補。

（三十五）光緒十二年丙戌：廈大本和師大本在此均作“光緒十二年丙戌”。當爲

"光緒十二年丙戌",公元 1886 年,據改。

(三十六)"今則有園無田……詳袁翔甫司馬《瀛海采問》":廈大本缺,師大本有此段文字,依補。

(三十七)檳榔嶼紀略:廈大本在此處作"檳榔檳紀略",師大本及王本均作"檳榔嶼紀略",廈大本的前后文亦作"檳榔嶼紀略",據改。

# 檳榔嶼志略　卷之十

永福　力鈞初稿

## 叢談

魏默深先生以交欄山爲檳榔嶼。尤西堂侗著《外國竹枝詞·交欄山》云:"曾經元將造樓船,篷箬桅檣出滿山。留下羽林生口在,如何不掛片帆還。"

原註:元將征闍婆,遭風於此。山中叢林、籐竹、柁桿、桅檣、篷箬畢備,有中國人雜處。當時病卒百餘,留養不歸而傳生育也。

左子興領事駐新嘉坡十年,多善政。李灼《秩軒詩草》有呈左子興領事次黃伯純(一)、茂才韻一律,次聯云:"文章課士民猶子,詩酒誤賓吏若仙。"尤雅切。蓋領事曾創會賢社[①],課士捐廉,獎賞造就甚眾。假旋時入檳城游,賦詩留別,陳儷琴和韻有句云:"十年持節駐南州,博採風謠載鶴游。"中國領事有保護之名,而事權不屬領事,有私印曰"炎州冷宦"。伍星衢和句云:"何當冷宦滯炎州,海上攜琴恣浪游。"紀實也。

《使西紀程》:"檳榔嶼有副總督駐此,亦名安生[②]。胡璇澤(二)[③]語知閩人王文慶經商檳榔嶼,兼司招商局事。遣人問之,則挈其鄉六七人來見。皆短衣番語,居此已數世矣。以停泊片時,未暇登岸。詢知居民十四萬,閩廣人十萬有奇,餘皆番人。其地山水明秀,逶南皆高山,樹木叢密,有瀑布高十餘丈,惜未一往觀也。(三)北岸爲威諾斯里[④],其地袤長而狹,沿海約九百餘里。有兵官段熙奕,由威諾斯里(四)附船歸國。居

① 會賢社:由中國駐新加坡領事左秉隆於1882年創建,以受華文教育的華僑爲對象。旨在培育士人,互相砥礪,振興文風,由左秉隆出題,審閱征文,以他的薪俸作爲獎金,獲獎者的姓名刊於《叻報》上,以資表揚。一時新加坡文人爭相投稿,互相切磋學問,文風大振。

② 安生:Edward Archibald Harbord Anson(1826—1925年),亦譯作"安順",1867年至1883年擔任英屬海峽殖民地檳榔嶼參政官(Resident Councillor)。1877年,1878—1880年曾兩度代理英屬海峽殖民地總督。

③ 胡璇澤:原名胡亞基,一名玉璣,字南生,號瓊軒,廣州黃埔人,新加坡僑領,人稱"黃埔先生"。1877年11月,被清朝委派爲駐新加坡首任領事。與此同時,亦被俄國、日本委任爲駐新加坡領事。1880年3月,在新加坡病故。

④ 威諾斯里:師大本作"盛諾斯里",爲Wellesley之音譯,即威爾斯利省(Province Wellesley),亦譯作威烈斯烈省、威烈斯省、威斯利省,簡稱威省。

民鼓樂，駕一小舟送之。”郭筠仙侍郎嵩燾《使西紀程》，作於光緒二年。泊舟檳榔嶼，時十一月初一日。

《星報》：“閩 怡山長慶寺，自唐迄今，剝蝕日甚。光緒十三年，蒙今上頒給《藏經》，隨由本省名公卿勸募重新。邇者，該寺住持僧微妙攜簿南來，竭誠勸捐。各善信好行其德，解囊傾助者，必不乏人。”

微妙 檳榔嶼所募，計數萬金，亦可見諸善信好行其德矣。微妙三至檳榔嶼，以光緒十七年辛卯八月圓寂嶼寓，其徒負骨歸。備錄長慶寺石刻於左（下）。他日考古者，或有所採歟！

王榮和題藏經閣東楹石柱云：“軼蕩九重天，萬丈金繩隨詔下。駢羅三昧海，一枝如意聽經來。”旁署：“光緒己卯年季春吉旦立，欽加總兵銜、兩江儘先副將，前署閩浙督標右營（五）參將王榮和敬獻。”

李丕耀題法堂中石柱云：“三千世界載書還，看天家墨瀋猶新，勝過瑯嬛福地。十萬由旬航海遍[①]，祝梵宇經香不斷，皈依曹洞正宗[②]。”旁署：“光緒乙酉仲秋穀旦[③]。原籍泉郡[④]同安縣，僑寓[⑤]檳榔嶼[⑥]信士李丕耀、丕俊、丕淵同敬獻[⑦]。”

胡嶽東（六）[⑧]題法堂前楹石柱云：“大海祥飆，回輪一葦。漫天法雨，彈指萬花。”旁署：“光緒乙酉仲秋穀旦[⑨]，欽加同知銜，原籍汀州府[⑩]永定縣，僑寓檳榔嶼 胡嶽東，率男汶宣、明宣、燦宣、炎宣、才宣、鐃宣敬獻[⑪]。”

邱允恭題前廊中石柱云：“蓮花開福地[⑫]，壇場輪奐一新，佛日輝皇長慶寺[⑬]。荔

---

① 十萬由旬航海遍：原文如此。經前往福州西禪寺實地考察發現，當爲“十萬由旬横海遍”。“由旬”爲梵語 yojana 之音譯，長度單位。一由旬相當於一隻公牛走一天的距離，大約七英里，即 11.2 公里。

② 曹洞正宗：佛教禪宗南宗五家（五家七宗）之一。

③ 光緒乙酉仲秋穀旦：原文如此。經前往福州西禪寺實地考察發現，當爲“光緒乙酉年仲秋穀旦”。

④ 泉郡：福建省泉州府。

⑤ 僑寓：原文如此。經前往福州西禪寺實地考察發現，當爲“僑居”。

⑥ 檳榔嶼：原文如此。經前往福州西禪寺實地考察發現，當爲“梹城”。

⑦ 敬獻：原文如此。經前往福州西禪寺實地考察發現，當爲“敬立”。

⑧ 胡嶽東：原文作“胡獄東”。經前往福州西禪寺實地考察發現，應爲“胡嶽東”。胡嶽東，即胡泰興（1825—1890 年），福建省永定縣下洋人，19 世紀中期檳城客家人僑領。早年靠種胡椒發家，擁有維多利亞園二萬五千英畝，後又開設大商行，辦錫礦。1864 年，創立檳城胡氏宗祠“帝君胡公司”。1872 年，受封爲“太平局紳”。1880 年，任檳城廣東暨汀州公冢大總理。1881 年參與創立檳城平章會館，爲廣幫七名創始人之一。

⑨ 光緒乙酉仲秋穀旦：原文如此。經前往福州西禪寺實地考察發現，當爲“光緒乙酉年仲秋穀旦”。

⑩ 汀州府：爲明清時期福建省八府之一，領縣八（長汀縣、寧化縣、清流縣、歸化縣、連城縣、上杭縣、武平縣、永定縣）。1913 年，廢除汀州府，各縣併入汀漳道。1960 年，汀州府舊地八縣，北邊的寧化縣、清流縣、歸化縣三縣改歸三明市管轄；南邊的長汀縣、連城縣、上杭縣、武平縣、永定縣五縣，改歸龍岩市管轄。

⑪ 敬獻：原文如此。經前往福州西禪寺實地考察發現，當爲“敬立”。

⑫ 蓮花開福地：原文如此。經前往福州西禪寺實地考察發現，當爲“蓮花開初地”。

⑬ 佛日輝皇長慶寺：原文如此。經前往福州西禪寺實地考察發現，當爲“佛日輝煌長慶寺”。

子憶故鄉，風味海天萬里，旅懷棖觸大觀山。”旁署：“光緒丙戌(七)年仲秋吉旦[①]，原籍福建 漳郡 海澄縣，僑寓檳城 邱允恭敬獻[②]。”

林德水題法堂前廊西石柱云：“一鴿顫闌干，驀驚惶云何我佛。十牛挽石磴，大法力了不異人。”旁署：“光緒乙酉仲秋[③]吉旦，原籍漳郡 海澄縣，僑居幼裏雷珍蘭林德水敬立。”

溫言提題法堂前廊右石柱云：“善路廣開，愛人以德。慈航普度，與物皆春。”旁署：“光緒乙酉年孟夏穀旦立[④]，幼裏甲必丹，漳郡 海澄 溫言提敬獻[⑤]。”

胡甘氏題法堂前廊西右石柱云：“法雨慈雲，心田受潤。魚山鹿苑，說教聞聲。”旁署：“原籍泉郡 同安縣，僑居檳榔嶼[⑥]信女胡甘氏，率男孫正敬獻[⑦]。”

邱天德[⑧]題法堂前廊東石柱云：“法界喜重新，荔子雙株，香火難忘桑梓地[⑨]。慈航神普濟，檳榔一水，詩禪閑證木樨天[⑩]。”旁署：“光緒丙戌(八)年仲秋穀旦，原籍福建海澄縣[⑪]，僑居檳城 邱天德敬書[⑫]。”

邱登果題法堂前廊東石柱云：“九天九地不須求，步步鐵鞋是火[⑬]。一吸一呼無盡藏，朝朝毛孔生雲。”旁署：“原籍漳郡 海澄縣，僑居幼裏雷珍蘭邱登果敬立。”

---

① 光緒丙戌年仲秋吉旦：原文如此。經前往福州西禪寺實地考察發現，當爲“光緒丙戌年仲秋旦”。

② 僑寓檳城邱允恭敬獻：原文如此。經前往福州西禪寺實地考察發現，當爲“僑居檳城信士邱允恭敬書”。

③ 秋：原文如此。經前往福州西禪寺實地考察發現，當爲“冬”。

④ 光緒乙酉年孟夏穀旦立：原文如此。經前往福州西禪寺實地考察發現，當爲“光緒乙酉年孟夏穀旦”。

⑤ 漳郡海澄溫言提敬獻：原文如此。經前往福州西禪寺實地考察發現，當爲“漳郡海澄縣溫言提敬立”。

⑥ 檳榔嶼：原文如此。經前往福州西禪寺實地考察發現，當爲“梹城”。

⑦ 敬獻：原文如此。經前往福州西禪寺實地考察發現，當爲“敬立”。

⑧ 邱天德：字志達，祖籍福建漳州府海澄縣新江社（今屬廈門市海滄區），檳榔嶼土生華人。生於1826年，卒於1891年。初爲商人，在檳榔嶼經營坤和、振美兩間公司，後爲餉碼承包商，以及威省（Province Wellesley）甘蔗、椰子種植園主。1860年左右，檳城建德堂開山盟主邱肇邦去世後，邱天德繼任爲建德堂（大伯公會）首領。1867年8月間，邱天德率領福建人的大伯公會與廣府人的義興會展開“檳城十日暴動”（大規模武裝械鬥），爲英國殖民當局逮捕並判處死刑，後改判爲7年監禁（一說改判驅逐出境）。釋放後返回檳城，任文山堂邱公司董事。1880年後，與“海山黨”黨魁鄭景貴（霹靂甲必丹）聯手，壟斷大小霹靂的烟酒賭當和亞答的餉碼承包權，擁有大小霹靂及及香港鴉片承包權，並投資參與霹靂錫礦的開採業，再度成爲檳城和霹靂最有勢力的餉碼商和資本家。1881年檳城平章會館成立時，爲福建幫的七名董事之一。1886年至1890年，任檳城福建公冢總理。

⑨ 香火難忘桑梓地：原文如此。經前往福州西禪寺實地考察發現，當爲“香火難忘桒梓地”。桒，古同“桑”。

⑩ 詩禪閑證木樨天：原文如此。經前往福州西禪寺實地考察發現，當爲“詩禪閒證木樨天”。

⑪ 原籍福建海澄縣：原文如此。經前往福州西禪寺實地考察發現，當爲“原籍福建漳郡海澄縣”。

⑫ 僑居檳城邱天德敬書：原文如此。經前往福州西禪寺實地考察發現，當爲“僑居檳城信士邱天德敬書”。

⑬ 步步鐵鞋是火：原文如此。經前往福州西禪寺實地考察發現，當爲“步步鐵鞵是火”。鞵，古同“鞋”。

蔡有邦[①]題法堂後楹中石柱云："東渡結萬緣，長護仁頻大樹。西來成一笑，正開荔子群花。"旁署："原籍漳郡[②]海澄縣，僑居檳榔嶼 蔡有邦敬立。"

蔡有格[③]題法堂後楹中石柱云："海外有九州，同登淨土。佛前見三世，一脈梵宗。"旁署："原籍漳郡[④]海澄縣，僑居檳榔嶼 蔡有格敬立[⑤]。"

法堂前廊龍柱署："光緒丙戌(九)孟秋吉旦，原籍海澄縣[⑥]，僑居檳嶼信士謝德順，偕弟德利、德泰敬獻[⑦]。"

峇柢眼東冢亭三碑。題名碑居中，左一碑陳伯潛閣學[⑧]寶琛譔書，右一碑何翊卿[⑨]明府[⑩]履亨譔，曾幼滄太史[⑪]宗彥書。閣學碑已入《建置志》，明府碑當時未錄，尚俟續登。

閣學碑止於掩骼埋胔句。"止"字刻作上字，疑石工誤缺一筆，而校者未審。近儒考據，多援石刻，以正板本，豈知石刻亦不能無誤耶。

王漢宗以其父墓志拓本見贈，文爲王明經某[⑫]譔。輯志時遍檢不得，不知何時失落也。漢宗父亦葬峇柢眼東。(十)

波知滑冢亭亦有題名碑二首，數行小引，文亦簡絜，惜未錄歸(十一)。

觀音寺創於嘉慶五年，有碑鑲門外東壁。道光四年重建，光緒元年重修[⑬]。前後題名碑四，鑲西廡。

蘊玉書樓壁間懸折枝橫披一幀，筆極清逸，神似甌香。題云："苦雨久不霽，小窗琴絃潤。兀兀坐哦松，境逆受之順。纔見梅花綻，榴紅覺一瞬。雙丸遞何速，奔輪類

---

① 蔡有邦：檳榔嶼華人，祖籍福建漳州海澄，檳城蔡氏家廟(又名水美宮)的創辦人之一。該廟現址爲浮羅知滑辛柯蔡宗祠。

② 漳郡：原文如此。經前往福州西禪寺實地考察發現，當爲"漳洲"。

③ 蔡有格：檳榔嶼華人，祖籍福建漳州海澄，檳城蔡氏家廟(又名水美宮)的創辦人之一。

④ 漳郡：原文如此。經前往福州西禪寺實地考察發現，當爲"漳州"。

⑤ 僑居檳榔嶼蔡有格敬立：原文如此。師大本作"僑居幼裹雷珍蘭蔡有格敬立"，經前往福州西禪寺實地考察發現，當爲"僑居檳榔嶼信士蔡有格敬立"。

⑥ 海澄縣：原文如此。經前往福州西禪寺實地考察發現，當爲"海澄"。

⑦ 敬獻：原文如此。經前往福州西禪寺實地考察發現，當爲"敬叩"。

⑧ 閣學：明清時期對內閣大學士的稱呼。

⑨ 何翊卿：何履亨，字翊卿，福建福清人。咸豐六年(1856年)丙辰科進士，曾任甘肅鎮番縣知縣。光緒十年(1884年)任北洋水師學堂監督，卒於光緒二十四年(1898年)。

⑩ 明府：舊時縣令之別稱。

⑪ 曾幼滄太史：曾宗彥(1850—1912年)，字成濤，又字君玉，號幼滄，福建閩縣(福州)人。清光緒九年(1883年)癸未科進士，選翰林院庶起士，任散館授編修。歷官江南道監察御史，官至貴州思南府知府。"太史"是爲明清時期對翰林的尊稱。

⑫ 王明經某：據本書下文所節錄王漢宗之父的墓志銘中可知，撰文者爲王福昌，系王漢宗父親王元清之宗弟，福建同安白礁社人，時爲歲進士(歲貢生)選用(儒學)訓導。

⑬ 光緒元年重修：據〈重修廣福宮碑記〉記載，當爲"同治元年重修"。

馳駿。秋禾慮泛溢，民事懷饑饉。竹梢聲初歇，蘭胎有芳訊。鬱鬱怕垂簷[①]，香消掇餘盡。何日拂衣歸，抛卻冷銅印。"末署："道光己亥麥秋苦雨作〈問秋〉。"

張式玲〈問秋〉，里居未詳。細玩詩意，似作倅時將辭官而作，不知何時流落海外也。

嶼中多畫家。何曉初畫山水，李秩軒畫蘭，謝秉生畫花鳥，謝靜希畫竹，吳子鵬畫梅菊，辜吉甫[②]畫山水。此數人流寓已久。辛卯與余同客檳城，有日本 和田蓼州畫人物山水，江西 郭筱雲畫梅，廣東 陳紫英畫山水，福建 魏省忠畫花鳥。蓼州、紫英皆作送別圖贈余，曉初、秩軒、靜希、子鵬、省忠皆能詩，秩軒能篆，省忠能醫。秩軒、省忠已作古人，曉初亦未知其近況也。

嶼中人，能詩者，書目凡十人，鈔存凡十六人。餘見天文志者，曰謝召勳、林香雲、康慕文、魏望曾；見名勝志者，曰謝昌年、紀雪庵。而左秉隆有〈檳城留別詩〉，和者陳儷琴、伍星衢陸[③]。余游檳城歸，以詩送別。除名字已見者，尚有李開三、楊明三、邱克家、謝梧亭四人，併上計凡十四人。(十二)

一日，於友人處見有〈閨思詩〉云："明月復明月，一輪空皎潔。深閨未眠人，對影惜離別。昨夜卜燈花，今朝報喜鵲。莫是郎歸來，鉛華漫抛卻。寒衾冷於鐵，殘燈滅復明。夜深不成寐，欹枕聞雞聲。臨別爲束裝，既行轉悲傷。歸期難預決，夜夜夢漁陽[④]。前路多風霜，幾日到遼陽[⑤]？千萬自珍重，未寒贈[⑥]衣裳。郎住在蕭關[⑦]，儂住在京口[⑧]。儂爲郎憔悴，不知郎知否？人靜夜已涼，孤影怯歸房。卻恨多情月，清輝照空床。芍藥苦將離，紅豆長相思。妾愛合歡花，灌溉無失時。妾愁春日絲，郎恨簷前雪。簷雪有時消，春絲斷復結。"

此詩不知誰作，或云邱顯承。錄之，以諗知者。

徐鑑臣，順德人，在燕閒別墅供役。見其手不釋卷，心韙之。一日呈一律，末云："剜肉醫瘡皆左計，好培元氣福蒼生。"具此俊才，得逢蕭穎士，不知樂何如也。

---

① 簷：廈大本作"簷"，師大本作"簾"。

② 辜吉甫：廈大本作"辜吉甫"，師大本作"辜德甫"。

③ 和者陳儷琴、伍星衢陸：師大本原文如此。師大本中在"陸"字之後空有一格，疑其後脫一"人"字。

④ 漁陽：古郡名，秦漢時治所在今北京密雲西南，秦二世發閭左戍漁陽即此。隋大業末年，改無終縣（今天津薊州區）爲漁陽縣。唐朝時漁陽爲征戍之地，故在古詩中常用來引申爲征戍之地。

⑤ 遼陽：古稱襄平、遼東城，位於現今遼寧省中部。從公元前 3 世紀到 17 世紀，遼陽一直是東北地區的政治、經濟、文化和交通樞紐，也是重要的軍事戰略要地。自漢唐以來，詩詞中多以遼陽代指邊戍之地。

⑥ 贈：師大本作"增"。

⑦ 蕭關：古關名。故址在今寧夏固原東南，爲自關中通向塞北的交通要衝。

⑧ 京口：江蘇鎮江的古稱。現爲江蘇省鎮江市京口區。

在新嘉坡採得譚家女五言短句一首，在吉隆聞有詩妓某。檳城詩人輩出，豈閨秀獨無正始之音耶？頃爲丁耕鄰學博①校補《閩川閨秀續詩話（十三）》，遍搜舊篋，僅存十四字云："與我貌同原是鏡，爲郎腸斷不須刀。"此友人所述，乃檳城某校書贈所私者②。

《檳城竹枝詞》

大家愛學馬郊語③，結伴齊來老舉寮。

一望新街絃管沸，開廳陪飲坐通宵。

原註：俗呼妓曰老舉，疑女妓轉聲。妓館曰老舉寮，寮聚新街。妓多作馬郊語，俗以狎妓爲學馬郊語。宴客曰開廳，侍酒曰陪飲。

打瓣包膠正妙年，茶烟酒果混登筵。

護司④從未編花籍⑤，也博交關白水錢。

原註：妓女多打瓣⑥，以小腳爲包膠。琵琶仔⑦例只度曲，妓寮門牌無名，有混入妓寮者。相好曰交關，私索曰白水。

東洋兒女遍南洋，夷語蠻粧⑧易斷腸。

既打茶圍⑨還選舞，紅毛烏鬼總輕狂⑩。

原註：東洋妓善舞，英吉利、巫來由⑪、吉林諸夷多狎之。

讀此詩，不能不望持色戒者。

---

① 丁耕鄰學博：丁芸（1859—1894年），字耕鄰，一字晴薌，福建侯官（福州）人，清光緒十六年（1890年）舉人，選用儒學訓導。輯有《閩川閨秀詩話續編》四卷，爲續梁章鉅《閩川閨秀詩話》之作，點評閩川百三十余家閨秀。力鈞亦爲該續編參訂者之一。唐制，府郡置經學博士各一人，爲教授五經的學官。後世泛稱學官爲"學博"。

② 者：廈大本作"者"，師大本作"語"。

③ 馬郊語：馬郊爲葡語 Macau、英語 Macao 之音譯，亦譯作馬靠，中文名稱爲"澳門"。所謂馬郊語，指粵語（廣府話）。

④ 護司：英屬海峽殖民地華民護衛司（Chinese Protectorate）之簡稱。

⑤ 花籍：此指由官府登記在冊從事色情娛樂行業的妓女，以別于私娼女伶。

⑥ 打瓣：舊時青樓女子梳妝的一種花瓣形狀的髮髻頭飾。

⑦ 琵琶仔：舊時粵語（廣府話）對青樓妓院中的未成年歌女之稱呼。此之稱呼可能是這些未成年歌女在青樓妓院中的工作是抱著琵琶在酒席間以唱曲娛賓待客而來。琵琶仔只是陪酒而不伴寢（俗稱"未梳攏"），待成長後方會成爲妓女。

⑧ 粧：原文如此。《海國公餘輯錄》卷一之《檳嶼記事本末》作"妝"。

⑨ 打茶圍：舊時謂去青樓妓院里品茶飲酒作樂曰"打茶圍"。

⑩ 紅毛烏鬼總輕狂：原文如此。《海國公餘輯錄》卷一之《檳嶼記事本末》作"春風扶醉過平康"。

⑪ 巫來由：廈大本作"巫來由"，師大本作"巫由來"。

## 《檳城竹枝詞》

少年走遍狹斜[①]場，花樣翻新興更狂。

最好車兒行緩緩，長途安穩睡鴛鴦[②]。

讀此詩，不能不望講女訓者。

## 《檳城竹枝詞》

十二金釵列屋居，操㙤再過忽爲墟。

多因誤畫齊知[③]押，盡室黎郎[④]付子虛。

原註：齊知番放債，必數人作保。不還，則取償保人，賣其家火[⑤]。以一番人搖鈴招買，曰黎郎。

頭家[⑥]餤盡報窮來，竟日優游辟債臺。

貨殖傳歸孤老籍[⑦]，布衣徒步不勝哀。

原註：商家搭閧，到官報窮，入孤老籍，人不得索。例不得在本地經商，如衣帛坐馬車著金碹，人皆取償。故俗以報窮爲恥。

讀此詩，不能不望節財用者。

## 《檳城竹枝詞》

邪教流傳環島周，暹人術擅馬來由。

無端勾引癡兒女，浪擲黃金買降頭。

原註：馬來由、暹人，均擅降頭，能蠱人，婦女尤喜求其術。

讀此詩，不能不望倡正學者。

---

① 斜：原文如此。《海國公餘輯錄》卷一之《檳嶼記事本末》作"邪"。

② 長途安穩睡鴛鴦：原文如此。《海國公餘輯錄》卷一之《檳嶼記事本末》作"令人妥穩睡鴛鴦"。

③ 齊知：Chettiar，亦譯作齊智、齊智人，來源於南印度的泰米爾邦的齊智納德（Chettinad）地區，以從事高利貸的放債爲業。李鍾珏《新嘉坡風土記》有載："齊智人專以放債爲生，重利盤剝。如中國印子錢之類，華商資本缺乏，或向告貸一時濟急。久則剝膚，時有涉訟不了者。"

④ 黎郎：馬來語 Lelong 之音譯，源自葡萄牙語 Leilão。在吧城華人公館檔案《公案簿》中作"黎壟"，意爲拍賣。

⑤ 家火：亦作傢伙，指家財、財產或傢俱之意。

⑥ 頭家：馬來語稱 tauke，英語作 tawkay，源自閩南話。原爲對老闆的稱謂，後演變爲對大商人的尊稱。

⑦ 孤老籍：指老人院或養老院。

《檳城竹枝詞》

義興[①]建德[②]黨人魁，鄉曲橫行種禍胎。
偶過當年爭戰地，黄沙白草掩枯骸。

原註：義興、建德二會，聚眾萬人，近爲英人禁絕。

讀此詩，不能不望興文教者。

《檳城竹枝詞》

地無寒暑異唐山[③]，濯水餐風[④]若等閒。
新客[⑤]晝眠侵瘴濕，肚皮脹滿足蹣跚。

原註：謂中國曰唐山，謂初來曰新客。俗例，早入水房濯熱，晚到海邊食風[⑥]，忌晝眠。體虚者，多患腹脹腳軟病。

讀此詩，不能不望通醫學者。

右（以上）所錄竹枝詞，實則七言絕句也。竹枝起於巴蜀，故名巴渝詞，唐人所作

---

① 義興：指檳城義興公司，創立於 18 世紀末，起初成員均爲來自廣東廣府地區的移民，在 19 世紀初期也有不少福建人和海南人加入其中。到 19 世紀後期，義興公司的首領爲廣東臺山人，成員亦多爲廣東四邑（新會、臺山、開平和恩平）人。按陳劍虹先生的說法，義興公司是天地會二房在海外的衍生，真正的宗旨是“義合興明”，而不是廣東話“義兄”的諧音。據其考證，檳榔嶼義興公司的開山大哥爲順德人梁顯正，他也是新馬地區義興公司的始祖。早期檳城的義興公司、和勝公司和海山公司，分屬天地會系統的二房、長房和三房。其中，義興公司是 19 世紀上半期檳城最大的秘密會黨，且有洪順義社與合和爲其附屬組織。在本質上，檳榔嶼義興公司是一個盟誓兄弟會組織，融合各華人族群、各方言群體、各姓氏血緣和各行各業的低下階層平頭百姓爲一個綜合體，捍衛權益，共謀福利的政治、社會和經濟機構。1862 年至 1872 年間，義興公司與海山公司雙方爲爭奪霹靂拿律地區錫礦的開採權，先後爆發了三次大規模的武裝衝突，史稱“拿律之戰”。1889 年英屬海峽殖民地當局的《鎮壓危險社團法令》(Dangerous Societies Suppression Ordinance)頒佈實施之後，所有的華人私會黨均被視爲非法組織而加以強制取締解散。

② 建德：指檳城建德堂，創立於 1844 年，是一個以大伯公爲紐帶的秘密會社（亦稱“大伯公會”），爲檳榔嶼早期的五大秘密會社（義興公司、和勝公司、海山公司、存心公司、建德堂）之一。創始人邱肇邦原屬義興公司的福建籍成員，於 1844 年底脫離義興公司後，另組“建德堂”。建德堂恭立大伯公爲守護神，故通稱爲“大伯公會”，其成員均爲檳城的福建移民及土生華人。到 1860 年代初，會員人數曾一度多達八千名。1867 年 8 月 3 日至 8 月 14 日，檳城福建人的建德堂（大伯公會）與廣府人的義興公司雙方爲利益之爭，在喬治城曾進行了十日的大規模武裝械鬥，史稱“檳城十日大暴動”。

③ 唐山：指中國大陸。早期海外華僑社會習慣稱呼祖國爲“唐山”。

④ 餐風：爲兜風之意。

⑤ 新客：指剛從中國到南洋各地的華人。在馬來半島及馬來群島地區，所謂“新客”通常是相對於“舊客”和“僑生”（土生華人，Baba Nyonya 或 Peranakan）而言的。馬來語作 singkéh 或 singkék，源自閩南話。

⑥ 食風：爲駕車兜風游玩之意，馬來語作 makan angin，源自粵語“吃風”。（清）黄遵憲《不忍池晚游詩》有云：“銀鞍並坐妮妮語，馬不嘶風人食風。”錢仲聯箋注：“粵人以御車兜風爲吃風。吃俗字，此以食代之耳。”

皆言蜀中風景。後之效其體者，隨地爲之，非古也。皇甫子奇[1]有十四字、二十八字二體。所用竹枝女兒，乃歌時群拍，隨和之聲，猶採蓮曲之有舉棹年少等字耳。皇甫二十八字體云："門前春水白蘋花，岸上無人小艇斜。商女經過江欲暮，散抛殘食飼神鴉。"十四字體云："山頭桃花谷底杏，兩花窈窕遥相映。"竹枝不拘平仄，惟第二字皆平。每句首四字爲竹枝，末三字爲女兒。因錄檳城竹枝，考其體裁，以質能詩者。然白香山、劉夢得[2]所作竹枝，已是七絕矣。(十四)

《星報》：檳城有楊氏子，閩人也。兄年八九歲，弟僅五六歲。家貧，父業負販以貧，故不能就學。兄猶一丁不識，然性純孝，父母怒撻之，必跪受杖。親疾，手自煎藥，侍膳問安，不離左右。是歲母病亟，夜禱於天，願以身代。數日，母病如失。其弟視兄所爲，兄喜亦喜，兄憂亦憂，見者皆嘖嘖稱焉。二兄弟聰俊異常，斯蓋山川靈秀所鍾，他日前程未可量也。惟産於貧家，未能培植，爲可惜耳。

《叻報》：檳城 日落洞[3]地粤人張某妻邱氏，辛卯八月二十一日生一子，馬首人身，四體作青黄色。夫妻駭然，氏受驚尤甚。子三日殤，氏亦斃命。

《星報》：出檳榔嶼群島外，有小島人跡罕至。四周皆水，中有山小而高，山麓有天后廟，不知創自何年？其神甚靈，航海客經此，必具牲醴拜之。辛卯三月，有人由檳城往孟加剌，船經其地，覺頭目暈眩，嘔吐欲死。請於船主停輪，往禱乃愈。

光緒辛卯九月，東瀛 蓼洲漁者同客檳城，作〈檳城送別圖記〉云："溫君旭初，海外之市隱者。貌古而性介，早輟舉子業[4]。性耆書，儲蓄綦富。待文人有加禮，然脂韋媕鄙者，則力拒之，故所交殊寡。余居檳城二月，朝夕過從，筆墨之緣最深。一日，偕福州 力軒舉孝廉[5]來視。余時有他客，匆匆而去。既而旭初言，孝廉將歸，檳城人不忍其別，以詩送者十數人，屬爲之圖。余與孝廉處未久，觀旭初之禮待有加與檳城人，所以戀戀之故，則孝廉之爲人可見矣。嗟夫！文人爲世詬病久矣。方其槖筆游四方，奔走權勢之途。不自重，人亦無從而重之。如孝廉者，足以風矣。時余有仰光之行，倚裝作此，並爲之記。藉報旭初，未知孝廉以爲何如耶。"

余游檳城歸，以詩送者十數人。舊稿散失，僅存左領事秉隆、林紫霧、林屏周、謝兆珊四人，更有廖茂才 廷璋、魏望曾、陳紫英、林振琦、李開三、林載陽、楊明三、

① 皇甫子奇：皇甫松，字子奇，自號檀欒子，睦州新安(今浙江淳安)人。唐代詩人，代表作品有《採蓮子二首》、《怨回紇歌》、《浪淘沙二首》等，其中以《採蓮子二首》的藝術成就最爲傑出。

② 劉夢得：劉禹錫(772—842年)，字夢得，河南洛陽人。唐朝文學家、哲學家，有"詩豪"之稱。

③ 日落洞：Jelutong，檳城地名。位於檳城喬治市市郊，檳榔河的南部流域。

④ 舉子業：指應科舉考試而准備的學業。

⑤ 力軒舉孝廉：力鈞，字軒舉，於清光緒十五年己丑(1889年)參加鄉試中舉。"孝廉"是爲明清時期對舉人的雅稱。

謝梧亭、邱克家諸作，尚俟續錄。

## 左子興領事《送別詩五古》八首錄六

翹首望鼇峰，蒼茫阻雲樹。嗟君與賤子，何以能把晤。
虎嘯風自生，龍起雲即附。應知會合間，冥冥有定數。
往歲得孫吳，相見恨遲暮。豈意萍水中，復與君相遇。
信哉閩多才，使我心欽慕。

經義如淵海，誰能窮其源。醫理如牛毛，誰能探其根。
許鄭[①]已聞[②]遠，盧扁今不存。常恐此兩途，將隨烟霧昏。
惟君懷苦心，朝暮細討論。

十室有忠信，好學者其誰。聖門多高才，參以魯得之[③]。
吾愛力夫子[④]，性靜寡言辭[⑤]。終日伏几案，樂此竟忘疲。
水滴石爲穿，誠至山可移。大道豈難聞，努[⑥]力貴及時。

坐井而觀天，天小如磨盤。升高望九州，乃知宇宙寬。
君今乘長風，萬里效鵬搏。既得江山助，筆勢益瀰瀾。
歸作南游記，千秋合不刊。

男兒生世間，須據要路津[⑦]。豈以一第榮，遂不復求伸。
願君策高足，簪筆待楓宸[⑧]。佐我欽明後，安此中國民。
無爲老蓬蒿，獨自善其身。

相見每恨遲，相別每憾速。自古莫不然，豈君與子獨。

---

① 許鄭：爲東漢經學家許慎、鄭玄的並稱。

② 聞：廈大本作"聞"，師大本作"云"。

③ 參以魯得之：參即曾參，亦稱曾子，孔門七十二賢之一。《論語・先進篇》第十一有載："柴也愚，參也魯，師也辟，由也喭。"此爲孔子對高柴、曾參、子張、子路四位學生的評價，側重於人天生的氣質和個性。（宋）朱熹《論語集注》卷六有云："參也魯，魯，鈍也。程子曰：'參也竟以魯得之。'又曰：'曾子之學，誠篤而已。聖門學者，聰明才辯，不爲不多，而卒傳其道，乃質魯之人爾。故學以誠實爲貴也'。尹子曰：'曾子之才魯，故其學也確，所以能深造乎道也。'"

④ 力夫子：對力鈞的尊稱。"夫子"之名爲舊時對學者和老師的稱呼。

⑤ 辭：廈大本作"辭"，師大本作"詞"。

⑥ 努：廈大本作"努"，師大本作"弩"。

⑦ 要路津：指重要的道路和渡口。亦比喻顯要的職位。

⑧ 楓宸：宮殿。宸，北辰所居，指帝王的殿庭。古代宮庭多植楓樹，故有"楓宸"之稱。

恩愛茍不忘，天涯若比屋。願君因好風，時惠我尺牘。

### 林紫霧《送別五絕》四首

追隨纔數日，欲別更依依。
此去分南北，相逢不可期。

同是遠游客，吾留君且歸。
臨歧兩行淚，寄點故人衣。

未及話生平，殷殷獨有情。
客中還送客，愁緒柳絲縈。

磊磊負奇才，乘風破浪來。
檳城輯詩話，文教待君開。

### 林屏周《送別七律》四首錄三

翹首天衢意氣雄①，十篇文字愜宸衷。
藝林風月添新草，海國雲烟轉斷篷。
衰鬢怕侵潮水綠，醉眸喜對夕陽紅。
他年倘上征西策，歐亞封疆指顧中。

不減元龍意氣豪，蒼茫烟水泛輕舠。
新交緣證三生石，闊別心驚萬里濤。
海外風光儲古錦，天涯秋思入吟毫。
知君無限憂時意，歸向空山讀《六韜》②。

蠻雲輕擁馬蹄飛，半壁山川任指揮。

① 翹首天衢意氣雄：原文如此。《海國公餘輯錄》卷一之《檳嶼記事本末》作"翹首天衢命世雄"。
② 六韜：又稱《太公六韜》、《太公兵法》，據說是中國先秦時期著名的黃老道家典籍《太公》的兵法部分。

讀史擬增端木傳[①]，登堂重著老萊衣[②]。
海濱爭盼文星朗，別後應知舊雨稀。
世事升沉能徹悟，不妨隨處學忘機。

## 謝兆珊《送別七律》五首錄二

群從海上盼傳經，天漢[③]乘槎指客星[④]。
勝略南荒雙眼曠[⑤]，情深西顧一舟停。
移風隱抱鞭長憾，畫地詳諳米聚形。
中外機宜關大計，幾人解建屋高瓴。
滄波走鐵滾飛輪，瀣鏡瑩瑩淨不塵。
李杜[⑥]詩歌諳國事，韓蘇[⑦]嶺嶠寄吟身。
新茶南燕秋餘韻，香稻高梧詠入神。
何日王師雄破虜，淋漓大筆頌來賓。

余從檳城歸，故人見送別圖，皆歎[⑧]檳城人多情。與旭初好事，一時題詠二十餘人。同年陳繹如壽彭詩，於檳城最有關係，附錄於此。繹如曾作《檳榔嶼考》，故形勢尤悉，更有佳製，擬合送別諸作，彙輯一編，名曰《檳城送別圖題詠》。

陳繹如〈題檳城送別圖〉云：軒舉海上快游乎，示我檳城送別圖。檳榔一島小於[⑨]

---

① 端木傳：即〈端木賜傳〉。此傳源出《史記・仲尼弟子列傳・端木賜傳》。端木賜（公元前520—前456年），復姓端木，名賜，字子貢，以字行，春秋末年衛國黎（今河南鶴壁市浚縣）人，孔門七十二賢之一。子貢善貨殖，有"君子愛財，取之有道"之風，被尊爲儒商鼻祖，爲後世商家所推崇。

② 老萊衣：老萊子娛親所穿著的小兒五色彩衣。相傳春秋時楚國隱士老萊子，居於蒙山之陽，自耕而食。有孝行，年七十，常著五色彩衣爲嬰兒狀，以娛父母。後因以表示孝順父母。

③ 天漢：古時指銀河。也泛指浩瀚星空或宇宙。

④ 客星：對天空中新出現的星的統稱，如新星、超新星等。《史記・天官書》："客星出天廷，有奇令。"

⑤ 曠：原文如此。《海國公餘輯錄》卷一之《檳嶼記事本末》作"擴"。

⑥ 李杜：唐代大詩人李白與杜甫的並稱。

⑦ 韓蘇：唐代文學家韓愈與宋代文學家蘇軾的並稱。

⑧ 歎：通"嘆"。

⑨ 於：原文如此。《海國公餘輯錄》卷一之《檳嶼記事本末》作"如"。

粟，我且爲作檳榔曲。海氛奔蕩從西來，海山蜃氣嘘樓臺。牛皮呂宋[①]隱兵革，萬丹[②]瑣尾貪貨財。甌駝人生馬來泣，十洲三島皆荊棘。英夷自失美利堅，努力東南事開闢。島脈下連新嘉坡，東來門戶相經過。蛇莓高山應自笑，百年興廢殊臼科。炎風吹動栟櫚樹，孤帆渡口迷烟霧。無如軒舉歸興濃，豆蔻丁香留不住。丈夫得志行萬里，輶軒采采風俗美。不然橐筆勤著書，千秋志乘待綱紀。愧我十年逼饑渴，扶桑[③]風月曾披抹。紅葉館[④]中歌舞喧，琵琶湖[⑤]外烟波闊。八駿西行[⑥]亦陳跡，佘㽟街西芳草碧。惆悵巴黎五百人，蒼茫鐵塔一千尺。奔走可憐半天下，但收圖籍無圖畫。今日倦游卧北窗，驚濤空向夢中瀉。軒舉游蹤卻獨奇，王子洲[⑦]邊日影遲。令我披圖想欲別，海波猶是銷魂時。軒舉告我擬再渡，藥裹一肩指征路。誰將畫筆大如椽，來圖南浦送君去。[⑧]

王漢宗以其父墓志拓本寄贈。首篆書三行云：〈皇清國學生授翰林院待詔國清王

---

① 牛皮呂宋：師大本作"呂宋牛皮"。（明）張燮《東西洋考》卷五〈東洋列國考・呂宋〉有載："有佛郎機者自稱干係蠟國，從大西來，亦與呂宋互市。酋私相語曰：彼可取而代也。因上黄金爲呂宋王壽，乞地如牛皮大蓋屋。王信而許之。佛郎機乃取牛皮，剪而相續之，以爲四圍。乞地稱是王難之，然重失信遠夷，竟予地，月徵稅如所部法。佛郎機既得地築城、營室、列銃、刀盾甚具。久之圍呂宋，殺其王，逐其民入山，而呂宋遂爲佛郎機有矣。"此外，《明史・外國列傳》呂宋條也有類似記載。

② 萬丹：Bantam 或 Banten，印度尼西亞古國名。（明）張燮《東西洋考》稱爲下港、順塔（Sunda）。位於印度尼西亞爪哇西北部，隔巽他海峽與蘇門答臘島相望。萬丹初屬淡目國。1568 年，萬丹統治者哈沙努丁趁淡目蘇丹特連科諾去世後國内發生動亂之機宣佈獨立，並建立萬丹王國。16 世紀中葉，萬丹迅速成爲爪哇島北海岸最繁華海港之一。17 世紀初，荷蘭東印度公司在萬丹設立官方貿易站，以收購爪哇島西部及蘇門答臘南部地區的胡椒，因此吸引不少商人前來採購胡椒。1752 年荷蘭迫使蘇丹阿爾耶・阿迪・山蒂卡簽訂第二個屈辱條約，使得萬丹淪爲聯合東印度公司的屬地。1813 年英國人佔領爪哇時期，副督 T.S.萊佛士又迫使萬丹蘇丹將統治權永遠交給英國，只保存"蘇丹"的空銜，每年領取一萬令吉特（西班牙幣）的俸祿。萬丹王國從此名存實亡。

③ 扶桑：亦名朱槿，錦葵科植物。又有佛槿、大紅花、木槿、紅扶桑、紅木槿、桑槿、火紅花等名稱。此處所謂"扶桑"，當爲"扶桑國"之簡稱，爲日本國的代名詞。

④ 紅葉館：又稱"芝山紅葉館"，爲日本故侯之別墅。（日）蒲生重章《紅葉館宴集序》有載："紅葉館結構雄傑。"館在日本東京東部沿海芝山"西南高阜之上。其東南面海，房總諸山歷歷可數。繞館多楓樹，秋冬間特以紅葉著，故獲名。然四時之景無不皆宜，誠東京之名勝也"。清光緒七年至十年（1881—1884 年）、光緒十三年至十五年（1887—1889 年），黎庶昌（1837—1898 年）兩度出任清朝駐日本大使期間，與日本朝野文士交游廣泛，每年春秋上巳重陽佳節之際，常設文酒宴集於使署或於芝山紅葉館等處，"與諸名士唱酬詠歌，裒然成帙"，輯爲《黎星使宴集合編》共六集。

⑤ 琵琶湖：日本最大的淡水湖，位於日本滋賀縣，面積約 674 平方公里，爲鄰近京都、奈良、大阪和名古屋近畿地區提供水源，被稱爲"生命之湖"。因此，琵琶湖與富士山一樣，被日本人視爲日本的象徵。

⑥ 八駿西行：典出《穆天子傳》。據載，西周穆王姬滿（公元前 1001—前 947 年在位）曾乘駕八駿御輦，西行至西王母國土。西王母在瑤池畔大擺酒宴，款待周穆王。

⑦ 王子洲：即王子島。詳見前注。

⑧ 師大本卷十"叢談"終止於此。自此以下的文字皆爲廈大本所載。

君墓志銘〉。志銘楷書，文甚繁，節其要云：公諱元清[①]，字國清，又字玉湖，派出右豐[②]。祖戊寅，父辛乙，母林氏。序一世居同安 積善里 白礁社[③]。道光庚戌，居檳榔嶼，精陶朱術，得自立焉。咸豐戊午，娶葉源成公女，後由國學生授翰林院待詔。男子四：漢鼎娶謝氏，漢宗娶林氏，漢壽娶邱氏，漢墀出嗣三房。未聘女子四：素容、素英、素娥、素珠，俱未字。孫男七：學詩出嗣二房，學和、學凱，漢鼎出。學銘出嗣三房，學勳，漢宗出。學榮、學文，漢壽出。孫女一：珍奇，漢宗出。道光乙未四月二十一日亥時生，卒於光緒己丑年九月二十四日丑時，壽享五十有五。光緒己丑年陽月初一日未時，葬峇柢萬漳[④]福建新冢山[⑤]。穴坐西向卯兼辛乙，分金辛酉辛卯。末署：歲進士[⑥]選用訓導，宗弟福昌頓首拜譔並書。

中國出使日記，斌郎中最先，郭侍郎次之，曾侯次之。李小池《游覽隨筆》雖非出使，然亦日記也。惟郭侍郎乘英國郵船，取道檳榔嶼。然停泊未久，不及登岸，故諸家日記於檳榔嶼多略。同年鍾贊周[⑦]比部[⑧]爲楨，出示薛叔耘《欽使出使四國日記》三卷，所記檳榔嶼諸節，深得肯要。時《志略》排印已畢，謹錄如左（下），以俟他日補纂。

《出使四國日記》云："光緒十六年正月二十二日丑正，到新嘉坡。二十三日午正，過麻六甲海峽[⑨]。蓋左麻六甲，右蘇門答臘也。二十四日，舟西北行。午正在赤道北

---

① 元清：王元清（1835—1889 年），字國清，又字玉湖，福建同安白礁社人。清道光三十年（1850 年）南來檳城謀生，以經商致富，成爲 19 世紀中後期檳城福建幫領袖之一，1885 年被推選爲檳城南華醫院的十二位"新推交替總理"之一，亦曾擔任檳城福建公塚董事。

② 右豐：王右豐，福建同安縣白礁王氏開基一世祖王際隆次房，祖號右豐公。白礁王氏家族源自河南光州固始，係開閩王王審知後裔。元末明初，王審知十四世孫王際隆，原居福州南臺。王際隆生有四子，長子右泰是開基一世祖長房、祖號右太公，元朝進士，官拜兵部郎中，歿於元亡明興之際；次子右豐爲開基一世祖次房、祖號右豐公，攜帶長兄右泰的三位幼子正本、正始、正翕逃難避禍。先奔晉江倉頭，再徙同安白礁。右豐從晉江遷至同安後肇基白礁上巷，右泰三子正本、正始、正翕及其子孫則繁衍下巷派。白礁王氏祠堂（世饗堂）大門石柱上的對聯有云："巷本烏衣分上下，堂名世饗嬗春秋"。烏衣巷爲東晉宰相王導位於南京的故居所在地，白礁王氏之分爲"上下巷"兩派淵源於此。此處所謂"派出右豐"，指的是源出同安白礁王氏開基一世祖次房祖號右豐公的"上巷"派。

③ 同安積善里白礁社：現今爲漳州市龍海縣角美鎮白礁村。

④ 峇柢萬漳：應爲峇柢蘭漳，爲 Batu Lanchang 的音譯，現譯作峇都蘭章或峇都蘭樟。位於檳城喬治市市郊，西臨亞依淡（Air Hitam），東臨日落洞（Jelutong）。

⑤ 福建新冢山：位於檳城峇柢蘭漳（峇都蘭樟，Batu Lanchang），佔地面積爲 55.932 英畝，爲 19 世紀檳城福建人的第一座公冢（義山）。據清嘉慶十年（1805 妳）的《福建重增義冢碑記》所載："義冢前人雖已建立，第恐日久年湮，塋重鱗疊……用是爰集同人，捐囊隨助。"在峇柢蘭漳增建新義冢，故而有"福建新冢山"之稱。1923 年，峇都蘭樟公冢併入"檳城聯合福建公冢"（United Hokkien Cemeteries Penang）管理。

⑥ 歲進士：明清時期對歲貢生的雅稱。歲貢生是指經過考試從廩生中選拔出來，送到國子監深造生員中的佼佼者。

⑦ 鍾贊周：鍾爲楨，字贊周，福建侯官縣人，清光緒十八年（1892 年）進士，官至朝議大夫、工部主事。

⑧ 比部：古代官署名。明清時期對刑部及其司官的習稱。

⑨ 麻六甲海峽：爲現今馬六甲海峽（Strait of Malacca），位於馬來半島與蘇門答臘島之間，由新加坡、馬來西亞和印度尼西亞三國共同管制。

五度四十七分，船右見山，樹木葱翠，洋人名之曰‘渭’；船左島上有塔燈，乃蘇門答臘盡處。”

鈞案：檳榔嶼，在赤道北五度十六分至三十分，則四十七分者，必檳榔嶼海面也。法公司船例不泊嶼，所見樹木葱翠之山，疑即檳榔嶼旌旗山。檳榔嶼，西人呼庇能。渭船、庇能或一聲之轉。

又云：“新嘉坡、麻六甲、檳榔嶼全境，英總名司曲來脱舍脱門此[①]。司曲來脱，譯言海峽；舍脱門此，譯言埠也。各國領事皆兼三埠，中國則專司新嘉坡事。緣設領事之初，忘敘及兩埠。然麻六甲、檳榔嶼華人有事，亦有來告領事者，但與英官辨（辯）論較多周折耳。此事當俟機會更正之。”

又云：“中國應派領事官駐香港者，擬調新嘉坡領事左秉隆任之。駐新嘉坡者，擬派使署二等參贊黄遵憲任之，非僅爲新嘉坡一處之領事官，並爲檳榔嶼、麻六甲，及附近各處之總領事官。其檳榔嶼各處，有應派副領事者，俟審定後奉聞。”

鈞案：檳榔嶼各處領事之設，實不容緩。

又云：“新嘉坡領事左秉隆稟稱，南洋英屬各地，除香港、仰光、薩拉瓦[②]、北慕娘[③]、納閩[④]、文萊[⑤]暨澳大利亞各埠，暫置不論外。其歸新嘉坡巡撫統轄者，若檳榔嶼、麻六甲，皆全屬英者也；若白蠟、石蘭莪、芙蓉、彭亨，歸英保護者也。柔佛名爲自主之國，實陰受英約束者也。如欲設官統轄，宜先與英外部議，請先以新嘉坡領事爲新嘉坡、檳榔嶼、麻六甲暨其附近保護諸國之總領事，並准其酌派領事或副領事等官。大約檳榔嶼、麻六甲應作一起辦法，白蠟、石蘭莪、芙蓉應作一起辦法，柔佛作一起辦法。彭亨新歸英國，尚可從緩。檳埠宜派正領事，麻埠可派副領事。至白蠟等國，各有華商一人充當甲必丹。如飭兼充領事，或可允從。”

鈞案：此論與鄙見合，不惟省費亦省事。

---

① 司曲來脱舍脱門此：爲 Straits Settlements 的音譯，即英屬海峽殖民地。

② 薩拉瓦：爲 Sarawak 之音譯，即現今馬來西亞砂拉越州。在 16 世紀時，砂拉越開始受到汶萊王國（又稱渤泥國）的控制。直至 1841 年，英國探險家詹姆士·布魯克（Sir James Brooke）從汶萊手中取得砂拉越（今古晉一帶）的統治權，成爲了獨立的王國。1946 年，布魯克家族决定將砂拉越的治權交回英王，成立直轄殖民地。1963 年，砂拉越與馬來亞、北婆羅洲和新加坡共同組成馬來西亞聯邦。

③ 北慕娘：又稱北婆羅，英文爲 North Borneo，即現今馬來西亞沙巴州。早在 15 世紀，汶萊和菲律賓南部一帶的商人已經把這個地方稱爲沙巴。然而英國人於 1881 年統治沙巴後，改名爲北婆羅洲。直至 1963 年，沙巴成爲馬來西亞聯邦的一部分，纔恢復固有名稱。

④ 納閩：Labuan，位於東馬來西亞沙巴州與汶萊中間的汶萊灣北部，由納閩主島和附近的六個小島組成，現爲馬來西亞的納閩聯邦直轄區（Federal Territory of Labuan）。在歷史上，納閩曾經是汶萊的一部分，但於 1846 年被汶萊蘇丹割讓給英國，並在 1848 年成爲英國皇家殖民地。1890 年 1 月 1 日被合併爲英屬北婆羅洲的一部分；1906 年 10 月 30 日，又被合併爲英属海峽殖民地的一部分。1963 年 7 月 15 日，脱離英國統治，加入馬來西亞聯邦，歸沙巴州管轄。1984 年 4 月 16 日，正式成爲馬來西亞聯邦直轄區。

⑤ 文萊：Brunei，亦作汶萊。古稱渤泥、浡泥，現今婆羅洲（加里曼丹島）北部的汶萊國，全稱爲文萊達魯薩蘭國（馬來語 Negara Brunei Darussalam），意爲“和平之邦”。

又云:"英國官制,駐新嘉坡等處者,謂之犿物納[①],猶中國巡撫也。駐印度者曰犿物納萃乃蘭[②],猶中國總督也。巡撫管理新嘉坡、檳榔嶼、麻六甲全境。"

鈞案:《叻報》、《星報》輙稱,某制軍出巡嶼境。似誤。

又云:"查舊卷,王榮和稟稱,新嘉坡至麻六甲,輪船十二點鐘海程。又至檳榔嶼,輪船三十六點鐘海程。三埠相連,檳榔嶼繁盛,足與新嘉坡相埒。嶼埠巨賈甚多,兼通仰江米貨,就近各小埠物産,亦皆彙集於此,即坡埠市面,亦聽嶼埠號商信息也。"

又云:"南洋諸島各埠林立,商務、工務均賴華人爲骨幹,統計約有三百餘萬,而尤以新嘉坡、檳榔嶼爲要衝。"

又云:"英國新嘉坡附近各島,於光緒十一年定其總名曰海門。凡海門統轄之地,曰新嘉坡島,曰麻六甲省與城,曰丹定斯群島,曰檳榔嶼,曰威利司雷省,暨其屬部科科斯群島,内分二十小島。以上各地,共有四十二萬三千餘人。華民内有十七萬四千三百二十七名。"

鈞案:此舊數也。辛卯稽查,不止此數。

又云:"南洋諸島國,自古無傑出之人才。蓋地在赤道以下,有暑無寒,精氣發洩,終歲無收歛之時,所以人之筋力不能勤,神智不能生,頹散昏懦,無由自振。大抵地球溫帶,爲人物精華所萃。寒帶之極北,則人物不能生。熱帶之下,人物雖繁而不能精。而溫帶近寒之地,往往有鍾毓神靈。首出庶物者,則以精氣凝歛之故也。"

鈞案:此説與後説合參,乃備。

又云:"泰西諸國,在今日正爲極盛之時,固由氣數使然。蓋美洲之開闢後於歐洲,歐洲之開闢後於中國,而歐洲各國之中,開闢又有先後,故風俗亦有厚薄。美利堅猶中國之虞、夏時也,俄羅斯猶中國之商、周時也,英吉利猶中國兩漢時也,法蘭西、意大利、西斑牙[③]、荷蘭,其猶中國之唐、宋時乎?若法人意氣囂張,朋黨爭勝,則幾似前明之世矣。"

鈞案:此論誠確,發前人所未發。竊謂巫來由諸部,殆無懷葛天[④]之時歟?

---

① 犿物納:爲英文 Governor 之音譯,指海峽殖民地總督(Governor of the Straits Settlements),又稱三州府總督。

② 犿物納萃乃蘭:爲英文 Governor-General 之音譯,此指英屬印度大總督(Governor of the India 或 Governor-General and Viceroy of India)。

③ 西斑牙:爲 Spain 之音譯,即西班牙。

④ 葛天:即葛天氏,傳説中遠古時代的部落名稱。

又云："罅律埠[①]錫礦甚旺，開礦華人約有三萬，而屬粵人鄭貴[②]者三分之一。"

鈞案：鄭貴，名嗣文，字慎之，孝親友弟，曾捐萬金創建宗祠。凡諸善舉，樂施不倦。渾厚老成，鄉人稱之。

## 校勘

（一）黄伯純：廈大本作"黄伯統"，師大本作"黄伯純"，本書前文亦作"黄伯純"，據改。

（二）胡璇澤：廈大本作"胡旋澤"，師大本作"胡璇澤"。應爲"胡璇澤"，據改。

（三）"詢知居民十四萬……惜未一往觀也"：廈大本缺，師大本有此段文字，依補。

（四）威諾斯里：廈大本和師大本在此均作"威斯諾里"。（清）郭嵩燾《使西紀程》"光緒二年十一月初一日"條，爲"威諾斯里"。又本書上文，亦作"威諾斯里"，據改。

（五）右詧：廈大本作"左詧"，師大本作"右詧"，經前往福州西禪寺實地考察發現，當爲"右詧"，據改。

（六）胡嶽東：廈大本和師大本均作"胡獄東"，應爲"胡嶽東"。又福州長慶寺（西禪寺）石刻亦作"胡嶽東"，據改（下同）。

（七）光緒丙戌：廈大本和師大本在此均作"光緒丙戍"。當爲"光緒丙戌"，即光緒十二年丙戌，公元 1886 年，據改。

（八）光緒丙戌：廈大本和師大本在此均作"光緒丙戍"。當爲"光緒丙戌"，即光緒十二年丙戌，公元 1886 年，據改。

（九）光緒丙戌：廈大本和師大本在此均作"光緒丙戍"。當爲"光緒丙戌"，即光緒十二年丙戌，公元 1886 年，據改。

（十）"王漢宗以其父墓志拓本見贈……漢宗父亦葬呇柢眼東"：廈大本缺，師大本有此段文字，依補。

（十一）歸：廈大本缺，師大本有此字，依補。

（十二）"嶼中人，能詩者……併凡十四人"：廈大本缺，師大本有此段文字，依補。

（十三）話：廈大本作"詰"，師大本作"話"。應爲"話"，據改。

（十四）"右錄竹枝詞……已是七絕矣"：廈大本缺，師大本有此段文字，依補。

---

① 罅律埠：簡稱罅埠，位於霹靂，以產錫聞名。爲馬來西亞霹靂州怡保（Ipoh）的舊稱。

② 鄭貴：即鄭景貴（1821—1901 年），原名嗣文，字慎之，廣東增城人。約於 1841 年南來霹靂，初爲錫礦礦工，幾經奮鬥，到 19 世紀中葉成爲霹靂著名礦主，亦是秘密會社"海山公司"的首領，手下有海山會眾甚多。1862 年至 1873 年間，其領導的海山會黨與義興黨人爲爭奪開礦地盤展開了長達 11 年的械鬥。1874 年，鄭景貴以海山會黨首領的身份參與簽訂"邦咯條約"。該條約的簽訂，結束了霹靂長期以來的紛爭，同時亦使霹靂正式成爲英國的殖民地。鄭景貴從 1877 年開始擔任霹靂首屆市政局議員及霹靂華人甲必丹，被譽爲太平（Taiping）開埠的功臣。鄭景貴事業有成之後，其產業大多集中於檳城，先後擔任檳城平章會館、五福書院、增龍會館、廣汀公冢的協理及總理，以及檳城極樂寺的五大總理之一。鄭景貴曾捐鉅資支持清朝抗法戰爭及賑濟中國水災，獲頒"欽加兵備道"銜，並追贈三代。

# 檳榔嶼志略跋[①]

力君軒舉同年,自南洋萬里歸,以所著《檳榔嶼志略》示余。余受而讀之曰:此不朽盛業也。夫天下形勢趨重於南洋久矣,檳榔嶼者又南洋之門戶也。君旅居僅數月,與其賢士大夫游,又能圖其山川扼塞,徵文考獻,輯成是書。用力之勤,用心之苦,故語語動有關係如是。嶼中有未謀面之交曰李君丕耀[②],余嘗致書論今天下人材,莫盛於閩省。誠以南洋生齒數百萬,聞其人多負異才。海軍部伍,閩產居八九。中外無事則已,苟有事,振臂一呼,吾知起而響應者,必南洋也。讀斯志,益信余說之不誣矣。憶余少壯時,欲作大西洋之游者再。一則受沈文肅公[③]命,一則膺郭筠仙侍郎之聘。已入都矣,已而皆不果行。承其後者爲李丹崖[④]、黎蒓齋[⑤]兩觀察,二公嗣皆持節海外。今余則爲天所棄,槁項蓬廬,自顧身世,愈不相人。閉門戢影,窮愁著書,又皆蟲魚瑣屑,不適於用,對君彌滋媿矣。君等身著作,斯志外未出問世者又若干種,皆經世學,與余所趨不同者過爲之也。今將爲續游,行有日矣。人情習斯設施愈宏,君其勉乎哉!還以質之丕耀諸君子。海波蕩潏,北望故鄉,知晨夕翹首跂足尚有如余之一人也。

---

① 檳榔嶼志略跋:此跋爲王元穉校改本獨有,廈大本和師大本均無。跋文爲小楷手書,寫在上下雙欄的紅格紙上,題名"檳榔嶼志略跋"。

② 李君丕耀:即李丕耀,檳榔嶼華人,祖籍福建泉州府同安縣。檳城李氏家冢李成茂園的大園主及檳城澄懷園別墅主人,亦是檳城浮羅池滑福建公冢、峇都眼東福建公冢的倡建人。

③ 沈文肅公:沈葆楨(1820—1879年),原名沈振宗,字幼丹,又字翰宇,福建侯官(今福建福州)人。晚清時期的重要大臣,政治家、軍事家、外交家、民族英雄。中國近代造船、航運、海軍建設事業的奠基人之一。清光緒五年(1879年),沈葆楨在江寧病逝於任上,享年59歲,謚文肅,追贈太子太保銜。

④ 李丹崖:李鳳苞(1834—1887年),字丹崖,江蘇崇明(今屬上海市崇明區)人。曾捐資爲道員,後受命辦理江南製造局、吳淞炮臺工程局,並兼任兩局編譯,翻譯科學技術書籍。1878年由李鴻章保薦,擔任駐德公使,並兼任駐奥、意、荷三國公使。1884年暫署駐法公使。中法戰爭爆發後,奉命回國任北洋營務處總辦,兼管水師學堂。一生著(譯)述頗豐,以軍事科技内容居多。主要著(譯)述有《四裔編年表》、《陸操新義》、《海戰新義》、《克虜伯炮說》、《整頓水師說》,以及《使德日記》等。

⑤ 黎蒓齋:黎庶昌(1837—1898年),字蒓齋,貴州遵義人,晚清外交家和散文家。自光緒二年(1872年)起,先後隨郭嵩燾、曾紀澤、陳蘭彬等出使歐洲,歷任駐英吉利、德意志、法蘭西、西班牙使館參贊。光緒七年(1881年),升道員,賜二品頂戴。光緒七年至十年(1881—1884年)、光緒十三年至十五年(1887—1889年),兩度派任駐日本國大臣。光緒十七年(1891年)任滿回國後,任川東道員兼重慶海關監督,曾出資創建雲貴會館,舉辦洋務學堂。主要著述有《西洋雜誌》、《黎星使宴集合編》等。

光緒癸巳暮春年 愚弟閩縣 王元穉[1]拜跋

① 王元穉:亦作王元稚(約 1842—1926 年),字少樵,號無暇逸齋主人,福建閩縣人。十九歲時入閩縣縣學爲諸生(秀才),清光緒乙丑(光緒十五年,1889 年)恩科舉人。清同治六年(1867 年),受知於船政大臣沈葆楨,召爲船政前後學監督,以一諸生膺此重任前後五年。光緒初年入臺,先後擔任臺灣道夏獻綸和劉璈的幕僚。後改就教職,曾任鳳山縣學教諭、臺北府教授,在臺任教長達 20 年。甲午戰爭後,日本佔據臺灣,王元穉於光緒二十一年(1895 年)夏離臺內渡,以辦學務,培育後進爲業。先後在京師大學堂、順天高等學堂、閩學堂、杭州第一中學、宗文中學、女子師範學校、廣東隨宦學堂、監獄學堂、國文修身專科教員。一生著述頗豐,主要著作有:《致用書院文集》、《致用書院續存》、《秉鐸公牘存稿》、《讀趙注隨筆》、《漢儒趙注從祀始末記》、《文廟圖像箋校》、《說文學四種》、《說算》、《算學四種》、《讀左隨筆》、《讀五代史隨筆》、《作嫁·借箸集》、《作嫁·借箸集續集》、《酬應雜存》、《楹聯雜存》等。

# 附　錄

## 一、有關檳榔嶼的統計資料

**表 1　檳榔嶼華人方言群人口統計表(1881 年)**

单位:人

| | 成年男性 | 成年女性 | 男孩 | 女孩 | 總數 |
|---|---|---|---|---|---|
| 福建 | 11167 | 1314 | 751 | 656 | 13888 |
| 海南 | 1975 | 14 | 138 | 2 | 2129 |
| 客家 | 3947 | 339 | 172 | 133 | 4591 |
| 廣府 | 6368 | 2511 | 417 | 694 | 9990 |
| 潮州 | 5071 | 157 | 64 | 43 | 5335 |
| 土生華人 | 2051 | 2830 | 2239 | 2082 | 9202 |
| 總數 | 30579 | 7165 | 3781 | 3610 | 45135 |

資料來源:*Straits Settlements Government Gazette*, 30 December 1881, p. 1333.

**表 2　威爾斯利省華人方言群人口統計表(1881 年)**

单位:人

| | 成年男性 | 成年女性 | 男孩 | 女孩 | 總數 |
|---|---|---|---|---|---|
| 福建 | 2282 | 188 | 122 | 88 | 2680 |
| 海南 | 369 | 4 | 8 | 1 | 382 |
| 客家 | 2058 | 135 | 62 | 57 | 2312 |
| 廣府 | 1719 | 237 | 90 | 66 | 2112 |
| 潮州 | 13046 | 181 | 150 | 81 | 13458 |
| 土生華人 | 283 | 320 | 302 | 370 | 1275 |
| 總數 | 19757 | 1065 | 734 | 663 | 22219 |

資料來源:*Straits Settlements Government Gazette*, 30 December 1881, p. 1333.

表 3　檳榔嶼與威爾斯利省人口統計表(1891 年)

单位:人

| 地區 | 男 | 女 | 合計 |
| --- | --- | --- | --- |
| 檳榔嶼 | | | |
| 工部界內 Municipality of George Town | 36881 | 14746 | 51627 |
| 東北區 North-East District | 30084 | 14690 | 44774 |
| 西南區 South-East District | 14397 | 8807 | 23204 |
| 流動人口 Floating Population | 1654 | 72 | 1726 |
| 軍人 Military | 188 | 5 | 193 |
| 囚犯 Prisoners | 292 | —— | 292 |
| 員警 Police | 1072 | 408 | 1480 |
| 旅人 Wayfarers | 581 | 9 | 590 |
| 合計 | 85149 | 38737 | 123886 |
| 威爾斯利省 | | | |
| 北區 Northern District | 28924 | 23155 | 52079 |
| 中區 Central District | 19989 | 12487 | 32476 |

续表

| 地區 | 男 | 女 | 合計 |
|---|---|---|---|
| 南區<br>Southern District | 16288 | 7161 | 23449 |
| 流動人口<br>Floating Population | 95 | 18 | 113 |
| 合計 | 65296 | 42821 | 108117 |
| 總數 | 150445 | 81558 | 232003 |

資料來源:E. M. Merewether, *Report on the Census of the Straits Settlements taken on the* 5th *April 1891*, Singapore: Government Printing Office, 1892, p. 103.

**表 4　海峽殖民地人口統計表(1871 年、1881 年、1891 年)**

單位:人

| | 1871 年 | 1881 年 | 1891 年 |
|---|---|---|---|
| 檳城 | 133230 | 190597 | 235618 |
| 新加坡 | 97111 | 139208 | 184554 |
| 馬六甲 | 77756 | 93579 | 92170 |

資料來源:Robert L. Jarman, *Annual Reports of the Straits Settlements for* 1881 (*Volume* 2), English: Archive Editions, 1998, pp.511—512; E. M. Merewether, *Report on the Census of the Straits Settlements taken on the* 5th *April 1891*, Singapore: Government Printing Office, 1892, p. 1.

**表 5　海峽殖民地出入口數額表(1889 年至 1890 年)**

單位:海峽元

| | 入　口 | | 出　口 | |
|---|---|---|---|---|
| | 1889 年 | 1890 年 | 1889 年 | 1890 年 |
| 檳城 | 43181397 | 43788400 | 41833488 | 41349247 |
| 新加坡 | 110746590 | 112633960 | 88683134 | 94131804 |
| 馬六甲 | 2271074 | 2228351 | 2702659 | 2244093 |

資料來源:Robert L. Jarman, *Annual Reports of the Straits Settlements for* 1890 (*Volume* 3), English: Archive Editions, 1998, pp. 596-597.

**表 6　檳城收入與支出一覽表(1886 年)**

单位:海峡元

| Revenue | | Expenditure | |
|---|---|---|---|
| | $ | | $ |
| Land Revenue | 47122 | Salaries | 369577 |
| Rents, exclusive of land | 282 | Allowances | 2617 |
| Licenses | 876000 | Contingencies | 5703 |
| Stamps | 124699 | Pensions | 28653 |
| Port and harbour dues | 17572 | Revenue services | 42705 |
| Postage | 29168 | Administration of justice | 3637 |
| Fines, fees and forfeitures of Court | 21750 | Ecclesiastical | 729 |
| Fees of office | 7763 | Charitable allowances | 2509 |
| Reimbursements | 39140 | Education | 18343 |
| Sale of Government property | 413 | Medical | 43023 |
| Interest | 13511 | Police | 18623 |
| Miscellaneous receipts | 25438 | Gaols | 20952 |
| Special receipts | 13830 | Harbour department | 3060 |
| Reimbursements | —— | Light houses | 4372 |
| Reclamation works | —— | Government vessels | 5768 |
| | | Postal services | 3197 |
| | | Rent | 3284 |
| | | Transport | 26062 |
| | | Miscellaneous services | 36073 |
| | | Works and buildings | 156385 |
| | | Roads, streets and bridges | 100164 |
| | | Land and houses purchased | 1055 |
| | | Military expenditure | 240 |
| | | Special expenses | 2955 |
| | | Reclamation works | 77843 |

续表

| Revenue | | Expenditure | |
|---|---|---|---|
| | | | |
| Total | 1216688 | Total | 977529 |

資料來源:Robert L. Jarman, *Annual Reports of the Straits Settlements for 1886* (*Volume* 3), English: Archive Editions, 1998, p. 242.

**表 7　海峽殖民地稅收一覽表(1889 年至 1890 年)**

单位:海峡元

| | 1889 年 | 1890 年 |
|---|---|---|
| 檳城 | 128410.06 | 133868.06 |
| 新加坡 | 214751.94 | 195376.94 |
| 馬六甲 | 17959 | 12652 |
| | | |
| 合計 | 361121 | 341897 |

資料來源:Robert L. Jarman, *Annual Reports of the Straits Settlements for 1890* (*Volume* 3), English: Archive Editions, 1998, pp. 511,539, 563, 583.

## 二、地名一覽

**二畫**

九州(古代中國的代稱)

十洲(古代傳説中仙人居住的十座島,分别爲祖洲、瀛洲、聚窟洲、玄洲、炎洲、長洲、元洲、流洲、生洲、鳳麟洲)

丁加羅(現今馬來西亞登嘉樓州)

**三畫**

川(中國四川省簡稱)

下港(又名順塔,爲現今印度尼西亞西爪哇萬丹)

三島(傳説中的蓬萊、方丈和瀛洲三座漂浮在海上的仙島)

三寶壠(Semarang,又稱壠川、三孖泠、三馬壟、三巴郎、三寶壟,爲現今印度尼西亞爪哇島中爪哇省商港和首府)

三佛齊(爲東南亞古地名與國名,又稱室利佛逝、佛逝、舊港,發源於現代蘇門答臘的巨港附近)

三藩謝司戈(爲 San Francisco 的音譯,又稱桑佛蘭須斯果、聖法蘭西斯科、舊金山,爲現今的美國加利福尼亞州三藩市)

大英(指大英帝國,或稱不列顛帝國,英文爲 British Empire,現今英國)

大食(又作“大石”或“大寔”。原爲伊朗對阿拉伯一部族之稱)

大爪哇(今印度尼西亞爪哇島)

大亞齊、大亞齊國(Acheh,東南亞古國之一。又稱啞齊,位於印度尼西亞蘇門答臘西北部)

大西洋(Atlantic Ocean,世界四大洋之一)

大嶼山(位於香港西南面,亦稱大溪山、大崳山、大魚山、大漁山、大庾山、南頭島、爛頭島、屯門島、硇洲、大蠔山和大濠島等)

大年、大泥(Pattani,爲東南亞古國之一,又稱太泥、佛打泥等名稱,現今泰國南部北大年府一帶)

大小白臘(白臘爲 Perak 之音譯,現今馬來西亞霹靂州。大白臘指霹靂州,小白臘指太平)

上黨(爲中國山西省東南部的一個古地名)

上海(爲現今中國上海市)

小呂宋(菲律賓馬尼拉)

小白蠟(指馬來西亞霹靂州太平)

小爪哇(又作交留巴、加留巴,今印度尼西亞雅加達)

干陁利(爲東南亞古國之一,又作干陀利、斤陀利、近陁利等名稱。一説在印度尼西亞蘇門答臘島的巴領旁一帶,一説在馬來半島)

士郎（爲 Ceylon 之音譯，又譯爲“錫蘭”，現稱爲斯里蘭卡）

士文丹（Serendah，爲馬來西亞雪蘭莪州雙文丹之舊稱，又稱石連達、斯文丹）

土吐羅牌利山（爲 Strawberry Hill 之音譯，又稱草莓山、檳榔山 Penang Hill、政府山 Government Hill、旗山 Flagstaff Hill，現稱升旗山 Bukit Bendera）

七里瀧（又稱七里灘、七里瀨，亦稱富春渚。指浙江省錢塘江中游建德市梅城至桐廬縣嚴子陵釣臺段峽谷。連亙七里，故名）

## 四畫

中土（爲中國的古稱）

中原（爲中國傳統中的一個地域概念，是指以中國河南省爲核心延及黄河中下游的廣大地區）

中華（指稱中國）

丹國（Denmark，又作丹麻國，現今丹麥）

丹丹國（東南亞古國之一，故地位於現今馬來西亞的吉蘭丹一帶）

丹定斯群島（The Islands of Dindings，又稱天定群島，位於馬來西亞霹靂州西南部、霹靂河口北岸。現稱曼絨 Manjung）

勾欄山（又稱交欄山，即今印度尼西亞加里曼丹島西南岸外的格蘭島 Pulau Gelam）

勾勒登山（爲 Gunung Geureudong 之音譯，又稱格勒東山，位於蘇門答蠟北部，是印度尼西亞的火山）

爪哇（Java，印度尼西亞爪哇島）

爪窪（爲 Java 之同名異譯，古稱闍婆，現譯作爪哇）

日本（指現今日本）

日裏（爲 Deli 之音譯，亦作幼裏，現今印度尼西亞棉蘭 Medan，爲北蘇門答臘首府）

日落洞（馬來語 Jelutong，位於檳城喬治市市郊，檳榔河的南部流域）

日、日斯巴尼亞（爲 España 之音譯，又稱以西吧尼亞，原指西歐伊比利亞半島 Ibérian Peninsula，後來用於指西班牙）

天津（中國天津市）

天竺（指現今印度）

天香山（應爲“天衡山”，現今稱爲亞逸依淡 Air Hitam）

内而（位於馬來西亞的一個市區。今地不詳）

王子洲、王子島、毋呵島、毋呵老王子島（英文爲 Prince of Wales Island，全名爲“威廉斯王子島”，指馬來西亞檳榔嶼）

毋大港（亦作母太港、母大河，爲 Kuala Muda 的音譯，指瓜拉姆達河 Muda River，現今爲吉打和檳城的分界處）

比國（現今比利時）

文丁(Benteng,又譯作文登。現名稱爲 Tangerang,中文譯名爲丁腳蘭或當格朗,現爲印尼西爪哇萬丹省的一個城市)

文萊(Brunei,也作汶萊,現全稱爲:文萊達魯薩蘭國,意为“和平之邦”)

巴伶(爲 Baling 之音譯,現稱爲華玲,是馬來西亞吉打州面積第二大的縣)

巴黎(Paris,法國首都)

巴蜀(四川盆地及其附近地區,今四川中東部和重慶大部及陝南、鄂西等地)

巴拉辣(爲 Ballarat 之音譯,現稱巴拉瑞特,早期又稱“孖辣”,位於澳大利亞維多利亞州南部,於墨爾本西北部)

**五畫**

甲(馬六甲之簡稱)

叻(石叻、叻埠之簡稱。石叻爲馬來語 Selat 之音譯,指現今新加坡)

印度(古稱天竺,現今印度共和國)

印度海(Indian Ocean,現稱爲印度洋)

白臘(爲 Perak 之音譯,現今馬來西亞霹靂州)

白臘河(爲 Sungai Perak 之音譯,現今的霹靂河)

白礁社(原爲福建省泉州府同安縣積善里,現爲漳州市龍海縣角美鎮白礁村)

石蘭莪、石郎阿國(爲 Selangor 之音譯,現今馬來西亞雪蘭莪州)

古巴(Cuba,北美洲加勒比海北部的一個群島國家)

古林(爲 Kulim 的音譯,現今的馬來西亞吉打州居林)

永福(爲現今福建省福州市永泰縣)

永定縣(福建省永定縣,位於福建省西南部)

四川(爲中國四川省,簡稱川或蜀)

北慕娘(又稱北婆羅,英文爲 North Borneo,現今馬來西亞沙巴州)

司曲來脫舍脫門此(爲 Straits Settlements,英屬海峽殖民地的音譯)

汀州府(明清時期爲中國福建省的一個府名,1913 年,廢除汀州府,各縣併入汀漳道。1960 年,汀州府舊地八縣,北邊的寧化縣、清流縣、歸化縣三縣改歸三明市管轄;南邊的長汀縣、連城縣、上杭縣、武平縣、永定縣五縣,改歸龍岩市管轄)

占臘國(又稱爲真臘,爲東南亞古國之一,曾爲扶南之屬國,故址在現今柬埔寨境内)

屶崱峰(爲福州鼓山之山峰,又稱絕頂峰)

布路檳榔(爲馬來語 Pulau Pinang 之音譯,現今馬來西亞檳城州)

加拉巴(爲馬來語 Kelapa 之音譯,現今的印度尼西亞雅加達)

市丹塔(位於澳大利亞昆士蘭州)

幼裏(爲 Deli 之音譯,亦譯作日裏、日里,現稱棉蘭[Medan],爲印尼北蘇門答臘首府)

必治活(爲 Beechworth 之音譯,現稱比奇沃斯鎮,位於澳大利亞維多利亞州)

**六畫**

安南(越南古名,得名於唐代設置的安南都護府)

仰光、仰江(古稱“大光”,又作落坑、漾貢、冷宮、營工,皆爲 Rangoon 之音譯,即現今緬甸仰光)

交欄山(Pulau Gelam,又稱勾欄山,即今印度尼西亞加里曼丹島西南岸外的格蘭島)

吉林(亦作吉寧、吉寧仔,梵文 Kalinga 之音譯。《大唐西域記》作“羯餕伽國”,故地在印度的中東部,瀕臨孟加拉灣)

吉德、吉德國、吉打(皆 Kedah 之音譯,又稱吉礁,現今馬來西亞吉打州)

吉蘭丹(Kelantan,現今馬來西亞吉蘭丹州)

吉隆、吉隆坡、吉隆埠(爲 Kuala Lumpur 的音譯,現今馬來西亞首都吉隆坡)

西洋(泛指歐洲本土)

西湖(中國浙江省杭州市西湖)

西山(位於北京,爲太行山的一條支阜,古稱“太行山之首”,又稱小清涼山)

西貢(Saigon,又稱“柴棍”,越南語爲 Sài Gòn,現今爲越南胡志明市)

西斑牙(爲 Spain 之音譯,現今西班牙)

西卑里亞(爲 Siberia 之音譯,現稱西伯利亞)

江西(簡稱贛,位於長江中下游南岸)

江南(意爲長江以南地區。現在狹義上指代長江以南錢塘江以北的浙北,蘇南及上海地區。也就是無錫、蘇州、南京、松江、上海、常州、鎮江、嘉興、湖州、杭州等)

江蘇(爲中國江蘇省)

安徽(取安慶府、徽州府兩府首字,稱安徽省,簡稱“皖”)

母太港(亦作毋大港、母大河,爲 Kuala Muda 的音譯,指瓜拉姆達河 Muda River,現今爲吉打和檳城的分界處)

因丹(爲 Klian Intan 之音譯,現稱爲仁丹,位於馬來西亞霹靂州北部)

同安、同安縣(古稱銀同,古縣名,明清時期隸屬福建省泉州府。1997 年廢同安縣,全縣劃入廈門市,改爲廈門市同安區)

老萬山(又稱魯萬山,位於中國珠江口之外,現由珠海市管轄)

汕頭(位於粵東韓江三角洲南端,現爲廣東省地级市,經濟特區,亦是東南沿海重要港口城市和粵東中心城市)

**七畫**

扶南(又稱夫南、跋南,公元一至七世紀中南半島上的古國)

扶桑(扶桑國之簡稱,日本國的代名詞)

芙蓉(雙溪芙蓉,亦譯作雙溪烏絨,現爲馬來西亞森美蘭州首府芙蓉市)

庇能(爲 Penang 之音譯,指檳榔嶼,現今馬來西亞檳城州)

呂宋(爲東南亞古國之一。在今菲律賓呂宋島馬尼拉一帶)

谷當(爲 Cooktown 之音譯,又稱庫克敦,位於澳大利亞昆士蘭州)

赤壁(位於今湖北省赤壁市西北部)

芹潦(位於今福建省永泰縣,今永泰縣白雲鄉鳳潦村)

吾貫(現今福建省廈門市海滄區鼇冠村)

克螺(爲 Kroh 或 Keroh 之音譯,現稱爲高烏,爲馬來西亞霹靂州北部邊陲城鎮)

克南安港、克里安港、克里安河(爲 Kuala Kerian 之音譯,地處於霹靂州和吉打州交界的吉輦河口,又稱吉輦河)

沙喇我國(爲 Selangor 之音譯,現今馬來西亞半島馬來西亞西岸雪蘭莪州)

庇鳌市檳(爲 Brisbane 之音譯,現稱布里斯班,位於澳大利亞東部的城市)

**八畫**

呷(Cape of Good Hope,指好望角,又譯爲喜望峰,原名暴風岬 Cape of Storm,今南非開普敦 Cape Town)

坡(新加坡簡稱)

法、法國、法蘭、法蘭西(今法國)

英、英國、英吉利、英吉利國、英圭黎(今英國)

林邑(爲東南亞古國之一,故地現在今越南中部。秦漢時期爲象郡象林縣地。中國史籍初稱爲林邑,公元九世紀後期改稱占城)

昆騫國(應爲毗騫國,故址就是在今緬甸,泰國以外的海域八千里)

明呀刺、明呀喇、孟呀刺、孟加刺(Bengal 之音譯,靠近孟加拉灣,包括今孟加拉及印度西孟加拉邦等地)

孟買、孟邁(現稱 Mumbai,舊稱 Bombay,印度西部濱海城市,印度第一大港口,馬哈拉斯特拉邦首府)

孟剌甲(爲 Melaka 與 Malacca 之音譯,現今馬來西亞馬六甲州)

怡山(位於福建省福州市西郊祭酒嶺山脈)

金山(一爲 San Francisco,美國加利福尼亞州三藩市,亦稱三藩市。二爲西非的黄金海岸(Gold Coast),英國於 1821 年在西非幾内亞灣沿岸的一個殖民地,因當地盛產黄金而得名,現今爲加納共和國。三爲柔佛州金山,馬來語爲 Gunung Lelang,又譯作禮讓山,位於馬六甲河馬六甲交界處,海拔 1276 米,是柔州最高的山峰)

佛郎機(爲 Franks 的音譯,明代中國對葡萄牙和西班牙人的稱呼)

長崎(日本九州西岸著名港市,長崎縣首府)

東洋(指日本)

東瀛(日本的别稱,一般是指日本國)

東印度(爲一個地域概念,相關區域包括南印度及東南亞)

東印度洋(印度洋東部)

兩江(清代江南省、江西省之合稱,包括現今江蘇、安徽、江西三省與上海市)

兩廣(又稱兩粤,是中國廣東和廣西的合稱)

京口(江蘇省鎮江市的古稱,現爲江蘇省鎮江市京口區)

京師(中國歷代帝王都城之稱呼。清朝時爲北京)

亞(Asia,亞洲之簡稱)

亞齊(爲 Acheh 之音譯,又稱啞齊,位於印度尼西亞蘇門答臘西北部)

亞逸維淡(爲 Air Hitam 之音譯,現今稱爲亞逸依淡、阿逸依淡、亞依淡,位於檳城升旗山、極樂寺一帶)

亞西亞(Asia,又稱亞細亞,即現今的亞洲)

亞都律省(Adelaide,爲南澳大利亞的首府阿德萊德市)

卓耳治城(George Town,檳榔嶼喬治市。1786 年,萊特 Francis Light 登陸檳榔嶼後,以當時英國國王喬治·威廉·弗雷德里克 George William Frederick 的名字命名)

波斯(爲西亞的古國之一,又作波剌挐斯、波斯國、波斯剌,現今的伊朗)

波哥(爲 Bogor 之音譯,現今印度尼西亞茂物,又譯博果爾,位於印度尼西亞爪哇島西爪哇省)

波知滑(爲馬來語 Pulau Tikus 之音譯,現爲檳城浮羅池滑或浮羅池骨)

波羅圍(爲馬來語 Pulau We 之音譯,又稱韋島,位於蘇門答臘西北方的一座小型活火山島嶼)

波得忌利士(爲 Port Douglas 之音譯,現譯爲道格拉斯港,位於澳大利亞昆士蘭州北部)

波羅碧南(爲馬來語 Pulau Pinang 之音譯,現今馬來西亞檳城州)

波羅雜哈(爲馬來語 Pulau Saga 之音譯,現又稱沙嘉島,屬於馬來西亞霹靂州九嶼島 Pulau Sembilan 中的一個小島)

拉魯(爲 Larut 之音譯,又譯作拉律、拿律,現今的霹靂州太平 Taiping)

泗里末(爲 Surabaya 之音譯,又作蘇魯馬益、蘇兒把牙、蘇魯馬益、蘇魯馬、泗里貓、泗里末、泗里末仔、蘇臘巴亞,現今印度尼西亞泗水,位於爪哇島東北角,爪哇島第二大通商口岸,現爲東爪哇省首府)

卑力國(爲 Perak 之音譯,現今的霹靂)

旺加拉打埠(爲 Wangaratta 之音譯,現稱哇加拉搭,位於澳大利亞維多利亞州)

**九畫**

旁葛拉(爲孟加拉之同名異譯,包括今孟加拉國及印度西孟加拉一帶)

南山(亦稱“終南山”,位於陝西省西安市南之秦嶺中段,爲秦嶺主峰之一)

南洋(指今南中國海及周圍一帶海域,並包括中南半島、馬來半島、馬來群島等)

南海(泛指今東南亞一帶及其海域,甚至遠至印度洋的海域)

南印度(指印度南部)

柔佛(爲 Johore 之音譯,今馬來西亞柔佛州)

姑林(爲 Kulim 之音譯,今馬來西亞吉打州居林)

美、美利堅、美國(指現今美國)

美洲(Americas,又稱美利堅洲,位於西半球,自然地理分爲北美洲和南美洲)

美利濱(Melbourne,爲墨爾本的舊稱,早期又被稱爲新金山及 Bearbrass,位於澳大利亞維多利亞州南部的城市)

威省、威烈斯省、威利司雷省、威諾斯里、威烈斯烈、威烈斯烈省(爲英語 Province Wellesley 之音譯,原屬吉打,當時稱爲 Seberang Perai。1800 年,英國殖民者取得此地擁有權後,改名爲 Province Wellesley,當時的華人又譯爲威爾斯利省,簡稱威省)

科科斯群島(Cocos Keeling Islands,是澳大利亞在印度洋的海外領土,位於澳大利亞與印尼之間)

俄羅斯(今俄羅斯)

香港、香江(香港)

峇柢萬漳(應爲峇柢蘭漳,爲 Batu Lanchang 之音譯,又稱峇都蘭章或峇都蘭樟。19 世紀檳城福建人第一公冢所在地)

峇株眼東、峇柢眼東(爲 Batu Gantong 之音譯,現稱爲峇都眼東。19 世紀檳城福建人第三公冢所在地)

侯官、侯官縣(爲中國舊縣名,歷史上轄境大致爲現今的福建省福州市區和閩侯縣的一部分,長期隸屬於福建福州府,與閩縣分轄福州府治,形成一府兩縣的局面)

紅毛(明代史籍對荷蘭人的稱呼。清代以來,泛指西洋人。荷屬東印度華僑以此專稱英國人)

紅毛淺(應爲馬六甲海峽 Strait of Malacca,位於馬來半島與蘇門答臘島之間的海峽)

紅葉館(又稱"芝山紅葉館",館在日本東京東部沿海芝山西南高阜之上,爲日本明治時期的著名飯店,清朝駐日大使黎庶昌常在此與日本朝野文士聚會交流、唱酬詠歌)

洪家園(應稱爲"紅毛公園",位於馬來西亞檳城州)

神戶(Kobe,日本神戶市)

泉郡(指中國福建省泉州市)

急卜碌(Cape of Good Hope,好望角,又譯爲喜望峰,原名暴風岬 Cape of Storm,又稱爲大浪山,現稱開普敦 Cape Town,爲南非第二大城市)

計噠(亦作貴他,爲 Quedah 之音譯,指現今馬來西亞吉打州)

**十畫**

浙(爲中國浙江省的簡稱)

條支(爲西亞古國之一,在今伊拉克境内底格里斯河和幼發拉底河之間)

息力、息辣(馬來語 Selat 之音譯,亦作實叻或石叻,意爲海峽,舊時新加坡之別稱)

高淵(位於馬來西亞檳城州威南縣最南端,爲威省境内第三大的市鎮,馬來語稱

Nibong Tebal)

烏土國(爲東南亞古國之一,現今的緬甸)

烏石山(簡稱烏山,又稱道山。位於中國福建省福州市中部,與于山東西相對,爲福州城内三山之一)

狼牙修(爲 Langkasuka 的音譯,東南亞古國之一,又作稜伽修、狼牙須、迦摩浪迦、郎伽戍、郎伽、郎伽戍、淩牙斯加、龍牙犀角及狼西加。領土分佈在馬來西亞北部及泰國南部一帶)

荷、荷國、荷蘭(指荷蘭)

荷蘭西(亦稱勃蘭西氏,現今法國)

納閩(爲 Labuan 之音譯,現稱 Federal Territory of Labuan,爲馬來西亞東部的一個聯邦直轄區,位於東馬來西亞沙巴州與汶萊中間的汶萊灣北部,由納閩主島和附近的六個小島組成)

紐加士(爲 Newcastle 之音譯,現稱紐卡斯爾,位於澳大利亞新南威爾士州)

海門(英屬海峽殖民地,英語爲 Straits Settlements)

海澄、海澄縣(原爲福建省漳州府海澄縣,範圍包括現今福建省龍海市及廈門市海滄區部分地區)

海南(現爲中國海南省,簡稱“瓊”)

海南群島(即南洋群島,指東南亞各國)

海珠嶼(現稱丹絨道光,馬來語稱 Tanjong Tokong,位於檳榔嶼本島東北距市區約四英里的海濱一角)

唐山(指中國,早期海外華人社會均稱祖國爲“唐山”)

馬、馬六加(爲 Melaka 與 Malacca 之音譯,現今馬來西亞馬六甲州)

馬拉加海峽(Strait of Malacca,馬六甲海峽,位於馬來半島與蘇門答臘島之間,現由新加坡、馬來西亞和印度尼西亞三國共同管制)

馬丹薩(爲 Matanzas 之音譯,現稱爲馬坦薩斯,爲古巴北部海岸的一座城市)

馬辰(Banjarmasin,爲印度尼西亞加里曼丹島南部爪哇海沿岸港口城市)

馬郊(Macau 之音譯,指澳門)

浩斯白爾(爲 Horsburgh 之音譯,指霍士堡燈塔,現稱爲白礁或白礁島,位於新加坡海峽與南中國海交匯之處)

泰西(舊泛指西方國家)

浮羅知滑(爲馬來語 Pulau Tikus 之音譯,現爲檳城浮羅池滑或浮羅池骨)

秘魯(今秘魯共和國)

禨達剌沙(爲 Madras 之音譯,又作曼達剌薩、麻打拉薩、麻得拉士、麻拉薩、馬達剌、曼噠喇薩、馬達拉斯達。指馬德拉斯,南印度東岸海濱城市,泰米爾邦首府,現今稱作金奈,爲泰米爾語 Chennai 之音譯)

莆陽(指現今福建省莆田市,又稱莆仙)

孫吳(三國之一,爲孫權在中國東南部建立的政權,國號爲"吳",史學界稱爲孫吳。其所統治地區又居於三國之東,故亦稱東吳)

**十一畫**

婆羅大洲、婆利、婆羅洲、婆羅(爲馬來語 Borneo 之音譯,又稱波爾匿何、浡泥、勃泥等名稱,印尼則稱作加里曼丹島 Kalimantan Island。現全境由印尼、馬來西亞及汶萊三國管轄)

麻葉甕(又名麻葉凍,應爲勿里洞島 Pulau Belitung,爲印度尼西亞的一部分)

麻剌加、麻剌甲、麻喇甲、麻六甲、麻六甲省(爲 Melaka 與 Malacca 之音譯,現今馬來西亞馬六甲州)

麻六甲海峽(Strait of Malacca,馬六甲海峽,位於馬來半島與蘇門答臘島之間,現由新加坡、馬來西亞和印度尼西亞三國共同管制)

麻得拉士、曼達剌薩(爲 Madras 之音譯,又作禨達剌沙、麻打拉薩、麻拉薩、馬達剌、曼噠喇薩、馬達拉斯達。指馬德拉斯,南印度東岸海濱城市,泰米爾邦首府,現今稱作金奈,爲泰米爾語 Chennai 之音譯)

旌旗山(爲現今檳城升旗山,位於檳城島中部,海拔 2733 英尺)

梯梯王颯(爲 Titiwangsa 之音譯,即蒂迪旺沙山脈 Banjaran Titiwangsa,又稱"中央山脈",爲馬來半島上的主幹山脈和自然分割綫,將半島分成東岸及西岸地區)

蛇苺山、蛇苺子(英文 Strawberry Hill 之漢譯,又稱草莓山,指現今的檳城升旗山 Bukit Bendera)

蛇苺山瀑布(又稱石流水,位於檳城植物園 Taman Botani Pulau Pinang 之中)

過港(指檳榔嶼對岸的威爾斯利省,簡稱威省)

陽岐(現今福建省福州市倉山區蓋山鎮,地處閩江支流烏龍江北岸)

深青社(現今福建省廈門市集美區灌口鎮深青村)

望邁(Bombay 或 Mumbai 之音譯,指現今印度的孟買)

衮司倫爲(Queensland 之音譯,現今澳大利亞昆士蘭州)

雪梨(爲 Sydney 之音譯,現今澳大利亞悉尼)

麥里芬(爲 Madiun 之音譯,現稱爲茉莉芬,位於印度尼西亞東爪哇省)

缽打穩(爲 Bundaberg 之音譯,現又稱班德堡或邦達伯格,位於澳大利亞昆士蘭州中部的一座沿海城市)

**十二畫**

葛羅巴、葛留巴(亦作加拉巴,爲馬來語 Kelapa 之音譯,現今印度尼西亞首都雅加達)

葛安(應爲 Klang 之音譯,指現今雪蘭莪巴生)

無稜河(爲馬來語 Sungai Kerian 之音譯,現今的吉輦河)

彭亨(Pahang,現今馬來西亞彭亨州)

越南、越南國(現今的越南)

雅州(爲今中國四川省雅安市)

揚子江(又作洋子江,現今中國長江下游)

葡、葡國、葡萄牙(現今葡萄牙)

萬丹(Bantam 或 Banten,古稱下港或順港,現爲印尼的一個省,位於印度尼西亞爪哇西北部,隔巽他海峽與蘇門答臘島相望)

萬古累(爲 Bencoolen 之音譯,又作茫咕嚕、萬古屢、望久里,現今印度尼西亞的明古魯省,位於蘇門答臘的西南方沿岸)

琵琶湖(位於日本滋賀縣,面積約 674 平方公里,日本最大的淡水湖)

貴他(亦作計噠,爲 Quedah 之音譯,指現今馬來西亞吉打州)

焦山(位於江蘇省鎮江市區北長江之中,又稱樵山、獅子山、雙峰山、乳玉山、浮玉山)

順德(爲現今中國廣東省佛山市順德區)

弼侈剌(又稱弼爹喇,直布羅陀 Gibraltar)

琳琅(應爲六坤 Ligor,又名洛坤,爲現今泰國南部的那空是貪瑪叻 Nakhon Si Thammarat)

渭(即韋島,亦作"波羅圍",位於蘇門答臘島西北方的小型活火山島嶼)

湯市威路(爲 Townsville 之音譯,現稱湯斯維爾,位於澳大利亞昆士蘭州東部)

疏羅(爲 Solo 之音譯,又譯梭羅,現今印尼蘇拉加達 Surakarta)

惹加(Negara,印尼巴厘島內加拉)

寧波(爲今中國浙江省寧波市)

普陀(浙江普陀山之簡稱,位於杭州灣南緣、舟山群島東部海域,爲中國佛教四大名山之一,觀音菩薩道場)

**十三畫**

粵(中國廣東省之別稱)

新、新嘉坡、新嘉坡島、新加坡(Singapore,最初譯名尚不統一,或作星忌利坡、新州府、舊柔佛,最後稱爲新加坡)

新埠、新埠島、新埠頭、新堡(爲新開闢的碼頭、城鎮或商埠,此處指檳榔嶼)

新金山(指澳大利亞的墨爾本)

頓遜國(又稱典遜,其遺址位於現今緬甸丹那沙林)

獅子國(又稱僧伽羅國,斯里蘭卡的古代名稱)

福建(爲現今中國福建省)

福州(爲現今中國福建省福州市)

廈門(爲現今中國福建省廈門市)

鼓山(爲現今中國福建省福州市晉安區鼓山)

誇拉康薩(爲 Kuala Kangsar 之音譯,現今的霹靂瓜拉江沙)

意國、意大利、意大里亞、意大里亞國(Italy,現今意大利)

奧國(指奧匈帝國)

濂浦(亦稱連浦,現稱林浦,位於福州南臺島東北隅,舊屬閩縣開化里,現爲福州市倉山區城門鎮管轄)

蓬萊(神話傳說中的神山,在詩文中常藉以比喻仙境)

**十四畫**

滬上(中國上海别稱)

滿剌加、滿剌甲(爲 Melaka 與 Malacca 之音譯,現今馬來西亞馬六甲州)

碩蘭莪(爲 Selangor 之音譯,現今馬來西亞雪蘭莪州)

閩(福建省之簡稱)

閩縣(舊縣名,歷史上轄境大致爲現今的福建省福州市區東部和閩侯縣的東南部地區)

漁陽(古郡名,秦、漢治所在今北京密雲西南,秦二世發閭左戍漁陽即此。隋大業末年,改無終縣爲漁陽縣,治所在今天津市薊州區)

模答河(亦作母大河,爲 Muda River 之音譯,現今姆達河。該河爲吉打州主要河流之一,亦是位於吉打與檳城之間的分界)

實力(亦作息力,源自馬來語 Selat,意爲"海峽",指新加坡)

實得力塞多爾曼士(爲 Straits Settlements 之音譯,又稱作海峽殖民地、三州府或叻嶼呷)

實得力(爲 Straits 之音譯,實得力塞多爾曼士的簡稱)

廣、廣東(指現今中國廣東省)

廣府(明清時期廣州府之簡稱)

碧南(爲 Penang 之音譯,指現今檳榔嶼)

銅霞(位於馬來西亞的一個市區。今地不詳,待考)

漳、漳郡(指福建省漳州府)

嘉里約(現今的卡亞俄,西班牙語:El Callao,位於秘魯首府利馬的西邊,屬於利馬都會區的一部分)

**十五畫**

歐、歐洲(Europe,歐羅巴洲)

德國(今德國)

暹、暹國、暹羅(Siam,暹羅國的簡稱,現今的泰國)

緬甸(Burma,Myanmar,古稱烏土國)

盤盤國(爲東南亞古國之一,故地位於現今泰國南萬灣 Ban Don 沿岸一帶)

澳門(簡稱澳,古稱濠鏡澳,或稱濠江、海鏡、鏡海、媽港、梳打埠,爲特别行政區)

澳大利亞(爲 Australia 之音譯,又稱澳洲)

潮州(簡稱潮、潮汕,位於粵東沿海,地處閩、粵、臺三省交界。明清時期爲廣東省潮州府,轄有海陽、潮陽、揭陽、蓮陽、洪陽、饒陽、葵陽、新陽八縣,史稱"潮州八邑",又稱“潮州八陽”）

甌拉番山（爲 Gunung Seulawah Agam 之音譯，又稱塞拉瓦阿甘火山，位於蘇門答臘西北端，是印度尼西亞的火山）

輞川（位於今陝西省西安市南郊藍田縣的西南部，是秦嶺北麓的一條秀美川道）

箱館（Hakodate，又作蝦夷，現爲函館，位於日本北海道南部渡島半島東南龜田半島上的沿海城市）

**十六畫**

闍婆（爲古地名與古國名。地名稱作闍婆洲、闍婆娑州、萬丹或下港；國名稱作闍婆婆達、闍婆達、訶陵、社婆、或莆家龍，爲現今印度尼西亞爪哇島）

薩拉瓦（爲 Sarawak 之音譯，現今馬來西亞沙撈越州）

積善里（原屬泉州府同安縣，現屬漳州市龍海縣角美鎮）

磨面（爲 Moulmein 之音譯，現今緬甸孟邦首府毛淡棉）

辦坑（爲 Pahang 之音譯，今馬來西亞彭亨州）

龍涎嶼（爲現今印尼蘇門答臘北部亞齊附近海域的布拉斯島 Pulau Breueh，或龍多島 Pulau Rondo）

錫里（又作“錫哩”，《海錄》卷中有“錫哩國”條，故地應在印尼望加麗島和蘇門答臘島東岸碩頂河一帶。另亦有在蘇門答臘東岸的日里及實格里等說法）

錫蘭（爲古阿拉伯語 Sirandib 之音譯，西方史籍稱爲 Ceylon。位於印度次大陸東南方外海的島國，現今斯里蘭卡）

蕭關（古關名。故址在今寧夏固原東南）

橫濱（位於日本神奈川縣東部的港口都市，爲神奈川縣縣治及最大都市）

**十七畫**

嶼（檳榔嶼簡稱，今馬來西亞檳城州）

嶺南（古爲百越之地，因其地處越城、都龐、萌渚、騎田、大庾五嶺之南，故名。大體分佈在現今廣西東部至廣東東部和湖南、江西四省區交界處）

嶺嶠（五嶺的別稱）

罅律埠、罅埠（爲馬來西亞霹靂州怡保的舊稱）

舊金山（San Francisco，美國加州的三藩市）

**十八畫**

檳、檳榔嶼城、檳榔嶼、檳城、檳嶼（現今馬來西亞檳城州）

瓊州（即今中國海南省，瓊州也是海南的別稱）

**十九畫**

遼陽（古稱襄平、遼東城，位於現今遼寧省中部）

顛頂（爲 Dindings 之音譯，又稱天定群島，位於馬來西亞霹靂州西南部、霹靂河口北岸）

蘇門答剌、蘇門答臘、蘇門劄剌、蘇門島、蘇門答臘（爲 Sumatera 之音譯，是印度

尼西亞最西面的一個大島）

**二十畫以上**

靈山（爲越南富慶省檳檜灣達約港）

騰越（現中國雲南省保山市騰沖市）

寶樹巖（現稱寶嶼仙巖，位於馬來西亞檳城亞逸依淡）

## 三、人名一覽

**二畫**

十硯老人（黄任，字於莘，又字莘田。因喜藏硯，自號“十硯老人”，福建永泰人。清代著名詩人，藏硯家）

丁汝昌（原名丁先達，字禹廷，安徽廬江縣人。晚清北洋水師提督）

丁耕鄰（丁芸，字耕鄰，一字晴薌，福建侯官人，清光緒十六年舉人，輯有《閩川閨秀詩話續編》四卷）

土地神（大伯公）

卜式（河南洛陽人，西漢大臣。早年以耕種畜牧爲業，後以家産資助朝廷邊事拜爲中郎，賜爵左庶長，後拜爲齊王太傅，又轉任爲丞相）

力鈞（字軒舉，號醫隱，福建永泰縣人。清末民初著名醫家）

**三畫**

子（孔子）

子貢（復姓端木，名賜，字子貢，春秋末期卫國人。孔門七十二賢之一）

子張（復姓顓孫，名師，字子張，春秋戰國時期陳國人。孔門七十二賢之一）

子輿（孟子，名軻，字子輿。戰國時期偉大的思想家，儒家主要代表之一）

心光（字月印，福州怡山長慶寺僧人）

**四畫**

王（王柳谷、王大海）

王柳谷（王大海，字碧卿，號柳谷，福建漳州龍溪人，著有《海島逸志》六卷）

王元穉（亦作王元稚，字少樵，號無暇逸齋主人，福建閩縣人。1884年任臺灣府儒學訓導，隸屬於臺灣道臺灣府，1893年任臺北府儒學教授）

王刺史（王祚，五代末宋初並州祁縣人。五代後周時曾任隨州、商州刺史）

王苓周（王毓菁，字貢南，一字夢周，號停生，福建閩縣人，清末福建詩人）

王榮和（檳榔嶼華人，祖籍福建，曾任福建督標左營參將，爲兩廣總督張之洞所派周歷南洋，官至兩江副將總兵銜。本書卷四有傳）

（王）右軍（王羲之，東晉著名書法家）

王文慶（檳榔嶼華人，祖籍福建）

王明德（檳榔嶼華人，王文慶之子）

王孟英（王士雄，字孟英，號夢隱，祖籍浙江海寧鹽官，遷居錢塘（杭州）。清代著

名醫學家,著有《溫熱經緯》)

王摩詰(王維,字摩詰,唐代著名詩人)

王維(王摩詰)

王漢宗(檳榔嶼華人,祖籍福建泉州府同安縣積善里白礁社,王元清次子)

(王)元清(字國清,又字玉湖,王漢宗之父)

(王)漢鼎(王元清長子,王漢宗之兄)

(王)漢壽(王元清三子,王漢宗之弟)

(王)漢墀(王元清四子,王漢宗之弟)

(王)素容(王元清長女)

(王)素英(王元清次女)

(王)素娥(王元清三女)

(王)素珠(王元清四女)

(王)學詩(王元清之孫、王漢鼎之子)

(王)學和(王元清之孫、王漢鼎之子)

(王)學凱(王元清之孫、王漢鼎之子)

(王)學銘(王元清之孫、王漢宗之子)

(王)學勳(王元清之孫、王漢宗之子)

(王)學榮(王元清之孫、王漢壽之子)

(王)學文(王元清之孫、王漢壽之子)

(王)珍奇(王元清之孫女、王漢宗之女)

(王)福昌(王元清之宗弟,福建同安白礁人)

(王)右豐(福建同安白礁王氏開基一世祖王際隆次子,祖號右豐公)

丹溪(朱丹溪,元代醫學家朱震亨,金元四大醫學家之一)

文成(王守仁,字伯安,別號陽明,謚文成。明代著名思想家、軍事家,心學集大成者)

文忠(文忠公,林則徐,字元撫,又字少穆、石麟,謚文忠,福建福州人。清朝中後期著名的政治家、文學家,民族英雄)

孔子(孔丘,字仲尼,春秋末期的思想家和教育家,儒家思想的創始人)

尤西堂侗(尤侗,號西堂老人,明末清初著名詩人、戲曲家)

毋呵老(爲馬來語 Maharaja 之對音,馬來人大王公)

公輸(公輸班、魯班,春秋時期魯國人。中國建築業鼻祖和木匠業鼻祖)

升庵(楊慎,字用修,號升庵,四川成都人。明代文學家、政治家)

升菴(楊慎)

卞和(一作和氏,春秋戰國時代楚人)

**五畫**

左子興(即左秉隆)

左秉隆(字子興,祖籍瀋陽。清朝首任駐新加坡領事)

左文襄公(左宗棠,字季高,一字樸存,號湘上農人,湖南湘陰人,晚清政治家、軍事家。湘軍著名將領,洋務派代表人物之一。與曾國藩、李鴻章、張之洞並稱“晚清中興四大名臣”)

石庵(劉墉,字崇如,號石庵,別號劉羅鍋,祖籍安徽碭山,出生於山東諸城。清代政治家、書畫家)

史弼(元朝征爪哇將軍)

冉有(冉求,字子有,通稱“子有”,尊稱“冉子”,孔門七十二子之一)

母拉查(見毋拉查)

白香山(白居易,字樂天,號香山居士,唐代著名詩人)

**六畫**

米(米芾,北宋書法家、畫家、書畫理論家,與蔡襄、蘇軾、黄庭堅合稱“宋四家”)

那和得(疑爲馬來語 Nakhoda 之音譯,指船長或船主的意思,或是指人名)

行母利第三(Henry Ⅲ,英國國王亨利三世)

伊洛(宋朝理學四大學派之洛學創立者程頤、程顥兄弟)

邱克家(檳榔嶼華人)

邱忠波(字如松,福建海澄人,檳榔嶼華人實業家。本書卷四有傳)

邱登果(亦作邱丁果、邱丁菓,檳榔嶼華人,祖籍福建海澄新垵。荷印幼裏華人雷珍蘭)

邱如南(檳榔嶼華人)

邱哲卿(檳榔嶼華人)

邱漢炎(檳榔嶼華人)

邱顯承(檳榔嶼華人,祖籍福建海澄)

邱允恭(檳榔嶼華人,祖籍福建海澄)

邱天德(檳榔嶼華人,字志達,祖籍福建海澄。1860 年左右,任檳城建德堂首領)

朱子(朱熹,字元晦,一字仲晦,號晦庵,晚稱晦翁,又稱紫陽先生。南宋著名理學家、思想家、哲學家)

朱一飛(其人不詳,待考)

朱紫庭(福建莆田人,清代醫家)

仲尼(孔子)

江郎中藻(江藻,字用侯,號魚依,湖北漢陽人。清康熙朝工部郎中,北京陶然亭建造者)

老萊(老萊子省稱。春秋末年楚國隱士)

西伯(周文王)

伍星衢(其人不詳,待考)

多勿(Daud,英屬新加坡議政局掌案吏)

安生(Edward Archibald Harbord Anson,亦譯作“安順”,1867 年至 1883 年擔任檳榔嶼參政官,1877 年、1878—1880 年曾两度代理英屬海峽殖民地總督)

**七畫**

沈文肅(沈葆楨,字幼丹,又字翰宇。晚清重要大臣,政治家、軍事家、外交家、民族英雄。中國近代造船、航運、海軍建設事業的奠基人之一)

何清亮(字曉初,檳榔嶼華人,畫家)

何曉初(何清亮)

何履亨(何翊卿,福建福清人,咸豐六年丙辰科進士,授甘肅鎮番縣知縣。後在北洋水師學堂任職)

何翊卿(何履亨)

李(李圭,字小池,江蘇江寧人,中國近代郵政宣導者之一。著有《美會紀略》、《游覽隨筆》及《東行日記》

李氏圭(即李圭)

李小池(李圭)

李杜(李白、杜甫,唐代大詩人李白與杜甫的並稱)

李丕耀(檳榔嶼華人,祖籍福建泉州府同安縣)

(李)丕俊(李丕耀之弟)

(李)丕淵(李丕耀之弟)

李長容(吉隆坡華人女子)

李香雲(檳榔嶼華人)

李時珍(字東璧,號瀕湖,湖北蕲州人。明代著名醫學家)

李開三(字遐泰,檳榔嶼華人)

李灼(字秩軒,檳榔嶼華人,祖籍廣東,本書卷四有傳)

李秩軒(李灼)

李道熙(字焜燿,檳榔嶼華人,本書卷四有傳)

李菱舫(其人不詳,待考)

李鴻章(字子黻、漸甫,號少荃、儀叟,謚文忠。晚清重臣,清末洋務運動的主要領導者之一)

李丹崖(李鳳苞,字丹崖。晚清外交家,任駐德公使,兼任駐奥地利、意大利、荷蘭三國公使,著有《四裔編年表》、《使德日記》等)

杜陵(即杜少陵,杜甫,字子美,自號少陵野老,唐代詩人)

杜少陵(杜甫)

(杜)子美(杜甫)

吳又可(吳有性,字又可,號淡齋,明代醫學家)

吳士珍(字錫卿,新嘉坡華人,曾三至檳城)

吳春程(字子鵬,又字閬仙,檳榔嶼華人)

吳子鵬(吳春程)

吳子浪仙(吳春程)

吳曾英(字全耆,號東軒,江蘇太倉人。著有《論今南洋各島圖》一卷)

吳淡如(吳秀水,福建詔安人,新加坡華商。其長子吳壽珍爲新加坡中華總商會及新加坡道南學堂的創始人)

吳翼鼎(又名吳新科,字進卿,祖籍福建,新加坡華商)

吳進卿(吳翼鼎)

吳鞠通(吳瑭,字鞠通,又字配珩,江蘇淮陰人,清代著名醫學家)

余瓗(曾任内閣侍讀鹽運使銜候選知府,爲兩廣總督張之洞所派周歷南洋。後任清朝駐日本長崎領事)

余詔(清代福建龍溪人)

**八畫**

范(范蠡,春秋末期政治家、軍事家、經濟學家和道家學者)

(林)文安(林瀚,閩縣林浦鄉人。明朝官員、經史學家)

林文忠(林則徐)

林成德(檳榔嶼華人)

林香雲(檳榔嶼華人)

林詒甘(檳榔嶼華人)

林屏周(又名林瑤圃,字仰西,檳榔嶼華人)

(林)壬水(檳榔嶼華人)

(林)來齋(林侗,字同人,號來齋,福建侯官人,清初金石考據學家)

林巽齋(檳榔嶼華人)

林汝舟(字花瓚、一作花鑽,檳榔嶼華人)

林葆光(檳榔嶼華人)

林培元(字德水、又字潤初,號培元,祖籍福建海澄吾貫,檳榔嶼華人藏書家。曾任荷印蘇門答臘日裏雷珍蘭和甲必丹)

林德水(林培元)

(林)廉叔(清代福建侯官人,詩人、書畫家,以博學多才聞名)

(林)泉生(元朝福建永泰人。元天曆三年進士,官至翰林直學士,以文學爲閩中名士,尤精於《春秋》,著有《春秋論斷》和《覺是集》)

林振琦(檳榔嶼華人)

林載陽(字和甫,祖籍福建漳州,檳榔嶼華人)

(林)子直(林直,字子隅,福建侯官人,清咸豐年間曾官至廣東知府。著有《壯懷堂詩稿》二十卷)

(林)藻(林藻,字緯乾,唐朝福建莆田人。唐德宗貞元七年以宏詞擢第,郡人舉進士自藻始。累官嶺南節度副使)

（林）鴻（林鴻，字子羽，福建福清縣人。工詩，首倡詩歌學唐，爲明代“閩中十才子”之首）

（林）歐齋（林壽圖，原名英奇，字恭三，又字穎叔，晚號黄鵠山人、歐齋，福建福州人。道光廿五年進士，官至陜西、山西布政使。能文工詩，著述頗豐）

林紫霧（字樹齋，檳榔嶼華人）

林樹齋（林紫霧）

林萼樓（檳榔嶼華人）

易水（張元素，河北易縣人，金代醫學家）

河間（劉河間，金代醫學家劉完素，爲金元四大醫學家之一）

東垣（李東垣，金代醫學家李杲，爲金元四大醫學家之一）

孟（孟子，名軻，字子輿。戰國時期偉大的思想家，儒家主要代表之一）

孟嘗君（田文，戰國時期齊國人。戰國四公子之一）

若爾日第四（George Ⅳ，英國國王喬治四世）

杭董浦（清代書畫家）

周公（姬旦，西周初期傑出的政治家、軍事家和思想家）

周永言（周咏，字永言，一字夔歌，福建侯官人。清末福建詩人）

周犢山（周鎬，字懷西，號犢山。江蘇無錫人，乾隆己亥舉人。清朝官員、文學家）

退庵（梁章鉅，字閎中，又字茝林，號茝鄰，晚號退庵。福建福州人，清朝官員、文學家）

和田蓼州（號蓼洲漁者，寓居檳城之日本畫家）

**九畫**

峇文（檳城太平局紳）

華盛頓（美國開國總統）

郭（郭嵩燾，字伯琛，號筠仙。晚清官員，湘軍創建者之一，中國首位駐英使節，著有《使西紀程》）

郭筠仙（郭嵩燾）

郭侍郎（郭嵩燾）

郭筱雲（江西人，寓居檳城畫家）

施世燿（清代漳州人）

施制府（Sir Cecil Clementi Smith，絲絲・金文泰・史密斯總督，1887 年 10 月 17 日至 1893 年 8 月 30 日擔任海峽殖民地總督）

庾子山（庾信，字子山，小字蘭成。南北朝文學家）

胡甘氏（檳榔嶼華人女子）

胡玉池（檳榔嶼華人）

胡璇澤（原名胡亞基，字南生，號瓊軒，廣州黃埔人，新加坡僑領，清朝首任駐新加坡領事）

胡嶽東(即胡泰興,檳榔嶼華人,祖籍福建省永定縣下洋鎮)

(胡)汶宣(胡嶽東之子)

(胡)明宣(胡嶽東之子)

(胡)燦宣(胡嶽東之子)

(胡)炎宣(胡嶽東之子)

(胡)才宣(胡嶽東之子)

(胡)饒宣(胡嶽東之子)

段熙奕(清朝兵官)

紀雪庵(其人不詳,待考)

皇甫子奇(皇甫松,字子奇,自號檀欒子,浙江淳安人。唐代詩人,代表作品有《採蓮子二首》、《怨回紇歌》、《浪淘沙二首》等)

**十畫**

馬(司馬遷,西漢史學家)

班(班固,東漢史學家)

張之洞(字孝達,號香濤、香嚴,又號壹公、無競居士,晚年自號抱冰,河北南皮人。清末著名的政治家、軍事家和洋務派代表人物)

張公(張之洞)

張香濤(張之洞)

張制軍(張之洞)

張式玲(江蘇儀征人,捐納出身,清道光十八年七月擔任廣東省潮州府豐順縣知縣)

(張)仲景(名機,字仲景,別名張長沙,東漢末年著名醫學家,被譽爲"醫聖")

張司馬振勳(張振勳,字弼士,號肇燮,廣東大埔人。近代華僑資本家)

根的丢克義德瓦(George Ⅲ,英國國王喬治三世)

晏嬰(字仲,謚平,史稱"晏子"。春秋時期齊國著名政治家、思想家、外交家)

陳山泉(檳榔嶼華人)

陳孝廉(陳衍,字叔伊,號石遺,福建福州人。清光緒八年舉人)

(陳)宗遹(號雲窗,福建閩縣人。清末福建詩人,著有《補眠庵詞刻》)

陳雲窗(陳宗遹)

陳金鐘(新加坡華人,陳篤生之子,祖籍福建漳州海澄縣,1829 年生於新加坡,1860 年新加坡福建會館成立,被選爲首任主席)

陳寶琛(字伯潛,號弢庵、陶庵、聽水老人,福建福州人。清末民初政治家、學者、教育家)

陳伯潛(陳寶琛)

陳儷琴(檳榔嶼華人,粵幫領袖)

陳篤生(新加坡華人實業家、慈善家。祖籍福建漳州府海澄縣)

陳壽彭（字逸如，亦作逸儒、繹如，福建侯官人。近現代著名翻譯家）

陳繹如（陳壽彭）

陳紫英（廣東人，寓居檳城畫家）

陸（陸賈，西漢思想家、政治家、外交家）

孫伯楚（字芷蕭，一字夢瀟，號湘隱，後又改號商隱，福建侯官縣人。新加坡華人，曾偕力鈞同游檳榔嶼）

孫真人（孫思邈，唐代著名醫藥學家、道士，世稱孫真人，後世尊之爲“藥王”）

徐鑑臣（檳榔嶼華人，祖籍廣東順德）

袁翔甫（袁祖志，字翔甫，號枚孫，別署倉山舊主，浙江錢塘人，清代大詩人袁枚之孫，擅長詩文，著有《隨園瑣記》、《談瀛錄》、《西俗雜誌》等書）

**十一畫**

黄遵憲（字公度，別號人境廬主人，廣東嘉應州人。晚清詩人，外交家、政治家、教育家）

黄楙材（亦作黄楙裁、黄懋材，字豪伯，江西上高人，貢生，精通地理測量之學。著有《西輶日記》、《游歷芻言》等書）

黄穎脩（字伯純）

黄伯純（黄穎脩）

黄譜雲（字琴川，清代詩人）

黄春翹（檳榔嶼華人）

黄卓臣（其人不詳，待考）

康慕文（檳榔嶼華人）

許鄭（許慎、鄭玄，東漢經學家許慎和鄭玄的並稱）

許心欽（檳榔嶼華人，祖籍福建漳州龍溪，暹南拉廊郡侯許泗漳第四子，檳城許氏高陽堂創立人）

許原清（清道光年間任廈門海防同知，著有《戒食鴉片烟告示十條》）

高興（元朝征爪哇將軍）

區錫曾（新加坡華人）

梅福星（檳榔嶼華人）

陸九芝（陸懋修，字九芝，清代著名醫家）

**十二畫**

鈞（力鈞）

堯（中國上古時期部落聯盟首領、“五帝”之一）

童念祖（字彭夫，祖籍浙江，檳榔嶼華人）

童彭夫（童念祖）

曾（曾紀澤，字劼剛，號夢瞻，謚惠敏，曾國藩次子。清代著名外交家，曾出任駐英、法大臣，兼駐俄大使。著有《西行日記》）

曾惠敏(曾紀澤)

曾侯(曾紀澤)

曾幼滄(曾宗彥,字君玉,號幼滄,福建福州人。清朝官員,歷官江南道監察御史,官至貴州思南府知府)

曾上卿(廣東人,精通相術)

(曾)參(曾子,字子輿,春秋末期魯國南武城人。孔門七十二賢之一)

彭澤(即"陶彭澤"。陶淵明,字元亮,號五柳先生,世稱靖節先生,入劉宋後改名潛。東晉末期南朝宋初期詩人、文學家、辭賦家、散文家)

彭剛直(彭玉麟,字雪琴,號退省庵主人,謚剛直。祖籍湖南省衡陽府,生於安徽省安慶府,清末著名政治家,軍事家)

傅日新(新加坡華人)

辜吉甫(檳榔嶼華人,畫家)

斌郎中(斌椿,滿人,晚清官員,曾任山西襄陵知縣。清同治五年爲恭親王奕訢派遣率團赴歐洲各國考察,著有《乘槎筆記》)

琯樵(謝穎蘇,號琯樵,福建詔安人。清代書畫家)

葉季允(原名葉季隱,又名葉懋斌,號永翁,祖籍安徽。新加坡著名華人報人,詩人)

葉懋斌(葉季允)

葉文忠(葉向高,字進卿,號臺山,晚號福廬山人,謚文忠,福州府福清縣人。明朝政治家,萬曆、天啓年間曾兩度出任內閣輔臣)

葛天(即葛天氏,傳說中的遠古部落名)

**十三畫**

楊墨(楊朱、墨翟,戰國時期思想家楊朱和墨翟的並稱)

楊毓寅(字賓亭,檳榔嶼華人)

楊子雲(楊雄,字子雲,西漢著名文學家、哲學家)

楊明三(檳榔嶼華人)

楊遜志(檳榔嶼華人)

夢嬰生(一說爲童念祖,檳榔嶼華人)

溫言提(字拔卿,檳榔嶼華人,祖籍福建海澄龍塘。荷印幼裏華人甲必丹)

溫震東(字旭初,檳榔嶼華人,祖籍福建海澄)

溫旭初(溫震東)

福德神(土地神、大伯公)

隨園老人(袁枚,字子才,號簡齋,晚年自號倉山居士、隨園主人、隨園老人。清乾嘉時期的代表詩人、散文家,文學批評家和美食家)

微妙(晚清福州怡山長慶寺高僧)

十四畫

趙(趙孟頫,字子昂。南宋至元初著名書法家、畫家、詩人。與歐陽詢、顏真卿、柳公權並稱“楷書四大家”)

趙訪莘(其人不詳,待考)

鄭(鄭玄,東漢末年儒家學者、經學大師,漢代經學之集大成者)

鄭嗣文(鄭景貴,名嗣文,字慎之,廣東增城人,檳榔嶼華人,霹靂華人甲必丹)

鄭貴(鄭景貴)

鄭懷陔(福建南安人,清光緒十四年戊子科福建鄉試解元)

鄭氏戴娘(清代福建龍溪人)

廖廷璋(字錫五,又字茂才,檳榔嶼華人,祖籍福建海澄)

廖錫五(廖廷璋)

廖茂才(廖廷璋)

管韞山(管世銘,字緘若,號韞山,江蘇武進人。清朝官吏、詩文家)

蔡有邦(檳榔嶼華人,祖籍福建漳州海澄)

蔡有格(檳榔嶼華人,祖籍福建漳州海澄)

十五畫

樊川(杜牧,字牧之,號樊川居士,陝西西安人,唐代傑出詩人。因晚年居長安城南樊川別墅,故後世稱“杜樊川”)。

樊遲(字子遲,春秋末期魯國人。孔門七十二賢弟子之一)

歐(歐陽詢,唐朝著名書法家、官員,楷書四大家之一)

歐陽炳榮(歐陽柄榮,譜名晉廷,號悔齋,江西萍鄉人,晚清官員,著有《備夷策》)

劉晏(字士安,山東菏澤市東明縣人。唐代著名經濟改革家、理財家,歷任吏部尚書同平章事、領度支鑄錢使、鹽鐵使)

劉采文(字少華)

劉夢得(劉禹錫,字夢得,河南洛陽人。唐朝文學家、哲學家)

劉阮(南朝宋劉義慶小說《幽明錄》中人物劉晨、阮肇二人的合稱)

蕭穎士(字茂挺,號文元先生,潁州汝陰人。唐代散文學家和著名詩人,著有《蕭茂挺集》)

甌香(惲甌香,即惲南田,明末清初著名書畫家)

黎蒓齋(黎庶昌,字蒓齋,自署黔男子,貴州省遵義縣東鄉禹門人。晚清外交家,歷任駐英國、德國、法國、西班牙使館參贊。清光緒七年,派任駐日本國大臣)

十六畫

薛(薛福成,字叔耘,號庸庵,江蘇無錫賓雁里人。近代散文家、外交家)

薛欽使(薛福成,字叔耘,號庸庵,江蘇無錫賓雁里人,近代散文家、外交家、洋務運動的主要領導者之一、曾出使英、法、意、比四國大臣,著有《欽使出使四國日記》)

薛叔耘(薛福成)

賴特（又譯作萊特，Francis Light，弗蘭西斯·萊特，英國東印度公司船長，英屬檳榔嶼第一任總督）

盧扁（扁鵲，戰國時期名醫）

**十七畫**

謝（謝清高，廣東嘉應州程鄉人。清代旅行家、航海家，著有《海錄》一書）

謝子芹（檳榔嶼華人）

謝兆珊（字靜希，檳榔嶼華人，原籍天津）

謝靜希（謝兆珊）

謝梧亭（檳榔嶼華人）

謝召勳（檳榔嶼華人）

謝昌年（字引之，又字椿伯，號壽田，一作壽恬，別署匱翁，浙江嘉興人。清朝官員、詩人、畫家）

謝德順（檳榔嶼華人，祖籍福建海澄三都石塘社，曾任檳城五大姓氏之一的謝公司族長）

（謝）德利（謝德順之弟）

（謝）德泰（謝德順之弟）

謝曾煜（亦作謝增煜，別號占梅，祖籍福建省漳州府長泰縣。檳榔嶼華人，藏書家、書法家）

謝秉生（檳榔嶼華人，畫家）

戴賁南（字弼臣）

韓（韓愈，字退之，唐代傑出的文學家、思想家、哲學家、政治家）

韓蘇（韓愈、蘇軾，唐代文學家韓愈與宋代文學家蘇軾的並稱）

鍾贊周（鍾爲楨，字贊周，福建侯官縣人，清光緒十八年進士，曾任工部都水司主事）

**十八畫**

魏源（字默深，又字墨生、漢士，號良圖，湖南邵陽人。清代啓蒙思想家、政治家、文學家）

魏默深（魏源）

魏望曾（檳榔嶼華人，祖籍福建福州。本書卷四有傳）

魏省忠（魏望曾）

關帝（三國時期蜀漢名將關羽。俗稱關公）

關濂（關指宋朝理學四大學派之關學創立者橫渠先生張載，濂指宋代理學之祖濂溪先生周敦頤）

**十九畫**

蘇（蘇軾，字子瞻、一字和仲，號東坡居士。北宋著名文學家、書法家、畫家，唐宋八大家之一）

(蘇)東坡(蘇軾)
蘇某(清代漳州人,曾往南洋經商)
譚家女(新加坡華人女子)

**二十畫以上**

觀音(觀世音菩薩,佛教四大菩薩之一)

## 四、書名、篇名、報刊名一覽

### (一)書名一覽

**三畫**

《乞巧》

**四畫**

《六韜》
《方言》(《輶軒使者絕代語釋別國方言》)
《內經》
《日本寄語》
《天下戶口考》
《天清閣書目》

**五畫**

《本草》
《四書》
《四書說》(《釋地》《考異》《翼註》《鄉黨》)
《外國史略》
《外海紀要》(《外海紀程》)
《白蠟紀略》
《四裔編年表》
《瓜棚避暑錄》
《四布衣吟稿》
《出使四國日記》

**六畫**

《考異》(《四書考異》)
《夷情記略》
《吉德紀略》
《地理備考》(《外國地理備考》)
《西俗雜誌》
《江氏圖考》(江氏永《鄉黨圖考》)

## 七畫

《孝經》

《呂氏鄉約》

《巫來由方言》

《每月統紀傳》(《東西洋考每月統紀傳》)

《辛卯年英護衛司花冊》

## 八畫

《明史》

《金匱》(《金匱要略》)

《英國史》

《英夷說》

《使西紀程》

《英吉利記》

《東行日記》

《英吉利小記》

《英吉利地圖說》

《青藜書屋製藝》

## 九畫

《荔譜》

《皇朝通考》

《島夷志略》

《南洋島志》

《退省廬題詠》

《南洋番俗考》

《南華醫院醫論》

《退省別墅詩鈔》

## 十畫

《素問》

《海錄》

《海國圖志》

《海島逸志》

《海國聞見錄》

《海南物產考》

《海南群島紀略》

《乘槎筆記》

《華夷通語》

**十六畫**

《駢文鈔》

《學囀鶯詩鈔》

**十七畫**

《藏經》

《翼註》(《四書翼注論文》)

《禮記注疏》

《環游地球新錄》

**十八畫**

《檳城游記》

《檳城游草》

《檳城雜詠》

《檳城醫話》

《檳榔嶼考》

《瀛寰志略》(《瀛環志略》)

《檳城竹枝詞》

《檳城風土志》

《檳城故事錄》

《檳城異聞錄》

《檳城佳話錄》

《檳榔嶼志略》

《檳榔嶼紀略》

《檳城家廟錄》

《檳城義學章程》

《檳城詩文錄大要》

《檳城溫氏鑒古錄》

《瀛海采問(紀實)》

**二十畫以上**

《釋地》(《四書釋地》)

《靈樞》

## (二)篇名一覽

〈工部局告白〉

〈小飲水源酒樓約游浴沂園集句〉

〈大清駐劄新嘉坡兼轄海門等處總領事黃示〉

〈外國竹枝詞・交欄山〉

《生生集救誤吞鴉片驗方》
〈舟中詩〉
〈百年適成亭記〉
〈和趙訪莘詩〉
〈和林詒甘詩〉
〈和偷閒閣即景原韻〉
〈忌酸圓加減法〉
〈抛球場詩〉
〈戒烟方〉
〈戒食鴉片烟文〉
〈怡和園觀荷詩〉
〈雨中詩〉
〈兩廣總督張之洞疏〉
〈兩廣總督張之洞疏略〉
〈送別五絕〉
〈送別七律〉
〈送別詩五古〉
〈退省廬圖記〉
〈退省別墅詩〉
〈品梅詩〉
〈品蘭詩〉
〈品桂詩〉
〈品菊詩〉
〈南洋形勢說〉(〈南洋形勢論〉)
〈南華醫院楹聯〉
〈南華醫院徵信錄序文〉
〈南華醫院丙徵信錄序略〉
〈南華醫院癸甲徵信錄序略〉
〈南華醫院乙酉徵信錄序略〉
〈南華醫院丁亥徵信錄序略〉
〈南華醫院戊子徵信錄序略〉
〈南華醫院己丑徵信錄序略〉
〈南華醫院庚寅徵信錄序略〉
〈重修波知滑公冢記〉
〈皇清國學生授翰林院待詔國清王君墓志銘〉
〈旅懷句〉

〈秩軒詩草題辭〉
〈海珠嶼游記〉
〈海珠嶼紀游序〉
《海珠嶼釣魚詩》
〈陶然樓記〉
〈寄何曉初詩〉
〈痓濕暍篇〉
〈鄉黨〉(《論語・鄉黨》)
〈偷閒閣尋農部詩〉
〈問秋〉
〈問治濕溫不可發汗說〉
〈過波知滑冢亭詩〉
〈過平章會館感懷詩〉
〈蛇莓山觀瀑記〉
〈游石流水詩〉
〈留別李秩軒詩〉
〈游旌旗山詩〉
〈游海珠嶼記〉
〈游海珠嶼詩〉
〈游澄懷園詩〉
〈游長春塢記〉
〈游海珠嶼句〉
〈游寶樹巖記〉
〈游清觀寺詩〉
〈游觀音寺詩〉
〈游海珠嶼遇雨詩〉
〈游百年適成亭記〉
〈游清觀寺歸途即景詩〉
〈備夷策〉
〈補正丸方〉
〈留別檳城諸友句〉
〈粵東市舶論〉
〈與何曉初論詩詩〉
〈輓左文襄公詩〉
〈臺灣進呈英夷圖說疏〉
〈端木傳〉(《史記・仲尼弟子列傳・端木賜傳》)

〈澄懷園記〉
〈駐英欽差大臣薛福成奏〉
〈駐英欽差大臣薛福成疏略〉
〈論今南洋各島圖〉(〈南洋各島國論〉)
〈燕閒別墅記〉
〈題畫山水詩〉
〈題黄卓臣海天吟閣詩〉
〈檳城晚眺詩〉
〈檳榔嶼觀瀑詩〉
〈檳城端午感懷詩〉
〈檳城送別圖題詠〉
〈檳城義學規條略〉
〈贈友詩〉
〈贈夢嬰生詩〉

## (三)報刊名一覽

《叻報》
《西報》
《星報》

# 參考文獻

## (一)中文史籍


(唐)姚思廉撰:《梁書》,北京:中華書局,1973年。

(唐)玄奘、辯機原著,季羡林等校注:《大唐西域記校注》,北京:中華書局,1985年。

(宋)朱彧撰,李偉國點校:《萍州可談》,唐宋史料筆記叢刊,北京:中華書局,2007年。

(宋)趙汝适著,馮承鈞校注:《諸蕃志校注》,北京:中華書局,1955年。

(宋)趙汝适著,韓振華校補:《諸蕃志注補》(《韓振華選集》之二),香港大學亞洲研究中心,2000年。

(元)汪大淵撰,蘇繼廎校釋:《島夷志略校釋》,北京:中華書局,1981年。

(明)費信撰,馮承鈞校注:《星槎勝覽校注》,北京:中華書局,1954年。

(明)馬歡撰,馮承鈞校注:《瀛涯勝覽校注》,北京:中華書局,1955年。

(明)馬歡撰,萬明校注:《明鈔本瀛涯勝覽校注》,北京:海洋出版社,2005年。

(明)鞏珍撰,向達校注:《西洋番國志》,北京:中華書局,1982年。

(明)黄省曾撰,謝方點校:《西洋朝貢典錄》,北京:中華書局,1982年。

(明)李時珍著:《本草綱目》(點校本),北京:人民衛生出版社,1975—1981年。

(明)張燮撰,謝方點校:《東西洋考》,北京:中華書局,1981年。

(明)茅元儀輯:《武備志》,臺北:華世出版社影印本,1984年。

(清)張廷玉等撰:《明史》,北京:中華書局,1974年。

(清)陳倫炯撰,李長傅校注、陳代光整理:《海國聞見錄》,鄭州:中州古籍出版社,1985年。

(清)黄叔璥:《臺海使槎錄》,《臺灣文獻叢刊》第四種,臺北:臺灣銀行經濟研究室,1957年。

(清)高宗敕撰:《清朝文獻通考》,叢書集成初編本,上海:商務印書館,1936年。

(清)程遜我:《噶喇吧紀略》,遜敏堂叢書刊,清咸豐年間宜黄黄氏木活字印本。

(清)吴宜燮修,黄惠、李疇纂:《龍溪縣志》,清乾隆二十七年(1762年)修,光緒五年(1879)補刊本。

(清)王大海撰,姚南、吴琅璇校注:《海島逸志》,香港:學津書店,1992年。

(清)謝清高口述、王炳南筆受,馮承均校注:《海錄注》,北京:中華書局,1955年。

(清)謝清高口述、王炳南筆錄,安京校釋:《海錄校釋》,北京:商務印書館,

2002年。

(清)周凱等修纂,廈門市地方志編纂委員會辦公室整理:《廈門志》,道光十九年(1839年)刊本,廈門:鷺江出版社,1996年。

(清)李增階撰:《外海紀要》,載陳峰輯注,廈門市圖書館編《廈門海疆文獻輯注》,廈門:廈門大學出版社,2013年。

(清)魏源撰,陳華、常紹溫、黃慶雲、張廷茂、陳文源點校:《海國圖志》,長沙:岳麓書社,1998年。

(清)林則徐撰,林則徐全集編輯委員會編:《林則徐全集》(十冊本),福州:海峽文藝出版社,2002年。

(清)徐繼畬撰,田一平點校:《瀛寰志略》,上海:上海書店出版社,2001年。

(清)徐繼畬撰,宋大川校注:《瀛寰志略校注》,北京:文物出版社,2007年。

(清)郭嵩燾撰:《郭嵩燾日記》(全四冊),長沙:湖南人民出版社,1982年。

(清)郭嵩燾撰,陸玉林選注:《使西紀程:郭嵩燾集》,瀋陽:遼寧人民出版社,1994年。

(清)王芝:《海客日譚》,清光緒二年丙子(1876年)石城刊本,沈雲龍主編《近代中國史料叢刊》第三十二輯,臺北:文海出版社,1966年。

(清)黃遵憲著,吳振清等點校:《日本國志》(上下冊),天津:天津人民出版社,2005年。

(清)斌椿著,鍾叔河點校:《乘槎筆記》(外一種),長沙:湖南人民出版社,1981年。

(清)張德彝:《隨使日記》,載(清)王錫祺主編:《小方壺齋輿地叢鈔》第十一帙。

(清)張煜南撰:《海國公餘輯錄六種》(雜錄三種附),清光緒二十六年(1900年)刻本。

(清)黃楙材:《西輶日記》,載《歷代日記叢鈔》第97冊,北京:學苑出版社,2006年。

(清)李圭:《東行日記》,載(清)王錫祺主編:《小方壺齋輿地叢鈔》第十一帙,上海:上海著易堂,清光緒十七年(1891年)印行。

(清)李圭:《環游地球新錄》,北京:朝華出版社,2017年。

(清)李鳳苞彙編:《四裔編年表》(全四冊),清光緒間江南製造總局刻本。

(清)李鍾珏:《新嘉坡風土記》,新加坡:南洋書局,1947年。

(清)葛士濬輯:《皇朝經世文續編》,清光緒十四年(1888年)圖書集成局石印本。

(清)邵之棠輯:《皇朝經世文統編》,清光緒二十七年(1901年)刊本,沈雲龍主編《近代中國史料叢刊》第二輯,臺北:文海出版社,1966年。

(清)陳忠倚輯:《皇朝經世文三編》,清光緒二十七年(1901年)上海書局石印本。

(清)佚名:《白蠟游記》,載(清)王錫祺主編:《小方壺齋輿地叢鈔》第十帙,上海:上海著易堂,清光緒十七年(1891年)印行。

（清）佚名：《檳榔嶼游記》，載（清）王錫祺主編：《小方壺齋輿地叢鈔》第十帙，上海：上海著易堂，清光緒十七年（1891 年）印行。

（清）袁祖志：《西俗雜誌》，載（清）王錫祺主編：《小方壺齋輿地叢鈔》第十一帙，上海：上海著易堂，清光緒十七年（1891 年）印行。

（清）袁祖志：《瀛海采問紀實》，載（清）王錫祺主編：《小方壺齋輿地叢鈔》（補編·再補編）第十一帙，上海：上海著易堂，清光緒十七年（1891 年）印行。

（清）袁祖志撰，鄢琨校點：《袁祖志·瀛海采問紀實》，走向世界叢書續編，長沙：岳麓書社，2016 年。

（清）蕭令裕：《粵東市舶論》，載（清）王錫祺主編：《小方壺齋輿地叢鈔》（補編·再補編）第十一帙，上海：上海著易堂，清光緒十七年（1891 年）印行。

（清）薛福成撰，張玄浩、張英宇標點：《出使英法義比四國日記》，走向世界叢書，長沙：岳麓書社，1985 年。

（清）黎庶昌著，孫點編次，黄萬機點校：《黎星使宴集合編》，貴陽：貴州人民出版社，1992 年。

（清）朱景星修，鄭祖庚纂，福州市地方志編纂委員會整理點校：《閩縣鄉土志》、《侯官縣鄉土志》，福州：海風出版社，2001 年。

（德）愛漢者（郭士立，Karl Friedrich August Gutzlaff）等纂，黄時鑒整理：《東西洋考每月統紀傳》，北京：中華書局，1997 年。

趙爾巽撰：《清史稿》，北京：中華書局，1998 年。

劉錦藻撰：《清朝續文獻通考》（全四册），杭州：浙江古籍出版社，2000 年。

許雲樵校注：《開吧歷代史紀》，載《南洋學報》第九卷第一輯，新加坡南洋學會，1953 年 6 月。

向達校注：《兩種海道針經》，北京：中華書局，1982 年。

向達整理：《鄭和航海圖》，北京：中華書局，1982 年。

（荷）包樂史，（中）吳鳳斌、聶德寧、侯真平等校注：《吧城華人公館（吧國公堂）檔案叢書：公案簿》（第 1～15 輯），廈門：廈門大學出版社，2002—2017 年。

## （二）中文著（譯）述

（英）巴素（Victor Purcell）著，劉前度譯：《馬來亞華僑史》，檳城：光華日報有限公司，1950 年。

檳州華人大會堂特刊編輯委員會編：《檳州華人大會堂慶祝成立一百周年/新廈落成開幕紀念特刊》，檳城：檳州華人大會堂，1983 年。

陳荊和、（新）陳育崧編著：《新加坡華文碑銘集錄》，香港：香港中文大學出版部，1972 年。

（新）陳育崧：《南洋第一報人》，新加坡：星洲世界書局有限公司，1958 年。

（新）陳育崧：《椰蔭館文存》（第一卷），新加坡：新加坡南洋學會，1983 年。

(新)陳育崧:《椰蔭館文存》(第二卷),新加坡:新加坡南洋學會,1983年。

陳可冀主編:《清代御醫力鈞文集》,北京:國家圖書館出版社,2016年。

(馬)陳劍虹、(新)黄賢強主編:《檳榔嶼華人研究》,檳城:韓江學院華人文化館,2005年。

(馬)陳劍虹:《檳榔嶼潮州人史綱》,檳城:檳榔嶼潮州會館,2010年。

(馬)陳劍虹:《檳榔嶼華人史圖録》,檳城:檳州華人大會堂,2007年。

(馬)陳劍虹:《走近義興公司》,檳城:Tan Kim Hong,2015年。

(馬)杜忠全:《老檳城路志銘:路名的故事》,雪蘭莪:大將出版社,2011年。

(德)傅吾康、(馬)陳鐵凡合編:《馬來西亞華文銘刻萃編》(第一卷),吉隆坡:馬來亞大學出版社,1982年。

(德)傅吾康、(馬)陳鐵凡合編:《馬來西亞華文銘刻萃編》(第二卷),吉隆坡:馬來亞大學出版社,1985年。

(德)傅吾康、(馬)陳鐵凡合編:《馬來西亞華文銘刻萃編》(第三卷),吉隆坡:馬來亞大學出版社,1987年。

福建師範大學歷史系華僑史資料選輯組編:《晚清海外筆記選》,北京:海洋出版社,1983年。

傅無悶主編:《南洋年鑒》,新加坡:南洋商報社,1939年。

關楚璞主編:《星洲十年》,新加坡:星洲日報社,1940年。

黄堯編:《星馬人物志》,元生基金會、馬來西亞黄氏聯合總會,2003年。

黄建淳:《晚清新馬華僑對國家認同之研究——以賑捐、投資、封爵爲例》,臺北:海外華人研究學會,1993年。

(新)黄賢強:《跨域史學:近代中國與南洋華人研究的新視野》,廈門:廈門大學出版社,2008年。

(新)柯木林、林孝勝合著:《新華歷史與人物研究》,新加坡:南洋學會,1986年。

(新)柯木林、吳振強編:《新加坡華族史論集》,新加坡:南洋大學畢業生協會,1972年。

鄺國祥:《檳城散記》,新加坡:星洲世界書局有限公司,1957年。

梁元生:《新加坡華人社會史論》,新加坡:新加坡國立大學中文系、八方文化創作室,2005年。

(馬)林水檺、何啓良、何國忠、賴觀福等合編:《馬來西亞華人史新編》,吉隆坡:馬來西亞中華大會堂總會,1998年。

(馬)林水檺、駱靜山合編:《馬來西亞華人史》,吉隆坡:馬來西亞留臺校友會聯合總會,1984年。

(馬)林水檺、駱靜山合編:《馬來西亞華人史》,吉隆坡:馬來西亞留臺校友會聯合總會,1984年。

林遠輝、張應龍:《新加坡馬來西亞華僑史》,廣州:廣東高等教育出版社,

1991年。

(新)麥留芳著,張清江譯:《星馬華人私會黨的研究》,臺北:正中書局,1985年。

聶德寧:《近現代中國與東南亞經貿關係史研究》,廈門:廈門大學出版社,2001年。

潘醒農編著:《馬來亞潮僑通鑒》,新加坡:南島出版社,1950年。

饒宗頤編:《新加坡古事記》,香港:香港中文大學出版社,1994年。

石滄金:《馬來西亞華人社團研究》,廣州:暨南大學出版社,2013年。

書蠹(Bookworm)著,顧因明、王旦華譯:《檳榔嶼開闢史》,上海:商務印書館,1936年。

宋燕鵬:《馬來西亞華人史:權威、社群與信仰》,上海:上海交通大學出版社,2015年。

宋蘊璞:《南洋英屬海峽殖民地志略》,北京:蘊興商行,1930年。

(馬)王琛發編著,《檳城客家兩百年》,檳城:檳城客屬公會,1998年。

(新)吳華:《馬來西亞華族會館史略》,新加坡:新加坡東南亞研究所,1980年。

廈門華僑志編纂委員會:《廈門華僑志》,廈門:鷺江出版社,1991年。

姚枏、張禮千:《檳榔嶼志略》,上海:商務印書館,1946年。

(澳)顏清湟:《海外華人史研究》,新加坡:新加坡亞洲研究學會,1992年。

(澳)顏清湟著,粟明鮮、賀躍夫譯,姚楠校訂:《出國華工與清朝官員:晚清時期中國對海外華人的保護(1851—1911年)》,北京:中國友誼出版公司,1990年。

(澳)顏清湟著,粟明鮮、陸宇生等譯:《新馬華人社會史》,北京:中國華僑出版社,1991年。

(馬)葉觀仕:《馬來西亞華文報業史(1815—2010)》,吉隆坡:名人出版社,2010年。

余定邦、黄重言編:《中國古籍中有關新加坡馬來西亞資料彙編》,北京:中華書局,2002年。

(馬)張少寬:《檳榔嶼叢談》,檳城:南洋田野研究室,2005年。

(馬)張少寬:《檳榔嶼福建公冢暨家冢碑銘集》,新加坡:亞洲研究學會,1997年。

(馬)張少寬:《檳榔嶼華人史話》,檳城:燧人氏事業有限公司,2002年。

(馬)張少寬:《檳榔嶼華人史話續編》,檳城:南洋田野研究室,2003年。

(馬)張少寬:《檳榔嶼華人寺廟碑銘集錄》,檳城:南洋田野研究室,2013年。

莊國土:《中國封建政府的華僑政策》,廈門:廈門大學出版社,1989年。

### (三)中文論文

(馬)陳劍虹:《19世紀前半期檳榔嶼義興公司的發展》,載張禹東、莊國土主編《華僑華人文獻學刊》(第一輯),北京:社會科學文獻出版社,2015年。

(馬)陳劍虹:《檳榔嶼華人社會組織的歷史演變》,載《八桂僑刊》,2013年第

1 期。

(馬)陳劍虹:《平章公館的歷史發展輪廓(1881—1974)》,載檳州華人大會堂特刊編輯委員會編《檳州華人大會堂慶祝成立一百周年/新廈落成開幕紀念特刊》,檳城:檳州華人大會堂,1983 年。

(馬)陳劍虹:《坐地開山 新加坡和馬來亞義興公司研究小議》,載潮汕歷史文化研究中心主編《潮學集刊》(第四輯),北京:社會科學文獻出版社,2015 年。

(新)崔貴強:《吳壽珍其人其事》,載《華僑華人歷史研究》,1991 年第 3 期。

(新)黄賢強:《十九世紀檳城華人社會領導階層的第三股勢力》,載《亞洲文化》第 23 期,1999 年 6 月。

(馬)黄裕端:《閩商與建德堂在 19 世紀檳城及周邊地區的經濟與政治影響力》(英文),載《閩商文化研究》,2016 年第 2 期。

李順禹:《從〈檳榔嶼志略〉看海外華人社會》,載《福建省社會主義學院學報》,2002 年第 3 期。

廖楚強:《關於〈檳榔嶼志略〉的作者力鈞》,載《華僑華人歷史研究》,2001 年第 2 期。

聶德寧:《〈檳榔嶼志略〉與檳城華僑史料》,載《華僑華人歷史研究》,2000 年第 3 期。

聶德寧:《試論“邦咯條約”的簽訂及其後果》,載《廈門大學學報(哲學社會科學版)》,1999 年第 2 期。

邱格屏:《世外無桃源樂土在丹心——馬來亞閩籍華人邱忠波考》,載《雲夢學刊》,2009 年第 5 期。

饒宗頤:《星馬華文碑刻系年(紀略)》,《新加坡大學中文學會學報》第 10 期;又載《書目季刊》第 5 卷第 2 期,1970 年。

沈燕清:《檳城福建華人五大姓氏餉碼經營探析》,載《八桂僑刊》,2013 年第 4 期。

沈逸婷:《晚清僑務與海外僑領:新加坡僑領吳壽珍研究》,華僑大學碩士學位論文,2016 年。

(馬)王琛發:《檳城閩僑的晚清記憶——從林德水的生前死後說起》,載《閩臺文化交流》,2011 年第 2 期。

(馬)王琛發:《檳榔嶼少女元宵“扰柑”求偶習俗的淵源與演變》,載《節日研究》,2015 年第 1 期。

汪毅夫:《王元稚:親歷臺灣近代化進程的福州船政學人》,載《閩江學院學報》,2014 年第 4 期。

王宗欣、裘儉:《晚清醫家力鈞生平事蹟及著作考訂》,載《中華醫學會醫史學分會第十三屆一次學術年會論文集》,北京:中國醫學科學院圖書館、中國中醫科學院圖書館,2011 年。

王宗欣:《館史人物鉤沉學者名醫藏書家力鈞生平事蹟考證》,載《中國醫學科學院圖書館 2010 年學術年會論文集》,北京:中國醫學科學院/北京協和醫學院信息研究所圖書館,2010 年。

徐磊:《晚清首任駐日本長崎領事余瓗研究》,載《浙江外國語學院學報》,2014 年第 4 期。

許雲樵:《星馬華人私會黨與洪門天地會的淵源》,載許雲樵主編《東南亞研究》第七卷,新加坡:東南亞研究所,1971 年。

楊宏雲:《印尼棉蘭的華人:歷史與特徵》,載《華僑華人歷史研究》,2011 年第 1 期。

(澳)顔清湟,吳鳳斌譯:《新加坡、馬來亞華人社會的階級構成和社會地位變動》(上),載《南洋資料譯叢》,1987 年第 3 期。

(澳)顔清湟,吳鳳斌譯:《新加坡、馬來亞華人社會的階級構成和社會地位變動》(下),載《南洋資料譯叢》,1987 年第 4 期。

張禮千:《義興海山兩會黨拿律血戰記》,載《南洋學報》第一卷第一輯,新加坡南洋學會,1940 年。

周輝、朱長剛、尹嶺:《御醫力鈞生平事蹟舉隅》,載《中華醫史雜誌》,2010 年第 2 期。

鄒振環:《19 世紀西方地理學譯著與中國地理學思想從傳統到近代的轉換》,載《四川大學學報(哲學社會科學版)》,2007 年第 3 期。

鄒振環:《"外國史略"及其作者問題新探》,載《中山大學學報(哲學社會科學版)》,2008 年第 5 期。

## (四)工具書

陳佳榮、謝方、陸峻嶺:《古代南海地名匯釋》,北京:中華書局,1985 年。

潘翎主編,崔貴強編譯:《海外華人百科全書》,香港:三聯書店(香港)有限公司,1998 年。

蘇偉妮:《馬來西亞中文地名手冊》,吉隆坡:華社研究中心,2005 年。

許雲樵編:《南洋華語俚俗辭典》,新加坡:星洲世界書局有限公司,1961 年。

楊保筠主編:《華僑華人百科全書》(人物卷),北京:中國華僑出版社,2000 年。

姚楠主編:《東南亞歷史詞典》,上海:上海辭書出版社,1995 年。

周南京主編:《華僑華人百科全書》(歷史卷),北京:中國華僑出版社,2002 年。

## (五)西文著述

Government Printing Office, *Straits Settlements Government Gazettes*, 1877—1911.

E. M. Merewether, *Report on the Census of the Straits Settlements taken on the*

5th *April 1891*, Singapore: Government Printing Office, 1892.

J. D. Vaughan, *The Manners and Customs of the Chinese of the Straits Settlements*, Oxford University Press, 1971.

Leon Comber, *Chinese Secret Societies in Malaya: A Survey of the Triad Society from 1800*1800 *to 1900*, New York: The Association for Asian Studies, 1959.

Robert L. Jarman, *Annual Reports of the Straits Settlements for 1881*, vol. 2, London: Archive Editions, 1998.

Robert L. Jarman, *Annual Reports of the Straits Settlements for 1886*, vol. 3, London: Archive Editions, 1998.

Robert L. Jarman, *Annual Reports of the Straits Settlements for 1889*, vol. 3, London: Archive Editions, 1998.

Robert L. Jarman, *Annual Reports of the Straits Settlements for 1890*, vol. 3, London: Archive Editions, 1998.

Robert L. Jarman, *Annual Reports of the Straits Settlements for 1891*, vol. 3, London: Archive Editions, 1998.

# 檳榔嶼志略

覆鏡廬集

字板排印

海南羣島親歷其地而著書者惟王柳谷海島逸志謝清高海錄然王詳於葛羅巴謝亦惟蘇門答剌一隅爲確蓋一人見聞有限博采兼收不無舛誤鈞辛卯南游至新嘉坡晤領事左君秉隆出示海南羣島紀略擇精語詳駕王謝二君上矣借鈔數帙資爲先路每至一處參以見聞條記件繫積稿滿篋東旋後略爲刪補成書數種惟檳榔嶼志略較有頭緒然嶼地不過數百里開闢不過百餘年英自嘉慶中年商務徙新嘉坡故 中國使者日記於嶼地多略則欲求文獻之徵難矣鈞居嶼僅三

月酬應煩雜日無暇晷考證未悉采訪未周體例未定舛誤甚於王謝二書遠遜左領事所著者惟望多識君子匡所不逮俾鈞知所更正則幸甚矣永福力鈞自識

# 檳榔嶼志略 目錄

永福力鈞初稿

西　四　島志

檳榔嶼志略卷

檳榔嶼志略　卷之一

永福力　鈞　初稿

天文志

使西紀程嶼在赤道北六度

外國史略北極出地五度二十五分偏東一百度九分

檳榔嶼紀略嶼在赤道北五度二十四分十五杪午線東一百度二十一分

檳榔嶼考嶼在赤道北緯線五度上十六分至三十分經線由

星度　鈞案

英京起算[illegible]百度九分至二十五分界我經線偏西十七度
右星度（偏東）
鈞案以地球所當經緯定里數自明崇禎五年英人那和得
始迄今蓋三百年矣然紀程言六度舉度之成數史略言五
度二十五分舉分之成數實則同也紀略言二十四分十五
杪就嶼地之適中者言嶼考言十六分至三十分統嶼地之
首尾也至經線嶼考言偏東百度九分至二十五分史略言
九分則偏之偏者紀略言二十一分則偏之中者

島夷志略檳榔嶼氣候熱

外國史略檳榔嶼地氣和暖

檳榔嶼紀略天氣溫和寒暑針自七十六度至九十度不等

檳榔嶼考島中氣候酷熱寒暑針常至八九十度幸有海風時吹始見清爽每月皆有雨惟正二兩月則否按日晷在赤道上每日晝夜皆平分故無四時也此島在五度上夏冬日晷所差不過一刻耳

鈞案寒暑表明萬歷二十八年英人始創

菊花　冬春之際

海島逸志南洋之地天氣不寒頻年如夏百花暢茂四季俱開冬春之際夜雨朝晴此時景之艷陽可愛也正月諸處園林矣菊花蜀葵茉莉鳳仙珠蘭草木諸花並開

右氣候

鈞案南洋天氣所謂四時皆是夏一雨便成秋二語特其概耳由新嘉坡至嶼八九月多風雨謂之做春由嶼至仰光九十月多風雨亦謂之做春各島皆有做春之語大約南洋自八月至十一月爲春自十二月至三月爲夏自四月至七月

爲秋春多温夏多熱秋多燥惟無冬令耳志略言熱與考言酷熱皆夏令也史略言和暖紀略言温和皆春令也鈞至嶼適七月時秋燥之氣尚未平耳

元日　童念祖檳城雜詠詩爆竹聲喧競賀春番人注目看唐人䃊星戒指金腰袋洞葛巢幖簇簇新原注籐木短杖名洞葛

竹笠　巢幖

元宵　童念祖檳城雜詠詩拾將石子暗投江嫁好尪來萬事降紗襯水襪衫木屐元宵踏月唱蠻腔原注元宵婦女出游諺

[illegible]

丢拾石子暗抛江，嫁好尪。俗謂夫為尪

林詒甘元宵話舊詩

知己天涯有幾人，相逢何况正新春。燈前月下花如海，相對無言各愴神。

清明　林振琦清明掃墓詩

淒風苦雨哭聲紛，兒女提壺祭掃勤。剔盡蓬蒿尋短碣，荒山無處覓遺墳。

上巳　李秩軒檳城三月三日即事詩

聞道春將暮，良朋約祓除。殘烟黏細草，初日釀清渠。大海多停舶，平原任駛車。兵飛依羨鳥，水樂亦知魚。佳節都依舊，他鄉足自娛。故園一二三子，惜別

意何如

端午　李秩軒檳城端午感懷詩中原競渡鼓旗紛地辟風[illegible]寂不聞兒女當知忠孝事洒詩聊慰醉吟魂多嬰同倚開船局定有舟師壯海軍璧島瓜分如戰國彼蒼應產孟嘗君

七夕　李香雲檳城七夕詩苦根年年惜別身纖柔煩瑣總勞神天錢十萬終難補更有何心巧乞人　林振琦檳城七夕詩瓜棚笑語正酣嬉七孔針穿五色絲天上奇緣開色界人間佳話種情癡星光月色都如昨雨意雲情却可疑恨煞村雞聲四

沸無多歡會又將離　謝兆珊檳城七夕有懷詩瓜果陳香灑
雲□□洞房穿鍼纖手瘦窺鏡畫眉長天上團歡會人間愴別
腸斷□猶耿耿兩地各相望　康慕文七夕感懷句知交零落
中年感別淚蒼茫兩地彈
中元　一云祀孤節是日家家供養數百品豬羊以十計雞
鴨以百計而果品等亦高與簷齊英例門外不得列几筵焚紙
錢惟祀孤節無禁　林香雲祀孤節詩一例盂蘭會開南與粵
東兩行游子淚萬里故鄉風香火沿途爇牲牷列俎豐行家

未得醉裏夢矇矇　僧心光檳城孟蘭會經壇詩經壇西畔夕陽斜歷歷檳城幾萬家樓閣高攀雲樹外關山遙度海天涯十年心跡如明月一霎浮生等落花我向窮邊開眼界且將禪夢託煙霞

中秋　謝昌年八月十五夜旅懷詩醉餘翻覺此生浮秋水長天[illegible]無愁遠岸疏燈千里目高樓短笛一聲秋書回故國無黃耳[illegible]他鄉易白頭十二闌干頻徙倚無端發興悔南游　魏望曾檳城中秋詩客伴如雲捉月華車聲纔歇屐聲譁西來門

思親表
陽



戸開三島南服屏藩萃萬家名士無聊同畫餅海天何處好乘槎[illegible]最怕逢佳節忍聽夷歌雜暮笳

重陽　李秩軒檳城登高詩天風吹我出塵埃海外登高眼界開詰屈蛇盤峯屢轉縱橫羊臥石成堆舉頭紅日臨羣島繞足青雲擁古臺萬里家山杳無際陶然共醉菊花杯　林樹齋登高詩九月南天未入秋烏衣葵扇入山游樓臺縹緲疑三島雲樹蒼茫俯十洲古木陰中初日漏懸崖斷處暮烟浮到無人處澄心坐雲白漫空水自流　楊毓寅檳城重陽詩異地重陽自

同萬里愁　夕

不同登高望遠意無窮思親淚灑沾衣雨舒嘯聲回落帽風旅夢有時迷睡蝶家書何處寄歸鴻西來機事多奇巧安得公輸削木工

冬至　李秩軒檳城冬至詩南荒冬日已春風簇簇蠻花照眼紅遠見異鄉時祭禮家祠燕笑敘同宗

除夕　林振琦檳城除夕詩家家爆竹響晴空送舊迎新意不同[illegible]懸牽帆影外一年事盡漏聲中祭詩虛度他鄉日守歲猶存故國風祠約明朝團拜去兒童笑語畫堂東

鈞案英
子之

右時令

西[illegible]英人不置閏月二十八九日至三十一二日無定月建[illegible]月爲歲首正月朔在冬至後若巫來由吉林諸番其時令尤異詳拙著南洋番俗考茲錄中國流寓諸君所作詩分繫時令下見我　朝天下一家正朔猶行於海外也

# 檳榔嶼志略　卷之二

永福力　鈞初稿

## 地輿志

梁書扶南以南入海中爲頓遜國其西爲盤盤國又西南爲丹丹國海中有昆㠏國去扶南八千里又西南爲干陁利干陁利國在南海洲上其俗與林邑扶南略同出班布吉貝檳榔天監中其王遣使貢獻方物干陁利之西南爲海中獅子國。

鈞按魏源云頓遜在扶南三千里斗入海中爲柔佛等地無

爲今下

則正

疑昆侖去扶南八千里當是婆羅大洲干陁利在其西南當[illegible]港而狠牙修又在其西南當爲今葛留巴之小爪哇則[illegible]與婆利之爲蘇門島相接地勢無一不合矣明史以狠牙修爲印度南之師子國又以干陁利爲三佛齊與婆利合爲一島皆與史不合甚至以蘇門答剌爲條支大食波斯之地則更無足辯矣魏氏以頓遜爲柔佛等地是矣以干陁利爲下港與明史以干陁利爲三佛齊其誤均也梁書云國在南海洲上以說文水中可居曰洲考之下港非在水中而檳

椰嶼則水中可居者且干陁利在梁已產檳榔嶼以檳榔名

或以此歟

島夷志略勾欄山嶺高而林密田瘠穀少氣候熱俗射獵爲事

至元初軍士征闍婆遭風於山輒損舟一舟幸免見此山多木

故於其地造舟十餘隻飄然長往有病卒百餘人不能去遂留

山中今唐番雜居

明史麻葉甕在西南海中永樂三年(1405)十月遣使齎璽書賜物招

諭其國其酋長迄不朝貢自古城靈山放舟順風十晝夜至交

欄山其西南即麻葉甕山峻地平田膏腴收穫倍他國交欄山嶺高林密饒竹木元史弼高興伐瓜哇遭風至此山下舟多壞乃登山伐木重造遂破瓜哇其病卒百餘留養不歸後益蕃衍故其地多華人

鈞按魏源云交欄山爲往大瓜哇婆羅洲必由之路又山高壤沃似即新埠之地是

檳榔嶼考據英國舊史檳榔嶼又名毋呵老壬子島毋呵老黑人也本巫來由種元末入英拜英王行毋利第三爲誼父英人

於是始知有南洋各島以其名名此島蓋不忘毋呵老之功也

石故實

鈞案南洋各島皆有故實可考吉德本小國檳榔嶼又吉德屬島故載籍少見魏默深先生謂檳榔嶼即元勾欄山明交欄山誠精於輿圖也然以地勢揆之則梁書干陁利當屬檳榔嶼故首錄之俟考得實凡傳記所紀干陁利事當再補入若英國史所載毋呵老事雖荒遠無可稽然安知非梁之所謂干陁利耶因附於後

技藝治船

鈞案

貿易通志英吉利本國止產錫銅煤炭然其國人好利爭勝將技藝治船械不憚險遠最大之埠頭如新堡等處

鈞案新堡即新埠

外國史略英吉利因本國人稠地狹開新埠大興貿易

英夷說英吉利者昔以其國在西北數萬里外距粵海極遠似非中國切膚之患今則駸駸移兵而南凡南洋瀕海各國遠若明呀剌曼達剌薩孟買等國近若吉蘭丹丁加羅柔佛烏土國以及三佛齊葛留巴婆羅諸島皆為其所務服而供其賦稅云

勢日盛其心日侈豈有厭足之日哉近粵洋海島有名新埠者英夷以強力據之

鈞案通志言英吉利止產錫銅煤炭史略言英吉利人稱地狹英夷說言其國在西北數萬里外是特貧弱僻遠一小邦耳然而精技藝治船械大興貿易凡南洋瀕海各國皆爲所懾雖富強之術儒者不道然合而觀之可以知致此之由

海錄檳榔嶼英吉利於乾隆年間開闢者在沙刺我西北大海

英吉利記
欲爭

中一山獨峙

英吉利國俗急功尚利以海賈爲生凡海口埠頭有利之地欲爭之於是精修船礮所向加兵南海中島嶼向爲西洋各國所據者英夷皆以兵爭之而分其利乾隆末已雄海外嘉慶中益強大凡所奪之地曰新埠此海中島嶼也

夷情記略英吉利國前明始大乾隆四十年間創立公司公司者國中富人合本銀設公局遇有可乘隙用大礮兵船占據海口設夷目爲監督以收出入稅先後得有孟剌甲新埠新嘉

檳榔紀

坡等處

鈞按四裔年表乾隆四十年1775美人推華盛頓爲大將記略言

是年創立公司蓋英不得逞志於美遂圖南洋使南洋有如

華盛頓其人者不知英更何如也

外國史略檳榔嶼前本荒島乾隆五十年1785英國公班牙買爲埠

廈[illegible]

檳[illegible]略乾隆五十一年1786年丙午七月十七日爲嶼開埠之期

萬國地理全圖檳榔嶼對面沿海地方又歸英國轄

吉德紀略乾隆五十一年丙午吉德旣以檳嶼讓英後十四年復以威省割歸英國前後兩次皆未奏聞暹王王怒於道光元年辛巳興師問罪奪其疆土吉酋懼逃往檳嶼

鈎案暹羅一小國耳猶能興問罪之師惜無爲之援者考四裔年表嘉慶二十五年英主根的夭克義德瓦卒道光元年若爾日第四嗣立國人輕之暹羅蓋亦觀釁而動耳不然吉德以檳榔嶼讓英已三十五年矣以威省歸英已二十一年矣暹之又久興師問罪豈無故哉

檳榔嶼考英人失美科堅而得東印度遂注意而東乾隆丙午有船主賴特者爲吉德王女婿年以六千員賃檳榔嶼對岸海灣隙地爲埠頭嘉慶戊午有毋拉查者知此島可闢爲利藪遂豫而有之今以新埠呼之

吉德紀略檳榔嶼舊屬吉德乾隆五十年乙巳英國甲必丹賴特[illegible]印度公司與王立約以一萬元賃其地者八年後改每年[illegible]永歸英國管轄乾隆五十六年辛亥又升作每年一萬元[illegible]後如數完納無異嗣因海而有賊船來往擾亂地方復

五萬即今

嶼一有



於嶼之對岸買其片地自毋太港起至克里安港止計長三十[illegible]威烈斯省地也每年加二千元共一萬二千元而一嶼[illegible]之地均英有矣

鈞案紀略之甲必丹嶼考之船主史略之公班牙記略之夷目名異實同

檳榔嶼考檳榔嶼既與對岸吉德所賃之埔頭遂微因減租價年給四千圓近復議於對岸埔頭開無稜河以資灌溉英人之謀深矣哉

鈞按諸說皆言英先得檳榔嶼惟嶼考言先得嶼之對岸疑誤俟考

新嘉坡紀略道光六年丙戌嶼與坡甲兩埠合而爲一仍以嶼爲總匯

滿剌甲紀略當葡人得麻剌加時西人番船以甲爲東道主是以貿易之盛冠南洋焉繼而帆檣四布愈推愈遠甲遂稍衰然巫來由部暨蘇門答臘各埠猶以甲爲總匯也道乾隆五十一年檳榔嶼興於是巫來由部暨蘇門答臘各埠均以嶼爲總匯

而甲愈衰新嘉坡興於是南洋各埠以坡爲總匯而嶼亦衰三埠之遞爲興衰有如此者

右始事

鈞案英人有事亞洲自檳榔嶼始由是而滿剌加新嘉坡與巫來由部之地大而柔佛吉德彭亨歸其保護小而芙蓉碩蘭莪大小白臘歸其管轄履霜堅冰由來漸也所以輯南洋島志託始於檳榔嶼

檳榔嶼考檳榔嶼又名丹呵島王子島

外國史略英國結約各國地曰檳榔嶼新埠頭

英吉利地圖說磨面又南爲檳榔嶼一名新埠

東行日記檳榔嶼俗稱新埠

瀛寰志略麻剌甲西北海中有島曰檳榔嶼英人稱爲新埠

海錄新埠海中島嶼也一名布路檳榔又名檳榔嶼

地理備考新埠島一名布路檳榔在馬拉加海峽之間

檳榔紀略嶼本巫來由部土名波羅碧南波羅華言嶼也碧南華言檳榔也華曰檳榔嶼英仍曰碧南

右異名

鈞案

檳榔嶼考　嶼雖產檳榔其名譯音爲庇能檳榔似音之轉者

[illegible]新埠新開之埠非地名也荷蘭西之葛羅巴美利堅之新金山皆稱新埠蓋前此南洋多屬荷蘭英有南洋门檳榔嶼始故名新埠。碧南庇能皆檳榔音近而轉巫來由方言凡水中有山曰浮羅布路波羅亦浮羅音近而轉。噫揚子雲有方言之輯鄭之於經馬班之於史亦不能不用方言職是故歟若毋呵老王子亨剌地以人名此英國史所稱中國人無

稱之者豈惡其外寄而不道歟

海錄周圍約百餘里

地理備考長六十里寬三十里

外國史略廣袤方圍五百里

檳榔嶼紀略長自十三邁至十四邁不等闊自五邁自十邁不等方一百零七邁嶼東約二邁有省曰威烈斯烈長四十五邁闊自四邁至十一邁不等方二百七十邁

吉德紀略英復於嶼之對岸買其片地自毋大港杞至克南安

檳榔嶼紀

岸地改属

港止訖長三十五邁即今威烈斯烈省地也

[illegible]略碧南共方六百邁光緒十二年丙戌始將島及對

岸[illegible]屬息力而碧南僅得方四百邁

檳榔嶼考島長十三迷當半闊五迷當至十迷當不等共得面

積一百零六方迷當

右疆里

鈞案一英里爲一迷當迷當合聲爲邁邁約中國三里紀略

一百零七邁與嶼考一百零六迷當皆就方數算紀略又云

得方四百邁就開方數算史略言五百里海錄言百餘里則皆懸揣耳長之數竪方十二邁半實四十四零闊之數竪方七邁半實二十二里半備考雖據中國里數言亦未確

梁書海中有昆侖國去扶南八千里又西南爲干陁利干陁利國在南海洲上

明史自古城巃山放舟順風十晝夜至交欄山

外海紀要外國水程論更數駛船每更約一時辰之久福建廈門行舟外海番國順風至檳榔嶼二百二十更廣東瓊州海口

釣案外
自輪

順風至檳榔嶼十餘日夜
[illegible]國水程向無定說帆船夾板雖有更數皆約略言之
[illegible]船以沙漏定水程水程始確
乘槎筆記同治五年二月十八日巳刻至新嘉坡行六百八十
四里十九日巳刻開行二十日巳刻過波羅雞哈距新嘉坡八
百餘里山形如揚子江焦山至午行九百三十六里二十一日
過勾勒鋑山甌拉番山及波羅圓諸山南爲蘇門答臘龍涎嶼
在其西是日行八百四十里

鈞按此節山名有誤以水程計之疑即檳榔嶼
使西紀程光緒二年十月二十八日午初行七百二十里至新
嘉坡早過一島曰浩斯白爾有燈樓浩斯白爾大西洋始尋地
來中土者也三十日新嘉坡西北行三百一十里過麻六甲西
行出印度海英國郵船取道檳榔嶼稍折而北逵至百餘里船
者以□西行正路不牌示十一月初一日戊午巳刻至檳榔嶼
距麻六甲九百三十三里
東行曰記光緒二年十一月十一日巳正二刻錫蘭開船東行

連日逆風行甚緩十五日清晨舟折向東南左右行山或遠或近或隱或現絡繹不斷詢知左爲麻六甲右爲蘇門答臘中間海道由西北而東南寬處三四百里狹處近三四十里入口偏左有島名檳榔嶼俗稱新埠亦屬英

鈞案欽使有日記者四人斌郎中所記檳榔嶼有誤曾徵惠西行日記則略爲郭從西出李從東歸合而觀之海道之往來已得大概然舟過境上未嘗停泊所記亦皆得之采訪也

海錄檳榔嶼由紅毛淺順東南風約三日可到西南風亦可行

所云呷也

舟行五十

英夷說近粵洋海島有名新埠者距大嶼山僅十日程
滿剌甲紀略甲埠距檳榔嶼約二百四十邁
英吉利記新埠新嘉坡與麻六甲相連海道順風至廣東之老
萬山或六七日程或十餘日云
英吉利地圖說英吉利自金山而南爲急下磔門海國聞見錄
所云呷也蓋海中大地西南一角之盡處由彌侈剌至急下磔
始[illegible]日夜皆自西而南自此以後則舟行轉向東北自急
下磔至望邁舟行五十日夜更自望邁而南爲士郎又東北爲

袜達剌沙北爲孟呀剌即孟加剌又東南爲磨面又南爲檳榔嶼一名新埠

右水程

鈞案四裔年表嘉慶二十三年色凡那輪船始至英爲輪船航海之始道光二年英輪船始至法五年始置輪船公司十年始至印度十五年始至廣州外海紀要作於道光八年故言更數海錄以下諸說惟紀略言水程餘皆約舉日期也茲以中國至嶼水程爲先羣島次之英又次之

外國紀要檳榔嶼過西

萬里地里全圖檳榔嶼在西北

外國史略亞西亞地嘴西由蘇門馬六川二地中間爲海峽各島散布如星棋最大者檳榔嶼在西邊距對面貴他大山不遠

白蠟紀略奇拉康薩一小村也在白蠟河上流英正總管駐劄於是英取其地適中且與檳城相近英副總管駐劄拉魯且其地與檳城近僅隔六十邁由拉魯至克里安河有大路相通而至檳榔嶼有電綫

檳榔嶼志略　卷二　三

海錄大亞齊國在錫里西北海東北岸爲沙喇我國山盡處則與新埠斜對

瀛寰志略大亞齊在錫里西北疆域稍大由紅毛淺外海西北行日餘即到山盡處與新埠斜對

環游地毬新錄檳榔嶼右爲亞齊屬荷蘭

海錄吉德國在新埠西又名計喹由新埠順東南風日餘可到

吉德紀略吉德國北界琳琅南界白蠟東界大年西臨海峽與檳榔嶼相望

瀛寰志
每月統紀

英夷說檳榔嶼英夷以強力據之與新嘉坡相犄角

英吉利小記英吉利在荷蘭佛郎機兩國西界若南海之新加坡新埠皆其分島也

海島逸志英圭黎華人呼爲紅毛近有新墾之地在麻六甲之西吉德之南與大年相鄰地名檳榔嶼

瀛環志略麻剌甲西北海中有島曰檳榔嶼

每月統紀傳麻剌甲地方嘉慶年間英吉利以萬古累易之廣東與福建人居此種園耕與賓力檳榔嶼貿易

中有屬島

二十一

臺灣進呈英夷圖說疏自西北而西南更轉東北而至廣東海[illegible]二十六處皆其埠頭多他國地據爲貿易聚集之所二[illegible]曰檳榔嶼二十三曰新嘉坡皆英吉利埠頭設官主之海中相去或一二千里數千里不等遥相聯絡諸島左右復有別島或自爲國或有荷蘭別國埠頭

檳榔嶼考西人東來由錫蘭出東印度洋入蘇門答臘海峽船若東偏可以望見島上山色青蒼可愛蓋爲東來門戶耳

海國圖志南印度地毗連印度海西爲孟邁孟邁之西海中有

島曰檳榔嶼即新埠也其餘小島星布皆無大於此者
星報檳榔嶼南洋羣島中之小島也大小白蠟吉隆芙蓉及辦
坑大泥金山銅霞吉打內而高淵古林諸處近而百十里遠而
千百里實則有路相通從前如吉隆小白蠟等處雖造鐵路爲
程無幾邇聞英人有意大興車路

方形勢

檳榔嶼海中孤島耳無所謂形勢也然中國至嶼嶼在
西北則東南風便英吉利至嶼嶼在東南則西北風便嶼舊

焉乃一
已扼

屬吉德吉德與嶼不意輔車之相依蓋有存亡與共之理者[illegible]再讓地於英英於是近取諸島遠聯三埠海門全境[illegible]其要兇由錫蘭而來則儼然東道主也不得謂非形勢所在也倘翠島鐵路一通如常山之蛇首尾相應嶼居中而策之豈西卑里亞之萬里黃沙所可同日語哉備述之以質知兵者

檳榔嶼志略　卷之三

永福力　鈞初稿

## 使守志

中國兼轄海門等處總領事　光緒十七年辛卯改新嘉坡領事為總領事仍駐新嘉坡　大清駐劄新嘉坡兼轄海門等處總領事黄示照得新嘉坡設立領事保護吾民既十餘年惟新嘉坡以外大英屬地甚多寄寓華民甚盛我總理各國事務衙門王大臣念近日通商之局日開吾民出洋謀生者益衆不可

新嘉坡欽

請將本

不加意保護因特咨請出使英國大臣薛商諸大英國外部將新嘉坡領事改為總領事兼轄海門各處既經外部允行即奏請將本總領事充補此職復經總理衙門議奏奉諭旨准行茲本總領事業既到任視事查南洋各島大英屬地除遠處不計外其歸新嘉坡管轄者曰麻六甲曰檳榔嶼城並省曰丹定斯羣島曰威利司雷省曰科科斯羣島是皆屬土此外保護各邦有白蠟石蘭莪芙蓉等處前於西歷一千八百八十五年大英政府聯合各地定其名稱曰實得力寨多爾曼士譯即為海門

之心下

多有置田

屬部茲當總領事創設之始本總領事到任之初自應普告我華商民人等一體知悉凡新嘉坡總督所轄之地所有寄寓華民本總領事均有保護之責本總領事辦理交涉已十餘年在日本五載居金山四年茲復由駐英參贊調充是缺凡總領事職分之所當盡權力之所能爲斷不敢不殫竭心力上以抒報國[illegible]下以盡護民之職我華商等來寓此間遠者二三百年稍[illegible]園長子孫者近者或十數年或數十年遠方服賈亦能以善居積耐勞苦著名於五部洲而衣冠制度不忘故土頻

尤為本總

長同心



年以來屢捐賑款其急公報上之忱久爲中國士大夫所推重尤[illegible]總領事所愛慕若能視本總領事如一鄉之望一族之長[illegible]合力無分畛域共襄美舉旣可以增國之輝光亦可以延己之聲譽至於負販細民勞苦執役遠適異方自食其力但能安分守業不背地方官法律即不失爲我國善良本總領事實有厚望焉

兩廣總督張之洞疏略　遵　旨籌議外洋各埠捐船護商情形當經總兵銜兩江儘先副將王榮和鹽運使銜候選知府余

塲先赴南洋有名諸島詳愼周歷飭將設官造船兩事一併密
加商度該委員王榮和等於十二年七月二十七日由粵起程
先後往查各島埠情形均經隨時稟報頗爲詳悉本年七月各
回粵東臣復面加考詢大抵設立領事一節事甚切要勢亦可
行查該委員等所歷南洋計二十餘埠先至小呂宋次新嘉坡
次麻六甲次檳榔嶼次仰江皆英國屬其抵新嘉坡也與原設
領事左秉隆往見坡督各官禮意尚洽該處華民十五萬人富
甲各處除衙舍公產外所有實業華人居其八洋人僅得其二

公允惟不
客館作

每年往來華官又最多英設華民政務司專理其事立法尚稱[illegible]向中國領事衙門報名情意既不聯絡而月擊招工客[illegible]奸欺瞞無從禁止亦失保護之旨似應並由中國領事官稽查以重事權而免流弊至麻六甲檳榔嶼兩處與新嘉坡相連華商居多生意繁盛又附屬石郎阿國之吉隆埠卑力國之錫埠均尚知保護華工檳榔嶼一埠人才聰敏爲諸埠之冠宜添設副領事一員與駐坡領事相助爲理庶可以收後效臣查委員王榮和等于役南洋海程五萬餘里各埠商民觀瞻官

度就其餘

人心

之威儀仰堯天之覆幬莫不歡呼迎謁感頌皇仁其懇求保護之情極爲迫切查出洋華民數逾百萬中國生齒日繁藉此消納不少近年各國漸知妬忌苛虐驅迫接踵效尤若海上不安其居則歸內地沿海縣增無數游民何以處之故保護之與實所以弭近變而非以勤遠略也儻蒙朝廷設立領事加意撫循則人心自然固結爲南洋無形之保障所益匪淺其設領事之處[illegible]籌款酌撥若干量設書院一所亦先從小呂宋辦起由臣捐資倡助並購置經書發給存儲令各該領事紳董選擇流

寓儒士以爲之師隨時爲華人子弟講授使其習聞聖人之教中國禮義彝倫之正則聰明志氣之用得以擴充而愈開水源木本之思益將深固而不解從此輾轉傳播凡有氣血未必無觀感之思

駐英欽差大臣薛福成疏略　竊臣查光緒十五年兩廣督臣張之洞派遣委員副將王榮和知府余瓗訪查南洋各島華民商務奏稱該委員等周歷二十餘埠約計英荷日三國屬島應設總領事者二處正副領事者各數處經總理衙門議覆在案

國可

臣於光緒十六年七月准總理衙門咨稱據海軍提督丁汝昌又稱此次巡洋如附近新嘉坡檳榔嶼各島皆未設領事擬請各設副領事一員即以隨地公正殷商攝之統轄於新嘉坡領事應先與該外部商定核給憑照如能辦到實於華民有裨等因到臣當經辦文照會英國外部援照公法及各國常例聲明中國可派領事分駐英國屬境俟商有端倪再咨明總理衙門辦[illegible]辦臣竊思領事一官關係緊要而南洋各島華民繁庶若不統論全局則一事之利弊無以明若不兼籌各國則一隅

洋各國莫
以保



之情勢無由顯臣謹綜其始終本末為　聖主敬陳之大抵外洋各國莫不以商務為富強之本凡在他國通商之口必設領事以保護商人遇有苛刻隨時駁阻所以旅居樂業商務日旺即遊歷之員工藝之人亦皆所至如歸而西洋各國領事之在中國權力尤大良由立約之初中國未諳洋情允令管轄本國寓華商民與地方官無異洋人每有人命債訟等案均由領事官自理往往掣我地方官之肘前後中國各口之枝節橫生亦實由於此然即在他國不理政務之領事偁以保護商務為名

者各國亦視之甚重稍有交涉即籌建設蓋枝葉繁則本根固耳目廣則聲息靈民氣樂則國勢張自然之理也中國領事之駐外洋者在英則有新嘉坡領事在美則有舊金山總領事有紐約領事在日則有古巴總領事有馬丹薩領事在秘魯則有嘉里約領事在日本則有長崎橫濱神戶三處領事有箱館副領事蓋南北美洲與日本各口迭經總理衙門與出使大臣籌畫經營設置較密惟南洋各島星羅棋布形勢尤爲切近華民往來居住或通商或傭工或種植或開礦不下三百餘萬人臣

竊據平日所見聞參以張之洞原奏計華民萃居之地荷日兩國所屬應專設領事者約四處法英兩國所屬應專設領事者約五處此外各埠如檳榔嶼等處已可相機設法或以就近領事兼攝或選殷商爲紳董畀以副領事之名略給經費而就近領事轄之斟酌盈虛隨宜措注要亦所費無多就南洋各島而論祗須設領事十數員大勢已覺周妥

駐英欽差大臣薛福成奏　爲瀕海要區添設領事揀員調充恭摺仰祈　聖鑒事竊臣承准總理衙門文開准北洋大臣李

鴻章咨稱海軍提督丁汝昌巡歷南洋目擊華民人數百萬生齒殷盛既設領事之處尚稱安謐其餘頗受欺凌無不環訴哀求請設領事咨令酌度情形試與英國外部商議如能辦到實於華民有裨等因臣竊謂酌設領事所費無多而收效甚速仰於去年十月續經全局縷陳　聖鑒在案查南洋流寓華民頗有買田宅長子孫者而拳拳不忘中土歷次防務賑務捐輸甚鉅既被同聲呼籲不可無以慰商民望澤之誠示國家保護之意惟設立領事條約本無明文各國知此事於我有益往往漸

初乃外

同



而不許即英國前議亦謂中國只能照約而行不能援引公法
臣初[illegible]外部商議先破其成見謂中英方睦豈容與泰西分別
異同再四磋磨外部始允照各友邦一律辦理仍謂審量情形
刻下或有難盡照辦之處臣亦以經費有常必須擇要舉辦礙
難處處偏設查香港一島爲中外咽喉交涉淵藪前使臣原奏
未就臣擬於香港設一領事官其新嘉坡原設領事改爲總領
事兼轄檳榔嶼麻六甲及附近英屬諸小國小島若慮鞭長莫
及或就地選派殷商充副領事以資聯絡由總領事察度稟由

調元香

黃遵

核辦臣既函商總理衙門復照告外部外部尚以中國官吏未諳西例爲慮臣告以新嘉坡領事左秉隆在任十年彼此往來素稱和睦臣署參贊官黃遵憲前充美國舊金山總領事四年穩練明慎中外悅服擬以此二員充補外部乃無異辭合無仰懇天恩俯念員缺緊要准將駐英二等參贊官二品銜先用道黃遵憲調充新嘉坡總領事官花翎鹽運使銜先用知府左秉隆調充香港領事官於交涉事務流寓商民必有裨益除另將酌擬經費增派隨員詳細辦法咨呈總理衙門外所有添設領

約案改

事揀員調充緣由理合恭摺具陳

約案改新嘉坡領事爲總領事之議張制軍發之薛欽使成之並錄之志事之所由始

黄楙裁南洋形勢說　方今東西洋各國既已分遣使臣設立領事梯航重譯修好睦鄰而咫尺南洋豈可視爲緩圖查歐洲諸國華人寥寥無幾惟南洋羣島所在多有綜而計之不下數百萬衆泰西之商皆糾合股分萃爲公司貲本富厚多財善賈華人則隻身空拳不數年而致鉅富者有之經營貿易之事獨

體中外

爲擅長至於開墾耕種能耐勤勞尤非番人所及華人愈多市埠愈盛故諸國始而招致繼而妒忌旣無官長保護難免虐政侵漁宜將戶口詳細稽核凡滿商戶以上設立領事一員不及此數者或數埠共一領事領事之下分設各長令商民公舉夫英人佔據各處馬頭多係公司衆商之謀今可仿其意爲之客長之中有才能素著爲衆所服者卽給以頂戴畀以職事上下一體中外一氣將見生齒日繁商賈漸興南洋數十島之利權一旦盡歸於中華矣

官其



吳曾英論今南洋各島圖　今中國商於南洋亦多畏苦今若設官其地與之立約不准掊克聚歛虐我商民彼不奉約偕各國公使執萬國公法與彼理論如商民中有雄傑出衆者授以領事等職俾審其山川之向背圖其幅員之廣狹測量其海道之淺深并偵探西夷動靜以聞

右欽使

鈞案南洋設領事自新嘉坡始至光緒辛卯始改新嘉坡領事作總領事統轄海門羣島於是檳榔嶼始有領事然析去

千餘里聲息不通則副領事之設誠不容緩也至新設副領事仍選本地富商爲物望所歸者風俗旣嫻情誼亦洽玆錄近人奏疏論說現選本地富商充補副領事之議固前人所已發也

英國所設官

萬國地理全集檳榔嶼英立總文官兼攝檳馬新等處

瀛環志略英有大酋駐息力總理息力麻剌甲檳榔嶼三埠貿易之事

檳榔嶼紀略嘉慶十年己丑東印度公司始在嶼埠設大酋令與麻得拉士孟買兩處大酋並行道光九年己丑嶼始裁撤大酋而以他員代之道光十七年丁酉英始改建總匯於坡埠而嶼次之

鈞案全集所紀嘉慶年間之官制志略所紀道光年間之官制惟紀略言沿革較詳按紀略載英國官自議政司下更二十一員并錄於左

議政司

兵刑

地租司
山林司
庫務司兼印務司
營造司兼量地司
華民副護衛司
船政司
機器測量司
郵政司

訟司

臬司

總都司

錢債司

封官

教師

監院

醫官

巡理廳

國王
國

巡捕廳
司獄
統兵官
工部局員
各國所設領事官
荷國總領事
暹國正領事
德國正領事

奧國正領事
比國副領事
丹國副領事
葡國副領事
法國委辦領事
美國委辦領事
意國委領事
鈞案右各國領事官據檳榔嶼紀略錄領事官分三等曰總

領事曰正領事曰副領事亦稱爲頭等二等領事更有學習領事掌文案庫及委辦領事總領事爲衆領事之長頭等二等領事俱歸管轄至委辦領事因地廣事繁總領事等官力難兼顧委人代辦以便照料但不列於職官其經手事件正副領事是問委辦稱職或賜以副領事之銜以示獎勵西例領事有由本國特遣者有委該處商人者蓋小國國課有限特遣則經費較鉅而商務又不可忽故多從權委派商人辦理所謂委辦領事也

西 夷說

右[illegible]酉

英夷說英夷以強力據之發敘跛兵二千駐防其地與新嘉坡相犄角居然又一大鎭矣

海錄英吉利駐防番兵三百又有敘跛兵三千餘

右屯戍

鈞案英之兵數千不必皆英人也流寓者二十餘萬所駐之兵防流寓乎抑爲流寓防乎蓋英能撫此流寓在律例之寬不在兵也不然荷蘭之於亞齊法之於西貢兵豈不多哉

推舉　欽案

皇朝通考司漢人貿易者曰甲必丹

海國聞見錄分官屬曰甲必丹

英吉利地圖說凡管理貿易及船政官皆名甲畢丹即明史所稱加必丹

海島逸志荷蘭所推甲必丹有大雷珍蘭武直迷朱葛焦諸稱呼

右推舉

欽案英國甲必丹賴特開嶼有功檳榔嶼紀略檳榔嶼考皆

載
人此

紀其事而鄭嗣文爲白蠟甲必丹見白蠟紀略嗣文檳榔嶼人此英設甲必丹之可考者至檳榔嶼人爲荷蘭甲必丹據長慶寺石刻有紡裏甲必丹温言提又有紡裏雷珍蘭林德水紡裏雷珍蘭邱登果雷珍蘭亦甲必丹也此荷蘭設甲必丹之可考者但荷蘭甲必丹檳榔嶼人任其事者尚多俟考得實補錄兹錄有文字可考者

鈞案遊覽隨筆載西人之論曰西國簡明達大臣爲公使駐中國首在聯兩國交誼必使中外輯睦相安無事設臬司以

平詞訟領事以理貿易庶務參贊者參其議贊其治也繙譯者通其文字語言也慮或不虞當資防護焉故有水師之設也慮或鬬爭竊盜當資稽察巡緝焉故有巡捕之設也大小文武之俸廉兵捕之工食公署房舍兵船器械軍火等項歲需千百萬無少吝惜此欲旅居商民之咸遂其生無異於居本國也然吾西人散居中國不過數千耳而中國人之散居外國者約百餘萬無中國官員以鎮撫之其能免於欺凌乎李氏圭對之曰是嘗聞之矣三藩謝司戈之華人不容於愛

黨 以

黨新嘉坡之華人傷斃於上人若夫受害於古巴秘魯更不
能以數計就華人之在日本者亦不甚甘受其轄制他如澳
大利亞麻六甲爪窪檳榔嶼各島華人雖未聞有釁恐未必
能久安無事也然我中朝惠育元元豈於費有少惜哉特不
意華人在外竟若是也近已簡公使領事分駐各國矣李
氏之對西人善矣惜其辭未盡也總之泰西各國地狹閒意
商務名曰設官護民實爲利也中國幅員遼廣常有鞭長莫
及之勢北省墾務南省鑛務皆自然之利尙閟之而不發論

留意

者皆曰西國富強不知彼所謂富者公司機器埠頭餉款耳彼所謂強者輪船水戰鎗礮火攻耳然而西國之人貧不聊生而內亂邊釁亦未嘗一日無也蓋財聚而不散小民轉難謀食卽以力服人力盡而服者亦叛以彼一隅之地弊且立見中國土地之大人民之衆使不於本原上加之意西法豈可恃哉日本自行西法上下離心非前車之鑒歟然中國不留意商務故利權多爲西國所擁夫商務非經世之良謨固救時之先著中國自同治後嚴備海防是輔四出問俗采風

使奏

公使所駐參贊繙繹隨員日美各國既立領事而郭曾二欽使奏設新嘉坡領事張制軍薛欽使奏改新嘉坡領事爲總領事並請於檳榔嶼各埠均設副領事黄君懋材與薛欽使皆言設副領事就各島殷商紳董選擇此即西國所謂委辦領事稱職者賜以副領事之銜也竊謂如就各埠總管甲必丹之類擇尤授職較覺妥便然此亦在殷商紳董之列也蓋中國政體由內而外由本而末由大而小即設立領事一節已可概見矣彼西人烏知之

永福力　鈞初稿

## 流寓志

### 王榮和事略

兩廣總督張之洞奏派榮和赴南洋諸島周歷榮和於光緒十二年七月二十七日由粵起程次年七月回粵歷二十餘埠先至小呂宋爲日斯巴尼亞屬次新嘉坡次麻六甲次檳榔嶼次仰江皆英屬次日裏次川拉巴次三寶壟次泗里末皆荷蘭屬次新金山之鉢打穩次雪梨次美利濱次亞都

律省次委司倫皆英屬其抵小呂宋也時上人聯名擬逐華工榮和到其議遂寢其抵新嘉坡也與原設領事左秉隆往見坡督各官禮意尚洽該處華民十五萬至麻六甲檳榔嶼兩處與新嘉坡相連又附屬石郎阿國之吉隆埠卑力國之錫埠均知保護華工其抵緬甸之仰江也榮和徧加訪察言地自英據後餉設戍密邇騰越他日必爲中國患其抵日裏也該處華工亦萬餘所業種烟製烟工頭任意虐待榮和告知荷官允爲設法整頓其抵加拉巴也該處華民七萬餘其附近之波哥內埠文

丁內埠皆有華人聚處又三寶壠與疏羅及麥里芬泗里末惹加等處皆荷蘭屬地華人二十餘萬荷官橫肆暴虐榮和接見華商備言其苦其抵新金山之打鉢穩埠也華工三千餘雪梨附近華人萬餘大利濱埠旺加拉打埠必治活埠巴拉辣埠紐加士埠市丹塔埠均屬新金山外埠惟庇釐市檳埠係袞司倫之省城又有湯市威路埠波得忌利士埠及谷當埠每處華人自數百至千餘不等榮和皆勸加撫慰小呂宋近中國華民望切倒懸必須先設總領事擬派榮和爲駐劄小呂宋總領事緣

該處多閩人榮和籍隸福建穩練精詳究心洋務素爲閩人信服此次出差南洋親歷小呂宋各埠熟習情形深得竅要以之充當總領事人地相宜榮和檳榔嶼人嶼中人稱之曾任福建督標左營叅將周歷南洋時官至兩江副將總兵銜具此才略資志以沒惜哉

李道熙傳略　道熙早廢舉業客檳榔嶼久以貨殖起家積產十數萬金捐創海澄吾貫社學此錫五茂才所述者所居門榜曰李氏家塾考之禮黨庠州序里塾然宮室之制於大門東西

夾室亦曰塾此家塾所自仿歟道熙之創社學即塾也若家塾則優爲之矣道熙字焜燿福建海澄人中書科中書

邱忠波傳　忠波海外之豪傑也中年多病累月不起然其聲雷如其氣虹如其日光閃閃電如座上客滿隨問隨答書札積累寸支床展閱未見其疲也海外商務之大忠波爲最中國則上海甯波廈門香港汕頭海外則新嘉坡檳榔嶼滿剌甲諸埠其餘吉隆白蠟之錫鑛西貢仰光之舂米機器有輪船十數艘爲之轉運爰腹心之寄任指臂之勞凡四五千人仰而食者則

不可數計焉足不下樓壁畫井井當世所推爲物望者至忠波前往往有蹴踖之象所以令人敬服者可想矣其見識之還信義之著爲英酉所服貨財交涉一諾立決不惟中國人重之也中國人購輪船自忠波始英酉乘間陷之法據例與爭酉褫職去聞者快焉自是西人愈偉視中國人生平自奉薄然凡善舉樂輸恐後中國海防水災派員勸捐極力報効好造就人才屢爲人負雖數萬金以情告不較也忠波雄才大略不可一世惜終老海外當事無爲之汲引者使得所展布當亦劉晏卜式之

流嫩忠波字如松福建海澄人十五客檳榔嶼卒年六十海防賑捐出力授候選道加三品銜

李灼傳　灼能詩能畫能古篆篆能運腕神似鐘鼎文字臨石鼓亦得其大意嘗以寫篆法寫蘭筆筆藏鋒詩初學然力爭上流居檳榔嶼久故筆墨散見者多嘗手錄升菴詩題其後云升庵之論詩云詩之爲教六情靜於中萬物盪於外情緣物而動物感情而遷是發諸性情而協於律呂非先協律呂而後發性情也古人之詩一出於性情後人之詩必溯以問學性情之感

有邪正問學之功有淺深此皆存乎其人也又云緣情綺靡而溫柔敦厚之意荒矣又云詩歌至杜陵而暢然詩之衰颯自杜始經學至朱子而明然經之拘晦自朱始非杜朱之過也效之者過也總觀所論探驪得珠賞駿在骨振古之學識一代鉅材也故所爲詩未嘗不緣情綺靡而仍不失乎溫柔敦厚性情既正學問亦純意多風喻詞兼比興後世之詩足以繼風騷者升菴其巨擘也選其尤者錄爲一編升菴有知其亦許爲知言歟觀灼之論升菴詩可知灼之詩矣灼字秩軒廣東　縣人著有

秩軒詩草

魏望曾傳　望曾能畫尤精醫術家貧親老橐筆南游辛卯三月至檳榔嶼居八月入吉隆坡十二月歸舟至汕頭沈有救望曾上小舟者小舟覆卒死焉望曾性靜好學讀傷寒金匱多心得嘗言痙濕暍篇已括溫熱治法其論痙病云痙由津液不養筋第三節備言誤汗誤下爲致痙之故以汗下亡津液也第一節以惡寒之實證爲剛痙以不惡寒之虛證爲柔痙然其外皆發熱第四節言痙之病象如面赤頭搖口噤背反張皆熱也皆

津液爲熱鑠也末三節或用括蔞桂枝湯或用葛根湯或用大承氣湯藥之輕重視病淺深要不外清陽明之熱使津液不傷也而灸瘡難治亦以津液傷不能發膿則欲知致痓之由與治痓之法亦惟於津液加意而已其論濕病云濕由脾土虛寒未入陽明斷無下之之法其爲病也或身疼或發熱或色如熏黃爲濕家之提綱要旨不可下也或取其微汗或利其小便若頭中寒熱非汗與小便可解則有納藥鼻中之一法濕在外則脈浮浮則宜汗濕在下則脈沈細沈細則宜利小便至第十節云

虛浮而濇桂枝附子湯主之以下文小便自利之桂枝湯例之則用桂枝者必小便不利可知矣以上節與麻黃白朮湯發其汗爲宜例之則此不用麻黃白朮者必已汗可知矣雖發端有太陽病一語然指傷寒之挾濕者非濕家皆由太陽病始也而日晡所劇則寒熱化燥傳入陽明之候其方仍是麻薏杏甘以太陰脾土虛寒雖有中焦鬱熱無實證仍從汗與小便解非陽明有可下者比也然痙病以承氣爲主方暍病以白虎爲主方而吳又可瘟疫論除邪在膜原用達原飲外汗以白虎下以承

氣至吐法亦有用瓜蒂者可知溫熱治仲景已示之的俟讀者之自領耳噫望曾之精於醫無知之者觀其所論固已升長沙之堂而入其室卒死於海哀哉所作畫嶼中多有藏者望曾福建閩縣人

右傳略

鈞案海外志書傳人物者惟王柳谷海島逸志然臚陳瑣事頗近叢談茲錄五人王榮和名宦也李道熙邱忠波貨殖也李灼魏望曾藝術也之五人者鈞所知也至生存未得立傳

及可以立傳而事實未詳者尚多也繼此勤搜博采傳其可傳他日志蠻夷者或有所取歟夫蠻夷入中國古有之矣今則中國之人散處蠻夷中是亦可以覘世變矣

島夷志略元初軍士征闍婆遭風於山有病卒百餘人不能去遂留山中今唐番雜處

明史元破瓜哇其病卒百餘留養不歸後繁衍故其地多華人

東行日記聞檳榔嶼華人實繁有徒

檳榔嶼考島上居民中國人最多次則巫來由間有暹羅緬甸人歐洲不過六七百人而已

外國史略居民五萬一千日增月盛四方雲集福建人尤多居然都會國家所費有限而收餉過之

萬國地里全圖居民五萬四千丁其中有一萬係漢人

瀛寰志略居民五萬四千閩廣人居五分之二亦歸英吉利管轄

鈞案萬國地里全圖瀛寰志略皆云居民五萬四千疑志略

即據全圖而錄者志略作於道光二十八年戊申時居民似不止此數也

檳榔嶼紀略光緒七年辛巳人民一十萬零五百九十七口內有華人六萬七千八百二十計居檳榔嶼者四萬五千一百三十五居威烈斯烈者二萬二千二百一十九居鼈頂者四百六十六其居檳榔嶼者計福建人一萬三千八百八十八海南人二千一百二十九客籍人四千五百九十一廣府人九千九百九十潮州人五千三百三十五土生華人九千二百零二其居

威烈斯烈者福建人二千六百八十海南人三百八十二客籍人二千三百一十二廣府人二千一百一十二潮州人一萬三千四百五十八土生華人一千二百七十五

大下戶口考光緒十七年辛卯稽查戶口時檳城戶口在工部界內男五萬九千八女二萬六千八人合計八萬五千八人工部界外東北境男七千二百人女三千二百人合計一萬零四百人西南境男一萬四千四百四十八人女二萬二千九百人合計五萬一千八百八中境男女計三萬二千一百十八人北境男一

萬六千一百八女七千六百八人合計二萬三千三百八以上統計二十二萬七千三百六十八人

鈞案西例十年一查戶口同治十年辛未嶼戶口十三萬三千零六十四人叻則九萬一千一百五十一人甲則七萬七千七百五十六人時嶼多於叻四萬餘人多於甲五萬餘人至光緒七年辛巳嶼戶口十九萬零五百九十七人叻則十三萬九千二百零八人甲則九萬三千五百七十九人時嶼多於叻六萬餘人多於甲九萬餘人光緒十七年辛卯嶼戶

口二十二萬七千三百六十八人叻則十八萬二千六百五十人甲則九萬零九百五十八人時嶼多於叻四萬餘人多於甲九萬餘人就嶼戶口計自辛未至辛巳增六萬七千餘人，自辛巳至辛卯又增九萬四千餘人觀戶口之增減即可知地方之盛衰鈞所考人數皆據叻報光緒辛巳與紀略所載不同必有一誤俟考

叻報辛卯年實得力入口人數言是歲往檳榔嶼之人男子計二萬六千三百四十七名婦女計一千七百一十口小孩計八

女二百五十一名共二千零六十三名
辛卯年英護衛司花冊檳城妓女一千一百八十八檳城之過
港四十六人共一千二百三十三人而勾院則檳城九十九間
檳城之過港七間共一百零六間
鈞案檳城一隅勾院至九十九間妓女至一千一百八十八
有此銷金之窟何怪流落他鄉貧不得歸者之多哉
右戶籍
鈞案西人重戶口稽查極嚴據瀛寰志略道光戊申戶口五

萬四千檳榔嶼紀略光緒辛巳戶口十萬零五百九十七計
二十四年增四萬六千餘至光緒辛卯戶口二十二萬七千
三百六十八計二十年增十二萬六千餘夫天下物力只有
此數生齒日繁財源日匱此勢所必至也檳榔嶼一隅如此
則海南羣島可推矣

檳榔嶼志略　卷之五

永福力鈞初稿

## 名勝志

島夷志略勾欄山嶺高而林密

明史交欄山甚高廣饒竹木

萬國地里全圖檳榔嶼在西北有高峯山水甚美

外國史略檳榔嶼有高山有溪地氣和暖山水甚美

瀛環志略麻喇甲西北海中有島曰檳榔嶼內有高峯山水清

勝

東行日記內多高峯山水清勝

鈞案島夷志略明史皆言山高全圖史略皆言山水甚美志略新錄皆言山水清勝則檳榔嶼山水勝美著聞久矣張香濤制軍稱人才聰敏冠諸埠是以地靈人傑之一驗歟諸君子生長其間勿負鍾毓之奇為中國光則山川亦為之生色矣

蛇莓山一名旌旗山輪船出入英人在山上升旗為識故名

檳榔嶼紀略嶼中有高山名蛇莓子出海三千尺　檳榔嶼考島北有士吐羅脾利山高二千九百二十一尺士吐羅脾利譯言蛇莓或譯爲蛇床子因山有是草故名二草不同未知孰是

林載陽游旌旗山詩不辭鑿險更縋幽況有亭臺恣壯游巖隙日明千樹曉海門船載一天秋眼看破浪身逾健詩到登高氣倍遒遥望安南杳無際養雞時切杞人憂　吳春程游旌旗山詩細細苔斑匝地青山光淡蕩水清冷長歌不敢高聲唱怕有潛龍淵底聽路迴不覺入林深濃翠紛紛滴滿襟風送海濤

天自語浮雲舒卷却無心

蛇莓山瀑布俗呼石流水　檳榔嶼紀略嶼中蛇莓山有瀑布長百餘尺爲最勝處　宴遊紀略至山腰舍車而徒怪石屹立形狀不一古樹參天野鳥格磔水流石上如瀑布百尺倒懸奔騰而下英人於此鑿一池以鐵網籠其上水味清且甘復循水勢用鐵管曲折引達通衢使居民便於汲食池之傍茅屋三椽有英差二人值宿防人在源頭洗濯者　力鈞蛇莓山觀瀑記噫此水也非嶼中數十萬人所資以生耶英人於水瀦處砌石

爲滙澄而清之注入鐵管以便用者計所用以取餉所謂自來水也西國皆然中國上海香港亦行之矣聞新嘉坡因水民譁噪將塞水源賴甲必丹陳金鐘爲陳利害事乃寢[illegible]人之於自來水不惟便用者因以取餉已也去歲嶼人皆有[illegible]新嘉坡五方雜處者畢然使數十萬人所資以生者驟而絕之其能晏然息乎吾於此水歎英人養生之善營利之工未嘗不感新嘉坡之事也吾知英人必知所以懲之矣

紀雪庵游石流水詩十里長途轉瞬間陰陰雲樹擁青山溪邊尚有桃花片劉

阮而今去不還

蛇莓山下公家園　西俗雜志公家花園極大種植各種樹木
花草任人遊覽婦女兒童牽裳聯袂絡繹不絕有攜針黹就其
中刺繡者團坐嘻笑旁若無人

鈞案公家花園西人隨地皆有使西紀程所謂洪家園爲闊
廣人公地是也檳榔嶼公家花園在蛇莓山下有流水邊

海珠嶼　童念祖海珠嶼紀游序距檳城五六里西北山盡處
有奇境焉曰海珠嶼嶼一名寶珠有祠祀福德神乙酉中秋邱

君哲卿偕余往沿途花草紅綠相間過一村市板橋流水茅屋牽蘿老圃老農樂天自適有不覺相形見絀者至則從漁家籬落穿過見磊磊大石橫臥波中潮來相激浪花滾雪作澎湃聲隨園老人過浙西七里瀧有鸕鷀到此都清絕不去嚼魚看釣瀕句景極肖也前有虛閣瀕水游者憩焉邱君如南肅余入時林子巽齋壬水瑤圃載陽謝子子芹邱子漢炎先至矣坐定有科頭跣足者走且言曰吾釣於海大魚吞鉤去覘之則皃子浪仙因戲之曰子不鸕鷀若也羣拍掌笑邱顯承茂才後至出示

紀遊舊作邀與同飲酒半緬姬奏曲管絃喧騰又與水聲相和答矣談諧方酣日已西下涼風習習不知人間有炎熱氣如南指磯石言曰如此丈人不可不結文字緣當徵詩以紀其勝諸子然其言且訂後約屬余記之爲他日刻石之券云　吳春程

海珠嶼游記乙酉仲秋余約同人游海珠寺北亭時也細雨散珠明霞垂黛俯仰既覺行坐自適石漱流而噴游亭凌虛而欹崎况復長松展蓋細草敷氈樹影波影花香衣香短籬曬網漁父歌酣古寺課鐘野僧坐定默領靜趣別有會心既臨風而舒

嘯亦選石而題詩然而浮生若寄勝會何常月滿易缺水盈必消騷人沈醉繼姬罷歌四座無譁孤影自弔觀游魚而知樂狎浮鷗而忘機不有佳作曷伸雅懷略紀勝游用示來哲他日好古之士覽勝而來摩挲殘刻想象遺徽則蘭亭雅集傳之右軍赤壁名區託諸子美未可知也

力鈞游海珠嶼記至檳榔嶼次日主人招游海珠嶼距嶼數十武漁人之居相錯不知路之可逼至則野廟一區巖覆其上中祠福德神僧寮在其右左一閣爲僧導余入謂可觀海波影鏡平中浮一島如對西湖孤

山斜陽一抹三兩短蓬如揚子江頭晚眺浪花噴石雷聲轟轟又如舟行建溪時所游六月無日不觀海今乃知海之變態有如是者步而坐坐而卧卧而起忽欣忽戚忽驚忽喜忽而駭立忽而狂舞忽而沈思忽而自語乾坤莽莽四顧無人幾忘身在異鄉也將行與山僧別僧睡矣再過漁人之居或歌或醉矣歸寓樓已上鐙因憶九年前是日長女生慰情勝無舉家歡慶越二年甲申辟亂入山舟泊竹崎波濤澎湃與寺前之水相似長女驚啼其母撫之徹夜不寐今則弱息候門亡婦在殯高堂白

鬟無以爲歡獨倚闌干仰視雲漢牛女相望機梭未掛簫笛何吾
山忽聞海上有仙山山在虛無縹緲間何爲之悠然神杜少陵
安得壯士挽天河淨掃甲兵長不用何又爲之憤然他日者倘
得分山僧半榻持竿與漁人伍安見海外之果無釣臺哉辛卯
七月七日記　孫伯楚游海珠嶼詩老樹盤危石天風吹海濤
靡雲千嶂削而水一亭高勝地誰題碣清游自可蒙蓬壺招手
近人世等鴻毛古剎明斜日風高蕉竹寒浪花翻石壁散作萬
珠嶼欲訪仙人宅蒼茫雲水覓扁舟散髮好何處覓漁竿　楊

毓宜游海珠嶼遇雨詩日暮烏鴉拍拍飛漁翁醉臥釣魚磯雨行濃翠波羅樹中有人家未掩扉

吳春程海珠嶼釣魚詩獨向水邊坐漠然無所求只知魚可樂長與鷺爲儔身世波濤闊襟期雲水悠勞勞徒自苦萬事付浮漚

僧心光遊海珠嶼詩咫尺靈山見得不未醒塵夢莫匆匆閒看海上團團月疑是明珠夜不收

謝召勳游海珠嶼何風迅帆飛山却走雨狂濤吼石聯吟

寳樹巖

力鈞游寳樹巖記辛卯重陽林成德約余游寳樹巖

距巖里許路傾仄舍車而輿山半有亭亭有陳孝廉協聯過數百武砌石為階百數十級有亭巍然則寶樹巖也左一亭吳淡如觀察率其眷屬建者有碑記姓氏年月前有惜字爐邱杜二女子合造巖之顛羊腸徑曲有挑蔬者側足而下三五女伴泥首神前起而擲筊若喜若驚不知其何求也笑語之聲與流泉相和答俄而雨腳全收日光四射大海不波瑩澈如鏡成德出酒肴饗客席地而坐一望無際如在鼓山屴崱峯既醉而歸一步一顧石洞中蝙蝠拍拍向人飛彷彿方廣巖風景至舊

路又舍輿而車車夫駕以俟余倦甚睡於車忽而人心譁甚驚醒已抵寓廬矣

天香山　清觀寺在天香山上有石磴千二百級俗名千二樓先是山有鬼人不得入粵人某往闢至山半宿聞鬼語曰主人至矣勿犯葉季允博士述　李秩軒游清觀寺詩薜蘿山徑御風行衣袖飄飄萬慮清纔向叢林深處出綠雲天際又相迎海天如畫樹如屏萬水千山到眼青忽地冷風吹夢醒花前低首拜山靈　李秩軒游清觀寺歸途即景詩明發孤猿叫朝躋宿

雨收崖光空自溢峯合翠交流藹綏懸車側蝸衣從道周松瀧
循碧遶蘭漪委紅稠霧濕花文掩林陰日氣浮抗莖高巘飛
練下垂湫草暖眠星鹿泉香飲竹鼯絕蹊篠若架飛棧竹分疇
邱壑因依勝風煙吐納幽奔波隨物役放浪亦天遊道向鴻濛
閒珠分罔象求青山可終老底事更尋猶

檳榔嶼城　檳榔嶼紀略城建嶼之東北英人名卓耳治城前
臨海峽水闊而深可容大船停泊　檳榔嶼考碼頭在島東北
名志呵楮爲全島要區礮臺即在其上　李秩軒檳城晚眺詩

一帆風飽趁潮來滿目塵沙撥不開最是令人腸斷處檳榔城上角聲哀　魏望曾檳城步月詩涼風吹鬢雨沾衣幾度言歸不得歸踏遍檳榔城外月夢魂遙逐海雲飛　童念祖拋毬場詩高盤螺髻小垂髫窄袖輕衫別樣嬌待到日斜新月上拋毬場外看歸潮

鈞案西人於礮臺外築圍牆即謂之城檳榔嶼雖有城名實則礮臺滿剌加紀略稱海濱葡萄牙故城至其地亦一礮臺也聞吉德於姑林地方築城至其地亦一礮臺也毬場在城

畔

右山水

鈞案蛇莓山英人以爲升旗地山下瀑布則閩嶼自來水源所從出也公家園門在蛇莓山下瀑布邊檳榔嶼城在海峽城中有大礮臺城外即毬塲然蛇莓山腦也檳榔嶼城咽喉也若海珠嶼寶樹巖則股肱也惟天香山爲脊背之地自來名勝所在往往險要寓焉此非深於山水游者不知也

偷閒閣

謝昌年和偷閒閣即景原韻海氣浮空雲影青山如

環堵樹如屏游仙入夢迷三島估客偷閒共一亭與盡羨他飛鳥返句奇怕有老龍聽年來悟得浮生旨便學癡頑百不靈山腰雲滃佛頭青一望空濛著色屏遠岸椰林密如箐近街草閣小於亭恠思水族然犀見冷愛泉聲駐馬聽兩樹菩提皆美蔭要他常護鏡臺靈地老天荒海鏡青封茅前代亦藩屏豆分瓜剖無完土虎卧狼偵總不停棊手罷彈甘守默琴心未喻強來聽請看億兆車牛貫畢竟華彝孰蠢靈儒冠誤我做袍青杜說詩聯在御屏桑梓無家到荒服蓬萊有侶隔林亭彝鄉漢俗憑

誰化蠶女吳歌勸客聽低首錢神三百拜一拳頑石幾時靈

鈞案昌年字壽田戶部主事江西人詩作於戊子仲秋鈞從檳城裱坊見其舊稿錄副藏焉至偷閒閣尋農部詩無知者原韻何人所作亦不可考

燕閒別墅　力鈞燕閒別墅記燕閒別墅陳儷琴司馬偕同志諸君子游燕地也左領事自檳城歸為余言墅中朋游之盛觴詠之雅且盛稱司馬為人至檳城鄒慎之觀察居余墅中日與司馬處益信領事之言不虛余維墅以燕閒名蓋取仲尼燕居

孔子閒居義也夫孔子一言一行不可以易而學況燕閒時哉然孔子不嘗有居夷浮海之思乎其告子張曰言忠信行篤敬蠻貊之邦行矣其告樊遲曰居處恭執事敬與人忠雖之夷狄不可棄也諸君子曰與蠻貊夷狄之人處非求所以可行不可棄之故雖欲長此燕閒不可必也然果能言孔子言行孔子行以孔子之道化蠻貊夷狄此即孔子居夷浮海之思乎司馬固能用夏變夷者諒不以余言爲迂與

清芳閣　閩人游燕地王明德創　力鈞題楹聯清風明月皆

詩料芳草斜陽入畫圖

澄懷園　李丕耀別業　林瑶圃書澄懷二大字　方鈞澄懷園記余在閩習聞李君丕耀名至檳城君方攜妻子游東瀛既歸介廖錫五茂才招飲飲三日請記其園園大半畝亭而不樓窗而不壁花木環護香氣往來當門一水鏡如璧如時君從滬上購校本四子書座客傳觀而林君振琦出禮記注疏一卷視之則王制也余深幸先聖先王之道逾萬里而來半畝方塘與雲影天光相上下因想見朱子觀書有感時也靜坐既久但覺

方寸瑩然活活潑潑恍然曰此園所以名澄懷者其在是歟

僧心光游澄懷園詩海外叢林話給孤亭臺幽敞一塵無纖花著雨皆生意漸覺維摩病骨蘇菊花顏色入秋佳風送殘英落滿階經卷暫拋臨水坐一泓清影覺澄懷

長春塢　白蠟甲必丹鄭嗣文別業　力鈞游長春塢記鄭循之觀察約游長春塢具酒食戒車馬者三皆以事阻觀察知余將歸冒雨邀往花氣薰衣山光豁眼觀察為余言曰故人邱君忠波來游輒留連不欲去此地幽靜宜讀書惜君行急不能居

此數月噫事有令人思者不必大也語有令人感者不必言也以余四海浪游雖好讀書豈能長此閉戶哉觀察非不知余不能閉戶數月爲此言者蓋深知余性好讀書也余不忘觀察愈不能忘此塢余由邱君識觀察觀察渾厚邱君豪爽皆生平所僅見者他日得偕邱君重游不知觀察樂更何如也

蘭圃別墅　宴游紀略三月二十日船抵檳城在謝君德順蘭圃別墅停驂古木陰濃名花香馥內有活池灣環數曲水聲淙時嶼中苦旱得居此間勝服清涼散多矣墅距嶼三英里地名

浮羅知滑無晏嬰近市之嫌陳設整齊雅俗共賞幾疑身在輞川中也謝君慷慨有俠風重意氣其恭敬之處從心坎發出非徒爲虛文者

友石廬　宴遊紀略亞逸維淡距嶼六英里山勢迴環雖曲徑如羊腸而塡砌極妙循之而上如步康莊許君心欽於此築廬顏曰友石就山架屋順水鑿池境致天然如神工鬼斧花果繁盛又其餘事山半有水磨六分前後作品字形以水貫車中水流車動不假人力唐詩云雲碓無人水自舂觀此益信

陶然樓　刁鈞陶然樓記京師陶然亭去吾閩會館邇江郎中藻所建地高而爽可望西山聳下名公卿書畫悉備余在京師數日一至偕二三知好席地痛飲酒酣耳熱抵掌談當世事意甚豪也及游檳城溫君旭初招飲寓樓樓亦以陶然名觀瞻之壯收藏之富朋游之盛觴詠之歡如在京師時余問京師亭名取白香山詩更待菊黃家釀熟與君一醉一陶然而杭堇浦游陶然亭亦有六月陶然亭子上葛衣先借早秋寒句今余披葛衣啜家釀依稀春明夢裏況正當黃菊早秋乎然余行將歸明

年二月可至京師陶然亭斯樓則不知何時重來也辛亥仲秋記．

浴沂園　園在水源左　魏望曾小飲水源酒樓約游浴沂園集句萬紫千紅總是春每逢佳節倍思親勸君更盡一杯酒看竹何須問主人只堪圖畫不堪行微覺尊前笑不成隔斷紅塵三十里水流花謝兩無情

怡和園　邱氏別業　李秩軒怡和園觀荷詩咺聲隱隱忽如雷知有游人冒雨來地到南荒天氣暖迎春齊飲碧筒杯

退省廬　力鈞退省廬圖記李君開三出示退省廬圖請爲之記時余適讀彭剛直遺疏剛直蕩平粤醜小隱西湖有庵門退省開三之名廬殆有慕剛直爲人歟開三自言早失父怙恃繼母撫以成人比長多病有志讀書海外不得師思負笈歸中國俗事牽率卒卒不果而今已矣結屋空山率妻子以奉繼母退而自省期爲無過之人耳噫此修齊之要治平之原豈必章句訓詁始謂之讀書哉余更有感者剛直當越南議和上疏言兵防不可撤忠愛之忱溢於楮墨惜議不果行也剛直以一書生當

東南半壁開三才略優裕正當壯年雖海外不得師由修齊而治平他日能爲剛直之所爲斯廬可與西湖之庵並峙矣豈僅無過已哉　林振琦退省別墅詩紅蓮初放綠蕉舒雨霽雲收水滿渠畢竟山林勝城市晚聽樵唱夜觀書

右園林

欽案南洋園林多西式蓋耳濡目染爲習俗所移而不覺檳城尚風雅楹聯匾額所在皆有文人騷客流連景光亦多紀事寫懷之作茲錄有文字可存者餘容續增

道光四年重建光緒元年重修前後各有匾名碑鐫西廡 魏望曾遊觀音寺詩海外深冬不著緜熱腸無那自憂煎僧知鴛舊勸留客毋尙尸饔致學禪道脈西來天竺水佛光南接普陀烟欲留無計歸難決菩薩慈悲定惻然 林載陽檳城竹枝詞紛紛善女拜神時合掌和南禮法奇緣向觀音亭裏去老爺廟又伯公祠原註關帝曰老爺土地神曰大伯公 僧心光謁觀音寺詩慈航泛海渡迷津指點靈山離俗塵我願心香供一瓣蓮花臺下證前身 金光掩映寶華壇展拜摯生合掌看香火

滿衣雲滿地不知誰是腦門寒　圓通十二法門開流水行雲自在哉花雨繽紛甘露淨曾從海上度人來

大生佛堂　楹聯云到此須帶幾分仙氣坐定便生一點禪心

鈞案楹聯雅切不知作者姓名俟考

右寺觀

鈞案清觀寺已載天香山下海珠寺已載海珠嶼下惟觀音寺無所附大生佛堂亦供觀音者因特列寺觀一類

# 檳榔嶼志略　卷之六

永福力　鈞初稿

## 建置志

檳城義學　義學借平章會館中為閩義學粵義學二在會館左右　檳城創立義學啟略粵城義館有獻地者香港講堂有捐租者剏以檳城富庶義學之設誠不可緩某等欲衍中原之聖敎開荒島之文風暫借平章會館延師講學議撥醫院施茶贈藥之資先成是舉　檳城義學規條略一初設義學借在平

章會館經費充裕隨於東西南北增設一義學首在擇師必求品學兼優凡有嗜酒洋煙及事繁者勿聘例將規條送閱能如約者方送關書一學生果係極貧而天資穎異者本醫院將另設大義學以期他日大成一塾師並教禮儀進退應對一來學先讀孝經次讀四書一每逢朔望日塾師須將　聖諭及孝悌忠信諸故事明白宣講冀其心體力行一每義學學生以二十名爲限

兩廣總督張之洞疏檳榔嶼一埠人才聰敏爲諸埠之冠宜添

設副領事一員與駐坡領事相助為理並可以收後效其設領事之處就其餘款酌撥若干量設書院一所並購置經書發給存儲令各該領事紳董選擇流寓儒士以為之師隨時為華人子弟講授使其習聞聖人之教中國禮儀彝倫之正則聰明志氣之用得以擴充而愈開木本水源之思益將深固而不解從此輾轉傳播凡有血氣未必無觀感之思

歐陽炳榮備夷策三曰考取洋學以廣人才而供驅使也宜於南洋各島興立書院訓課洋學繙譯漢文考試一準內地生員

定制與以頂戴拔其尤者咨送總理衙門以備應用此後辦理中外交涉事件情形必能熟習措施必無乖違以及製造管駕諸事取之洋學有餘較之特遣幼年子弟分投外洋學習費多人少其效何如

黄楙材南洋形勢論一曰考取洋學以羅人才查各國互市辦理洋務急需人才中華特遣幼年子弟分投外國學習爲數有限經費甚鉅不若於南洋各島與立書院訓課洋學繙譯漢文其經費由商民自籌每隔三年考試一次擇其尤者作爲生員

給以頂戴再至三年復試之擇其尤者咨送總理衙門學習儀節以備繙譯領事之用外國語言文字必須自幼學習始能精通內地學者不能兼擅而華人生長海外者又多解洋文而不諳華語求其中外兼通足任繙譯之事者頗難其選況夫領事之職辦理交涉事件尤宜暢曉洋文熟悉土語而後情形無所睽隔措施鮮有窒礙若專設一科予以登進之路彼旅居華人不致自外生成必皆踴躍從事而 朝廷聲教遠被遐陬尤足以維繫人心鼓舞人才因時制宜獲收洋學之實效矣

鈞案子告子貢兵食而繼以信子告冉有庶富而所以教知人不可不學張公之疏歐陽氏之策黃氏之論皆謂南洋宜興學但意各不同張公意在以中國聖人之學化南洋歐陽氏黃氏意在於南洋求西學人才要之二者不偏廢方爲有體有用之學

檳榔嶼紀略英設義學四十二所教華文者一教英文者五教巫來由文者三十二共學生三千三百零九名

右義學

鈞案檳榔嶼英設義學四十二所中國設者三所宣通西學者日多知中國聖人之學者日少然而嶼中文人項背相望嘉言懿行時有所聞亦可見此心此理之同矣鈞閩人也嘗聞鄉先生之事閩故瀕海荒地自宋朱子出而學興道統淵源幾於關濂伊洛則主持敎化亦不可無其人也

南華醫院　在李氏家廟前院三楹堂室門屏一如中國制爲閩粵人施醫地　力鈞南華醫院楹聯靈樞素問湯液本草非完書即眞本脈經尚須校勘易水丹溪河間東垣多異說奉先

師仲景使得依歸．不爲相而爲醫諸君痛癢相關好扶元氣還天地以用兵譬用藥滿月瘡痍未復休養生機告鬼神　南華醫院癸甲徵信錄序略醫院之設創自癸未夏所定章程仿東華醫院蓋嶼自西轄各商雲集倡之者惠莫大焉然而創始之際立說多歧某等謬以菲材濫膺鉅任祗有黽勉從事而利害公私有所弗計於是擇地鳩工堂室規模一如華夏彌月落成諸君子樂善輸捐計萬有餘員可見善心感發相與有成爲前人所不能爲從此拯疾病惠貧困贈藥贈醫凡所當行者莫

力行之迄今一載余等承之其間於創建經費週歲用項刊錄分送用備觀覽凡捐題之姓氏贊訂之規條費用之豐儉來醫之多寡詳而書之所以昭信也嗣後總理遞年公衆屆期交代一秉至公所望任事皆賢廣大善門以天地爲心以帝王爲量俾檳城人同躋壽域而登春臺則某等有厚望焉　南華醫院

乙酉徵信錄序略日用之間惟醫爲最香江有東華醫院粵省有愛育善堂維茲檳嶼僻處海濱江豚吹浪時有淒風石燕拂雲難消暑雨苟無醫院贈醫贈藥難保人無夭札　南華醫院

丙戌徵信錄序略海嶠僑居時有風邪之中荒山傭力難免烟障之侵或暑或寒症非一類宜補宜瀉治亦難齊於是設席延師分局就診　南華醫院丁亥徵信錄序略檳城流寓日多生齒日盛六氣之感七情之傷病者固所不免貧者尤爲可憐惟有率由舊章以期無忝厥職　南華醫院戊子徵信錄序略檳城醫院創已六年樂助隨緣王刺史俸錢不吝調元贊育孫眞人妙訣猶存　南華醫院己丑徵信錄序略創於癸未成於甲申陽衍陰伏燮理咸宜暑雨祁寒怨咨悉泯僑居海外雖無范

陸濟世之才小隱壺中華有盧扁活人之術　南華醫院庚寅徵信錄序略本醫院倡建以來四診兼施辨寒暑陰陽之偶伏六經分治合溫凉燥濕而咸宜

右醫院

鈞案新嘉坡有同濟醫社檳榔嶼有南華醫院南華醫院實善堂也凡嶼中諸善舉皆醫院為之倡蓋由風俗樸厚有為之董率而信從者多至於醫院按年課考擇其尤者聘請主席立法善矣但地限一隅似宜開借書之例定月試之程則

醫醫之惠當更大於醫人

平章會館　閩粵人合建與觀音寺比　魏省中過平章會館感懷詩四海皆兄弟怡怡聚一堂粵閩舊接壤歐亞此分疆三島神仙窟千秋爭戰場堯天猶共戴百姓曰平章

右會館

釣案南洋風俗隨地皆有會館粵人尤多有一府設一會館有一縣設一會館惟福建會館皆合一省而設滿剌甲吉隆皆有福建會館士文丹小村落耳工人休息之所亦署其門

曰福建會館新嘉坡天后宮即福建會館合閩粵二省人共一會館中國天津有閩粵會館海外惟檳榔嶼也平章會館凡嶼中有事集衆議 焉考之古得鄉約遺意如能舉行呂氏鄉約則更善矣

波知滑冢亭　鄭懷陔重修波知滑公冢記金盌玉魚腸斷冬青之曲白楊衰草心傷夜碧之燐況夫七洲遠客重譯孤魂莫正狐邱誰封馬鬣迢迢故國空瞻萬里枌榆悽愴夜臺孰奠一盂麥飯閱滄海桑田之變切 溝洫道路之憂爰有仁人建茲義

家敬恭桑梓呵護松楸波知滑葬地爲閩人客檳榔嶼者所購以公其同里自咸豐迄光緒歷年既久舊址漸蕪於是鳩貲修葺蠲吉興工拾其殘骸無使暴露芟其灌莽無使滋延除舊亭之積穢會葬可憩賓朋闢仄徑爲康莊祭掃暫容車馬擇人守冢器皿俱全編籬爲垣牛羊勿踐駕雙橋以通流水春潮無泛溢之憂植嘉禾以廣濃陰夏日有招涼之快凡茲締構具見周詳復有羨餘留儲支應是役也糜銀二千兩有奇凡六閱月而竣李君丕耀爲之倡而同鄉諸善長贊其成也嗟夫西伯掩胔

能作游魂之主文成瘞旅同爲中土之人今死者無非閩產何
妨聚魂魄以相依而生者篤念鄉情宜其獲鬼神之默佑余因
友人之請而樂爲之記云　林振琦過汲知滑冢亭詩富貴終
華轉瞬空纍纍荒冢各西東平沙白骨埋荒草古樹青燐泣野
蟲萬里招魂歸未得九京資志恨應同可憐墓木將成拱猶在
家人夢寐中
百年適成亭　寔遊紀略遊客株眼東觀閩人新購叢葬處山
高草潤冢墓纍纍至此覺名利之心俱淡山前有一亭名曰百

年適成乃全閩之旅嶼商民共立者內有楹聯二一爲前四川郎用縣何履亨撰一爲前江西學政陳寶琛撰文情並茂哀惻動人何題云片石表窮荒枯骨有知應喜一坏成樂土旅魂淪絕海故鄉何處仍從萬里盼歸喪陳題云遠適異國昔所悲更滿目蓬蒿逝者可傷重自念行有死人尚或墐況關心桑梓魂兮何託盍歸來二聯皆林仰西瑤圃書仰西書學顏所書百年適成亭五字大徑丈尤似石庵臨東坡筆意　陳寶琛百年適成亭記上世之民聚於農近世之民散於商昔子輿氏論井田

之善曰死徙無出鄉夫生則有宗法之相係死則有族葬之相依豈有安居樂業而情不聯氣不固者哉自海禁開閩粵閭民游貫海南者以億萬計所之既遠親故相失往往淪於異域而不能首邱氣渙情漠勢固然歟怡山僧微妙自檳榔嶼歸數爲言逆旅主人之賢嶼有義冢葬閩客死者歲久不計吾商民屢謀廣之三易地矣最後得地於峇牴眼東校以中土丈尺可周八百五十八畝有奇闢路導泉築亭其側用銀八萬餘元恐後無考願得余文記之余應之未暇以爲也去年余爲鄉人延主

賑事海南羣島多輸金來助者而嶼之人與焉李君丕耀乃復以記請余惟桑梓之故無遠近生死一也觀諸君子之施惠生者不忘在遠如此況死喪之戚得諸目擊者乎且世之爲義冢止於掩骼埋胔而已而茲冢之設有舉奠廢隱然有同灾共患之意焉嗟乎其誠有不可解於中者耶抑亦吾先王睦婣任恤之澤所貽者遠雖殊方絶俗不能外是而自立耶吾又以爲井田廢而民生困於游食商務盛而禮義生於富饒畀不知誰何之人使之生有養死有歸熙熙然中外一家之樂天下大勢聚

而散散而聚雖曰運會豈非人事哉然則斯役也志世道者或有取乎是故樂爲之記云

力鈞遊百年適成亭記檳榔嶼福建公冢在峇柢眼東冢前爲亭光緒甲申創越二年丙戌成時距開嶼期適百年因名之曰百年適成深約百尺闊三其深之數基砌石而礎之柱鎔鐵而鏤之東西堂翼其後堂各數楹以憩婦女送葬者歷階而上公冢在焉冢限以地無使過葬者自下而上豎小石柱數千爲界地周八百五十餘畝糜銀八萬餘員結搆既精陳設亦備又有書記園丁居於亭以董其事誠盛

舉也余去年入都居福州會館左爲野清明日約同人具牲酒祭之一盂麥飯滿眼蓬蒿誠有如葉文忠所云尋麥飯亭故址地僅一㢟竟無人從而新之者嗟乎爭名於朝爭利於市客死他方其痛一也乃檳城如此京師如彼豈吾鄉在京供職者不逮海外諸君之好義抑其力有所不能歟是亭也李君丕耀輸萬金爲倡餘捐者姓氏見題名碑

右公家

鈞案檳城公家閩廣皆有俟考補錄

# 檳榔嶼志略　卷之七

永福力　鈞初稿

## 風俗志

海島逸志中華流寓既多俗重風雅喜逢迎善褒獎窮困相投或通譜或瓜葛皆無異視童子見客揖讓爲禮此人情之古厚可愛也

海錄土番亦巫來由種類中華人在此貿易者不下數萬人然各類自爲風氣不相混也

鈞案檳榔嶼風俗甲於海南羣島良由守家禮重文教昏則六禮具備親迎不行於中國猶於海外見之至新婦入門合巹禮畢偕謁家廟此昏禮之近古者喪不停柩合踰月而葬之禮執紼必素冠婦女亦徒跣題主在山塲虞祭仍凶服士漢宗葬其父用墓志此喪禮之近古者各姓有家廟如林楊邱李謝黃王胡梁陳諸族祭典極豐更有不復記憶者悉得實擬輯檳城家廟錄春秋祭祠祭墓與中國同惟中元一祭家費數十金不無太過餘則祭禮合於古者多也

鈞案檳城文風日盛雖由山川鍾毓亦提倡之有人公設義學外楊氏家塾按年延師課其子弟每過黃氏家塾書聲琅琅更有李氏家塾爲李道熙故居觀其命名可知其用意所在矣此僅就耳目所及者言之至藏書之家以林觀察培元爲最謝曾煜次之餘則温震東林振琦林汝舟吳春程林緘陽皆有儲蓄島居多暇時或徵詩會文爲樂客檳城時以文質者數人以詩質者十數人鈞固不學無似者傾倒如是倘得有道君子誘以聖人之道則道南大可望也

瀛海采問富家巨室類皆高其閈閎顏曰中憲第朝議第大夫第者甚多以皆贋有職銜故也

鈞案納粟之例在中國似不可行行之海外則甚善何也少年服賈進取無路思所以榮祖宗而顯父母惟捐輸可以贋職銜請封典前後海防籌賑動輸鉅款雖內向心殷未必無所為也惜辦理不盡得法有輸數千金並未奏聞者有報捐二三品職銜給以實收而部照無處換領者張司馬振勳有見及此親造北洋領辦捐局此後可免閑散人員因以為利

至失中國體統亦朝廷之幸也鈞更有望者能如黄君懋材吳君曾英所言增書院定考試給頂戴寵以尊榮則市井卑汙之見化範以禮義則蠻夷奇詭之習袪示以恩意則流寓愛戴之心固不費之惠收效無形當 事留心洋務此其要歟

右正禮

鈞案昏嫁喪祭禮之大者文教則禮所從出也官職所以序貴賤亦禮所在也

海島逸志夫妻反目聽其改醮死未周月由其他適

星報夫婦對簿往往婦棄其夫竊謂西人有保護婦女之例訟必得直此例似宜變通凡婦棄其夫之案交保良局查辦然後爲之定讞果屬不德則懲治其夫而婦仍不能驟得離異必俟其怙惡不悛始爲判之如是則婦女咸有畏心可以完全名節此不保護之保護也

林載陽檳城竹枝詞月老冰人說幾回多磨好事反成灰只因未合兒家意聘帖無端又退來原註俗議昏兒女自主往往父母不能強有既聘而悔昏者　下堂非僅買臣妻比戶司晨半

牡雞一見金夫躬不有白頭偕老幾眉齊原註婦有棄其夫者向護衛司告其供給不周及凌虐等事夫無所訴貧民罹此者多

鈞案南洋閩敎不脩緣在地婦女多巫來由族未諳禮法益以漸染英俗女先於男在新嘉坡時曾與左子興領事秉隆與翼鼎觀察進卿商榷欲求所以補救之者訖無良策然漳州府志云施世爟妻苗氏馬辰港夷女也夫賈於其地娶焉夫出卒苗自縊死族爲招魂設主祀之此夷女之節烈者能

溪縣志云鄭氏戴娘番女也父娶於番生戴娘攜之歸適余詔詔卒母憐其少微諷之持不可家中聞其婁中囈語稱引義拒母辭也姑患腸結病幾殆氏以計勾出之病遂痊氏初奩具頗贍時以恤其族黨後家日以落族黨無應者弗較也此夷女之節孝者海島逸志云漳城東門外深青社有蘇慕者經商南洋娶婦梅氏數載以不獲利而歸遂卒於家南洋婦聞其訃且知其家貧親老子幼乃孑然帆海至閩養姑教子以終其身其節義求之中華婦女尚不多得況荒服僻壤

哉惜未詳其姓氏此夷女之節義者觀此三人是巫來由族亦有諳禮法者壬辰冬得晤楊遜志茂才鴻儒茂才生長檳榔嶼者述其外祖母李門林氏少年守節貧苦異常可御聖人之教無違弗屆無人表彰往往久而湮沒擬具事實代請禮部題旌建坊立祠以資觀感或亦轉移風化之一助歟

每月統紀傳檳榔嶼亦英國嘗附乾隆年間英人開此地方作胡椒丁香園故息力檳榔嶼之屋不勝光耀

瀛海采問富者皆置花園啟廣廈車馬精良陳設珍異莫不以

爲此間樂而無還鄉之志焉

海島逸志樓閣亭臺窮工極巧窮奢極欲以終其身不爲燕翼貽謀之計

海錄俗尚奢靡宮室衣服器用俱極華麗出入俱用馬車與明呀喇息辣各處相同

鈞案西人輕去其鄉以客爲家經商之地宮室車服窮奢極欲盡其俗無父子兄弟之繫屬趨利若騖去聖人之道遠矣南洋流寓染此習者多有一屋費數十萬金者有一家馬車

數十乘者不知極盛難繼徒長後人驕淫蕩佚之心一蹶不振良可歎悼試思萬里浪遊半爲饑寒所迫幸而致富則皆天地之佑祖宗之蔭也平日所爲皆善宜從而擴充之所爲不必皆善亦宜從而補救之陳篤生之於醫院吳進卿之於海防李道熙之於義學李丕耀之於公家功在一時名垂後世有志爲善諸君子念及中國時局之艱故鄉生計之蹙上而朝廷下而里黨爲所當爲猶恐不逮何暇及此無益之費哉

檳榔嶼紀略禮拜堂三間

海島逸志每七日一禮拜於巳刻入禮拜寺講經念咒喧半時許各自散去入園林游宴盡一日之歡不理事以供游玩車塵馬跡衣香鬢影相望於道亦一勝也

遊覽隨筆西人禮拜日官署不理事書館停教習店鋪不交易名勝處亦多封閉信教者至教堂念經不信教者或四鄉遊玩閉門飲樂七曰一禮拜必房虛昴星四宿循環值之日月凡四日或五日頗若中國旬日休暇然

鈞案七日一休息者西俗之最善也合於易所謂七日來復之義惜其溺於異端無聚周公孔子之道以告之如孟之於楊墨韓之於佛老者然登高覽勝足以遊目聘懷呼酒徵歌未免廢時失事果能按休息之期設宣講之會或 聖諭或故事取其事近感應義足勸懲者切實指陳互相傳述此亦用夏變夷之一道好善諸君子當樂爲之倡歟

檳榔嶼紀略西人客寓三間

西俗雜誌客寓最大亦極華美寓貲及飯食每人每日總須三

五元大餐之房最爲美觀即不投寓者亦可往餐男女雜坐與輪舟中無異

鈞案西人之奢即此可見然此何可久也

西俗雜誌信局最大爲國家業但向購票一角中土謂之鬼頭粘於信面投於筒中按時有人啟取照寄無訛遠近可達或預購多紙存於家內隨時應用不須接信之人出信資也信資較中土爲廉

鈞案西人郵政甚善

檳榔嶼紀略西報館一間

夷情記略澳門所謂新聞紙者初出於意大里亞國後各國皆出遇事之新奇及有關係者皆許刻印散售各國無禁苟當事留意探閱亦可覘各國之情形皆邊防所不可忽也

鈞案檳城亦有中國報館當日主筆爲浙江童念祖開設未久中止

星報德律風從電線悟出然非精於格致之學不能也製始於德國之古魯師初製爲傳聲始用游銅作頁以鼓盪收送苦不

能工因合之用玻璃片質厚仍不能良因細爲考究用白鐵作板輕而易轉體柔用剛一攝一推適然合用傳聲之筒乃成德律風可達至七百邁之遠稍過則氣不貫兩吻開闔之氣有幾能攝而傳之至七百邁西人機器之精化學之巧有如此者聞英廷照會法廷欲以德律風傳遞兩國消息

西俗雜志傳聲之筒謂之德律風亦以電線通達可及四十八里之遥願置此器者彼此兩家先赴其館編明號數如欲傳音電知其館彼即電知其人但傾耳筒中即聞我向筒中所言之

事不曾親承顏色者然

鈞案檳城大商家多有德律風相隔不過數里然久不換藥水傳聲即不分明

西俗雜誌麪包即饅頭大小不一其式有長至數尺者購宿夜而斷之方能發几若上等人家及大客寓大飯店皆用小式者或長或圓或如勾月式

西俗雜誌以冰爲糕最爲適口製用牛乳雞子白糖等加水攪勻盛以薄鐵圓器置冰桶中頃刻可成

西俗雜誌加非如豆炒焦磨碎熬成濃汁所以代茶亦取其能消食之意然必加以餹塊餹末以解其苦味然後入口飯罷例飲加非一杯亦有飲茶者如飲加非必加以糖呼以稊或有再飲白蘭地酒一小杯者亦謂其能消食也茶館即加非館亦有兼買肴飯者兼買酒點者加非一杯價值中土錢三四十文加非之杯不以飲茶茶杯不以飲加非皆磁器也酒杯分大小數種亦不以飲加非與茶皆玻璃也酒皆冷飲故以玻璃茶及加非皆熱飲故以磁焉

西俗雜誌酒有多種其名不一常飲曰紅酒曰皮酒曰香餅曰白蘭池席間每座必分列數杯次第斟之其杯亦不一色防錯亂也玻璃杯專以飲酒若飲茶及加非則必用磁杯磁杯之下必有托盆凡奉食物獻書札亦以盆托之以進酒之種類繁多大率皆葡萄所製平時所飲惟紅酒一種價值最賤若香餅一種價目最貴一瓶值數元不等酒器皆用玻璃飲客具數種酒亦必具數種器大小之式不一每一種酒酌一種器不得紊亂飲酒之際彼此投契舉杯相並硜硜作聲然後一舉飲乾乃視

頌吉慶平安之意
　鈞案以上皆西俗
海錄土番亦無來由種類
每月統紀傳土番爲馬萊酋族類不識義理裸體挾刀下圍幅
縵檳榔夾烟嚼
瀛海采問土民分兩種一爲巫乃由人一爲吉林人皆黑如漆
吉林人尤陋所居亦卑汚特甚大概從事工役及御車牧馬等
務者居多亦間有貿易開肆者

鈞案馬爽酋無來由巫乃由皆一聲之轉

西俗雜誌婦女或穿耳孔或不穿耳孔各隨其意故有戴耳環有不戴耳環者若臂釧則一例尙用

海島逸志其宅如亭四面開窗無椅榻席地而坐房中地皆鋪席施帷幄牀亦不高坐褥茵軟枕疊如塔大小六七級坐則盤膝趺坐見客以握手爲禮以檳榔爲敬富者用金銀器盛之常人用銅唾壺大如花瓶用以盛吐檳榔之汁男女雜坐無禁忌也食不設筯以手掬之以牛爲烹不食犬豕女子脚不纏面不

脂粉首不簪花衣不帶領裙而不袴

明史蘇門劄刺氣候朝如夏暮如秋夏有瘴氣婦女裸體腰圍一布

外國史略竹葵爲寶食不用箸以手摶之飯惟魚蝦花椒等物

夷情記略食不以箸用刀叉匙

西俗雜誌夜溺以盂不以壺男女同之其盂亦可以盛水別用

　鈞案以上皆巫來由俗

右異聞

鈎察西俗異　中國西俗雜誌言之詳亟來由俗又異於西俗嘗輯南洋番俗考尚未成書茲錄見於紀載者以博異聞所望流寓諸君有以轉移風俗勿為風俗所轉移則幸甚矣

# 檳榔嶼志略　卷之八

永福力　鈞初稿

## 藝文志

### 林氏四書説二卷

鈞案四書説二卷卷端署姓名林字尚可辨下二字苺蝕辛卯九月得之檳城吉林人雜貨肆未諳番語與以三大銅錢吉林人頷焉購歸庋之行篋者經年展閲一過中多采閻氏釋地翟氏考異張氏翼註諸説鄉黨一篇全本江氏圖考雖

少所折衷然非通漢學者不能如此精詳惜名不可考未知林氏所輯耶或出於傳鈔歟檳城林氏為望族且多文人他日遍訪之或有所遇未可知也

左秉隆檳榔嶼紀略一卷

鈞案秉隆字子興廣東駐防漢軍人任新嘉坡領事十年多善政纂輯綦宮海附羣島皆有紀略檳榔嶼尤詳余纂志略多取資焉

陳壽彭檳榔嶼考一卷

鈞案壽彭字繹如福建侯官人光緒己丑恩科副貢戊子由歐洲旋閩舟泊檳榔嶼行山到中原色始青句壽彭留心洋務閲余尌志因示檳榔嶼考數十條錄爲一卷此書可與左子興領事檳榔嶼紀略並傳

吳春程檳城風土志一卷

鈞案春程字子鵬又字閬仙居檳城久所輯風土志記時事尤詳屢索之不得卒爲人竊去豈書之顯晦亦有定歟據云意寓勸懲則尤有關風化也

力鈞檳城故事錄一卷

自序海南羣島皆有故事可考余於柔佛滿剌加各輯故事錄博采史書旁及各家紀載凡奏疏論說可資治理者悉錄焉最後至檳城檳城故吉德屬島考其沿革聊備一隅文獻之徵云爾

力鈞檳城異聞錄一卷

自序檳城有西報新嘉坡叻報星報多言檳城事怪怪奇奇不一而足而酒闌茶罷往往聞所未聞錄之不惟可資談助

而凉游之行慘酷之報亦足爲前車戒也

力鈞檳城佳話錄一卷

自序異聞錄有不可示人者嘉言懿行不忍任其湮没特輯一篇用備觀覽世有聞風而興者則所裨不少也

左秉隆檳城游記一卷

鈞案左子興領事將假旋入檳城游足跡所至條記於冊屢索之靳爲蓋未經刪定不輕示人也故志略少引及之

傅曰新檳城宴游紀略一卷

鈞案宴游紀略傳日新記左子興領事游什島事也後至檳城余錄其在檳城作者此書與領事游記大略相似

力鈞亟來由方言二卷

自序吳若曾英之論南洋曰中西關鍵全在南洋今欲嚴中國門戶之防絕外夷覬覦之漸自經理南洋始然南洋之島數十其割據之國曰英曰法曰荷曰日其土著之民曰亟來由曰吉林曰繞阿曰烏士而言語以亟來為通行英荷法日經商南洋皆習之不習亟來由言語而游南洋與然啞然

而已天下豈有聾啞而能幹事哉鈞游南洋玩其山川形勢考其疆土風俗知南洋之治亂安危與中國息息相關誠有如吳君之所言也況南洋數百萬流寓購田園長子孫往往有不通中國言語者夫經理南洋其綱有二曰撫流寓化土著不通其言語雖欲撫之化之不能其目有四曰示以信施以仁喻以義範以禮不通其言語雖欲示之施之喻之範之不能至南洋既固再能於黔滇固邊防閩粵固海防外拒西洋內援東洋居中而絕其通振中國之威杜外夷之患其在

是乎英人於新嘉坡檳榔嶼滿剌加及諸附島設巫來由義學或數十所或十數所少亦數所惜中國欽差駐東西洋於南洋游歷未久無暇以奏聞者鈞讀吳君之論而有感焉竊華夷通語華夷融語二書略爲刪易與流寓中之曉官音者商校仿日本寄語朝鮮方言例輯成一書名曰巫來由方言雖音之輕重清濁未必合然習之既久自能吻合方今當事留心洋務是編或足備方言館之采歟若夫吉林繞阿烏土諸方言則俟之他日重游云

林培元天清閣書目二卷

鈞案培元字德水又字潤初福建廈門人候選道三品銜荷蘭授以紡裏甲必丹藏書甚富厚幣延師課其子女始有志開海外風氣者滬上畫報稱有天清閣書目二卷

檳城温氏鑒古錄一卷

力鈞鑒古錄跋温君旭初好書畫收存之富甲檳城余旋里後更爲購宋元明人墨蹟又貽書都下同年生索行草數十幀物聚於所好吾知必有以海外書畫船目之者仿鄉先生

瓜棚避暑錄退庵題跋例輯成一帙歸之旭初旭初名震東
福建海澄人

林汝舟婦科雜證一卷

自序是集婦科雜症驗方專救胎前產後諸危症乃莆陽醫官朱紫庭始祖爲太醫時自內府得之舊跋云依此法製調理萬無一失又云此集若有一方虛謬者願遭雷霆碎擊是集共計一百零三方方方見效內第二十五方脫胎第二十六方脫胎下血一百零二方斷產此三方皆有傷和氣故特

刪去增入受胎方產後風方乳風方及第二十一方第二十七方餘悉從原本云

鈞案汝舟字花瓚年十五客檳榔嶼今則蒼然一叟不以醫名闔其全活者甚眾婦科雜證乃家藏秘方手鈔一本見贈中如第三方胎前病痢用鷄蛋打一孔去白精納入黃丹一錢二分紙封煨熟食一次愈者生男二次愈者生女第六節胎病肚痛用甘蔗煎湯常服懷孕一月用一節按月照加第十五節跌傷胎肚痛下血吐血用砂仁二錢研末調淡鹽湯

服試之皆有驗汝舟意欲梓行余亦謂活人之方不可秘也

廖廷璋瘈狗驗方一卷

自序此方余丙子秋試所得也余不曉方書置諸篋中後鄰右有被瘈狗傷者出方以試藥到病除凡服而愈者四五人戊子南游閩因瘈狗隕命者多心甚惻然因與林君葆光言此方奇效林君志切濟人邀諸樂善君子鳩資印送以廣其傳服法原序已詳不贅

鈞案廷璋字錫五海澄諸生此方重刻於檳城方中得力在

紫竹根一味閩醫有專治瘈狗用紫竹根獲效者紫竹即市肆製生煙筒管所用者考之諸家本草皆未錄

南華醫院徵信錄序文一卷

鈞案南華醫院癸未年創立至今十年矣年有徵信錄癸未二年合一錄壬辰新錄未出辛卯舊錄未得計七錄錄各有序台鈔一卷諸君子樂善不倦之意亦可以見矣

南華醫院醫論一卷

鈞案醫論按年醫院課作惟庚寅有刻錄存之不惟見海南

醫學日盛且幸群島數百萬生靈有所託命皆諸善長之賜也。

力鈞檳城醫話二卷

自序醫不易爲海外爲醫尤不易限於醫限於藥亦限於病者中國習醫尚有儒者浮海而來多爲貧迫粗識之無貿然行道庸劣多則理不明限於醫一也素不知學因陋就簡鈔襲類方任意加減寒涼補瀉錯雜混施包治限期惟利是視巧僞多則眞不見限於醫二也猥瑣齷齪奔競爲能取悅富

人下同賤役卑鄙多則品不尊限於醫三也一盲引衆謬種流傳黨同伐異肆口訕譏攻擊多則權不一限於醫四也夫十室必有忠信十步必有芳草余觀新嘉坡同濟醫社檳榔嶼南華醫院所刻醫論甚有通人諒無惡習然不能十全無失者過不在醫而在藥上焦宜散中焦宜丸諸花宜露諸皮宜膠六神宜麴陳皮宜醬兔絲宜餅桑葚宜膏古人立法具見深心入市而求皆未有備因服法異而不效限於藥一也柴胡用蜜竹茹用薑白朮薏米皆用土炒山梔杜仲皆用黑

炭因炮製異而不效限於藥二也四川厚朴代以浦城榛皮江南枳實代以福州桔乾參非上黨連非雅州因地道異而不效限於藥三也且有川浙杏有苦甘茯苓皮心麻黃根節名同實異不可不知因物性異而不效限於藥四也藥無另包戳難再核琥珀眞珠價貴減少山查麥蘗價賤增多因分兩異而不效限於藥五也枳殼書作只殼但取偏旁桑枝書作雙其竟同叚借方字多歧藥品易亂嘗見瀉白散桑白皮以丹皮代之銀翹散忍冬花以款冬代之名偶同則互相更

易物未備則隨意混充氣味異而不效限於藥六也然而海外風俗藥肆例有延醫醫生時兼賣藥學醫既多選藥必慎余所患者不在醫藥而在病者地屬英轄人狃西俗偶患沙詰卽問老公輕症而用重藥或致陷邪兼症而用專方亦虞偏勝此爲病者所限一也所娶娘兒本屬番族新挐輕瀉燥結不宜甘蜜辛溫熱症尤忌我剛議治彼又施方掣肘不知噬臍何及此爲病者所限二也南人好鬼海外尤甚降頭符藥庵公神丹燥烈之性易傷精液巫覡演法多就臥房跳擲

喧呶易擾魂魄刼陰越陽皆難施治此爲病者所限三也地近赤道時多夏令汗後濯水醉後飲冰飯後啖果茶後襲凉風濕傷衛痰涎壅膈法宜辛散喜服温補留邪增劇實疑爲虛此爲病者所限四也地熱欲熾眞元必虧脾腎多寒肺胃多燥新感伏氣半在膜原失治傳變漸成腑病法宜寒凉喜服温熱至於亡陽無可救藥此爲病者所限五也呂宋烟香法蘭酒旨人參性温玉桂氣烈燔炙腥羶薑椒辛辣富人供養火毒早伏感温愈温感燥愈燥熱極而厥反疑寒象血溢

陽亡枉死無數此爲病者所限六也男子鴉片婦女檳榔十人而九精耗血傷精耗髮洩血傷病經補不敵破元氣難復此爲病者所限七也凡此數端病者之病良醫難醫良藥難藥目擊心傷以筆代口積之既久裒然成帙輯在檳榔嶼作者二卷就正有道舊稿尚多再容續錄夫治病必用藥用藥必求醫醫不易爲固也海外閱是書者或亦知爲醫之誠不易歟

童念祖文鈔一卷

釣棠念祖字彭夫江東人曾在檳城報館主筆以文字搆獄去與安徽葉懋斌游余從懋斌聞念祖名後見其舊報凡有關風化文字鈔而存之或亦檳城文獻之徵歟

吳春程駢文鈔一卷

釣棠春程駢文學庾子山時有清新語所作海珠嶼游記膾炙人口近頗頹廢惜哉

廖廷璋青藜書屋制藝一卷

力鈞青藜書屋制藝跋在新嘉坡爲左領事閱課文作者數

十人以區君錫曾爲最惜未見其人至檳城以文質者亦十數人以錫五茂才爲最茂才文結撰處如管韞山發皐處如周櫝山進而爲上他日爲吾國樹海外之幟者其茂才歟

李灼秩軒詩草一卷

鈞案灼有傳詩諸體悉備篇什尤多倘假以年所造當不止此

童念祖檳城雜詠一卷

鈞案雜詠亦彭夫各檳城作其言雖俚亦采風問俗者所不

厥也錄其可存者存之

邱題承詩鈔一卷

鈞案題承海澄諸生嶼中作者惟顯承可與李秩軒抗手顯承多擬古作

林紫霧學囀鶯詩鈔二卷

力鈞學囀鶯詩鈔序紫霧字樹齋年六十有一矣聞余名扶病來見者三時日有文酒之役卒未得晤最後貽書道款曲語極懇摯附寄舊作學囀鶯詩草索序造其廬茗椀爐香暢

談移居紫霧老而好學隨行諄諄以文字相質語及相見何時余亦爲之泫然南旋後書札不絕詩長五古出語淡遠勁其學陶紫霧亦喜學陶也

謝兆珊宿秋閣詩草二卷

力鈞宿秋閣詩草跋兆珊字靜希原籍天津父宦閩遂家焉訪舊來檳城居數年貧不得歸授徒自給所作墨竹行書神似瑄樵詩長七古舊稿多佚存百數十首游戲之作私淑十硯老人感事憤時時出危語好用奇字又似有志學韓者

吳春程澄懷詩鈔二卷

力鈞澄懷詩鈔跋余從檳城歸子鵬寄澄懷詩草二卷屬爲校定子鵬詩多感慨然有直抒胸臆處揆諸敦厚温柔之旨未知其果合否耶紀事諸作言之慨然亦有心人也子鵬晉輯檳城風土志觀其寄託遥深知非無病而呻者噫文人不遇憤時嫉俗之心鬱而無所發往往託詩歌以見意豈惟子鵬哉

林振琦退省別墅詩鈔十卷

力鈞退省別墅詩鈔序吾閩唐始有詩宋始有以詩名家者至明始有派林氏故多詩人唐有名藻者宋有名泉生者皆能詩明則膳部鴻提倡十子爲閩派領袖我　朝漁浦文安父子叔姪鳳池來齋兄弟其最著者近文忠公之雲左山房集歐齋師之黃鵠山人集皆卓然名家他如廉叔子直諸先生未暇悉數也余將游檳城左子興領事葉季允博士皆言檳城多詩人及至窮搜博采輯詩話一卷林氏一家之詩入選最多一日林君振琦以詩質振琦與廖錫五茂才善詩有

經茂才潤色者頗率處近鄰壤派情相見晚而聚首之日無多不能翼以底於成檳城林氏爲望族有爲之提倡不難與濂浦鳳池媲美矣振琦勉旃

林屏周書隱廬詩鈔一卷

力鈞書隱廬詩鈔跋屏周原名瑞圖字仰西書學顏嘗見所作百年適成亭匾額大徑丈酷似石庵臨東坡墨蹟爲人沈重剛勁如其書余南游數千里未嘗輕投一刺顧三謁仰西而不得見及見又漠然余知仰西自命不凡翕厚之仰西久、

亦知余之厚之也自是日日相見見則傾瀝肝膽及余歸仰西送至海濱臨別欲泣船既行猶見其騃立不肯去仰西詩不多作無有知其能詩者蓋爲書名所掩也茲錄其殘稿并贈余近作爲一卷夫詩者性情之事也讀仰西之詩者或可以見其性情歟

林載陽檳城竹枝詞一卷

釣案載陽字和甫竹枝詞凡三十首言檳城風俗甚悉間有與童彭夫雜詠相似者擇其尤而存焉

僧心光檳城游草一卷

鈞案心光字月印長慶寺僧住烏石山積翠寺經案書床蕭然塵外心光曾游檳城所作詩寥寥數篇錄之聊志鴻雪因緣云爾

李開三退省廬題詠一卷

鈞案開三字遐泰以退省廬圖屬爲徵詩余既屬陳繹如同年爲之重繪題者十數人輯爲一卷亦海外韻事哉

右書目

鈞案右書目計三十一種四書説經也檳榔嶼紀略以下地志古附史部醫諸子之一散文騈文制藝文古近體詩皆集也荒僻無書風氣初啟略依四部次序錄存大略我　朝文教覃敷無遠弗屆亦可以見矣

黄春魁　間治濕温不可發汗説濕温之脈陽浮而陰弱陰小而急知濕温未有不傷腎也蓋腎主閉藏宜苦淡不宜辛燥使疏其腠理而腎陰傷恐濕邪乘虚而入矣夫濕温之病或曰太陰司天其化以濕或曰冬傷於寒春必病温夫濕温不可發汗

以腎惡濕不宜重傷其陰然濕溫與風溫異風溫入經絡屬三陽濕溫聚骨髓屬三陰發汗則腎不能滋化源而精枯血竭不難起亡陽之症也然濕溫與風濕亦異風濕聚皮毛在外而濕溫聚骨節在內發汗則腎不能滋陰血而水虧火燥不難變戴陽之症也濕溫原在於腎腎爲先天之原通於肺而繫舌本故腎陽虛者當密其腠理腎陰虛者當禁其疏泄腎水虛者當守其津液況腎開二陰不能內營外衛助其封藏豈可妄發其汗乎夫汗者一身之精血也經曰濕氣爲溺痺聚在腎尤當以昔

熱佐以酸淡而不可以辛熱發之豈可攻其火熱致令津脫者汗大泄痰盛者汗自流哉治濕溫者亦利水而清熱可耳

鈞案南華醫院按年一考送香港東華醫院評閱前列例有賞格首次名次年延入醫院此次春翹冠軍辛卯秋余到嶼春翹適主首席梅君福星屢言春翹欲一見余余讀是文心好之匆匆而歸半面無緣歉何如也

陳山泉　問治濕溫不可發汗說濕溫宜治三焦若發其汗溫氣從陽上升則傷陰化燥濕邪從陰下沈則傷陽變濁故治法

視傷寒之可汗而解者異若初感上焦則清涼疎肺中焦以苦味解熱下焦以鹹寒潤下再察其變症因其脈症治之但濕溫乃沾滯之邪任其傳變則有煩燥狂妄等症治不得法則真陰脫於下而陽不能獨存矣大要養其陰液爲上不可輕發其汗所云少陰司天人多病熱而溫邪著人濕氣因之法宜清熱而燥濕究脈症虛實溫濕輕重而治之何可慨以汗解耶

鈞案山泉亦醫院所延請者林紫霧寄余近稿有和山泉原韻詩知山泉能詩惜未見其全稿

林葭樓　問治濕溫不可發汗說內經濕爲六淫之一在氣候則主司太陰濕傷於上仲景有可汗之文若濕而兼溫則有必不可汗者蓋濕溫爲病不一有從天氣得者如經云太陰司天其化以濕或兼前後母氣合而爲濕溫是也有從地氣得者如南方卑下多濕東南氣暖多溫之類是也有從人事得者如藏性本陽偶兼飲食停滯如酒客留邪之類是也但人在天地氣交中受其蒸淫之氣濕熱最易傷人故凡大江以南濕熱之病傷人獨多然治之之法必不可發汗大抵在河間必以三焦爲

主在吳氏必以濕熱二氣偏多偏少爲宗故治上焦宜辛溫辛涼中焦宜甘溫苦溫下焦宜淡滲苦滲苟強發其汗勢必胃津告竭三焦相火燎原莫制或神昏譫語或痙或厥或耳聾目盲等症此所謂濕溫不可發汗也經云知其要者一言而終予謂濕溫之治舍辛涼苦溫淡滲無他法也

鈎案濕溫之說吳又可倡於前吳鞠通發於後近人王孟英溫熱經緯集諸說而折衷於是此作尤得肯綮

林香雲　問治濕溫不可發汗說溫者熱也夏盛熱氣流行上

蒸下鬱人在其中感暑者則爲暑溫感濕者則爲濕溫至病之初起邪自口鼻而入於膜原由膜原而直走中道令人神識昏蒙不飢不食舌滑脈緩分布三焦則見熱蒸頭脹身痛嘔逆氣機不靈若久羈於內流滯下焦則大便不通少腹滿硬是以上焦不治漸入中焦中焦不治漸注下焦若因熱之未清而爲發散之劑而邪似在表頭覺痛疼汗之則徒傷其表邪不在裏渴無多飲汗之則愈竭其津邪阻氣分汗之則裏虛內陷空竅皆閉而不通弊不勝言矣濕家不可發汗發汗則液刼表虛况濕

溫乎治者宜先宣通氣分袪除濁穢濕行而邪自解不至久留而釀成熱甚之症也

鈞案香雲能詩乞巧及祀孤節二作尤佳已入詩話

胡玉池　問治濕溫不可發汗說濕在上宜發汗濕在下宜利小便是則治濕者發汗亦一法也特非所論於溫耳夫濕由感起而症亦與感略同惟此症忌發汗如麻杏甘石湯之類辛涼解肌庶爲妥適茲更合濕溫論之其不可發汗者維何夫發汗則濕仍未清衂隨而起亦發汗而溫無從解痙因而成日也黄

癉因發汗而濕鬱於皮毛發熱因汗出而濕著於肌肉此發汗之所以不可也故前人於濕溫一症大書曰不可發汗則用辛凉清熱乃此症至當之用神明通變自不至有誤藥變症之慮矣

鈞案陸九芝先生陽明病釋謂熱病即傷寒論之陽明病從陽明治法變化出之百無失一

黄穎脩　留別李秩軒詩活潑風流筆一枝翩翩年少出塵姿趙歐畢集摹鐘鼎蘇米名家擅畫詩小聚邦疑行李迫將歸轉

根識荆遲從今蹤跡分南北尊酒何時共賞奇

釣案秩軒詩草有和黄伯純茂才韻穎脩字伯純

陳

秩軒詩草題辭海上仙人鞭巨石方丈瀛洲生咫尺

銀臺金闕浮空中突兀煙巒落枕席拂發幻作赤城霞異彩奇

光迷五色擲筆忽現滄海日萬丈光芒爭魄力先生大笑東海

來青蓮死後無仙才餐霞飲露三千刼下視萬古皆塵埃示我

一卷詩胸藏太古雪足踏滄江萬里流手向天邊追日月閒雲

片片開晴空滿天照耀金芙蓉人間無地堪立足騎鶴直上蓬

萊宮

鈞案陳君名佚存其詩見當日傾倒秩軒之多也

趙訪莘　寄何曉初詩蕭條客裏獨沉吟天末何期惠好音萬植牢騷名士恨一封珍重故人心懷中碧玉應無恙海外停雲定可尋細把魚書百回讀知君情比綠波深

何清亮　和趙訪莘詩新詩讀罷更低吟錦瑟雲璈競好音小別轉增知己感多愁况有惜花心梅逢驛使春聊寄桃滿仙源路莫尋安得好風吹汝到一回渴想一回深

鈞案清亮字曉初能書

李蕤勳　與何曉初論詩詩百鍊鋼成繞指柔聲情激越氣偏遒珊珊骨格卻誰似柳自低垂竹自脩　牛鬼蛇神太好奇嘔將心血究何爲天然生趣休雕飾初日芙蓉出水時　輓左文襄公詩三朝顧命百官箴命托蒼生衆望欽出處動關天下計起居恒繫九重心威名自昔傾中外惠愛長留感古今莽莽閩南海門水千秋嗚咽響哀音

曾上卿　題畫山水詩小雨初晴日欲殘山青水綠晚楓丹短

橋幾折孤亭隱有客雲凹倚杖看　留別檳城諸友句論交海內誰知已泯跡天涯尚故吾　旅懷句風塵飄泊知非計詩酒盤桓亦有緣

鈞案上卿嶺南人精風鑑術

劉采文　題黃卓臣海天吟閣詩海天無際客身孤坐擁琴書足自娛安得王維高手筆爲君擬作輞川圖

鈞案采文字少華

戴賚南　册中詩平地風波著足難環游瀛海喜平安高樓俯

火一聲笛知有幽人夜倚闌　旅懷詩天涯有客惜韶光共把銅壺夜漏長風露漸深衣漸薄月光如水浸人凉

鈞案賚南字弼臣

林詒甘　贈夢嬰生詩聞名渴想已三秋潦倒風塵却自羞爾借階前盈尺地揚眉今始識荊州

夢嬰生　和林詒甘詩知己天涯有幾人相逢何況正新春憐前月下花如海默默無言獨愴神

鈞案夢嬰生不知何許人或云即童念祖

黃譜雲　品梅詩空山日暮春意橫生小橋流水野店江城騎驢客醉放鶴天晴萬木齊脫一鳥初鳴溪邊雪霽籬落月明紙帳夢破獨自含情　品蘭詩王者之香高標絕塵九畹試放萬花不春空山作操琴聲寫怨窈窕幽谷時見高人南陔潔養孝子常循有誰知己厥惟靈均　品桂詩月明如此金粟開矣花有奇分枝皆連理廣寒一枝燕山五子獨秀龍門座中佳士秋露未晞金風乍起聞木樨香皆大歡喜　品菊詩鞠有黃花與秋為期捲簾人瘦世外幽姿樊川雙鬢彭澤一籬重陽細雨三

徑微曦尋幽客至有酒盈巵南山在望脫帽看詩

鈞棻譜雲字琴川

孫伯楚　檳榔嶼觀瀑詩壓境忽飛仙空山響瀑泉孤亭依石

脊老樹接雲煙啼鳥不知處蒼然嵐外天逝波不復返對此驚

緣捐

鈞棻伯楚字芷瀟福建侯官縣人與王芩周毓菁周永言詠

陳雲窗宗適倡和有四布衣吟稿辛卯偕余游檳城

吳士珍　檳城晚眺詩沉醉發清歌風平海不波家山杳無際

東望白雲多

鈞秦士珍字錫卿三至檳城紀游詩頗多輯志時錫卿客新嘉坡僅記舊作二十字餘容續錄

廖廷璋　贈友詩命也竟何如半生遇偃蹇孑然蒲柳姿敢向風前展富貴等浮雲忍失廬山面此心如死灰豈望姓名顯餬口走四方筋骸喜粗健中歲遭亂離世事多更變朋舊天一方相逢如雁燕書劍到窮荒此情誰能遣太璞自堅貞豈屑卞和獻今日君子來樂酒歌歡宴

楊毓

鈞案廷璋字錫五曾遭髮逆後又失偶故詩多悲鬱

楊毓寅　雨中詩　春山排闥佛頭青瀟灑風篁韻一亭緣到鬢眉涼到骨焚香閒讀換鵝經

鈞案毓寅字賓亭

葛安女子李長容　感懷詩　浮沈孽海望茫茫驚醒繁華夢一場夢裏語人郎姓葉三生話果應檳榔　蓮花出水脫汙泥不許狂蜂醉蝶迷一片情根都斬斷願依大士學長齋

鈞案長容自稱葛安女子余居吉隴聞前有詩妓本宦家妾

爲嫡所妬逃居此與永春士人某遞唱和甚歡爲謀脫籍後同居檳城疑即其人吉隴葛安釐近

右錄存

鈞案檳城詩文有全稿可選者十三種合輯檳城詩文錄大要詳著書目下更有零篇碎句不忍割愛備錄之凡二十一人

永福力　鈞初稿



## 食貨志

海錄英吉利招集商賈逐漸富庶

檳榔嶼考嘉慶戊午有母拉查者知此島可闢爲利藪遂奪而有之今以新埠呼之每年入口之貨值百六十萬圓而出口之貨可值二三百萬圓一隅之地爲利若是可謂厚矣

外國史略越南國乘占臘國王內亂與暹羅分據其地直入其

檳榔嶼志略　卷之九

國賴每年調兵船載糖貨赴新埠各港貿易

外國史略暹羅國產銀鉛錫象牙犀角烏木蘇木冰片降香翠毛牛角鹿筋豆蔻燕窩海參海菜等貨暹羅土產之豐與旁葛拉相等但暹羅米穀價更賤高地亦能種麥其木最堅美宜於造船且料多而價賤較中國造船費惟值半價又多紅木或運出新埠又多種白餹胡椒每年六萬餘石其白餹十萬餘石漢泊買豆蔻降香樹膏藤黃各項顏色白糖紅木烏木檀香象牙錫虎骨牛皮犀角並雜貨唐人之船亦載米糖賣與南海各島

最多在新埠各海港

貿易通志東南洋貿易之盛者莫如暹羅及新嘉坡故凡紅毛船自澳門歸與自西洋至者均以此為總匯此外麻六甲檳榔嶼等處亦英吉利公司所據而貿易有限不及新嘉坡三分之一

檳榔嶼紀略梯梯王颯之東有因丹克螺一處產錫最旺皆運至巴份由模荅河販運檳嶼

鈞案以上所引各家說只得大略合而考之可見嶼之商務

所由興衰也欲求其詳須檢英酋歷年出入口報册
星報光緒十五年己丑檳榔嶼入口貨直銀四十三兆一十八萬一千三百九十七元出口貨直銀四十一兆八十三萬三千四百八十八元
星報光緒十六年庚寅檳榔嶼入口貨直銀四十三兆七十八萬八千四百元出口貨直銀四十一兆八十三萬三千四百八八十元
鈞案計入口貨庚寅年坡一百一十二兆六十三萬三千九

百六十元甲二兆二十二萬八千三百五十一元嶼比坡少六十八兆八億四萬餘比甲多四十二兆五億六萬餘己丑年坡一百一十兆零七十四萬六千五百九十元甲二兆二十七萬一千零七十四元嶼比坡少六十七兆五億六萬餘比甲多四十兆九億一萬餘嶼以庚寅較己丑入口貨多六億餘計出口貨己丑年坡八十八兆六十八萬三千一百七十四元甲二兆七十萬零二千六百五十九元嶼比坡少四十七兆二億五萬餘比甲多三十九兆一億三萬餘庚寅年

坡九十四兆十三萬一千八百零四元甲二兆二十四萬四千零九十三元嶼比坡少五十二兆七億九萬餘比甲多三十兆一億餘嶼以庚寅較己丑出口貨少四億九萬餘合而較之實得力三埠商務大略可覩矣

星報光緒十七年辛卯春季檳榔嶼入口貨直銀十兆零四十二萬七千三百二十元出口貨直銀九兆七千五萬三千五百五十元

鈞案辛卯春季入口貨坡二十五兆四十五萬一千三百六

十四元甲四十萬零一千八百十一元嶼比坡少十五兆零三萬餘元比甲多十兆零二萬餘元出口貨披二十四兆六億八萬甲三十八萬九千七十九元嶼比坡少十五兆六億三萬餘元比甲多九兆三億七萬餘元嶼以入貨抵出貨多七億七萬餘元

星報光緒十七年辛卯夏季檳榔嶼入口貨較去年少一百六十萬零二十三百零八元出口貨較去年多二十五萬四千一百七十五元

鈞案右錄新報之文至夏季出入口貨若干核以庚寅季冊便得實數

右商務

工部局告白引自來水入住屋每墩餉銀一角計一墩作二百五千宜令申算如納餉四角則可得水一千宜令或引到碼頭及各水船或船澳公司者每一千宜令納餉銀八角或引入製造處者每一千宜令收餉銀五角至於鉗合喉管之物料皆由局置備要用者照還價費惟曲形之水喉塞及水管之轉灣處

所需物料暨免貼費
遊覽隨筆西人取水法先擇最潔者以鐵管置地中隨其高下旋折旁引曲達吸聚諸池池必高居自池布達各家外戶各家以鐵管引入皆機器爲之視居人萃集多寡爲機器大小必相稱取之無禁用之不竭中國之水賴江湖河井或瀦濁水而飲之欲不致疾也難矣故西人居中國者多往山中取泉以供飲濯夫剡竹透水中國山居恒有之然未能高下旋折自如也
工部局告白凡有房屋業地在工部局轄內者視其稅價之多

寡酌徵餉輸每年繳納兩次首期由西正月起至六月三十號止次期由西七月起至十二月三十一號止屆期並不發字通知各宜自行繳納或代理人亦可其接手收銀人給有收單爲據或有逾期不納工部局定必按律出字通知其通知字費銀五角如於十五天以內仍不交納定必出票查封票費銀一元即將其家器牛畜變賣抵還數或未敷再將屋業除國家物件不計外概行拍賣抵償倘有不願受其查封備抵者議將逐月稅項對交工部局收抵亦可至於有向之稅賃者則可至本局

查明物主會否照章完餉以免拖累或典借亦然或屋或地每年必由局員會議一次估定價數記明部內期由局員擇定預登憲報及各日報俾有產業者知期赴報而局員於聚議之日均在座聽斷酌定何處地方可以起稅倘有不願依從者聽其到臬署理論其有局員不爲估價之業概照舊收納

工部局告白凡屬易於兆禍生理及貨物有氣味者在局轄之內須到局報明給領牌照照章納餉方准開設茲將各項生理酌抽稅餉列左凡各牌照無論何時到領均在西每年十二月

滿限土油大宗生理准領牌十二個月亞答乾草生理三元峇勞煎十二元煤廠十二元染布房六元火炮店二十四元製鹽魚十二元煤氣火十二元灰窰六元自來火柴二十四元洗滌牲畜腸腹及煮熱血之店九元熬油九元大間土油棧二十四元小間土油店二元缸瓦窰二元碩莪廊十八元賣鹽六元屠戶十八元製雪文九元製糖六元煮蠟油九元矾牛皮二十四元柴炭店六元豢養牛馬豬羊之圈欄概免徵餉雞鴨祇許養至三十隻以內

工部局告白馬車餉每年繳納兩次亦以西正月起至六月三十號爲上期七月至臘月三十一號爲下期凡四輪馬車之有彈弓頁者每年收餉銀十二元兩輪者九元四輪貨車無論人畜駕御均收銀八元駕牛馬之貨車六元以人駕之貨車四元至於大小馬匹及騾每隻每年政餉銀二元皆由物主或看管人照章完納納餉期定到期之第一日即要交繳凡有置車牛馬須以西字據實報知如過三十天不報查出罰銀二十五元每年西正月及七月須有局印之格式紙令其自行寫明車式

及牛馬若干於一禮拜內交回局內備查違者罰銀二十五元或五十元不照期納餉者出通知字費銀一元若有別費亦歸物主支給越一禮拜仍不交完定必出票將其家器可以移動之物變賣作抵

叻報施制府巡嶼諸紳商詳訴瘈狗之害請立律除患制軍發電至叻命列輔政與諸議員酌行律政司文公言公未有護理督篆銜例不能辦輔政據情電覆施制府因會集檳城叅政司暨營造司共商電傳本坡議政局掌案吏多勿速擕文件逕往

檳城西報該處有司現已立新章由五月初九日起至十二月三十日止凡諸狗不准帶入嶼境有違斯律若被巡差察見將狗擊斃罰銀一百大元

工部局告白犬飼每年每隻一元伍角凡在工部局轄內者須報明備查其頸宜繫一皮圈由局釘列號數每年報期由六月一號起至五月三十一號止所有定例列左一每年徵收狗餉照一千八百八十七年所定第一百章第九節之律所云在轄內者每犬一隻屆期納銀一元五角二工部局員凡有經收犬

餉宜領發局印收單及註明該狗形狀之牌照並銅製號數各一三畜狗之主人須與以皮圈或銅圈親自帶到局中報明或將形狀毛色書明英字到局者亦可四各狗若無圈號均可擊斃五局中大小八員有權可以稽查其有犯例者無論在山園道路捉擊自由

鈞案水餉用者所不免地餉居者所不免牌餉雖爲弭禍起見而作貿易者亦所不免馬車所以代步狗所以守夜二者有餉則爲富人設也惟鴉片一項統貧富而皆受其害兹將

各餉詳載外鴉片餉另敘明著其害識字明理之人見之觸目警心互相勸戒可以節用可以延年嗟乎諸君流寓海外皆有不得已之故縱不惜此無益之費而獨不爲此身計乎

叻報嶼地烟酒公司擬請下屆烟餉由光緒十九年起至光緒二十一年止每月願增餉三千元查舊餉月納六萬七千元今增三千元則一月七萬元矣

鈞案檳城統計男女老幼二十二萬人年輸鴉片酒餉至八十四萬元是每人應勻七元矣然酒餉無多吸鴉片者不過

五之一是有引之人年約輸餉三十五元十年約輸餉三百五十元餉不過鴉片價三之一合而計之約千元富者耗此千元尚不足惜然以之創善舉濟貧人亦種福之一道況貧者流落他鄉歸計不果爲鴉片累者比比也予昔目擊中國親友患此者多曾輯鴉片原起並各大臣奏禁諸事爲一帙名曰烟海淚痕蓋痛之也茲錄數節附此區區之意閱者鑒之

粵東市舶論阿片一名阿夫容出英吉利屬國有公斑有白皮

有紅皮公斑爲上白皮次之紅皮最下明時始入中國雍正中年希堯刊集驗良方鴉片屢見就燈而吸自乾隆末年始嘉慶初食者漸多特奉明禁至今日而家喻戶曉俗不可挽日久中病應時而食名曰烟引引至不得食四肢頹然涕泗交下刻不能支煙入數口精神頓回名曰過引引深者日須三四錢少者以數分計

臺海使槎錄鴉片烟吸一二次後刻不能離暖氣直注丹田竟夜不寐人服此爲導淫具初時飲食倍進久則困憊於死

許原清戒食鴉片烟文凡食鴉片者皆謂能助長精神不知人之精神全在調攝得宜不使耗竭方能潛滋暗長並非藥物所能增益鴉片之力不過暫時提起人有精神猶家有蓄積也一年之蓄僅供一年之用若寅喫卯糧必致饔飧莫繼食鴉片者一日提兩日之精神一年提兩年之精神而欲延年益壽得乎試思常人黎明而起二鼓而眠偶至三四鼓並不疲乏食鴉片者日中方起黃昏已呵欠涕流支撑不住必待過引方有精神雞鳴又須安歇計其操作之時反不如常人安在其能助長乎

不可食一也此烟大半妓寮設局誑誘子弟以爲能壯陽氣慫意淫欲然犯此者少年已痿十有八九故子弟惑於色誤食上引至不能入道又有謂鴉片可以治病往往以此誘人然風寒痢瀉等症間有食此即愈者病發再食即不驗因此不起豈不危哉不可食二也天之生人各有行業以爲衣食之本士農工商與百執事竭半世之勤勞甫得一朝安享非易易也賴以仰事俯育一食鴉片添此一項費用引少者食二三錢引大者八九錢費反倍於薪米不惟行業小者不足自供即大者亦難自

給故犯此十有九窮不可食三也凡人未有不愛修飾衣冠儀容俊偉者一食鴉片始則面色黯白如灰有如浮腫漸而黑瘦最後則肉枯肩聳人皆目之爲鬼引鏡自照亦覺可羞不可食四也食鴉片者心虛畏人青天白日深藏密室一見正人藏頭露尾消沮情形甚爲可笑雖衣冠貴胄時爲小人挾持不可食五也凡人有所偏好一經陷溺未有不爲人所愚吸烟常在家中小人藉此貪緣臥榻明燈故爲親暱因而乘間婁非不覺墮其術中遂致骨肉參商親鄰訐訟凡生平所不可言之語不肯

爲之事至此亦全無把握不可食六也人莫不願子弟之賢食鴉片者日夜不離子弟見其情形親其臭味欲不童而習之難矣自己既好則凡親愛之人見而欲之亦不能禁於是流毒蔓延至子孫不可食七也

林文忠戒煙方論人之喉管有二食管主飲食下達二腸氣管主呼吸周通五藏氣管清虛不受一物烟乃無形故可吸入呼出往來於五藏氣去而味仍留人之所以生者藉胃間所納穀氣循於經絡以培養精神食烟人藏腑慣得烟氣以剋穀氣常

人一日不食五穀不饑而癮食鴉片烟者視五穀猶可緩對時不食烟則癮正氣爲邪氣制也鴉片性毒而淫味濇而滯色黑入肝一吸透於肉筋骨髓之中一呼達於肢體皮毛之杪是以烟纔下咽自頂至踵均覺舒暢遂溺其中內而藏府經絡外而耳目手足必得烟氣而後安無則腎先告乏呵欠頻作肝因而困涕淚交流肺病痰涎並生心病痿輭自汗至時而起脾主信也然溺而知戒不過困於一時滋而不戒則直術以身命果其戒之並非難事立前後兩方一日忌酸圓一日補正圓凡戒

烟者先吞忌酸圓三五日後以補正圓代之減一圓代以兩圓久則並補正圓亦不用矣此方歷試歷驗緣有補中益氣之藥每日減有烟之圓一增補正之圓一正氣日足邪無所容未有不斷絕者

忌酸丸方　生洋參五錢　白朮二錢　當歸二錢　黃柏四錢　川連四錢　炙黃耆三錢半　炙甘草三錢半　柴胡二錢　沈香二錢忌火　木香二錢忌火　天麻三錢升麻一錢半　共爲細末入生附子七錢米泔浸透石臼中

擣如泥再入烟灰一兩攪勻入麪糊同藥爲丸如小桐子大丸成後共稱重若干計平時有引一分者每日所服之丸須要煙灰一釐一毫爲度必於飯前吞下否則不驗起初一二日或多吞些令其微有醉意則有煙亦不思食矣吞定三五日後每日減忌酸丸一用補正丸二頂換吞下

補正丸方各藥分兩俱照前方　生洋參　白朮　當歸　炙甘草　陳皮　柴胡　沈香　天麻　升麻　共爲細末用蜜和圓如桐子大以之頂換忌酸圓如初一減忌酸圓一

則代以補正丸二吞下至初二則減一二代以四吞下餘可類推至忌酸圓減盡再服補正圓十日或半月後引斷矣如引重者一劑不能盡除即多服兩劑引亦必斷

忌酸圓加減法　紅白痢加黃芩白芍　夢遺加龍骨牡礪　諸痛加東木香元胡索　咳嗽加紫菀炙冬花炙枇杷葉去毛　咳甚加杏仁阿膠　熱痰加川貝母瓜蔞霜　寒痰加半夏南星　若覺下焦有火加黃柏知母　眼暈加丹皮白菊　小便短加豬苓澤瀉　水瀉加白茯苓車前　身體

不虛者去洋參換沙參炙蓍不必用加無頭暈者不用天麻氣短不足者加蛤介尾氣喘者加故紙併蛤介尾　以上或入鹽或湯煎送下

生生集救誤吞鴉片驗方　凡誤吞鴉片者忌日光照身急移陰冷地用木棉花四錢燒灰極透加鹽二錢和研細末冲開水半碗候冷調融連灰灌下勿遺涓滴少刻毒吐或瀉愈若吞烟久牙關閉者用竹筯磁瓢開之切忌鐵器如不能開將木棉湯注入潔淨茶壺內將壺口向鼻孔徐灌自能到腹

少頃牙關開再燒木棉四錢并鹽如法灌吞煙及兩餘如法灌無不回生然吞煙多日毒入下焦未易即吐即瀉須靜候木棉氣行自能從腹內消除其毒或一二日或四五日漸回生勿驚惶亂灌別藥以阻木棉氣力致誤性命宜散髮浸冷水盆中叉面巾數條注水貼胸腹時換以拔毒氣自生三日內忌熱食茶飯宜綠豆粉山東粉甘草水等物冷食方不冲發若救誤食毒藥鉛粉水粉蛇蟲蜈蚣諸百毒皆驗惟用木棉花燒灰不加鹽此方活人不計好善者鳩貲施送功德無

量亦有灌下不吐不瀉者但看腹痛漸安人漸精神者即係烟毒解化如不安心再燒木棉灌下亦可但勿令久臥漸歇一刻即要扶起坐立行動使氣血流通用竹板輕打背腹俾不得安寧或冷水噴面喘息出氣又用兩手撫摩胸腹引其呼吸鈎嘗用此方救活多人

鈎案自鴉片餉以下至此皆從拙著烟海淚痕錄出夫咸同前事不必言矣以鈎目之所見耳之所聞實有不能已於懷者故居永福芹滁在萬山中甲子後移家陽岐凡十一年陽

岐一江邨耳諸貨之鋪十擻間賣鴉片者稱是既而賣鴉片
者日多賣貨者日少芹漈亦然一隅如此他可知矣夫吸食
者其害緩其機隱生吞者其禍速其勢危而其可恨一也既
錄勸戒之說於前附載驗方數條閱者有感於心而知所改
則幸甚矣生生集救生吞鴉片方屢試屢驗人皆知之而林
文忠公方亦斟酌得宜永無後患家君年三十三因脾痛吸
鴉片烟止由是成引者十年然體日羸百事俱廢後服文忠
公方而引斷今年六十九矣計斷引已二十四年矣不惟無

病且飲食起居大勝從前鶴髮童顏咸稱矍鑠親友中聞家君事而取法者甚多家君命輯勸戒鴉片說破例徵引但期於世有補耳

檳榔嶼紀略光緒十二年丙戌地方入款一百二十一萬六千八百八十九元八角二占出款九十一萬五千一百零四元五角二占

鈞案是年入出比較尚贏三十餘萬

星報光緒十五年檳城收釐印銀十二萬八千元十六年收十

三萬三千元

鈞案光緒十五年坡收釐印銀二十一萬四千四百七十元十六年收十九萬三千七百元減少二萬餘元麻六甲光緒十五年收釐印銀一萬七千元十六年收一萬二千元減少五千元惟檳城增一萬五千元

星報檳城局紳咨文言實得力賦稅日繁可見地方漸旺惟地稅亦有加增由抽稅人員用強收取地稅不應將已種物出投致小民散居穆拉油各地現過港地方之人種罌蓋華工少諸

穆拉油入去而之他檳城叅政司麥君駁云檳城及過港地方未嘗強收地稅爲此言者未知東方一帶收取地稅之法耳實得力各種植家所抽地稅甚輕過港地稅有每年僅價二角者惟國家辦事因時制宜近來地價日昂每希葛地歲僅抽銀五角與國家批授地每希葛每年繳銀一元五角至穆拉油土產不過僅征什一較諸鄰國所抽直與無稅等至過港華工少者過港招工每名不過銀三十元日裏蘇門答臘等處每名七八十元且有至百元者彼此相較何啻天淵然欲國家概從種植

人所欲則甚難矣且過港之人他適者皆犯有命盜等案潛逃耳

叻報光緒十六年庚寅實得力三府所收稅共四百二十六萬九千一百二十五元較光緒十五年已減十四萬零八百零二元緣領取人情紙費及檳城烟餉減也本年所收一餉虧銀十四萬九千九百七十七元中計三分之二係檳城烟餉三分之一因刪除當餉故稅不如前然自新例須行每年約減收稅十萬元

右餉款

鈞案實得力二埠惟檳城餉款有增餘則日形支絀實得力因英京加餉會議時言光緒十五年己丑所存款尚六十萬元次年庚寅所入已少四萬九千元至辛卯年更少八十五萬元預核來年支款尚少二十萬元向來三埠入款年增至己丑年入款四百四十一萬自後遞遜庚寅年少八十九萬元辛卯年更少入二十二萬三千元合而計之三年內少入五十八萬九千元當戊子年實得力寄存英京款一百萬寄

存印度款三十萬今則盡數以應軍費已無可籌之款況又少去稅項六十八萬餘元觀此情形則財源之匱不獨 中國然也

英夷說聞粵人在彼種植以盡地利者不啻數萬阡陌田園一歲再熟即粵人所謂洋米是也

明史交欄山甚高廣饒竹木田膏腴收穫倍他國

島夷志略田瘠穀少

地理備考地多肥饒草木茂盛

海錄閩粤人到此種胡椒萬餘人然地無別產恐難持久也

外海紀程檳榔嶼出椒

萬國地理全圖集其土種植玉菓胡椒所出不少

外國史略開墾豐盛每年出胡椒二萬石丁香豆蔻價值銀十萬員

瀛環志略所產者金銀鉛錫犀角象牙胡椒玉菓降香燕窩翠毛佳紋蓆之類

檳榔嶼紀略產檳榔椰子甘蜜胡椒豆蔻丁香加非棉花藍靛

藷米糖錫等物

檳榔嶼考所產木料大宗次則椰檳胡椒甘蔗豆蔻丁香加非椰子樹欄生薑荷蘭藷米穀桔柚芭蕉栗蒙果波羅蜜

外國史略對面之貴他島亦種甘蔗產物三萬石

鈞案明史云田膏腴收穫倍他國英夷說云一歲再熟檳榔嶼紀略檳榔嶼考皆云產米則島夷志略所言田瘠穀少恐元時開闢未竟也

鈞案嶼以檳榔名故檳榔嶼紀略檳榔嶼考皆言產檳榔檳

榔樹初生若筍竿引莖直上旁無枝柯條從心生端頂有葉風至則如羽扇掃天狀又生刺重累於下以護其實熟剝其皮煮肉曬乾皮皆筋絲與大腹皮同檳榔瀉氣甚於枳實青皮入口由澀而苦而辛後乃微甘雖澀不敵苦苦不敵辛然始澀終辛是全乎金也如泄痢之後重小便之淋痛下血不達如奔豚逆行腳氣衝心上而不下如水穀停積痰癖癥滯膈氣不通二便閟閉審其病於升者大過降者不及則用茲味之金以和火可也然學諸氣氣虛下陷者忌海南瓊島常

食如茶烟不知損泄眞氣多也
鈎案海錄外海紀程外國史略萬國地理全圖集瀛環志略
檳榔嶼紀略檳榔嶼考皆言產胡椒今檳榔嶼產胡椒最旺
商家亦以此爲大宗聞英人以之塗壁其卽椒房之遺制歟
若中國人則惟服食用之然胡椒味辛大熱治寒疫食積腸
滑冷痢胃寒吐水殺一切魚肉鼈毒但因其快膈耆之者
衆往往損肺走氣熾火走血損齒昏目則非陰氣至足者不
可用也

鈞案外國史略檳榔嶼紀略檳榔嶼考皆云產丁香然藥之辛熱不少丁香爲甚以能發香之臭即就香臭致辛之用治脾胃冷氣諸證有殊功夫香固入脾胃者蓋氣熱而味愈辛味辛而香愈烈雖入胃而實先肺肺氣歸胃無所壅閼而下行入腎然不獨外寒能治有一女子朝食暮吐審爲中氣虛寒用丁香同參朮治之效丁香極辛而臭極香而熱從治之能開腠理宣榮衛有患血風疙搭者投以散風熱之劑不應易麻黃散而愈中有雞舌香也然辛熱而燥非眞虛寒切勿

泿用
鈞案外國史略檳榔嶼紀略檳榔嶼考皆云產豆蔻萬國地理全圖集瀛環志略皆云產玉果玉果肉豆蔻也下氣調中消食解酒逐冷除疫又能止虛瀉冷痢然病人火甚及瀉痢初起豆蔻溫煖脾胃治太陰虛瘧止嘔腹痛然熱嘔熱痛凡氣虛者忌
鈞案檳榔嶼考檳榔嶼紀略皆云出加非加非如豆炒研代茶詳風俗志

鈞案檳榔嶼考檳榔嶼紀略皆云出椰子椰之功用最大葉可蓋屋子可製油漿可充飲殼可作瓢

鈞案甘蜜辛熱甚於胡椒巫來由人多用之

鈞案外國史略檳榔嶼考云產蔗檳榔檳紀略云產糖蔗脾果漿甘寒能瀉火熱煎煉成糖甘溫而助濕熱大抵助脾氣潤枯燥之益爲多其治嘔噦反食蓋治陰中之陽不足者此等證原不專屬熱也李時珍以爲甘寒引王摩詰詩爲證然先輩有謂共酒食發痰者又有謂多食發虛動衄血者閩中

蕉性甘温江蘇蕉性甘寒不可執一說也
鈞案明史言饒竹木檳榔嶼所在有竹然竹陽中陰也故葉則清心肺之陽爲胃熱嘔吐呃逆要藥其療吐血崩中者血生化於胃如產後煩熱小兒熱癇皆不離心胃爲治至傷寒女勞復亦治者經所謂臍下三結交者陽明太陰也臍下三寸關元也皆治陽明之虛熱故鮮刮者尤靈若以薑製失其用矣
鈞案瀛環志略言產金銀鉛錫檳榔嶼紀略言產錫貨惟產

錫無金銀鉛也錫鑛亦中國人開采英人取其稅而已

釣案檳榔嶼考言產栟櫚似即亞答亞答子可食葉可蓋屋至芭蕉果有數種有大如腕者有小如指者桔皮青味如柑柚香甜波羅蜜勝中國產栗未見蒙果亦名芒吃嶼考所載果名皆中國所有者然中國所有未載者如藕龍眼安石榴之類尚多更有紅毛丹類荔見朱一飛荔譜榴連類波羅蜜見海島逸志宜補錄

釣案檳榔嶼海錯與中國有者曰鱟曰獨脚蟶曰蝦魚之屬

惟鰣魚石斑魚與中國同餘則奇形怪狀不能殫述

右物產

鈞案中國所謂廣貨者多從海南羣島來當新嘉坡未開以前商務在檳榔嶼故所產尤盛擬遊遍羣島再輯海南物產

考

# 檳榔嶼志略　卷之十

永福力　鈞初稿

## 叢談

魏默深先生以交欄山爲檳榔嶼尤西堂侗著外國竹枝詞交欄山云曾經元將造樓船蓬篛桅檣出滿山留下羽林生口在如何不掛片帆還原註元將征闍婆遭風於此山中叢林籐竹桅桿桅檣蓬箬畢備有中國人雜處當時病卒百餘留養不歸而傳生育也

左子興領事駐新嘉坡十年多善政李灼秩軒詩草有呈左子興領事次黃伯統茂才韻一律次聯云文章課士民猶子詩酒談資吏若仙尤雅切蓋領事會創會賢社課士捐廉獎賞造就甚眾假旋時入檳城游賦詩留別陳儷琴和韻有句云十年持節駐南州博采風謠載鶴游中國領事有保護之名而事權不屬領事有私印曰炎州冷宦伍星衢和句云何當冷宦滯炎州海上攜琴怨浪游紀實也

使西紀程檳榔嶼有副總督駐此亦名安生胡旋澤語楊周八

王文慶經商檳榔嶼兼司招商局事遣人問之則挈其鄉六七人來見皆短衣番語居此已數世矣以停泊岸時未暇登岸北岸爲威諾斯埠其地袤長而狹沿海約九百餘里有兵官段熙奕由威斯諾埠附船歸國居民鼓樂簇一小舟送之郭筠仙侍郎嵩燾使西紀程作於光緒二年泊舟檳榔嶼時十一月初一日

星報閩怡山長慶寺自唐迄今剝蝕日甚光緒十三年蒙 令

上頒給藏經隨由本省名公卿勸募重新邇者該寺住持僧微

妙攜簿南來竭誠勸捐各善信好行其德解囊傾助者必不乏人

微妙檳榔嶼所募計數萬金亦可見諸善信好行其德矣微妙三至檳榔嶼以光緒十七年辛卯八月圓寂嶼寓其徒負骨歸

備錄長慶寺石刻於左他日考古者或有所采歟

王榮和題藏經閣東楹石柱云軼蕩九重天萬丈金繩隨詔下駢羅三昧海一枝如意聽經來旁署光緒己卯年季春吉日立欽加總兵銜兩江儒先副將前署閩浙督標左營叅將王榮和

敬獻

李丕耀題法堂中石柱云三千世界載書還看天家墨瀋猶新勝過瑯嬛福地十萬由旬航海遍視梵宇經香不斷皈依曹洞正宗旁署光緒乙酉仲秋穀旦原籍泉郡同安縣僑寓檳榔嶼信士李丕耀丕俊丕淵同敬獻

胡獄東題法堂前楹石柱云大海祥飆回輪一葦漫天法雨彈指萬花旁署光緒乙酉仲秋穀旦欽加同知銜原籍汀州府永定縣僑寓檳榔嶼胡獄東率男汶宣明宣燦宣炎宣才宣饒宣

敬獻

邱允恭題前廊中石柱云蓮花開福地壇場輪奐一新佛日輝

皇長慶寺荔子憶故鄉風味海天萬里旅懷悵觸大觀山旁署

光緒丙戌年仲秋吉日原籍福建漳郡海澄縣僑寓檳城邱允

恭敬獻

林德水題法堂前廊西石柱云一鴿顛闌干驀驚惶天何我佛

十牛挽石碓大法力了不異人旁署光緒乙酉仲秋吉日原籍

漳郡海澄縣僑居紡裏雷珍蘭林德水敬立

温言提題法堂前廊石石柱云善路廣開愛人以德慈航普度與物皆春旁署光緒乙酉年孟夏穀旦立紡裏甲必丹漳郡海澄温言提敬獻

胡甘氏題法堂前廊西石石柱云法雨慈雲心田受潤魚山鹿苑說教聞聲旁署原籍泉郡同安縣僑居檳榔嶼信女胡甘氏率男孫廿敬獻

邱天德題法堂前廊東石柱云法界寬重新獅子雙株香火難忘桑梓地慈航神普濟檳榔一水詩禪開證木樨天旁署光緒

丙戌年仲秋穀旦原籍福建海澄縣僑居檳城邱天德敬書

邱登果題法堂前廊東石柱云九天九地不須求步步鐵鞋是火一吸一呼無盡藏朝朝毛孔生雲旁署原籍漳郡海澄縣僑居紡裏雷珍蘭邱登果敬立

蔡有邦題法堂後楹中石柱云東渡結萬緣長護仁類大樹西來成一笑正開荔子羣花旁署原籍漳郡海澄縣僑居檳榔嶼蔡有邦敬立

蔡有格題法堂後楹中石柱云海外有九州同登淨土佛前見

三世一脈梵宗旁署原籍漳郡海澄縣僑居檳榔嶼蔡有格敬
立
法堂前廊龍柱署光緒丙戌孟秋吉旦原籍海澄縣僑居檳嶼
信士謝德順偕弟德利德泰敬獻
峇柢眼東冢亭三碑題名碑居中左一碑陳伯潛閣學寶琛撰
書右一碑何翊卿明府履亭撰曾幼滄太史宗彥書閣學碑已
入建置志明府碑當時未錄尙俟續登
閣學碑止於掩骼埋胔句止字刻作上字疑石工誤缺一筆而

校者未審近儒考據多援石刻以正板本豈知石刻亦不能無
誤耶
波知滑家亭亦有題名碑二首數行小引文亦簡潔惜未錄
觀音寺創於嘉慶五年有碑鑲門外東壁道光四年重建光緒
元年重修前後題名碑四鑲西廡
蘊玉書樓壁間懸折枝橫披一幀筆極清逸神似甌香題云苦
雨久不霽小窗琴絃潤兀兀坐哦松境遇受之順纔見梅花綻
擱紅覺一瞬雙丸遞何速犇輪類馳駿秋禾慮泛溢民事懷饑

饉竹梢聲初歇蘭胎有芳訊鬱鬱怕重簷香消撥餘爐何日帶
衣歸拋却冷銅印末署道光己亥麥秋杏雨作冊秋張式玲間
秋里居未詳細玩詩意似作倅時將辭官而作不知何時流落
海外也
嶼中多畫家何曉初畫山水李秩軒畫蘭謝秉生畫花鳥謝[illegible]
希畫竹吳子鵬畫梅菊辜吉甫畫山水此數人流寓已久辛卯
與余同客檳城有日本和田參州畫人物山水江西郭筱[illegible]畫
梅廣東陳紫萌畫山水福建魏省忠畫花鳥參州紫萌皆作送

別圖贈余曉初秩軒靜希子鵬省忠皆能詩秩軒能篆省忠能醫秩軒省忠已作古人曉初亦未知其近況也

一日於友人處見有閨思詩云明月復明月一輪空皎潔深閨未眠人對影惜離別昨夜卜燈花今朝報喜鵲莫是郎歸來鉛華漫拋却寒衾冷於鐵殘燈滅復明夜深不成寐欹枕聞雞聲臨別爲束裝既行轉悲傷歸期難預決夜夜夢漁陽前路多風霜幾日到遼陽千萬自珍重未寒贈衣裳郎住在蕭關儂住在京口儂爲郎憔悴不知郎知否人靜夜已涼孤影怯歸房却恨

多情月清輝照空床芍藥苦將離紅豆長相思妾愛合歡花灌漑無失時妾愁春日絲郎恨簷前雪簷雪有時消春絲斷復結

此詩不知誰作或云邱顯承錄之以諗知者

徐鑑臣順德人在燕閒別墅供役見其手不釋卷心韙之一日呈一律末云剜肉醫瘡皆左計好培元氣福蒼生具此俊才徒逢蕭穎士不知樂何如也

在新嘉坡采得譚家女五言短句一首在吉隆闢有詩妓某檳城詩人輩出豈閨秀獨無正始之音耶頃爲丁耕鄰學博校補

閩川閩秀續詩話遍搜舊篋僅存十四字云與我貌同原是鏡爲郎腸斷不須刀此友人所述乃檳城某校書贈所私者

檳城竹枝詞大家愛學馬郊語結伴齊來老舉寮一望新街絃管沸開廳陪飲坐通宵原註俗呼妓曰老舉疑女妓轉聲妓館曰老舉寮寮聚新街妓多作馬郊語俗以狎妓爲學馬郊語宴客曰開廳侍酒曰陪飲　打辮包腋正妙年茶烟酒果混登筵護司從未編花籍也博交關白水錢原註妓女多打辮以小腳爲包腋琵琶仔例只度曲妓寮門牌無名有混入妓寮者相好

曰交關私索曰白水　東洋兒女遍南洋夷語蠻粧易斷腸既
打茶圍還選舞紅毛鳥鬼總輕狂原註東洋妓善舞英吉利巫
來由吉林諸夷多狎之讀此詩不能不望持色戒者
檳城竹枝詞少年走遍狹斜場花樣翻新興更狂最好車兒行
緩緩長途安穩睡鴛鴦讀此詩不能不[illegible]講女訓者
檳城竹枝詞十二金釵列屋居操墁再過忽爲墟多因誤書齊
知押畫室黎郎付子虛原註齊知番放債必數人作保不還則
取償保人賣其家火以一番八搖鈴招買曰黎郎　頭家饑盡

報窮來覓日優游辟債臺貨殖傳歸孤老籍布衣徒步不勝哀

原註商家折閱到官報窮入孤老籍人不得索倒不得在本地經商如衣帛坐馬車著金碹人皆取償故俗以報窮爲恥讀此詩不能不望節財用者

檳城竹枝詞邪教流傳環島周暹人術擅馬來由無端勾引癡兒女浪擲黃金買降頭原註馬來由暹人均擅降頭能蠱人婦女尤喜求其術讀此詩不能不望倡正學者

檳城竹枝詞義興建德黨人魁鄉曲橫行種禍胎偶過當年爭

戰地黄沙白草掩枯骸原註義興建德二會聚衆萬人近爲英人禁絕讀此詩不能不望與文教者

檳城竹枝詞地無寒暑異唐山濯水餐風若等閒新客晝眠侵瘴濕肚皮脹滿足蹣跚原註謂中國曰唐山謂初來曰新客俗例早入水房濯熱晚到海邊食風忌晝眠體虚者多患腹脹脚軟病讀此詩不能不望通醫學者

星報檳城有楊氏子閩人也兄年八九歲弟僅五六歲家貧父業負販以貧故不能就學兄猶一丁不識然性純孝父母怒撻

之必跪受杖親疾手自煎藥侍膳問安不離左右是歲母病亟夜禱於天願以身代數日母病如失其弟視兄所爲兄喜亦喜兄憂亦憂見者皆嘖嘖稱焉二兄弟聰俊異常斯蓋山川靈秀所鍾他日前程未可量也惜產於貧家未能培植爲可惜耳

叻報檳城日落洞地粵人張某妻邱氏辛卯八月二十一日生一子馬首人身四體作青黃色夫妻駭然氏受驚尤甚子三日殤氏亦斃命

星報出檳榔嶼羣島外有小島人跡罕至四周皆水中有山小

而高山麓有天后廟不知創自何年其神甚靈航海客經此必具牲醴拜之辛卯三月有人由檳城往孟加剌船經其地覺頭目暈眩嘔吐欲死請於船主停輪往禱乃愈

光緒辛卯九月東瀛蓼洲漁者同客檳城作檳城送別圖記云溫君旭初海外之市隱者貌古而性介早輟舉子業性耆書儲蓄纂富待文人有加禮然脂韋婾鄙者則力拒之故所交殊寡余居檳城二月朝夕過從筆墨之緣最深一日偕福州力軒舉孝廉來視余時有他客匆匆而去既而旭初言孝廉將歸檳城

人不忍其別以詩送者十數人屬爲之圖余與孝廉處未久觀旭初之禮待有加與檳城人所以戀戀之故則孝廉之爲人可見矣嗟夫文人爲世詬病久矣方其橐筆游四方奔走權勢之途不自重人亦無從而重之如孝廉者足以風矣時余有郎光之行倚裝作此并爲之記藉報旭初未知孝廉以爲何如耶

余游檳城歸以詩送者十數人舊稿散失僅存左頌東秉隆林紫霧林屏周謝兆珊四人更有廖茂才廷璋魏望曾陳紫蘋林振琦李開三林載陽楊明三謝梧亭邱克家諸作尚俟續錄

左子興領事送別詩五古八首錄六　翹首望鷲峯蒼茫風雲樹嗟君與賤子何以能把晤虎嘯風自生龍起雲即附應知爾合間冥冥有定數往歲得孫吳相見恨遲暮豈意萍水中復與君相遇信哉閩多才使我心欽慕　經義如淵海誰能窮其源醫理如牛毛誰能探其根許鄭已闊遠盧扁今不存常悲此兩途將隨煙霧昏惟君懷苦心朝暮細討論　十室有忠信好學者其誰聖門多高才參以魯得之吾愛力夫子性靜寡言辭終日伏几案樂此竟忘疲水滴石爲穿誠至山可移大道豈難闢

努力貴及時　坐井而觀天天小如磨盤升高望九州乃知宇
宙寬君今乘長風萬里效鵬摶既得江山助筆勢益飛瀾歸作
南游記千秋合不刊　男兒生世間須據要路津豈以一第榮
遂不復求伸願君策高足彎筆待楓宸佐我　欽明后安此中
國民無為老蓬蒿獨自羨其身　相見每恨遲相別何憾速自
古莫不然豈君與予獨恩愛苟不忘天涯若比鄰願君因好風
時惠我尺牘

林紫霧送別五絕四首　追隨纔數日欲別更依依此去分南

北相逢不可期　同是遠游客吾當君且歸臨歧兩行淚寄點
故人衣　未及話生平殷殷獨有情客中還送客愁緒柳絲縈
磊磊負奇才乘風破浪來檳城輯詩話文教待君開
林屏周送別七律四首錄三　翹首天衢意氣雄十篇文字愜
宸衷藝林風月添新草海國雲煙轉斷蓬衰鬢怕侵潮水綠醉
眸喜對夕陽紅他年倘上征西策歐亞封疆指顧中　不滅元
龍意氣豪蒼茫煙水泛輕舠新交緣證三生石闊別心驚萬里
濤海外風光儲古錦天涯秋思入吟毫知君無限憂時意歸向

空山讀六韜　蹬雲輕擁馬蹄飛半壁山川任指揮讀史擬增
端木傳登堂重荐老萊衣海濱爭盼文星朗別後應知化雨稀
世事升沈能徹悟不妨隨處學忘機
謝兆珊送別七律五首錄二　忝從海上盼傳經大漢乘槎指
客星勝略南荒雙眼曠情深兩顧一舟停移風隨拖鞭長憾書
地詳諳米聚形中外機宜關大計幾人儕達任尚領　滄波未
鐵滾飛輪澥鏡瑩瑩淨不塵李杜詩歌諳國事韓蘇領略當吟
身新茶南燕秋餘韻香稻高梧詠入神何日王師維破虜淋漓

大筆頌來賓

余從檳城歸故人見送別圖皆歎檳城人多情與旭初好事一時題詠二十餘人同年陳繹如壽彭詩於檳城最有關係附錄於此繹如曾作檳榔嶼考故形勢尤悉更有佳製擬合送別諸作彙輯一編名曰檳城送別圖題詠

陳繹如題檳城送別圖云軒娘海上快游乎示我檳城送別圖檳榔一島小於粟我且爲作檳榔曲海氣奔騰從西來海山蜃氣號樓臺牛皮呂宋隱兵革萬丹瑣尾貪貨財甌駝人生馬來

泣十洲三島皆荆棘英夷自失美利堅努力東南事開闢島脈下連新嘉坡東來門戶相經過蛇莓高山應自笑百年興廢殊臼科炎風吹動栟櫚樹孤帆渡口迷煙霧無如軒翠歸興濃豆蔻丁香留不住丈夫得志行萬里輶軒采采風俗美不然綦筆勒著書千秋志乘待綱紀愧我十年逼饑渴扶桑風月曾披抹紅葉館中歌舞喧琵琶湖外煙波闊八駿西行亦陳迹余號街西芳草碧惆悵巴黎五百人蒼茫鐵塔一千尺奔走可憐半天下但收圖籍無圖畫今日倦游卧北窗驚濤空向夢中瀉軒舉

游踪却獨奇王子洲邊日影遲令我披圖想欲别海波猶是銷魂時軒輿告我擬再渡藥裹一肩指征路誰將貴筆大如椽來圖南浦送君去

王漢宗以其父墓志拓本寄贈首篆書三行云皇清國學生授翰林院待詔國清王君墓志銘志銘楷書文甚繁節其要云公諱元清字國清又字玉湖派出右豐祖戊寅父辛乙母林氏序一世居同安積善里白礁社道光庚戌居檳榔嶼精陶朱術得自立焉咸豐戊午娶葉源成公女後由國學生授翰林院待詔

男子四漢鼎娶謝氏漢宗娶林氏漢壽娶邱氏漢墀出嗣三房未聘女子四素容素英素娥素珠俱未字孫男七學詩出嗣二房學和學凱漢鼎出學銘出嗣三房學勲漢宗出學榮學文漢壽出孫女一珍奇漢宗出道光乙未四月二十一日亥時生卒於光緒己丑年九月二十四日丑時壽享五十有五光緒己丑年陽月初一日未時葬峇柢萬漳福建新冢山穴坐西向卯兼辛乙分金辛酉辛卯太歲進士選用訓導宗弟福昌頓首拜撰并書

中國出使日記斌郎中最先郭侍郎次之曾侯次之李小池游覽隨筆雖非出使然亦日記也惟郭侍郎乘英國郵船取道檳榔嶼然停泊未久不及登岸故諸家日記於檳榔嶼多略同年鍾贊周比部爲植出示薛叔耘欽使出使四國日記三卷所記檳榔嶼諸節深得肯要時志略排印已畢謹錄如左以俟他日補纂

出使四國日記云光緒十六年正月二十二日丑正到新嘉坡二十三日午正過麻六甲海峽蓋左麻六甲右蘇門答臘也二

十四日舟西北行午正在赤道北五度四十七分船右見山樹木葱翠洋人名之曰渭船左島上有塔燈乃蘇門答臘盡處錫案檳榔嶼在赤道北五度十六分至三十分則四十七分者必檳榔嶼海面也法公司船例不泊嶼所見樹木葱翠之山疑即檳榔嶼旌旗山檳榔嶼西人呼庇能渭船庇能或一聲之轉

又云新嘉坡麻六甲檳榔嶼全境英總名司曲來脫答脫門此司曲來脫譯言海峽答脫門此譯言埠也各國領事皆兼三埠中國則專司新嘉坡事緣設領事之初忘敘及兩埠然麻六甲

檳榔嶼華人有事亦有來告領事者但與英官辨論較多周折耳此事當俟機會更正之

又云中國應派領事官駐香港者擬調新嘉坡領事左秉隆任之駐新嘉坡者擬派使署二等參贊黃遵憲任之非僅爲新嘉坡一處之領事官並爲檳榔嶼麻六甲及附近各處之總領事官其檳榔嶼各處有應派副領事者俟審定後再斟酌委檳榔嶼各處領事之設實不容緩

又云新嘉坡領事左秉隆稟稱南洋英屬各地除香港仰光薩

拉氏北慕娘納閩文萊暨澳大利亞各埠暫置不論外其歸新
嘉坡巡撫統轄者若檳榔嶼麻六甲皆全屬英者也若白蠟石
蘭莪芙蓉彭亨皆歸英保護者也柔佛名爲自主之國實隱受
英約束者也如欲設官統轄宜先與英外部議請先以新嘉坡
領事爲新嘉坡檳榔嶼麻六甲暨其附近保護諸國之總領事
並准其酌派領事或副領事等官大約檳榔嶼麻六甲應作一
起辦法白蠟石蘭莪芙蓉應作一起辦法柔佛作一起辦法彭
亨新歸英國尚可從緩檳埠宜派正領事麻埠可派副領事不

白蠟等國各有華商一人充當甲必丹如飭兼充領事或可允
從鈞案此論與鄙見合不惟省費亦省事
又云英國官制駐新嘉坡等處者謂之辯物納猶中國巡撫也
駐印度者曰辯物納萃乃蘭猶中國總督也巡撫管理新嘉坡
檳榔嶼麻六甲全境鈞案叻報星報輒稱某制軍出巡嶼境似
誤
又云查舊卷王榮和稟稱新嘉坡至麻六甲輪船十二點鐘海
程又至檳榔嶼輪船三十六點鐘海程三埠相連檳榔嶼繁盛

足與新嘉坡相埓嶼埠巨賈甚多兼通仰江米貨就近各小埠物產亦皆彙集於此即坡埠市面亦聽嶼埠號商信息也

又云南洋諸島各埠林立商務工務均賴華人爲骨幹統計約有三百餘萬而尤以新嘉坡檳榔嶼爲要衝

又云英國新嘉坡附近各島於光緒十一年定其總名曰海門凡海門統轄之地曰新嘉坡島曰麻六甲省與城曰丹定斯谷島曰檳榔嶼曰威利司雷省暨其屬部科科斯羣島內分三十小島以上各地共有四十二萬三千餘人華民內有十七萬四

千三百二十七名鈞案此僅數也辛卯稽查不止此數
又云南洋諸島國自古無傑出之人才蓋地在赤道以下有暑
無寒精氣發洩終歲無收斂之時所以人之筋力不能勤神智
不能生穎散昏懦無由自振大抵地球温帶為人物精華所萃
寒帶之極北則人物不能生熱帶之下人物雖繁而不能精而
温帶近寒之地往往有鍾毓神靈首出庶物者則以精氣凝斂
之故也鈞案此說與後說合參乃備
又云泰西諸國在今日正為極盛之時固由氣數使然蓋美洲

之開闢後於歐洲歐洲之開闢後於中國而歐洲各國之中開闢又有先後故風俗亦有厚薄美利堅猶中國之虞夏時也俄羅斯猶中國之商周時也英吉利猶中國兩漢時也法蘭西意大利西班牙荷蘭其猶中國之唐宋時乎若法人意氣囂張朋黨爭勝則幾似前明之世矣鈞案此論誠確發前人所未發竊謂巫來由諸部殆無懷葛天之時歟

又云鏀律埠錫礦甚旺開礦華人約有三萬而屬粵人鄭貴者三分之一鈞案鄭貴名嗣文字慎之孝親友弟曾捐萬金創建

宗祠凡諸善舉樂施不倦謹厚老成鄉人稱之